高等院校学前教育
专业创新型系列教材

幼儿园课程

（第二版）

曾 彬 李 敏 主 编
徐春桥 常 亮 张 哲 李 阳 副主编

清华大学出版社
北 京

内容简介

本书分为理论篇(第一章至第五章)和实践篇(第六章至第十一章)。理论篇主要包括课程与幼儿园课程概述、幼儿园课程模式、幼儿园课程内容、幼儿园课程与幼儿园教育活动、园本课程与开发等。实践篇主要包括课堂教学设计、课堂观察、试讲课、课程实施、课堂总结、课堂改进等课程实践的各个环节。本书注重课程实践能力的培养,撰写体例注重知识的完整性和实践指导性;附有学习任务和扩展阅读,增强了知识的丰富性和应用性,有助于培养教学技能过硬的幼儿园教师。

本书为四川省"十四五"职业教育省级规划教材,适合高等师范院校和职业院校学前教育专业作为教材使用,也可供学前教育从业人员阅读参考。

图书在版编目(CIP)数据

幼儿园课程/曾彬,李敏主编. —2版. —北京:清华大学出版社,2024.5
高等院校学前教育专业创新型系列教材
ISBN 978-7-302-65923-5

Ⅰ.①幼… Ⅱ.①曾… ②李… Ⅲ.①幼儿园－课程－高等学校－教材 Ⅳ.①G612

中国国家版本馆 CIP 数据核字(2024)第 064514 号

责任编辑:张　弛
封面设计:于晓丽
责任校对:袁　芳
责任印制:丛怀宇

出版发行:清华大学出版社
网　　址:https://www.tup.com.cn,https://www.wqxuetang.com
地　　址:北京清华大学学研大厦 A 座　　**邮　　编**:100084
社 总 机:010-83470000　　**邮　　购**:010-62786544
投稿与读者服务:010-62776969,c-service@tup.tsinghua.edu.cn
质量反馈:010-62772015,zhiliang@tup.tsinghua.edu.cn
课件下载:https://www.tup.com.cn,010-83470410
印 装 者:三河市龙大印装有限公司
经　　销:全国新华书店
开　　本:185mm×260mm　　**印　　张**:16　　**字　　数**:363 千字
版　　次:2017 年 1 月第 1 版　2024 年 7 月第 2 版　　**印　　次**:2024 年 7 月第1次印刷
定　　价:49.00 元

产品编号:099017-01

第二版前言

本书第一版已多次重印，被全国众多院校作为教学参考用书和学生用书广泛使用。为了深入贯彻党的二十大报告要求的“办好人民满意的教育”，坚持“以高质量发展为主线”，特组织开展本次教材修订工作，以加快建设教育强国。本次修订过程坚持“守正创新”，同时为顺应新时代数字化教育大潮，为适应各层次学校培养应用型学生的需求，增加了丰富的数字化资源。

第二版在修订中保持了第一版的基本思想：秉承众多同行大部分观点的基础上，以“课程行动论”为指导思想，但此次修订过程相对简化了幼儿园课程的理论层面知识，突显了幼儿园教学基本环节如备课、听课、说课、讲课、评课等教学技能部分，通过“学”和“做”的思路，实现从“学课程理论”到“课程理论”与“课程实践”结合的过程。同时，结合学前教育专业师范认证的要求，该书强调了对学生评价能力与反思能力的培养。

本书修订再版还保留了课程本身的“动态性”、课程内容的“完整性”和课程读者的“广大性”，同时更强调幼儿园课程的应用性特点，增加了大量实践案例和立体配套教材，例如，第二章补充了“蒙台梭利教具”具体使用案例，第五章增加了“变废为宝”的幼儿园课程案例和部分地方文化课程资源，更新了扩展阅读资料中部分较陈旧的内容。本书既可以作为学前教育专业大专、本科等各学历层次的专业教材，也可以作为广大幼教工作者和研究者以及其他广大基础教育工作者阅读和研究的参考用书。

感谢本书第一版和本次修订版的引文和参考文献的作者，是他们的辛苦工作成果奠定了本书的重要基础；还要感谢参与编写和贡献课程案例的相关人员为本书修订所做的大量工作。

尽管我们在修订过程中尽了最大努力，但是由于编者团队水平和精力有限，再版的教材仍然会有诸多不足之处，恳请广大读者批评、指正。

编　者

2024 年 4 月

课件　　教案

第一版前言

本书在秉承众多同行大部分观点的基础上，以“课程行动论”为指导思想编写而成，希望高等师范院校学前教育专业学生既能获得较为完整的幼儿园课程知识，又能习得幼儿园教育教学技能。课程与教学二者谁也离不开谁，是相互依存的关系。以往学者书中的幼儿园课程知识与幼儿园教学实践各个环节紧密结合起来才是完整的“幼儿园课程”。本书在编写过程中凸显了幼儿园教学基本环节，如备课、听课、说课、讲课、评课等教学技能部分，通过“学”“做”的思路，实现从“学课程理论”到“课程实践”的过程，融课程基本理论与课程实践于一体。针对新时期幼儿园教师实践能力的要求，着重阐述了教学基本环节的具体操作步骤，注重知识的完整性、应用性和可读性，适合高等院校学前教育专业大专、本科、研究生等各层次的学生学习，也可供学前教育研究人员、幼儿园教师及其他基础教育工作者阅读参考。

本书强调幼儿园课程知识的应用性，具有以下特色。

第一，课程本身的动态性。很多幼儿园课程相关资料在编写时更多地将“课程”理解为静止的，偏重于知识的承载。而课程应该是一种活动，这种活动既要思考幼儿园(准)教师教学技能的习得，又要思考幼儿经验的获得。因此，本书更偏重于将课程理解为动态的，即课程应贯穿于教学的整个过程。

第二，课程内容的完整性。对学前教育专业的学生而言，学习幼儿园课程最重要的目的，不仅仅只是为了了解幼儿园课程的静态知识，还应该获得教学技能。因此，课程不是简单知识的呈现，更是教学技能全面习得的过程。课程不能脱离课堂实践，应与课堂教学活动紧密联系起来，让读者认识到课程内容的完整性，课程理论知识与课堂教学技能统一于课程内容中。

第三，本书读者的广泛性。本书从课程理论到课程教学实践，通过“学”—“做”的思路，从学理论到课程实践，对高等学前教育专业的大专、本科、研究生各层次的学生均适用，也适用于广大幼教工作者和研究者，以及其他基础教育工作者。

全书的提纲拟订、资料的收集、撰写、统稿均由编者独立完成。经过努力，《幼儿园课程》即将问世。在此，首先感谢本书中引文与参考文献的作者，他们辛苦工作的成果奠定了本书的重要基础，使本书的内容更加丰富和完善。更要感谢清华大学出版社的工作人员为本书的出版作出的重要贡献。同时，还要感谢我的研究生李阳、张哲、毛乐等为此书校稿。

最后，由于本人才疏学浅，书中难免有疏漏和不足之处，衷心希望广大读者不吝赐教。

西华师范大学　曾彬

2016年10月

目 录

理 论 篇

实 践 篇

理 论 篇

本篇主要是让学习者了解幼儿园课程的概念、特点，国内外幼儿园课程经典模式，幼儿园课程内容的选择与组织，幼儿园课程与游戏或教学等教育活动的关系，园本课程与开发等，为进一步习得幼儿园课程的教育教学技能奠定基础。

第一章
课程与幼儿园课程概述

幼儿园课程属于课程的重要组成部分。为了更好地了解幼儿园课程，就应该先了解课程的基本含义、课程的分类、课程内涵的发展趋势等，再了解幼儿园课程的含义、特点、性质、本质以及构成要素等，为了解后面章节的知识奠定基础。

第一节　课程概述

一、课程的含义

要对课程下定义，的确是一件很不容易的事。因为不同的学者从不同的视角对课程下定义，其结果就会不同。目前，对课程的定义还没有一个统一的界定。要准确界定课程的概念，就应对课程有个基本的了解。

（一）从词源学方面诠释课程

在西方国家最早提出课程(curriculum)一词的是英国教育家斯宾塞(H. Spencer)。他在文章《什么知识最有价值》(*What Knowledge is of Most Worth*)中提出的课程一词的意思是"教学内容的系统组织"。该词来源于拉丁语动词 currere，即"跑"的意思。curriculum 是一名词"跑道"(race-course)的意思。根据这个词源，西方最常见的课程定义是"学习的进程"(course of study)。由于斯宾塞所用的课程(curriculum)一词原指的是静态的跑道，所以教育中的课程更多地强调其静态的含义，相对而言，忽视了学习者与教育者动态的经验和体验。而当代的教育者更愿意将 curriculum 的词源 currere 理解为课程，因为它能够把课程的含义理解为学生和教师在教育过程中的鲜活的经验与体验，更看重课程的过程环节。

在中国，课程一词最早是在唐朝开始使用。唐朝孔颖达在

《五经正义》中为《诗经·小雅·巧言》中“奕奕寝庙，君子作之”一句注疏：“维护课程，必君子监之，乃依法制。”这句话理解为：“好大的殿堂，由君子来主持建成。”比喻为“伟大的事业，要有德者来维持。”宋朝理学家朱熹在《朱子全书·论学》中也多次提到“课程”一词，如“宽着期限，紧着课程。”“小立课程，大作工夫。”等。朱熹的课程的含义是“功课及其进程”，跟今天讲的课程的含义已经很接近了。

（二）课程的含义

目前对课程的定义众说纷纭。许多学者对课程定义时都偏向于强调课程的其他意义和内涵。如波特利(Portelli，1987)在涉及课程的专业文献中对课程的定义就有120多种。赫勒博维茨(Hlebowish，1993)批评了课程领域的一些评论家，认为他们关注的“只是早期课程思想的某些方面而忽视了其他方面。”因此，我们在对课程做定义时应该考虑到课程的多方面的属性。

定义一：课程即永恒科目，例如语法、阅读、逻辑、修辞、数学和包含基本知识的西方名著。这一定义可以理解为课程仅限于一些学术性科目。古德森和马什(Goodson & Marsh，1996)认为，英国的国家课程只是对《中等教育法》中一些科目的简单重组。克利非斯(Gliffith，2000)认为，知识本位课程，如英国的国家课程，并非独立于时间和空间的单独存在，不应该割裂历史来考虑这一定义，因为它既不是中立的、实际的，也不是价值无限的。

定义二：课程即对当代社会生活最有用的科目。这一定义更多的是从社会重大时代问题中选择的，但是并不排除学生个体选择对自己最有用的科目。它强调学校和学生要适应当代的东西，鼓励学校和学生适应现存的社会。

定义三：课程即学校负责的所有计划的学习。有计划学习的内容可以是长篇文件里所规定的内容，也可以是预期的学习结果的罗列，也可以是教师对学生应该学习的内容的总体设计。这一定义对课程的理解可以是规定的内容就是学习的内容。

定义四：课程即为学生提供的可在不同学习场合获得一般技能与知识的学习经验的总和。这一定义强调学生的学，尤其是学生在各种场合所学到的知识和技能。这种观点已经被许多国家教育界所接受。但是这一定义可能导致狭隘的技能观。因此沃克(Walker，1994)和凯恩斯(Cairns，1992)等人鼓励国家要有一个统一要求和最低标准。穆尔(Moore，2000)则认为，一个国家的经济发展除了需要职业技能外，还需要其他方面的能力。

定义五：课程即学生运用计算机和互联网之类的网络系统建构的产物。有的学者认为，新的技术已经为学习者创造了一个新的学习氛围，学生可以在网上搜索资源的时候进行自我建构意义、解决问题以及和他人交流来发展一些社会技能。但有的学者还是认为学校仍然是永久不衰的机构。

定义六：课程即对权威的质疑和对人类处境的多维探寻。这一定义与古代苏格拉底的格言“未经反思的生活是毫无意义的人生”是完全一致的。这个定义促使人们对课程的理解与课程是什么相背离，使其成为一种后现代主义的定义。尽管许多学者对后现代主义的思维方式满怀激情，但是还是有一些学者认为后现代主义过于概括、模糊、含混，这主要是受相对主义的影响。

所以,在众多课程的定义中,有的学者带着欣赏的态度称之为“具有相当丰富的面貌与样态”。[①] 有的学者则是冷静地说课程是教育领域中的“歧义最多的概念之一”[②]。较有代表的课程定义有以下几种。一种是古德莱德所提出的五种不同的课程:理想的课程、正式的课程、领悟的课程、运作的课程、经验的课程。事实上,课程可以从不同层次上去理解,即关注某一个层次的课程。另一种课程定义可以从课程的典型性上去理解。因此,刘宇认为,课程可以从两个视角去看。第一个视角是强调课程中的认识客体成分,如从课程即教学科目、教学计划、教学目标等方面去定义。另一个视角是强调课程中的认识主体成分,如强调课程即经验。[③]

目前,较为普遍地认为课程的含义有以下三种。

1. 课程即学科

将课程理解为学科是最普遍最常见,也是目前最为人们所接受的一种含义。如《中国大百科全书・教育》中对课程的界定是:所有学科(教学科目)的总和,或学生在教师指导下各种活动的总和,这通常被称为广义的课程;狭义的课程则是指一门学科或一类活动。[④] 这种定义将课程内容与课程过程割裂开来,其最大的不足就在于把课程看作外在于学习者的静态的东西,对学习者的经验和主动性等方面考虑不够。

廖哲勋认为:课程是由一定的育人目标、基本文化成果及学习活动方式组成的用以指导学校育人的规划和学生认识世界、了解自己、提高自己的媒体。[⑤]

简楚瑛则认为:课程的范围可以很窄,窄到只是学校所教的科目,课程的范围也可以很宽,宽到包括学校内的一切内容和学校以外的学生学习到的一切经验。总之,学校或教师可以根据自己的观点与环境中各因素的整合有选择性地给课程下定义。狭义的课程是指某一门科目及其进程。广义的课程则泛指学生所具有的校内外生活经验的总和,包括教育目标、教育内容、教育活动及评价方法。潘洁在《早期儿童课程概念的探索》一文中阐述了广义的课程“还包括不体现在课程计划中,不以正式教学的方式呈现,对学生的知识、情感、信念、意志行为和价值观等方面起潜移默化的作用,促进或干扰教育目标的实现,具有潜在性和非干预性特点的‘隐性课程’,包括物质环境、人际环境和文化环境;从学校开放性看,课程系统不仅仅涉及学校和教师,还与家庭与家长、社会与社区相关联。”[⑥]

2. 课程即目标或计划

将课程界定为课程是教学过程,也就是,将要达到的目标或教学预期要达到的结果或教学预先所制订好的计划。如课程理论家塔巴(H. Taba)认为课程是“学习计划”[⑦],奥利沃(P. Oliva)认为课程是“一组行为目标”[⑧],约翰逊(M. Johnson)认为课程是“一系列有组

---

① 黄光胸.蔡清田.课程设计:理论与实际[M].南京:南京师范大学出版社,2005.

② 张华.课程与教学论[M].上海:上海教育出版社,2000.

③ 刘宇.学生课程参与论[M].济南:山东教育出版社,2012.

④ 中国大百科编委员.教育[M].北京:中国大百科全书出版社,1995.

⑤ 廖哲勋.课程学[M].武汉:华中师范大学出版社,1991.

⑥ 何幼华.幼儿园课程[M].北京:北京师范大学出版社,2001.

⑦ Taba. H. Curriculum Development: Theory and Practice[M]. New York: Harcourt, Brace & World. Inc., p. 214.

⑧ Oliva. P. Development the Curriculum[M]. Boston, MA: Little Brown, p.6.

织的、有意识的学习结果”[①]等。这种把课程看作教学过程之前或者教育情境之外的情况，把课程目标、计划与课程过程、手段等割裂开来，其最大的不足就是忽视了学习者的现实经验。

3. 课程即学习经验或体验

把课程看作是学生在教师指导下所获得的经验或体验，以及学生自发学习时获得的经验或体验。杜威就是这种观点的代表人物。美国课程理论家卡斯威尔（H. L. Caswell）进一步发展了杜威的观点，认为：儿童在教师指导下获得的一切经验都是课程。[②] 这种定义最突出的特点就是把学生的直接经验放在课程的中心位置，消除了课程的内容与课程过程、目标与手段割裂开来的现象。[③]

（三）课程内涵的发展趋势

幼儿园课程的发展趋势

课程学者们对课程含义的不断探讨，逐渐形成了一定的发展趋势。主要表现在以下几个方面。

1. 由强调学科内容逐渐转变为强调学习者的体验或经验

由强调学科内容逐渐转变为强调学习者的体验或经验是从课程内容角度出发的。最初的课程内容主要是强调学科的内容，将课程理解为一种静态的东西，相应地就排斥了儿童的直接经验。这样的结果是把课程变成了社会控制儿童的工具。从某种意义上讲，儿童的权利以及儿童应该得到的发展就不能得到有力保障。后来，国外以杜威为代表，我国以陈鹤琴、陶行知等人为代表的教育家们主张儿童在做中学，以经验为儿童的课程内容。必须把保障儿童发展放在课程的核心位置。强调儿童的经验并不等于排斥人类的文化遗产，而是将人类的文化等学科知识与儿童的现实体验结合起来，整合为儿童要学的学科的知识，使学科知识成为学习者的发展资源。

2. 由强调课程结果逐渐转变为强调过程

由强调课程结果逐渐转变为强调过程是从课程结果与课程过程角度出发的。只强调课程结果而不考虑实施课程的过程，终将会导致把教育过程本身的非预期性因素排斥在课程之外。但人是会受到多种因素的影响的，人更是创造性的主体。课程实施过程中的人（教师与学生）在教育情境中得到充分发挥的时候，教育进程的创造性才会表现出来，而这些就是非预期性的因素。这些创造性的和非预期性的因素具有无限的教育价值。因此，人们开始走出了只强调课程结果的误区，同时也强调课程的过程，即开始关注教育过程本身。

3. 由强调教材单一因素到强调教师、学生、教材、环境四个因素

由强调教材单一因素到强调教师、学生、教材、环境四个因素是从课程影响因素角度出发的。由于只强调把课程作为学科内容、目标和计划的结果，是把教材当作课程，课程由教材来控制。这样的课程即教材的静态课程观，只把教材作为课程的单一因素。随着课程观点的转变，课程内容强调学生的经验，强调教育过程本身，必然就会考虑到教师、学

---

① Johnson, M. Jr. Definitions and Models in Curriculum Theory[J]. Educational Theory, 1967, 17(2), pp.127-140.

② Caswell, H. L. & Campbell, D. S. Curriculum Development[M]. New Youk: American Book Company, p. 66.

③ 张华. 课程与教学论[M]. 上海：上海教育出版社，2000.

生、教材、环境四个因素。这样的课程就是由多因素构成的动态的、生长性的课程。这是课程观念的一个重大改变。

4. 由只强调显性课程到显性课程和隐性课程并重

由只强调显性课程到显性课程和隐性课程并重是从课程是否可见性角度出发的。在课程论中根据课程是否具有可见性将课程分为显性课程和隐性课程两个相应的课程。显性课程又称正式课程或官方课程，是指有计划、有目的、有组织的在学校所实施的课程。隐性课程是指学生在学习环境中学习到的非预期的或非计划性的知识、价值观念、规范和态度。20 世纪初杜威和他的学生克伯屈(W. H. Kilpatrick)就详细说明了隐性课程对儿童发展的重要意义。后来学者们又对隐性课程的社会价值和个体价值方面做了深入研究。国内外的许多研究一致表明，儿童通过与他们周围的人、事物、环境的互动进行学习。

英国幼儿园的所有学习活动都把有目的的、自由的和有组织的游戏作为幼儿主要的学习方式，教师的重要任务就是为幼儿选择和提供设施和材料。幼儿在游戏中获得经验。教师通过干预、评论和提问的方式鼓励幼儿通过游戏活动来进行学习。

美国的幼儿园以游戏和其他活动为主要学习方式。美国较有代表性的高宽课程模式以主动学习为核心，围绕一系列关键经验，创设学习环境，引导幼儿与环境相互作用来促进幼儿经验的获得。

德国的幼儿园一般没有正规的课程，不进行读、写、算等基础知识的教学，也不让幼儿学习外语，而是以幼儿为主的自由活动方式来进行教育。有组织的教学活动包括教师讲故事、教幼儿唱歌、做手工或带领幼儿接触大自然等。

瑞典的全民环境意识强，跟他们从小在幼儿园接受的环境教育分不开。其幼儿园环境设置充分体现出隐性课程的教育作用。幼儿日常活动中渗透着环境意识的培养和行为训练，以幼儿喜欢的活动为主要的教育方式，丰富的环境教育资源的提供和利用体现了社会的支持和教师的素质。这种以幼儿的日常生活为课堂，以幼儿喜欢的活动为主要教育形式，渗透在活动中，既让幼儿轻松获得环境知识又提高了环保技能，取得了很好的环境教育成效。

5. 加强家园联系和社区联系

联合国教科文组织在《学会生存——教育世界的今天和明天》的报告中明确强调教育机构要与社会进行联系：第一，要利用社会上的各种因素和各种资源来发展教育；第二，把教育延伸并渗透到社会的各个方面，形成面向社会的大教育体系。世界各国已逐渐形成了一个正规教育与非正规教育，幼教机构与家庭、社区相融合的和谐局面，使幼儿教育成为一种开放的教育，使幼儿园课程与家庭、社区形成资源互补、优势互补的状况。

6. 关注全纳教育

全纳教育是 20 世纪 90 年代国际上新兴的一种教育思想。该思想起源于 20 世纪 70 年代特殊教育领域所倡导的“回归主流”运动(尽可能让特殊儿童与正常儿童一起学习，给特殊儿童营造一个与正常儿童共同学习的机会和学习、生活环境)。1990 年在泰国宗迪恩召开的世界全民教育大会上通过的《世界全民教育宣言》中肯定并强调要给每一个儿童受教育的权利。1994 年在西班牙召开的特殊教育大会上通过了《萨拉曼宣言》及行动纲领，明确提出了全纳教育思想。全纳教育思想主张每个人都有受教育的基本权利，每个人都有独特的个性、爱好、能力和学习的需要,儿童身体有残疾或家庭困难的,幼儿园都要接纳他们,不能有任何排斥或歧视。

7. 重视幼小衔接

幼儿园教育是基础教育的基础,与小学教育紧密相连,与基础教育的其他阶段共同构成了不可分割的统一整体。幼儿园教育与小学教育具有连续性和一贯性,因此二者的课程之间也要保持一种紧密的联系。各国都很重视对幼儿园课程与小学课程之间的整体设计。从终身教育的思想来看,幼儿园教育不仅是为入小学做准备,也是教育机构之间相互衔接,形成一个统一的整体。因此,许多国家都把幼儿园课程和小学课程放在一起来统筹安排,形成"一体化"的格局。

8. 重视婴幼课程一体化

传统的幼儿园教育主要招收 3～6 岁幼儿,但是随着国际早期教育理念的影响,出生率下降,导致我国幼儿园不得不招收低龄幼儿,使我国幼儿园招收 0～6 岁幼儿。过去的幼儿园课程内容已不适应扩大了教育对象的幼儿学习,婴幼儿课程一体化逐渐成为一大趋势,使原来以养育为主课程模式转化为以保教为主的课程模式。这就使 0～3 岁和 3～6 岁两个不同年龄段的教育自然融为一体了。

二、课程的分类

(一) 从课程计划角度划分为规划课程与被接受课程

从课程计划角度将课程划分为规划课程与被接受课程。规划课程又称为官方课程,是指在课程标准或者在学校教育规划其他计划中所制定的课程。被接受课程又称为实际课程,是指学生实际经验的课程。① 出现规划课程与被接受课程有以下两个方面的原因。一是教师或他人有意制定一些规划课程,其目的是为了吸引学生能够更好地学习。二是并非所有课程规划者所制定的课程都能完全满足学生的需要,教师和学生是人,人有自己的观点和想法。因此,常常要通过一些实际课程来弥补规划课程的不足。但二者在促进儿童发展方面是同等重要的。因此,课程研究者要尽可能缩小规划课程与被接受课程之间的差距,形成一种成功的连接,达成一种和谐的课程关系。

(二) 从课程正规程度划分为正规课程与非正规课程

从课程的正规程度将课程划分为正规课程与非正规课程。正规课程常常是出现在课表上的课程,有明确的教学时间和固定的场所,有计划、有组织地来完成的课程内容。约翰・克尔(John Kerr,1968)认为:"由学校计划和指导的发生在个人或集体、校内或校外的一切学习活动。"而非正规课程是没有固定和明确的时间,常是教师和学生自愿、利用课余时间所开展的一些活动,例如,运动会、俱乐部、社交活动等。非正规活动同样具有教育的效果和意义。如英国在 1963 年的《纽瑟姆报告》中的第 135 段的建议中提出:将非正规活动看作是"整体教育计划的一个完整的部分"。

(三) 从课程的可见程度划分为显性课程与隐性课程

根据美国斯坦福大学艾斯纳教授的观点,按照课程是否具有外显的可见性的特点,将

① A. V. Kelly. 课程理论与实践[M]. 吕敏霞,译. 北京:中国轻工业出版社,2007.

课程分为显性课程和隐性课程。

显性课程与隐性课程的区别与联系

显性课程又称正式课程、正规课程、官方课程等，即官方规定的外显的、有计划、有组织、有意图的教育影响。它指的是学校以直接的、外显的方式呈现的课程，是学校为了实现教育目标，而正式列入教学计划的各种活动。它是根据学生发展需要，安排好的学年计划、月计划、周计划、日程表有序进行的所有活动，是教师和儿童双边互动的重要依据。它在学校教育中起着十分重要的作用，是学校课程结构的主体；它具有计划性、组织性、预期性等特点。

隐性课程又称为潜在课程。潜在课程已经在国际上是个公认的教育术语。但对潜在课程还没有一个统一的具体解释。美国学者范兰丝(Vallance,E.)给潜在课程的定义是："潜在课程一词是指学校教育的非学术性结果，这些结果不但重要而且系统发生，但未明示于各级公立学校的教育理论或原理之中"。[①]范兰丝后来对潜在课程做了进一步的解释："潜在课程是指那些在课程指导和学校政策中并不明确的学校教育实践和结果……潜在课程也许被认为是不公开的、非预期的、隐含的或未被认识的。"[②]马丁(Martin,J. R.)教授给潜在课程的解释是："潜在课程是学校或学校以外的教育环境中，产生的某些结果或副产品，特别是那些学生已经学到，但未公开宣称为有意产生的学习状态。"[③]美国教育哲学家高尔顿(Gordon,D.)以课程实施的结果、学生学习的环境和课程在这种环境下所实施的结果三个方面对潜在课程下的定义是："潜在课程是通过学校物质与社会环境无意传递给学生的非学术性学习结果。"[④]国内对潜在课程的定义也是颇有争议的。如有的学者认为潜在课程是指"学生在学校情境中无意识地获得的经验。"[⑤]有的学者认为潜在课程是指"课内外间接的、内隐性的，通过受教育者无意识的、非特定心理反应发生作用的教育影响因素。"[⑥]有的学者认为潜在课程是指"学校(含班级)社会关系结构以及学校正规课程有意或无意地传递给学生的价值、态度、信仰等非学术性的学识。"[⑦]无论是国外还是国内学者都对潜在课程有这样的共同认识：潜在课程对学生的影响具有无意性、非预期性和隐含性等特点，学生在潜在性课程中所获得的价值观、态度、信仰等具有非学术性特点。

西方学者对显性课程与隐性课程做了以下几个方面的区别。第一，从课程的计划性与组织性方面看，显性课程是有计划、有组织的学习活动，学生参与活动的成分多；而隐性课程是无计划的、无组织的学习活动，学生在活动中主要获得的经验在课程中不能直接体现出来。第二，从学习环境方面看，显性课程主要是通过课堂教学获得知识和技能，而隐

---

① Vallance,E. Hiding the Hidden Curriculum: An Interpretation of the Language of Justification in Nineteenth-century Educational Reform. In H, Giroux & D. Purpel(Ed.). The Hidden Curriculum and Moral Education, McCutehan Publishing Corporation,1983: 10-11.

② Vallance, E.Hidden Curriculum. In A.Lewy(Ed.). The International Encyclopedia of Curriculum. Oxford: Pergamon Press,1991: 40.

③ Martin,J. What Should We Do with a Hidden Curriculum When We Find One? In H.Giroux & D. Purpel (Ed.). OP,cit.,1983: 24.

④ Gordon,D. The Concept of the Hidden Curriculum[J]. Journal of Philosophy of Education,1982,16(2): 187-198.

⑤ 郑金洲. 隐蔽课程：一些理论上的思考[J]. 外国教育动态,1989.

⑥ 班华. 隐性课程与个性品德形成[J]. 教育研,1989.

⑦ 唐晓杰. 西方"隐蔽课程"的探析[J]. 华东师范大学学报(教育科学版),1988.

性课程主要是通过学校环境来影响学生并让学生获得知识、情感、价值观等。第三，从学生的学习结果方面看，学生在显性课程中所获得的知识和经验是预期的，而学生在隐性课程所获得的东西是非预期的。

虽然显性课程与隐性课程之间存在着差别，但是二者之间仍然有紧密的联系。因为在显性课程实施过程中，充分发挥教师和学生的创造性和自主性的时候，就会有非预期性的教育影响出现。这时的隐性课程就充分体现出来了。在课程实施过程中，隐性课程常常转换为显性课程。如在实施显性课程时，许多隐性课程的影响就会体现出来，若隐性课程是好的影响，就会加以利用而使之变为显性课程；若是不好的，教师则加以控制。

潜在课程与正规课程之间的关系是错综复杂的。但是较明显的关系有以下几个：第一种关系是并列关系。二者在课程内容、课程设计模式等方面是相对独立的课程形态，并没有主从关系，是两个不同领域的研究范畴。第二种关系是递进关系。一般情况下，正规课程在自身的发展过程中不断积累经验，逐渐形成潜在课程，从而推动潜在课程的发展。同时，潜在课程又为正规课程提供直接经验，在潜在课程的形式下不断向学生传递系统的知识。第三种关系是转换关系。潜在课程与正规课程是一种互动和辩证的关系。也就是说，潜在课程是在不断调整和变换中形成和发展的，潜在课程的潜在性不是永久的，正规课程的预期性也可以是暂时的。第四种关系是互补关系。学生在学校的生活是丰富多样的，获得的教育经验也是不同的。如果学生只是在正规课程中学习，那么这不利于学生的身心发展。因此，只有让学生在各种文化活动中学习才能弥补正规教育的不足，才能促进学生的个性发展。所以，潜在课程与正规课程是彼此支持、互相补充的。学生在这样的氛围中学习才是有效的学习。第五种关系是逆反关系。当潜在课程与正规课程的动态趋势是相反的时候，或者正规课程建设出现异常情况时，两种课程就会发生冲突，破坏原有的互补关系，就会严重影响到教育效果。如我国“文化大革命”时期，课程政治化和功利化等观点，使得我国教育受到严重的影响。

（四）按课程中文化主流程度划分为一元文化课程和多元文化课程

一元文化课程是只有一种“主流中心的课程”，这是一种以占主导地位的民族文化、历史、立场和经验为中心而设置的课程。[①] 在当今时代，一元文化课程的影响已经越来越小了。随着科技的发展，社会关系的变化和人口流动迅速而频繁，社会已经呈现出多元文化的趋势。这种趋势已经在课程中体现出来，从而形成了多元文化课程。多元文化课程以让儿童参与多元文化社会为出发点，让儿童能在多元文化社会活动中获得有效的知识、技能和其他能力。

在多元文化中，课程选择文化时也会遇到困难。尤其是在文化积累十分丰富和复杂时，课程对文化的选择难度就会加大。课程的选择既要维护社会成员的思想和行为习惯，又要增进不同文化群体之间的相互尊重和理解。既要考虑文化差异，又要考虑主流文化与少数民族文化的整合。如果将所有文化都纳入到课程中，必然导致课程内容的容量过大，无疑会加重学生的学习负担。

（五）按课程形式划分为分科课程和活动课程

分科课程与活动课程

从辩证唯物主义认识论的角度来认识分科课程与活动课程，更能清楚地把握二者的

① 朱家雄. 幼儿园课程[M]. 上海：华东师范大学出版社，2011.

关系。辩证唯物主义认识论认为,人的认识过程是一个"从实践到认识—再到实践—再重新认识"的过程。而学生的学习就是遵循这样的一个认识过程。分科课程主要是让学生在原有直接经验的基础上,借助书本知识,通过概念和推理来学习和获得前人积累和留下的间接经验。活动课程是让学生亲自参与各种实践而获得对周围世界和社会事物的直接经验的过程。

从课程形式上将课程划分为分科课程和活动课程。分科课程又称为科目课程,是指根据培养目标和科学发展水平,从各门学科中选择适合一定年龄阶段儿童发展水平的知识,组成教学科目。分科课程将科学知识加以系统组织,使教材按照一定的逻辑顺序加以编排,注重儿童在学习过程中知识和技能的掌握。分科课程从学校教育产生时就存在了,到文艺复兴时期,随着科学的发展而日益细化。夸美纽斯(Comenius,J. A.)在"百科全书"式课程中几乎将科学的各门学科都包括在教学科目中。赫尔巴特从心理学角度提出将培养和激起儿童的兴趣作为基础,让儿童通过不同的学科进行学习的观点。斯宾塞则从社会学角度根据他所区分的社会生活所需要的各种活动,安排了相应的课程。

活动课程是以儿童的兴趣、需要和能力为出发点,通过儿童自己组织的活动而实施的课程。活动课程不再以学科本身的逻辑顺序来组织课程,而是强调儿童学习过程。有人将活动课程又称为经验课程或者儿童中心课程等。一般认为活动课程源自 19 世纪末 20 世纪初欧美的新教育运动和进步主义教育运动,其代表人物为杜威。他提出儿童在做中学,让儿童通过活动的方式主动地去获得经验。

分科课程强调学生掌握系统的、逻辑的知识和技能,而且这种知识和技能容易被教师掌控,但是分科课程只注重学科的逻辑性,忽视了学生的兴趣,也脱离了学生的生活实际。相应地,活动课程就注重学生的兴趣和需要,学生所学的内容与其生活实际贴近。但是活动课程的内容缺乏计划性、系统性。因此,两种课程各有优缺点,教师在教学时可根据需要灵活运用,采取取长补短的方式进行。

活动课程和分科课程虽然在教育过程中所处的位置、课程目标、课程内容和学习方式等不同。但是二者在课程目标、课程内容、学习方式、课程功能等方面有着紧密的关系。

1. 二者在课程目标上存在一致性

二者都以学校培养人为自己的根本任务,只是二者在培养过程中所选择的角度不同。如分科课程从培养学生基础的系统知识,在德、智、体、美、劳等方面具备较为全面的知识和技能,强调学生的综合素质发展。活动课程在培养人才时,主要目的是让学生在各种实践活动中与其理论知识结合起来,培养学生的实践能力和解决各种问题的能力,培养学生的主动性、创造性等品质,发展学生的兴趣爱好和个人专长。

2. 二者在课程内容上存在互补性

二者在课程内容上的互补性主要表现在以下两个方面。首先,二者在知识上的互补性。分科课程强调知识的逻辑顺序性,这能根据学生的身心发展规律进行有序教育,从而保证了学生知识的完整性。活动课程在内容上具有开放性和灵活性,可以因时因地地弥补学生知识的滞后性。其次,二者在形式上的互补性。分科课程的组织形式决定了其课程内容更加强调知识的系统性和理论性,因此其在具体实际操作技能的培养方面相对不足。活动课程的内容更多地围绕一个活动或一个主题来开展,因此它更强调学生对知识的应用。二者互相补充、有机渗透,更能让学生掌握完整的联系实际的系统知识。

3. 二者在学习方式上的相互促进作用

关于学生的学习方式目前尚有争议。参考奥苏贝尔的学习分类观点,分科课程的学习方式更趋向于接受学习;参考杜威的"做中学"的观点,活动课程的学习方式更趋向于在实践活动中学习。二者的学习方式的相互促进作用是通过这两种课程对学生产生的影响来实现的。一是分科课程的接受学习方式更适合学生在短暂的时间内学习到大量的间接经验,培养学生的逻辑思维能力,为学生在活动课程中的实践活动提供基本知识和基本的思考方法,以避免学生走弯路;二是活动课程让学生在"做中学"的学习方式中培养了学习的主动性和动手操作能力,避免了学生在分科课程的学习中形成机械记忆和不灵活的学习。

4. 二者在课程功能上具有整体优化性

分科课程有利于教师在较短的时间内向大量学生同时传递人类文化知识,也有利于学生个体快速掌握基础知识和基本技能以及抽象思维能力。但是分科课程提供给学生的实践机会少,难以让学生将课程内容与其生活实际结合起来。活动课程具有即时性和实践性的特点,弥补了分科课程的不足。二者结合起来所形成的课程整体功能远远大于其中一项课程的功能。

第二节　幼儿园课程概述

一、幼儿园课程的定义

一般意义上的幼儿园是指对3～6岁幼儿进行保育和教育的公共幼儿教育机构。① 幼儿园作为一种正规的教育机构,应该有适合自己的课程。在我国幼教界普遍接受"课程"一词是从20世纪上半叶开始的。正式使用"幼儿园课程"一词,是于1928年5月在南京召开的全国性第一次教育会议上,教育家陶行知先生针对国内幼儿园没有一个自己的课程基本标准的情况提出了《审查编辑幼稚园课程与教材案》。后来教育部聘请了陈鹤琴等人负责拟订了《幼稚园课程标准》,并于1932年10月正式颁布。随着《幼稚园课程标准》的使用,"幼儿园课程"一词沿用至今。

关于"幼儿园课程"的定义至今与课程的定义一样,也没有一个统一的定义。美国学前教育者伯纳德·斯波戴克(Bernard Spodek)将学前课程定义为:"教师为在园儿童提供的有组织的经验形式,包括提供正规的经验—各种作业—向儿童提供各种非正规的教育机会。这些非正规的机会包括儿童的游戏活动和照料自己的日常生活所必需的各种活动。"日本的坂元彦太郎将课程定义为:"为了有效地实现幼儿园的教育目标,根据幼儿身心发展的特点和各国各地区的实际情况而组织安排的幼儿园教育内容(适合于幼儿的经验、活动)的总体。"英国《基础教育课程指南(3～5岁)》对课程的定义是:"指幼儿在机构中所做、所见、所听或所感觉到的任何事情,包括经过计划的和未经过计划的内容。"②这

---

① 张燕. 幼儿园管理[M]. 北京:人民教育出版社,2009.

② 虞永平. 幼儿园课程评价[M]. 南京:江苏教育出版社,2009.

些定义都把握住了幼儿的年龄特点，幼儿所学的内容（直接经验）与幼儿的心理特点（好动）等紧密联系起来。从某个角度讲，这些定义对我国给幼儿园课程下定义是有一定借鉴意义的。

陈鹤琴虽然没有给幼儿园课程下过准确的定义，但是他主张幼儿园应教给幼儿充分的经验，这种经验的来源是幼儿对实物的接触和与人的接触两个方面。他还强调幼儿的经验习得应该以自然环境和社会环境为中心组织起来。事实上这已经是对幼儿园课程进行了解释。张雪门在20世纪30年代初对幼儿园课程进行研究时曾提出："幼儿园课程就是给三足岁到六足岁的孩子所能够做而且喜欢做的经验的预备。"张宗麟认为："幼儿园课程者，由广义说之，乃幼稚生在幼儿园一切之活动也。"①

赵寄石教授对幼儿园课程下过两次定义。第一次是在20世纪80年代初期，"幼儿园课程是反映幼儿园某一门科目的客观规律的整体教育结构，或反映幼儿整体教育客观规律的总体结构。"第二次是在20世纪90年代初期，"学前教育课程是指反映学前儿童某一发展领域教育教学发展规律的总体结构，或是反映学前教育整体教育客观规律的总体结构。这是用整体的观点看待学前儿童某一发展领域的教育或学前教育机构的保育和教育，其核心思想是揭示教育的总体结构、内在联系、各部分之间的相互作用及整体功能。"冯晓霞教授认为，幼儿园课程是实现幼儿教育目的的手段，是帮助幼儿获得有益的学习经验，促进其身心全面和谐发展的各种活动的总和。

黄人颂对幼儿园课程下的定义为：课程编制者为幼儿园的教师和工作人员实施教育和教学所制定的教学目标，以及教师指导下的儿童学习、游戏、日常生活等各种正规和非正规活动的内容、方法、环境等，以促进儿童身体、认知、社会性、情感等全面和谐发展的完整、有序的教育计划或教育教学蓝图。②

国外幼儿园课程一词指的是学习计划、活动、学校科目、材料及学习主题等，将其幼儿园课程定义为影响儿童的所有与学校有关的经验。③ 全美幼教协会和美国国家教育部全美幼教专家协会将幼儿园课程定义为："一种有组织的框架，它描述了儿童应学习的内容、儿童达到规定课程目标的过程和为帮助儿童达到这一目的教师所担负的责任，以及教与学所发生的环境。"④他们认为，幼儿园课程是多层次的，范围十分广泛，儿童每天的每一种经历，甚至每一分钟的经历，都是课程的一部分。唱歌、游戏、观察和运动是课程的一部分，吃饭、洗漱和休息也是课程的重要组成部分。课程不仅指计划好的、提供给幼儿的经验，也可指未计划好的、幼儿在潜移默化中接受的经验。从广义的课程出发，国外幼儿园课程强调注重幼儿的需要、兴趣和个体差异，强调教师在观察评估基础上为幼儿提供相互联系的、有意义的学习经验。精心设计的课程能够给儿童提供丰富的和适宜的经验，提供经验主要通过活动，因此活动是幼儿园课程的核心是幼儿园课程计划的具体内容。

借鉴国内外学前教育家的观点，我们可以将幼儿园课程定义为"教育者以一定的社会发展和培养人的目标为导向，针对处于幼儿园学习阶段的幼儿，根据其身心发展需要和社

① 陈文华. 幼儿园课程论[M]. 北京：科学出版社，2011.

② 黄人颂. 学前教育学[M]. 北京：人民教育出版社，2009.

③ Eve-Marie Arce. Currimulum for Young Children[M]. Columbia：Delmar，2000，p. 13.

④ Eve-Marie Arce. Currimulum for Young Children[M]. Columbia：Delmar，2000，p. 20.

会性发展需要，充分利用幼儿园内的教育情境，选择适合幼儿全面素质发展的学习内容，对幼儿身心施加影响，使其获得有益发展的全部活动。”高敬等人认为，“幼儿园课程是指影响幼儿的所有与幼儿园有关的经验，具体表现为帮助幼儿获得有益的学习经验，促进其身心全面和谐发展的各种教育活动的总和。”美国早期教育学者斯波代克和英国普劳顿教授等都对幼儿园课程从广义上下过定义，认为课程的目的是发展儿童作为人所必需的基本能力，并使这些兴趣和能力充满儿童的生活。广义的幼儿园课程泛指幼儿园里发生的一切活动的组织与教育，包括作业、游戏、日常生活、自由活动以及那些潜在教育内容的整个生活环境。

我国幼教界对幼儿园课程的理解主要有以下三种：幼儿园课程即教学科目、教育活动和学习经验。

（一）幼儿园课程即教学科目

我国自新中国成立以来的很长一段时间，都认为幼儿园课程是教学科目。教育部于1952年3月颁布了由苏联教育专家戈琳娜等人指导的，经过部分地区试验和修改后制定的《幼儿园暂行教学纲要（草案）》和《幼儿园暂行教学纲要（草案）》，并在全国推行。《幼儿园暂行教学纲要（草案）》设置了六项教养活动项目：体育（包括日常生活、卫生习惯、体育游戏、舞蹈和律动）、语言（包括谈话、讲故事、歌谣、谜语）、认识环境（包括日常生活环境、社会环境、自然环境）、图画手工（包括图画、纸工、泥工、其他材料作业）音乐（包括唱歌、听音乐、乐器表演）和计算（包括认识数目、心算、度量）。可见，《幼儿园暂行教学纲要（草案）》将幼儿园课程看成一门门教学科目。这种观点对我国幼儿园课程的影响范围广、时间长。于1981年颁布的《幼儿园教育纲要（试行草案）》规定，幼儿园课程设置语言、计算、常识、音乐、美术和体育等六门课程。这种定义强调系统的知识教学，强调教师应该向幼儿传授那些必要的有价值的知识。

（二）幼儿园课程即教育活动

将幼儿园课程定义为教育活动是从广义的角度出发的。如张宗麟认为：“幼稚园课程者，由广义说之，乃幼稚生在幼稚园一切活动也。”①该定义认为幼儿园课程是幼儿园教育活动的总和。“幼儿园课程是实现幼儿园教育目标，帮助幼儿获得有益经验，以促进其身心全面和谐发展的各种活动的总和。”②这种定义不再将幼儿园课程看成一门门教学科目，而是看成一系列教育活动，包括生活活动、游戏活动、体育运动等。

（三）幼儿园课程即学习经验

20世纪80年代末，我国出现了另一种对幼儿园课程的理解：“幼儿园课程是儿童在幼儿园环境获得的旨在促进其身心全面发展的教育性经验。”③幼儿必须通过活动才能获得经验，而且，提供给幼儿习得的经验应是经过精选的、有价值的经验，而不是零散的、杂乱的自然经验。从这个层面上理解，幼儿园课程是为幼儿提供的有目的、有计划、有组织的学习经验。这一定义反映了幼儿园课程的目的是促进儿童身心的全面发展，幼儿园既

---

① 张沪. 张宗麟幼儿教育论集[M]. 长沙：湖南教育出版社，1985.

② 陈幸军. 幼儿教育学[M]. 北京：人民教育出版社，2003.

③ 刘焱. 学前教育原理[M]. 沈阳：辽宁师范大学出版社，2002.

要注重教师精心设计的显性课程即正规课程对幼儿发展的作用，又要注重环境中的其他因素对幼儿潜移默化的影响，即潜在课程对幼儿的影响，以发挥课程对幼儿的教育作用。

二、幼儿园课程的特点

幼儿园课程的3个重要特点

从学前教育课程到高等教育课程都有着所有课程的共同点，它们都体现了社会价值和文化价值，并且将这些价值与学习者的经验整合在一起。但由于幼儿园课程与其他阶段课程最大的区别在于幼儿园的教育对象有其特殊性，所以这决定了幼儿园课程也有其特殊性。如伯纳德·斯波戴克所说："其最明显的差别表现在对教育对象的考虑方面，以幼儿为教育对象的幼儿园课程的决策，要求教育者更多地关注个体儿童的发展水平。"[①]幼儿园课程呈现出与其他课程最明显的不同在于以下一些特点。

（一）幼儿园课程具有基础性与启蒙性

幼儿园课程是所有年龄段课程的第一阶段课程，是为整个课程体系奠定基础的课程。幼儿在这一阶段所获得的经验直接影响到他以后的发展甚至会影响到他一生的发展，因此具有基础性。幼儿园课程是学前教育的载体，3～6岁幼儿的身心发展是属于其人生发展的一个关键期，又是人生的启蒙阶段，开始由家庭迈向社会，因此又具有启蒙性。这一阶段的学习和发展对幼儿一生的影响都是最大的。

（二）幼儿园课程具有活动性与生活性

瑞士的儿童认知发展心理学家皮亚杰(Jean Piaget)将2～7岁的儿童思维阶段划归到"前运算阶段"。他认为在这一阶段的儿童的思维主要属于表象性思维，其特点是相对具体性和形象性。因此，这一阶段儿童的学习方式应该是在活动中学习。只有在活动去亲身感受、探究，以直接经验为基础的学习才是有意义的，因此幼儿园的课程具有活动性。而幼儿处于身心发展的关键时期，他们的生活卫生习惯、生活自理能力、与人交往的技能等基本常识都需要在幼儿园中习得。这些知识的习得只能在幼儿生活的过程中进行。幼儿园的很多课程内容也主要来源于幼儿自身的生活，课程实施也主要在幼儿的一日生活的各个环节中进行。因此，幼儿园课程与幼儿的生活紧密联系在一起，带有生活性，也体现出生活化的原则。

（三）幼儿园课程具有适宜性与潜在性

在儿童早期，幼儿的学习能力在很大程度上是依赖于其自身的发展而顺利开展的，但他同时又受其自身内在发展秩序和成熟程度的影响，正如斯波戴克所言："以幼儿为教育对象的幼儿园课程的决策，要求教育者更多地关注个体儿童的发展水平。"[②]因此，个体幼儿之间又会存在差异性。所以，幼儿园课程的设置必须考虑幼儿的个体发展的需要。换句话说，幼儿园课程具有个体适宜性。由于幼儿模仿力强、知识相对贫乏、辨别是非的能力差等特点，周围的人和物都极易影响到幼儿。因此，幼儿园课程不仅仅体现在各种活动中，也体现在幼儿园的一切环境中。这些环境也会潜移默化地影响幼儿。与其他年龄段的课程相比，幼儿园课程有明显的潜在性。

---

①② Spodek, B., & Saracho, O.N.(Ed). Issues in early children curriculum. New York: Teachers College Press, 1991, p.5.

(四)幼儿园课程具有整合性与全面性

"完整儿童"已是人们普遍所接受的教育理念。完整儿童要求培养全面、和谐发展的儿童。因为幼儿身心发展的特点决定了幼儿园要培养身心发展的"完整儿童"。因此幼儿园的课程内容设置也应该包括多领域知识的学习,而且每个领域知识在单独学习的时候也不可能是截然分开的。幼儿园各种活动的组织也强调以综合性、趣味性、生活性、游戏性等多种方式来融合幼儿园各种课程资源。因此,幼儿园课程既具有整合性,又具有全面性。

三、幼儿园课程的性质

幼儿园课程不同于其他阶段的课程,是由其特殊矛盾、特殊问题、特殊形式、特殊方式、特殊价值取向等所决定的。幼儿园课程是幼儿园教育的核心组成部分。换个角度说,幼儿园课程同幼儿园教育一样,其性质是由幼儿与社会发展的内部矛盾决定的,具体性质主要表现在以下一些方面。

(一)幼儿园课程是为基础教育课程奠定基础的课程

幼儿园教育主要是通过幼儿园课程来实现的。幼儿园教育是为以后的小学教育打基础的教育,因此,幼儿园课程是为小学教育的课程奠定基础的课程。幼儿园课程是小学教育课程的前一阶段,二者是连续的和不可逆向的。

我国将幼儿园教育纳入基础教育制度之中,于 1996 年 6 月 1 日我国所颁布的《幼儿园工作规程》总则第二条规定:"幼儿园是对三周岁以上学龄前幼儿实施保育和教育的机构,是基础教育的有机组成部分,是学校教育制度的基础阶段。"目前,世界上大多数国家都把 6 岁以后的儿童纳入义务教育。① 有的国家将义务教育与幼儿园教育合称为基础教育;有的国家将义务教育的某一阶段称为基础教育。不管哪种观点,都将义务教育与幼儿园教育重视起来,并将幼儿园教育与小学教育紧密联系起来。

幼儿园教育的基础性是客观存在的,是为初等教育打基础的,从这个意义上讲,小学教育课程是幼儿园课程的延伸和拓展,是在幼儿园课程的基础上发展起来的。正因为如此,幼儿园课程不能仅仅局限于小学教育课程,还应该放眼未来全局课程的发展。因此,幼儿园课程是人的一生发展的整个基础课程。

(二)幼儿园课程是终身教育的开端课程

幼儿园课程针对幼儿。幼儿是处于整个人生的起始阶段,是生理开始迅速发育,心智开始迅速发展,个性开始萌芽,幼儿在这个阶段的发展,直接影响到他青少年时期甚至一生的发展。因此,只有把幼儿园教育放眼人生教育的整个过程去看待,才不会将幼儿园课程局限在幼儿的现状和狭小的范围内,才能把幼儿园课程看得更为清晰,才能树立正确的幼儿园课程观。因为人是社会的人,而未来的社会是学习的社会,人只有终身学习才能适应社会的需要。因此,终身教育课程是一个有机整体,幼儿园课程是其开始部分。

(三)幼儿园课程是非义务教育课程

我国的适龄儿童是从 6 岁或 7 岁开始计算的。《中华人民共和国义务教育法》第十一条

---

① G. 米拉宵特. 世界各国学前教育动向[M]. 刘幸宇,译. 长春:吉林人民出版社,1985.

规定，凡年满六周岁的儿童，其父母或者其他法定监护人应当送其入学接受并完成义务教育；条件不具备的地区的儿童，可以推迟到七周岁。我国义务教育法第二条规定，义务教育是国家统一实施的所有适龄儿童、少年必须接受的教育。因此，义务教育具有强制性。我国义务教育课程是针对六七岁以后的适龄儿童所开设的课程，同样具有强制性。但是，我国幼儿园教育是针对 3～6、7 岁的儿童，是非义务教育的，不具有强制性。到目前为止，还没有一个国家将幼儿园教育纳入义务教育，也就是说，没有一个国家强迫任何一个幼儿接受幼儿园教育。幼儿园教育不具有强制性，相应地，幼儿园课程也没有强制性，而是多了灵活性。因此，国家鼓励各幼儿园因地制宜地开发园本课程等具有地方特点的课程。

（四）幼儿园课程是适宜发展性课程

幼儿园课程是教育幼儿的课程。幼儿是社会人，因此，不能只局限在幼儿现在的教育，还应该放眼幼儿未来的生存、发展、幸福等的基本需要。幼儿园的教育要为幼儿一生的发展奠定良好的基础，必须适宜幼儿的发展。幼儿园的课程也必须适宜幼儿的发展。适宜发展性课程可以从以下几个方面去理解。第一，课程要适应幼儿身心发展的客观需要，不违背幼儿身心发展的规律。第二，课程对幼儿身心发展是适当的，对幼儿的影响是积极的，课程是经过选择的。第三，课程要为幼儿提供适当的刺激，对幼儿所形成的是正向变化的且对幼儿来说是得到了充分发展的。第四，课程对所有幼儿来说具有普遍性，既考虑到所有幼儿的共性又考虑到不同幼儿的个性。第五，课程要适当考虑到教育者的实际情况又要考虑到社会发展的需要。总之，适宜发展性课程必须具有两大特性，即发展性与适宜性。这里要强调的是，适宜发展性课程中讲的发展是有序发展。即幼儿园课程不能只停留在幼儿现状，还应该考虑到幼儿的未来。也就是说，幼儿园课程要促进幼儿全面的、持久性的发展。

（五）幼儿园课程是基础素质教育课程

素质包括人的生理素质和心理素质，是指人的身心组织结构和质量水平。生理素质是人先天的遗传的生理结构特征，是人发展的自然基础和生物性物质基础。心理素质是在生理素质的基础上加入外界影响而产生的特征，包括人的感知、意志、个性等智力因素和非智力因素，它们的有机综合体。① 素质是一切发展人的前提条件。幼儿园教育是为小学教育做准备的，使幼儿身心基础素质得到充分发展才能为小学教育做好准备，才能为小学教育的学习与发展奠定基础。因此，以发展幼儿素质为定向的课程才是适合幼儿的，即，幼儿园课程应该是素质教育课程。因为幼儿身心发展的开端性、迅速性、整体性等特点，要求幼儿园课程必须以发展基础素质为定向才合适，因此，幼儿园课程具有基础素质教育性质。把幼儿园课程定向为素质教育课程，是未来社会发展的客观需要，是世界教育发展的总趋势，也是我国教育方针的总要求。只有这样，才能符合幼儿身心全面和谐发展的实际需要。

四、幼儿园课程的本质

课程的本质是关系到正确进行课程研究与课程实践的首要问题。② 课程本质从某种

① 石筠弢. 学前教育课程论[M]. 北京：北京师范大学出版社，2014.

② 廖哲勋. 课程学[M]. 武汉：华中师范大学出版社，1991.

意义上讲是所有课程最普遍的共性,它揭示了所有课程子系统的共同特点。但是它不能包括所有子系统自身的特点。因此,幼儿园课程是课程整体的组成部分之一,它有课程的共同特性,也有其独特的个性。了解幼儿园课程的本质有助于进一步了解幼儿园课程的特性,从而有助于进一步实施幼儿园课程。

(一)自然即课程

卢梭在他的著作《爱弥尔》中这样描述到:“儿根有叶子和果实的树枝,一只可以听到其中的颗粒发响的窑粟壳,一截既可以供他咂,又可以供他嚼的甘草。这些东西,同那些漂亮的小玩具一样,也能使他玩得挺高兴,并且还没有使他一生下来就习于奢侈的弊害。”①自然环境中的物也同样让幼儿感兴趣和体验到快乐,让幼儿在自然环境中学习很多知识。所以,自然环境同样可以成为幼儿的课程。在现代课程中,虽然科学领域包括了自然和数学等知识,但往往在实际的教育过程中,幼儿所学习到的课程与自然脱离了,使幼儿对大自然显得陌生,甚至都不知道植物的生长季节和生长规律等知识。幼儿园课程应该充分利用自然环境中的自然资源。

人类的生存和发展对自然的依赖是必需的,也是永恒的。人类与自然之间应该是和谐的,否则人类就会受到自然的惩罚。人类在自然环境中成长,同时又具有认识和改造自然的能力。人类通过教育,最终要让人面对自然,与自然融为一体。这之前,人类必须要充分与自然接触与交往。对幼儿来说,自然有无穷无尽的探究源泉和魅力。同时培养幼儿喜欢与热爱大自然,进而养成亲近自然、观察自然、探究自然的科学精神。

(二)生活即课程

幼儿生活中接触和经历的一切事物都可以成为幼儿的生活。现象学家胡塞尔首次提出“生活世界”的概念。他认为,生活世界是一个直观的、奠基性的世界,生活世界是科学世界的根基,科学世界产生于生活世界。在此,我们也沿用胡塞尔所提出的“生活世界”概念来描述幼儿的生活世界。由于幼儿入园前所获得的知识,有大部分都来源于他自己的生活世界。尽管幼儿入园后也会学习很多远远超过他以前生活中所学到的知识。但是,幼儿园的课程还是应该贴近幼儿的生活,同幼儿的生活联系起来,到幼儿生活中去选取教育内容,这样更容易让幼儿学习和理解所要学的知识内容。但是长期以来,我们的教育,尤其是在科技信息发达的今天,幼儿园课程受到科技信息等的冲击,习惯于选择远离幼儿生活的教育内容而脱离了幼儿生活实际。

陶行知先生认为:只有与生活联系起来的教育才是真正的教育。2001年7月,教育部颁布的《幼儿园教育指导纲要(试行)》中也反复强调,幼儿园教育应“密切结合幼儿的生活”并“应渗透在多种活动和一日生活的各个环节中”进行。② 所以,幼儿园课程应尽可能在幼儿生活中去选取内容并在幼儿生活中实施课程内容。

(三)自我即课程

杜威说:“儿童是起点,是中心,而且是目的。儿童的发展、儿童的成长,就是理想所

---

① 卢梭.爱弥尔(上卷)[M].李平沤,译.北京:人民教育出版社,1985.

② 教育部基础教育司.幼儿园教育指导纲要(试行)解读[M].南京:江苏教育出版社,2002.

在。”儿童的课程应是儿童“生动的和个人亲身的体验”。[①] 陈鹤琴所言：“一切课程是儿童自己的。”[②]幼儿的思维是遵从自我到他人再到社会这样一个认识世界的规律的，即以自我为中心开始认识世界，“自我”也是幼儿认识世界并走向世界的途径。所以，对幼儿来说，自我知识和自我本能经验就是幼儿的课程，应充分尊重幼儿的自我体验。只有这样，才能对幼儿进行有效教育，更好地促进幼儿的发展。

教师要真正实现幼儿园课程自我，可以借鉴卢梭的观点。卢梭认为，人有两种需要和兴趣。一是自然的需要和兴趣，是受内部动机驱使的；二是人为的需要和兴趣，是后天养成的，是外部动机的需要。[③] 幼儿园课程很容易忽视自然的需要和兴趣，也就是说，不关注幼儿自身的需要和兴趣。因此，幼儿园课程要尽可能地考虑幼儿自身的兴趣和需要，即把幼儿的自我努力纳入幼儿园课程中去，而不是只去追求人为的需要和兴趣。

美国哥伦比亚大学师范学院格林教授针对课程如何提升自我意识提出了三个策略：第一，鼓励学习者从不同角度来观察“实体”，脱离“理所当然”的限制。第二，分析和理解所获得的经验，发觉主体的意义，加强内在联系。第三，自我意识觉醒需要与外界事物及他人有所关联。

（四）文化即课程

幼儿正处于人生的启蒙阶段，正在接受人类文化的熏陶和教育，从自然人向社会人过渡的阶段。在这个过程中，幼儿会接触或者学习到文艺作品、各地的风土人情、我国传统文化以及世界各地的文化等。所有这些都可以成为幼儿园的课程内容。

五、幼儿园课程的要素

要弄清楚幼儿园课程的要素，就要首先弄清楚幼儿园课程最核心的部分是什么。幼儿园课程最核心部分是该课程所依据的教育哲学和该课程的教育目的。幼儿园课程的其他部分也是在教育哲学和教育目的基础上产生和发展起来的。幼儿园课程的要素主要有课程理念、课程目标、课程内容、教育方法、教育形式、课程评价等方面。

科尔伯格和梅耶(Kohlberg,L. & Mayer,R.,1972) 认为课程有三种流派。这三种流派均来源于不同的理念，每种理念都与不同的发展理论的观点基本一致。第一种理念是浪漫主义理念，其代表人物是卢梭、福禄倍尔、格塞尔、弗洛伊德等人。他们主张将发展看成是成熟，将教育看成是内在美德和能力的自然展现。[④] 根据浪漫主义理念，幼儿园课程应体现“准备状态”的理念，通过一种发展性的测验，看儿童是否达到了某种水平，如果达到了，才可以进行下一阶段的学习，即达到了儿童的准备状态；当儿童被认为尚未成熟，就应耐心等待儿童成熟后才能进行下一阶段的学习。第二种理念是文化传递理念，这种理念相信教育是知识、技能、价值以及社会道德规范，通过人类传递的方式来延续。按照文化传递理念的观点，幼儿园课程通过测试以确定儿童是否已经具备在课程所规定的学习任务中所必需的知识和技能，并按照已经具备的水平才可以进行学习。第三种理念是进

① 约翰·杜威. 学校与社会. 明日之学校[M]. 赵祥麟，等译. 北京：人民教育出版社，1994.

② 陈鹤琴. 陈鹤琴教育文集(下)[M]. 北京：北京出版社，1985.

③ 高敬. 幼儿园课程[M]. 杭州：浙江教育出版社，2010.

④ 朱家雄. 幼儿园课程[M]. 上海：华东师范大学出版社，2011.

步主义理念,其代表人物是杜威、皮亚杰等人。这种理念是把教育看作帮助儿童通过与物质和社会环境的交互作用而达到的较高发展水平。这种理念认为教师应该成为儿童发展的专家。按照进步主义理念的观点,幼儿园课程应根据儿童的发展水平,由教师为幼儿提供活动的经验,使他们在不同发展水平阶段都能得到发展。① 实际上,幼儿园课程在教育哲学、教育目的、儿童发展等方面会坚持相互对立的课程流派中的其中一个流派。课程理念一经确立后,课程目标、内容、方法和评价等课程各要素也就随之确立并在课程理念的统合下发挥各自的优势并形成一个协调的整体。

如果幼儿园课程理念强调教师的教学专业知识和技能的话,那么幼儿园课程常被视为学科或科目,课程目标就是以教育结果来取向,课程内容以系统的逻辑知识来加以组织和实施,课程评价则以客观结果为评价的标准。

如果幼儿园课程理念强调儿童的发展和一般能力的获得,那么幼儿园课程就视为儿童在幼儿园中所获得的全部经验。课程目标就以儿童在活动过程中获得的经验为目标,课程内容就以儿童的生活经验为主,课程的实施主要以个体或小组的方式进行,课程评价就以教师的自我批评为主开展。

学习任务

(1) 课程的内涵是什么?

(2) 课程的基本类型有哪些?

(3) 幼儿园课程的含义是什么?

(4) 幼儿园课程有哪些特点?

(5) 幼儿园课程的本质与性质是什么?

扩展阅读

美国的早期开端计划

美国国会于1994年修改了开端计划,将针对婴幼儿的服务包括在其中,因此开创了早期开端计划。早期开端计划的任务是促进怀孕妇女的产前健康、加快婴幼儿的发展、促进有婴幼儿家庭的健康发展、完善家庭职能(Jerald,2000)。早期开端计划一直在迅速地发展,从1995年的68个项目发展到2005年的650个项目,服务于至少62000个家庭。

1994年,在帮助设计新一轮的开端计划创新中,婴幼儿家庭咨询委员会表达了它们的愿景:所有从出生到3岁的幼儿都需要儿童早期发展经验,这一经验可以显现他们独特的性格,提供关爱、温暖和积极的学习经验;所有的家庭需要来自社区的鼓励与支持,以达到他们的目标和为他们年幼的孩子提供一个安全的培养环境。这一认可,指导着新的早期开端计划的设计(Fenichel & Mann,2001)。

婴幼儿家庭咨询委员会指出了维持项目质量的四个基石(Fenichel & Mann,2001):

儿童发展:提供个性化支持以显现独特个性及婴幼儿的身体、社会性、感情、认知、语

---

① Kohlberg,L. & Mayer,R. Development as the aim of education. Harvard Education Review,1972(42), pp. 449-496.

言发展，包括早期教育和卫生保健。

家庭发展：运用个性化家庭发展计划以关注父母与子女间的关系、家庭环境、家庭职能、家庭健康、父母参与和经济自给能力。

社区建设：提高儿童保育质量、促进社区合作、文化赞同服务的整合和为婴幼儿的家庭提供支持。

职员发展：需要训练有素和高薪的职员，以使项目质量不会受到损害。

早期开端计划服务将要包括家里、家外有质量的早期教育；父母教育；综合服务和心理健康服务，包括为孕前、孕中、孕后妇女提供服务；营养教育；家庭援助服务。像开端计划为年龄较大的儿童提供服务那样，早期开端计划通过家庭保育点以及这两项选择的结合为儿童和家庭提供全面的儿童发展服务。儿童教师和其他早期开端计划职员会为参与基于中心项目的孩子和家庭提供额外的家访。家庭保育点项目，会为孩子和家庭提供每周一次的家访和每月两次的社会经验支持。另外，本地设计的家庭儿童保育选择使得有资格的保育人员在家里保育孩子。

（摘自：蒙·科克伦．儿童早期教育体系的政策研究[M]．王海英，等译．南京：江苏教育出版社，2011.）

第二章 幼儿园课程模式

幼儿园教育属于非义务教育，相对于其他年龄段的课程更具有灵活性和多样性，以此来抗衡市场的激烈竞争。国内外学前教育领域曾经出现过许多较有影响的课程模式，并在幼儿园教育中得到了不同程度的应用与推广，甚至产生了深远的影响。了解国内外幼儿园课程的经典模式，有助于幼儿园(准)教师树立正确的幼儿园课程理念。

第一节　课程模式概述

一、课程模式的内涵

不同的学者对课程模式有不同的理解。我国学者认为，课程模式是在课程发展过程中根据某种思想或理论，选择和组织教学内容、教学方法、教学管理手段以及制定教学评价原则而形成的一种形式系统。[①]课程模式就是以典型的和简约的方式表达课程范式。西方早期教育学者认为，课程模式就是对在早期教育机构的实践中可以被复制或仿效的方案的典型描述。作为一种可参考的模式，它提供了课程决策的框架。[②]如美国早期教育课程模式的代表人物埃利斯·伊文斯(Ellis Evans)认为，课程模式是对宏大的教育方案中基本的哲学要素、管理要素与教学要素的理想性概括，它包含了内部连贯一致的陈述。[③]归纳起来，课程模式在结构上具有一定的系统性并且由一定的基本要素构成，是在一定的

---

① 顾明远. 教育大词典(上)[M]. 增订合编本2. 上海：上海教育出版社，1998.

② Goffin S. G., Wilson C. Curriculum Models and Early Children Education[M]. Ohio: Merrill Prentice Hall, 2001, p. 1.

③ Evans, E. D. Curriculum Models. In B. Spodek(Ed.). Handbook of Research in early Childhood Education. New York: Teachers College Press, 1982, p. 107.

教育思想或教育理论基础上发展起来的并且其构成要素与其思想或理论具有紧密关系的课程范式。

二、课程模式的基本构成

按照美国早期课程模式研究的代表人物伊文斯的观点，课程模式包括基本的哲学要素、管理要素和教学要素。为了清楚地了解课程模式，此处仅从课程结构上去阐述课程模式的基本要素。

（一）课程模式的主题

每一个课程模式都有与众不同的课程理念和课程思想。这种富有个性的课程理念与课程思想就是课程主题。一个模式是否成熟的关键是其主题是否独特、有针对性和代表性，是否能满足特定教育环境的需要。因此，主题的不断完善就是课程模式不断成熟的过程。从这一点来看，模式主题理所当然地成为课程模式的核心内容。

（二）功能目标与内容结构的设定

每种课程模式都会根据课程的主题来设定功能目标和内容结构。从某种意义上讲，课程模式的核心是课程模式的主题，课程模式的主要构成是功能目标与内容结构的设定。模式功能目标的设定是内容结构的基础，它直接按照模式主题的要求，规定内容结构的方向。所以，课程功能目标的设定是课程模式主题与课程内容结构的桥梁，是把模式主题转化为内容结构。

（三）模式的支持系统与应用环境

每种课程模式都会有自己的特点以及自己的支持系统。如教师人格发展，都会有相关的支持系统（包括家长的理解、园长的帮助、家人的关心等）。每种支持系统都会有它的特殊要求。

除了支持系统外，课程模式还与社会文化有着极为紧密的联系。每一种课程模式，都是在一定的政治、经济、文化背景下产生和发展起来的，都会受其社会历史条件的影响。课程模式在实施过程中甚至会受到社会历史条件的限制。所以，课程模式的正常实施必须要有一个适合它的教育环境。适合课程模式的教育环境就构成了课程模式的基本要素之一。

三、课程模式的建构方式

课程模式在建构过程中主要有归纳式和演绎式两种。归纳式是课程专家在对已经实施的课程进行整理、总结、分析课程实践有用经验的基础上，形成一个具有特色的主题和课程结构，最后形成一种课程模式的方式。演绎式则是课程专家根据某个理论，再分析其应该适合的教育环境，确定课程主题，然后编制内容结构，最后形成的一种课程模式。这两种课程模式的建构要根据课程提供的条件进行选择，继而编制出适合幼儿园的课程模式。

第二节　国内幼儿园课程的经典模式

我国幼儿园的课程模式在建构时用到了归纳式和演绎式两种建构方式。但我国主要以演绎式的建构方式为主,同时结合各自教育环境的实际情况进行不同的课程实验而总结出归纳式课程。其中最有影响力的主要有“五指活动”课程模式、行为课程模式、社会化课程模式、生活教育课程模式。

一、“五指活动”课程模式

“五指活动”课程模式是我国现代教育史上著名的儿童心理学家、儿童教育家陈鹤琴(1892—1982)建构起来的,是一个系统的、完整的课程组织。他是在吸取西方杜威的进步主义教育思想,同时结合我国实情,于1923年在南京创办了鼓楼幼稚园,亲自实践经他改造过的课程理论,形成了一套适合我国国情的本土化的课程模式。

(一)“五指活动”课程模式的产生

20世纪20年代,我国的幼儿园课程出现了很多问题。1924年,陈鹤琴在其著作《现今幼稚教育之弊病》中指出:“我们中国的幼稚园大抵是抄袭外人的,而外人的幼稚园已时有改进,但我们还是墨守成规,不知改良,以致陈旧腐败,不堪闻问了。”[①]因此,陈鹤琴呼吁改革当时现有的幼稚教育,探索出适合中国国情的幼儿园课程模式。陈鹤琴借鉴杜威的观点:“知识是通过经验习得的,经验是教育过程的核心,儿童获得的经验是自己发现的。”他在此基础上提出了“活教育”的理论主题。“活教育”的理论以“做人”为核心,包括“做人”“做中国人”“做现代中国人”的课程目的设想;“大自然大社会都是活教材”的课程思想;“做中教、做中学、做中求进步”的方法等。陈鹤琴在“活教育”理论基础上建构了“五指活动”课程模式。

(二)“五指活动”课程的结构

陈鹤琴认为幼稚园应该以充分体现儿童个性的活动为中心。因此,陈鹤琴很重视研究儿童应该学什么,教师应该教什么和怎样教等课程编制的原则、编制的方法以及课程应该如何实施和评价等问题。他在改造杜威的教育思想基础上提出了适合中国国情的“五指活动”课程。这些影响主要表现在该课程的目标、内容以及实施等方面。

1.“五指活动”课程的目标

陈鹤琴认为,中国传统的教育严重束缚了人们的思想,把书看作是唯一的教育教材,把“读书”和“教书”看作是教学的全部内容,形成了读死书、死读书的呆板现象。因此,陈鹤琴在此基础上提出了“活教育”,即坚持生活原则和儿童中心的原则。也就是说教育要与儿童的生活实际相结合,用适应目前的生活需要的方法,应以儿童未来的生活为目标,面对大自然、大社会去教儿童,最终把儿童培养成人,即陈鹤琴的“做人教育”。这也是陈鹤琴的“五指活动”课程的目标。

---

① 北京市教育科学研究所.陈鹤琴教育文集(下)[M].北京:北京出版社,1985.

陈鹤琴还对"做人"教育目标的实现提出了以下五个基本条件：第一，要具备健康的体魄，包括形成健康体魄的习惯和培养一定的运动技能。第二，要具备建设的能力。陈鹤琴认为，这是满足国家建设的需要。第三，要具备创造的能力。第四，要具备合作的意识。陈鹤琴认为，中国人的合作意识很差，从小就要进行合作意识的培养。第五，要具备服务意识。可见，陈鹤琴的"五指活动"课程目标包括了儿童的身体和心理两个方面，从最基本的做人目标逐渐向高级的做现代中国人的目标迈进，符合中国培养"完整人"的要求。

2. "五指活动"课程的内容

陈鹤琴认为儿童所接触的范围很广，成人不可能不加选择地就将所有的知识教给幼儿。所以，儿童所学的内容和有能力学的内容是该经过选择而形成一个完整系统的知识教给幼儿，并且使这些知识形成相互关联的系统组织。陈鹤琴认为，这些系统组织的知识应该以儿童所接触的"大自然""大社会"为幼稚园的课程中心，也是儿童的活教材。陈鹤琴从"大自然""大社会"为出发点，建构了"五指活动"课程的内容。

(1) 健康活动：吃饭、睡觉、盥洗、早操、散步等。

(2) 艺术活动：音乐(唱歌、欣赏、节奏)、图画、手工等。

(3) 语文活动：故事、儿歌、谜语等。

(4) 社会活动：朝夕会、周会、每天的谈话等。

(5) 科学活动：种植植物、饲养动物、观察自然、认识环境等。

陈鹤琴认为健康活动对儿童的发展是最重要的，因为有了强健的身体才能有建设国家的能力。他还强调幼儿园要特别重视音乐学习。他认为儿童到三四岁的时候，其唱歌的能力发展特别快，对音乐的兴趣也非常浓。因此，成人要重视儿童音乐能力的培养，用音乐来陶冶儿童的性情，唤起儿童合作、爱国等精神。虽然陈鹤琴对这"五指活动"课程的内容有所侧重，但他认为，这五个方面的内容就像人的五个手指一样，是一个整体，互相联系，是帮助个体抒发知、情、意的一种工具，因此称为"五指活动"。用这个概念来说明幼儿园课程的整体性和不可分离性，共同为儿童的身心发展发挥不同的作用。

3. "五指活动"课程的实施

陈鹤琴为"五指活动"课程实施明确地提出了编制教材的三原则，即儿童能够学的且有益的，以儿童的经验为依据的，所有能使儿童适应社会的。他还提出了课程编制的三个方法，即圆周法、直进法、混合法。圆周法就是各班建构相同的主题，但具体实施时应按照儿童的不同年龄采取由浅入深的不同方法。直进法按照儿童不同年龄分别实施儿童生活中所接触到的事物。混合法就是将圆周法和直进法同时使用。此处着重介绍陈鹤琴提出的课程编制原则和"做中学"的教学方法。

1) 课程编制的原则

陈鹤琴在 1951 年的论文《幼稚园的课程》中提出了适合我国国情的幼稚园课程编制的十条原则：民族性、科学性、大众性、儿童性、连续发展性、现实性、适合性、教育性、陶冶性、言语性。其中，他重点阐述了民族性、适合性、教育性三条原则。陈鹤琴把幼儿园课程编制的民族性作为第一个课程编制原则。他对当时中国幼稚园课程完全美国化提出了严厉的批判。他认为幼稚生听的故事是美国的，唱的歌是美国的，玩的玩具也是美国的，教学方法也是美国的。因为两国的孩子生活的历史背景和环境都不同，这不符合中国的国情。因此,中国可以用自己国家的教育资源,如中国自己的儿歌、童谣、自己的乐器(古筝、萧、琵琶、笛子等)。陈鹤琴也着重阐述了课程编制要遵循适合性原则。他认为课程编制要注重儿童的需要,要考虑儿童的心理特点以及兴趣爱好等。课程设置一定要适合幼儿的学习特点如好玩、好模仿、喜欢被表扬等。这样才能满足儿童的身心特点及发展需要。陈鹤琴也强调课程编制要遵循教育性原则。他认为课程编制的出发点是为了培养优良品质的儿童,因此,幼儿园课程要紧紧围绕教育目标来展开。

2)“五指活动”课程实施的方法

“五指活动”课程是在杜威的教育思想(教育即生活、教育即生长、教育即经验)基础上结合中国国情改造过来的。该课程重视儿童通过与环境相互作用后获得的生活经验,强调儿童在生活中学习的方式。陈鹤琴反对幼儿园的教与儿童的现实生活割裂开来。因此,他强调儿童以游戏的方法和小组教学的方法进行教育,以“做中学、做中教、做中求进步”①为原则来实施课程。陈鹤琴甚至将儿童的“做”作为“五指活动”课程实施的基本原则。他认为这是儿童探究世界和一切学习的方式。凡是儿童身体的训练和经验的习得都需要去“做”。因此,陈鹤琴主张凡是儿童自己能够做的事情就要让儿童自己去完成。

二、行为课程模式

我国著名学前教育家张雪门(1891—1973)于1912年在浙江鄞县私立星萌小学当校长。1918年,张雪门和几个朋友在当时的宁波市兴办了第一个私立幼稚园——“星萌幼稚园”。从此,他开始了对幼稚教育的研究生涯。20世纪50年代张雪门提出了幼稚教育生活化、幼儿生活化,并在杜威的进步主义教育思想和陶行知的“知行合一”的基础上形成了著名的“行为课程”模式。“行为课程”就是“生活即教育”。行为课程中的“行为”,就是指的“行动”“活动”“做”,强调儿童必须通过行为来学习,在“做中学”。他认为行为课程首先要注重儿童的实际行为,“凡扫地、抹桌、养鸡、养蚕、种植花草蔬果等,只要幼儿能自己做的,都应该让幼儿去做。只有从行动中所得到的认识,才是真实的知识;从行为中所发生的困难,才是真实的问题;从行动中所获得的胜利,才是真实的制驭环境的能力。”②他跟陈鹤琴的观点都主张儿童的活动,做中学,但不同之处在于他更强调实际行为,而陈鹤琴更强调游戏。从总体上讲,张雪门的行为课程模式有一套完整的系统组织,包括行为课程的目标、行为课程的内容、行为课程的编制原则和实施原则。

(一)行为课程的目标

张雪门认为:“幼稚园课程的目的,在于联络孩子们的旧观念,以引起其新观念,更谋其旧观念的打破,新经验的建设。”他认为,成人的需要不能等同于儿童的需要,成人的经验也不能作为儿童的经验。因此,幼儿时期应首先满足个体的需要,其次才是满足社会的需要。幼儿园的课程目标是以满足儿童个体身心发展的需要,培养儿童生活的能力,使儿童掌握更多经验等。

---

① 陈鹤琴.创建中国化科学化的现代幼儿教育[M].北京:金城出版社,2002.

② 戴自庵.张雪门幼儿教育文集(下卷)[M].北京:北京少年儿童出版社,1994.

（二）行为课程的内容

张雪门认为，幼稚园课程的内容主要来源于儿童直接的活动，也就是从儿童的生活环境进行收集、选择、组织而成。儿童的直接活动有：儿童的自发活动；儿童与自然界接触而产生的活动；儿童与周围人和事接触而产生的活动，人类的智慧活动而产生的合乎儿童需要的经验。这些直接活动都是需要经过精心选择的，要符合客观标准。

行为课程的具体内容有以下几个方面：幼儿的游戏活动、自然活动、社会活动、工作和美术活动、音乐活动、言语活动、常识活动等。这些具体内容是要以行为为中心，以单元来进行设计与教学的。单元活动的时间大致安排一周。

（三）行为课程的编制原则和实施原则

张雪门一直都很重视幼稚园课程的研究。他认为课程的编制要紧紧围绕幼儿的经验并遵循以下一些原则。

1. 整体性原则

张雪门认为，一切能引起幼儿关注的事物都可以作为幼儿的生活，幼儿在生活中所获得的经验都不能像小学到大学那样分成国文、算术、地理等学科。幼儿的经验应打破学科界限，让各种科目的学习内容都成为一个整体，构成一种整体活动，完整地在幼儿生活中进行。

2. 偏重直接经验的原则

经验可以分为直接经验和间接经验。张雪门认为儿童的经验属于直接经验，“儿童自己直接的生活，发现学习的动机，是非凡的自然。其学习也，不论尝试，不论直接参与，不论模仿，都有切实的内容。”[①]幼儿园要偏重儿童通过亲身活动获得的直接经验，因为直接经验对儿童的发展更有价值。而间接经验要与文字和语言打交道，儿童又不具备语言能力，不可能掌握大量的间接经验。幼儿只有掌握了丰富的直接经验，才能为进一步学习间接经验打下良好的基础。

3. 偏重个体发展的原则

教育促进个体身心健康发展，使个体成为社会所需要的人，进而教育也促进了社会的发展。张雪门认为，教育促进个体的发展是满足了个体的需要，相对于满足社会的需要而言，幼儿园时期，个体的发展更为重要。行为课程除了上述三个课程的编制原则外。张雪门还主张行为课程实施时要遵循以下两个原则：一是课程设置要精选；二是课程设置要让儿童在活动的同时，培养儿童的心智和情感。

三、社会化课程模式

我国著名幼儿教育家张宗麟（1899—1976）是我国幼儿教育历史上第一位男性幼儿教师，出生于浙江绍兴，先后在陈鹤琴创办的南京鼓楼幼稚园和陶行知创办的晓庄学校工作，主要任务是协助、调研和实验。1985 年，由后人编辑的《张宗麟幼儿教育论集》在湖南教育出版社出版。该论文集充分体现了张宗麟的幼儿教育思想，他对幼儿教育课程本质的认识，以及他对幼儿园课程内容的研究。其中，张宗麟的课程研究的重要贡献在于他提

① 戴自庵. 张雪门幼儿教育文集[M]. 北京：北京少年儿童出版社，1994.

出的社会化的课程模式。该课程模式是典型的归纳式的课程建构方式。

(一)幼儿园课程的性质是社会化的

20 世纪 30 年代张宗麟在他的《幼稚园的社会》一书中提出幼稚园各种活动都应该是社会性的。因为教育的最终目的是要把儿童培养成适合某种社会生活的人。故在幼儿园不仅要设置“社会”这一科目,还要把幼儿园的一切活动看成是社会性的活动。甚至研究“自然”也要放在社会中去研究与人紧密接触的自然。因此,张宗麟认为幼儿园的课程是社会化的课程。

(二)社会化幼儿园课程的依据

张宗麟认为,幼儿园课程的设置有两个依据:一是儿童社会;二是成人社会。这两种社会是不同的。社会是复杂的,但幼儿年龄小,掌握的社会经验少,要理解整个社会是做不到的。因此,在设置课程时需要了解幼稚生的社会认知水平。张宗麟认为,幼稚生的社会相当于其生活现状。这种生活现状是由直接经验组成的社会。因此,成人要以儿童的认知水平去认识儿童的社会,而不要强行把儿童拉进成人的社会,否则,儿童不会理解的。

(三)社会化幼儿园课程的内容

对于社会化的幼儿园课程内容,张宗麟提出了以下几个方面。第一,关于吃饭、穿衣、睡觉、在外活动等基本的生活需要和卫生方法以及跟生活相关的家庭、邻居、邮局、公园等社会组织的认识等;第二,日常礼仪的训练;第三,重要节日活动的举办;第四,身体各部位的认识和最基本的卫生规律;第五,健康和清洁卫生;第六,对党旗、国旗等的认识;第七,集体活动。

(四)社会化幼儿园课程的实施

为了更好地促进幼儿社会性的发展,张宗麟认为,社会化幼儿园课程的实施应该遵循教育学原则和心理学原则。他认为,第一,在实施社会化幼儿园课程时,要将儿童的实际生活与学校生活结合起来;第二,既要注意儿童的个体学习,又要注意儿童之间的团结协作;第三,教师的角色是儿童的朋友;第四,培养儿童的成就感;第五,培养儿童的坚持性;第六,激发儿童对亲社会行为的兴趣;第七,对不同社会行为的交替培养。

张宗麟对社会化幼儿园课程的实施还提出了两种具体的做法,第一种做法是在社会化活动开展之前,教师要注意观察儿童的动作和临时发生的危险,以便有效进行指导;第二种做法是活动正在进行时,教师要为儿童准备丰富的材料和玩具,但材料或玩具不必买现成的;教师要鼓励儿童自由活动,同时要对儿童的活动给予指导;教师要掌握好活动的节奏,知道什么时候该结束,什么时候该总结。

四、生活教育课程模式

陶行知(1891—1946)是我国第一位乡村幼儿教育的开拓者与实践者。他创办的燕子矶幼儿园是我国第一个乡村幼儿园。随后,他又创办了和平门幼稚园、迈皋桥幼稚园、新安幼稚园和上海劳工幼儿团,自此掀起了幼稚园教育平民化运动。因此,毛泽东称他为“伟大的人民教育家”。陶行知除了提出和推广乡村幼稚教育外,他对幼稚教育的突出贡献还在于提出了生活教育幼儿园课程模式。他的生活教育课程理念既是世界教育的一个发展趋势,又是我国当前所倡导的幼儿园课程生活化的一个基本依据。

陶行知认为当时的中国教育以课本教材为中心是一种脱离生活的死教育。他认为教育与生活在同一个过程中,教育只有和生活联系起来才有意义。因此陶行知提出了教育寓于生活中,用生活来进行教育。他的生活教育观点有以下几个方面。第一,生活是教育的大课堂,儿童要走进大自然、大社会中去进行实践性学习;第二,生活为教育提供了丰富的资源,以前是把课程与教材当作儿童的全部世界,现在要把世界当作儿童的教材与课程;第三,生活中的人们都可以是教师,向生活学习,就是向生活中的人们学习。由此可见,陶行知的生活教育课程模式是以一个很开阔的视野来看待幼儿园课程的。陶行知的生活教育课程模式主要由以下几个方面来建构。

(一) 生活教育课程的目标

陶行知认为幼儿园的教育是要"教做主人、做自己的主人、做国家的主人、做世界的主人"。这就是陶行知的生活教育课程的目标,教师教育儿童要有生活向上、向前积极发展的态度,不但要具有生活能力,还要有创造能力等,成为全面发展的人。

(二) 生活教育课程的内容

陶行知认为生活教育课程的内容要始终围绕生活,来源于生活,以及儿童周围的人、事、物等即人类生活的所有内容。他主张收集自然现象、社会现象、儿歌、童谣、游戏等作为幼儿的教材内容。儿童感兴趣的素材是儿童生活中的材料,如沙、石等自然物,废纸、废书等废弃物等都是儿童好的素材。陶行知主张从幼儿生活中收集到的内容组织成一定的结构以年、月、周、日为时间单位进行设置,并且在设置时要考虑到儿童的兴趣和幼儿学习的实际情况。

(三) 生活教育课程的实施

陶行知所主张的生活教育课程是以"教学做合一"的方式进行的。"教学做合一"是对过去整套教育教学方法的彻底否定,是生活教育课程所实施的一种方法。"教学做合一"是一个以做为中心的统一整体,教的方法要以学的方法为依据,学的方法要以做的方法为依据,生活中怎么做的,那教师就该怎么去教。

陶行知在他的生活教育课程实施中,除了提出"教学做合一"的方法外,还提出了以儿童为主体地位的"六大解放",即解放儿童的双眼,使他们能够观察事物;解放儿童的头脑,使他们能够思考;解放儿童的嘴巴,使他们能够说话;解放儿童的双手,使他们能够游戏与做事;解放儿童的时间,使他们能够做自己想做的事;解放儿童的空间,使他们能够随意歌唱。陶行知的"六大解放"足见其教育理念的开放性与包容性。

第三节 国外幼儿园课程的经典模式

国外在早期教育课程实践与研究中,积累了丰富的研究成果,并形成了许多可以借鉴的幼儿园课程模式,对该国和其他国家产生了深远的影响。比较有代表性的有蒙台梭利课程模式、瑞吉欧课程模式、斑克街早期儿童教育课程模式、方案教学课程模式等。

一、蒙台梭利课程模式

蒙台梭利(Maria Montessori,1870—1952)是意大利著名的儿童教育家,也是世界著名的学前教育家还是意大利第一个获得医学博士的女性。她在治疗残障儿童过程中总结出经验运用于正常儿童的教育,并在 1907 年 1 月在罗马创办了第一所幼儿学校——“儿童之家”。1909 年蒙台梭利撰写的《蒙台梭利教学法》和 1933 年撰写的《童年的秘密》等著作都充分地体现出以感官教育为基础的幼儿园课程模式。该课程模式到今天为止在世界范围内的影响都是非常深远的。

(一)蒙台梭利课程模式的思想

蒙台梭利课程模式:儿童观

蒙台梭利的儿童观思想来源广,如福禄倍尔、卢梭、裴斯泰洛齐等人的观点都影响过她,形成了其独具特色的儿童观和教育观。

1. 蒙台梭利的儿童观

蒙台梭利在对残障儿童和正常儿童的长期实验与研究中形成这样一个观点:儿童的发展有明显的特点和规律,教育要采取合适的方法,才可以取得好的效果。其中儿童的心理特点主要有生命的冲动、吸收力的心智和敏感期。

1) 生命的冲动

蒙台梭利认为儿童生来就有一种天赋的生命潜力和天然的感受力和创造力。这些对儿童未来的学习和发展具有关键作用。她在《童年的秘密》中说:儿童存在一种神秘的力量,这种力量给新生儿一种活力,使他成长,教他说话,最后达到完善。儿童的这种生命力的发展表现为自发的冲动,这种自发冲动是在自发活动中表现出来的。她认为,儿童的自发冲动是儿童学习的内驱力,能使幼儿不断产生自发学习的行为,从而促使儿童的心智不断地自然生长。

2) 吸收力的心智

蒙台梭利认为人有生理和心理两个胚胎期。只有心理胚胎期出现在人的 0~3 岁这段时间,是人类特有的。在她看来,从心理学的角度分析,儿童的心理能力和思维的发展是在一种天然的主动吸收外界信息的基础上,获得信息,最终形成心理胚胎期,促使心理逐渐成熟。

3) 敏感期

蒙台梭利在《童年的秘密》中首次提出儿童的发展具有“敏感期”的观点。她认为“敏感期”是生物在发展时期具有的特殊能力,是一种积极的活动能量。“敏感期”是短暂的,过了儿童发展的特殊时期就会消失。因此,她主张在对儿童进行教育时要抓住敏感期,否则就会事倍功半。蒙台梭利发现:0~5 岁是儿童的感觉敏感期,1~4 岁是儿童秩序的敏感期,4~8 岁是儿童语言的敏感期,0~6 岁是儿童动作的敏感期。

蒙台梭利课程模式:教育观

2. 蒙台梭利的教育观

蒙台梭利认为,教育要遵循儿童的生长规律。其教育观主要提出了自由教育和有准备的教育两个方面。

1) 自由教育

自由教育是蒙台梭利在儿童发展的吸收力心智和敏感期理论的基础上提出来的。她认为儿童的发展是有自然顺序的，教育要引导儿童自主发展。蒙台梭利还主张成人要尊重儿童的人格和权利。儿童有权利选择自己的学习内容，也有权利决定自己的学习所取得的成绩。蒙台梭利还主张进行“不教的教育”，让儿童进行自我教育，最后实现自我发展。

2）有准备的教育

蒙台梭利极其重视环境和教师对儿童的影响。根据吸收力心智的影响，儿童会主动从环境中去获得信息，因此，成人要为儿童选择合适的环境来促进儿童的成长，即为儿童提供有准备的环境。蒙台梭利认为有准备的环境包括教师为儿童准备的物质环境和精神环境两个方面。蒙台梭利认为有准备的物质环境指“儿童之家”要为儿童提供丰富的教具和刺激，让儿童在环境中能够自由进行操作和学习。她所指的教具是根据生活中的器具按照比例进行缩小以方便儿童操作，从而学习到实际生活中的内容。蒙台梭利认为有准备的精神环境是指儿童与教师或者同伴之间处于平等的、融洽的氛围中。教师在儿童之家的角色是指导者、合作者、倾听者。

（二）蒙台梭利课程模式的目标

蒙台梭利的教育理论基础来自生理和心理两个方面。这对培养完整人格的儿童和建设理想的和平世界提供了可能。蒙台梭利认为儿童的发展有自我教育的能力，这种能力为儿童健全人格的培养提供了可能。教师的任务就是要清楚地知道健全人格培养需要什么样的良好外界环境，以保证儿童能从教师提供的环境中去获取信息。蒙台梭利还特别强调儿童的秩序感和规则意识，希望儿童具有遵守纪律、爱好和平、建设理想的和平世界的良好品质。

（三）蒙台梭利课程模式的内容

蒙台梭利根据她本人提出的儿童观和教育观，设置了以感官教育为核心的一系列教育内容，包括日常生活教育、感官教育、语言教育、数学教育和文化科学教育。

蒙台梭利课程模式：感官教育

1. 日常生活教育

日常生活教育是蒙台梭利课程模式中为其他学习打基础的教育。日常生活教育的具体内容包括：基本动作训练，如走、坐、跑、爬、跳、抓、夹等；社交行为训练，如不给别人添麻烦、移情思考、打招呼、谢谢、道歉等；照顾自己的训练，如穿衣、盥洗、刷牙、洗脸等；照料环境的训练，如扫地、擦桌子、开关窗户、整理床被、给花浇水等。

她设置日常生活教育的目的有以下四个方面。第一，儿童之家的空间是模仿家庭环境而布置的，使儿童获得安全感和舒适感，稳定儿童的情绪，从而安静地完成操作内容；第二，日常生活教育有助于儿童健全人格的形成。在日常生活教育中，儿童可以获得本民族和本国的文化内容，对他们健康人格和高级情感的形成有直接的帮助作用；第三，可以为儿童提供集体生活的机会。儿童在集体生活中能能够逐渐学习到与他人交往的技巧和规则。第四，儿童在日常生活教育中，能积累丰富的经验，促使其智力的发展。

2. 感官教育

蒙台梭利认为感官教育是课程内容的核心，是最有特色的课程内容。她认为儿童在3～6岁阶段是各种与智力发展有紧密关系的感觉逐步发展的时期，在这个时期儿童的所有的内在生命力必须受到外界环境的刺激才能得到充分的发挥。[①] 教育要从外界提供各种刺激物，使儿童的各种感觉能力得到很好的发展。具体感觉能力训练的内容包括：触觉、视觉、听觉、味觉和嗅觉五种。感官教具由 16 种构成，归纳起来跟五种感官相关的主要有：触觉训练用的触觉板[图 2-1(a)]、布盒[图 2-1(b)]；视觉训练用的颜色盒、立体嵌板、粉红塔[图 2-2(a)]、几何体[图 2-2(b)]、色棒等；听觉训练用的音筒[图 2-3(a)]和发音盒[图 2-3(b)]、音符板、乐感铃等；味觉训练用的味觉瓶(图 2-4)；嗅觉训练用的嗅觉瓶(图 2-5)。这五种感官教育并不是孤立的，而是让儿童的经验不断积累，为进一步的智力发展提供条件。后来学者们将蒙台梭利感官教育教具称为“蒙台梭利教具”。这些图是蒙台梭利教具部分图例。

(a) (b)

图 2-1 触觉教具(触觉板、布盒)

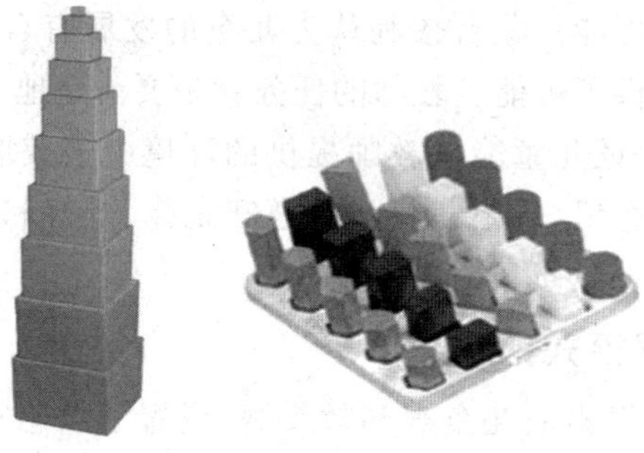

(a) (b)

图 2-2 视觉教具(粉红塔、几何体阶梯)

(a) (b)

图 2-3 听觉教具(音筒、发音盒)

图 2-4 味觉瓶

图 2-5 嗅觉瓶

幼儿园在使用蒙台梭利教具时，建议教师规范幼儿使用蒙台梭利教具，让幼儿能够知道蒙台梭利教具的名称，让幼儿掌握教具的正确使用方法，目的是为了帮助幼儿提升认知

① 高敬.幼儿园课程[M].杭州：浙江教育出版社，2010.

水平。尽管蒙台梭利强调工作，培养幼儿的专注力，但幼儿玩过蒙台梭利教具后，教师应该组织幼儿交流“工作”后的经验或体会，加强师幼之间、幼儿之间的互动。否则，幼儿缺乏沟通机会，这不利于幼儿的全面发展。幼儿园要组织教师定期清点和清洁蒙台梭利教具。清点蒙台梭利教具的好处是为了避免损坏的教具在下次使用时伤害到幼儿。清点蒙台梭利教具是为了保证蒙台梭利教具的安全性。例如，有的幼儿将串珠藏在书包里万一被吞食等。

3. 语言教育

语言教育是一个复杂的学习，属于高层次的学习，其最终目的是与数学教育等一起培养儿童的良好学习态度和完整人格。蒙台梭利把语言教育按照“听说读写”顺序进行。听说部分主要用耳朵去听懂别人讲的话并能用自己的理解表达出自己的想法。教师和成人要为儿童提供有准备的环境的刺激，让儿童多听、多看、多说，可以用分类卡游戏、语言游戏、讲故事、背诵诗歌等来实现。读的部分采用命名、辨别、发音三个阶段来教儿童。写的部分可以用注音符号砂纸版、砂纸字母、金属嵌版、书卡等来让儿童通过观察来学习。

4. 数学教育

数学教育是蒙台梭利课程内容中除了感官教育外，仍然很有特色的部分内容。蒙台梭利设计了大量的数学常识内容，她认为儿童在3岁以前就已经开始学习数学。因此，蒙台梭利在儿童之家设计了十进制转换、四则运算、平方立方等知识，孩子也能学懂。蒙台梭利还为不同的数学内容设计了相关教具，如数棒、数卡、砂纸数字板、彩色串珠等，以此来帮助幼儿轻松愉快地学习数学。

5. 文化科学教育

蒙台梭利所设置的文化科学教育的内容十分广泛，包括天文、历史、地理、动物、植物、音乐等方面的知识经验。她设置文化科学教育知识的目的是为了让儿童了解本民族文化习俗，优良传统，了解周围的环境跟儿童自己的关系等。蒙台梭利还为这些文化科学教育设置了艺术卡片、矿石标本、动植物标本等，还设置了挖宝藏和考古等许多活动，让儿童在丰富多彩的形式下学习文化科学知识。

（四）蒙台梭利课程模式的实施

蒙台梭利在实施其课程内容时特别强调“工作”。她说：“活动、活动，我请你把这个思想当作关键和指南：作为关键，它给您揭示了儿童发展的秘密；作为指南，它给您指出了它遵循的道路。”[①]这里讲的活动就是蒙台梭利所主张的“作业”，又称“工作”。她认为，工作是人类的本能和人性的特征。幼儿期任何活动都是工作。蒙台梭利为工作提出四条法则，并指出了幼儿的工作与其游戏的关系。

1. 工作的法则

蒙台梭利所指的工作是那些身心协调、手脑结合的活动。她认为3～7岁幼儿的所有感觉训练和日常生活技能训练都称为工作。蒙台梭利对这些工作进行研究后发现，这些工作都遵循一些法则。

---

① 蒙台梭利. 蒙台梭利幼儿教育科学[M]. 任代文，译. 北京：人民教育出版社，1993.

1）秩序法则

蒙台梭利认为：秩序是各种物品与环境的关系，即每种物品在环境中都有一个适合自己的位置。儿童在工作中对每种物品的秩序都有一种偏好，都能清楚地认识到物品在环境中的位置。蒙台梭利在儿童之家发现，3 岁或 4 岁的孩子在玩完材料后会主动把物品放回原来的位置。

2）专心法则

蒙台梭利认为，儿童的工作是他们自己选择的，因此他们在工作中能做到更专心。她曾对一个 3 岁的小女孩进行观察，发现这个小女孩在操作材料时，蒙台梭利故意让其他小朋友在这个小女孩旁边唱歌、走动，结果这个小女孩并没有理会其他小朋友的干扰，仍然继续做她的工作。蒙台梭利将这个小女孩坐的椅子连同小女孩一起搬到一张桌子上，小女孩仍然抓住手中的材料平放在膝盖上，等蒙台梭利将她放在桌子上她又继续专心地操作。

3）自由法则

蒙台梭利认为，自由是儿童天生就有的权利。她在儿童之家发现，儿童在工作中能够自由地去选择材料，自由地工作。蒙台梭利发现，儿童自由工作能够增强其自信心，同时更能做到自我约束和自我控制。

4）独立法则

独立是指儿童在没有别人帮助下能够独自完成一件事情。蒙台梭利认为，儿童从出生开始就通过吸收、模仿和练习等使身心逐渐发展起来。儿童在这个发展过程中就在追求并让独立变成现实。儿童在成长过程中就渴望独立，不希望成人过多地帮助甚至是干预。

2. 工作与游戏的关系

蒙台梭利强调工作超过游戏。但她又不完全排斥游戏，并且主张要把握好二者的关系。蒙台梭利认为工作与游戏存在紧密的联系：第一，二者都服从本能的引导，即儿童有工作的本能，游戏有自发性的本能；第二，二者都强调活动及活动中的体验；第三，二者都强调儿童应自由与自主性地发展。工作与游戏也存在区别：游戏是假想的，把儿童引向不切实际的幻想，而工作才是儿童最喜欢和最主要的活动，得以培养身心全面发展的人。

二、瑞吉欧课程模式

瑞吉欧课程模式

瑞吉欧·艾米里亚是意大利北部的一个小镇。1945 年，洛里斯·马拉古兹（Loris Malaguzzi）和当地家长在没有任何资源的条件下建立了第一所学校。自此，瑞吉欧教育体系开始形成。在 1972 年，瑞吉欧·艾米里亚市政府通过了学校管理规则。学校教育的指导和控制权得到解决后，瑞吉欧最终建立了一个公共儿童保教体系，形成了一套特殊的、创新的教育哲学和教育理念、学校的管理方法以及环境设计的想法，成为一个有机的整体，人们将它称为瑞吉欧·艾米里亚教育体系。瑞吉欧教育体系的创造者们不同意将教育体系称为一种课程模式，但该教育体系已经包括了课程模式的结构，因此，在以下内容表达中将用瑞吉欧课程模式来阐述。该课程模式对世界的影响是非常大的。

（一）瑞吉欧课程模式的理论来源

美国心理学家加德纳在《儿童的一百种语言》中是这样评价瑞吉欧课程模式的。“不管一个教育模式或体系如何理想，它总是立足于当地的环境中，没有一个人能够把瑞吉欧的戴安娜(Diana)学校搬到美国的新英格兰地区，也没有人可以把杜威的新英格兰学校搬到瑞吉欧罗马格纳地区。”[①]瑞吉欧课程模式之所以有其独特性，这与它拥有独特的文化背景有关。该地区是艺术和建筑闻名的地方，环境优美，城市低失业率、低犯罪率、高收入、诚信有效的地方政府、低生育率等特点，号召大家有共同的责任来关注儿童。这种观念是孕育瑞吉欧课程模式的优质土壤。该课程模式在教育实践中受到进步主义思想和建构主义的影响。

1. 进步主义理论

19 世纪末 20 世纪初美国的进步主义思想的代表人物杜威提倡教育即生活、教育即生长、教育即经验。他主张儿童“做中学”和尊重儿童的观点。这为瑞吉欧课程模式的建立提供了理论基础，倡导从儿童出发，尊重儿童的人格。同时瑞吉欧课程模式还受美国进步主义者克伯屈的“方案教学法”的影响，主张发展以某个主题为核心的方案探索活动等。

2. 建构主义理论

瑞吉欧课程模式除了受进步主义的影响外，还受维果茨基的社会建构主义理论的影响。维果茨基认为，学习的主动建构具有社会性，并不是个人所为的，人与人之间的沟通是心理发展的源泉，教育就是促成了成人与儿童之间发生“社会共享”的集体学习。因此，瑞吉欧课程模式吸收了维果茨基提出的集体学习。此处的“集体”成员包括儿童自己，也包括儿童与相关的成人(家长、教师、社区成员等)。瑞吉欧课程模式还吸收了皮亚杰的建构主义理论。皮亚杰主张：“学习是一个主动建构的过程，知识是由外部刺激与主体认知结构相互作用的结果。”他主张教育要关注儿童的需要和原有的知识水平。因此，在瑞吉欧学校，儿童是主动学习者。

另外，瑞吉欧课程模式还受维果茨基的“最近发展区”和布朗芬・布伦纳的生态发展学、加德纳的多元智力理论等的影响。因此，瑞吉欧课程模式的创始人洛里斯・马拉古兹在广泛吸收前人的理论基础上，结合当地的文化背景，发展建立了独具特色的早期教育课程模式。

(二) 瑞吉欧课程模式的目标

瑞吉欧课程模式主张：“让儿童更健康、更聪明、更具潜力、更愿意学习、更好奇、更敏感、更具随机应变的能力，对象征语言更感兴趣、更能反省自己、更渴望友谊。”[②]可见，该课程模式的目标充分体现了其人文主义特色。该课程模式是为了促使儿童健康成长和提高适应社会生活的能力，并强调对儿童进行主动性与创造性等品质的培养。

(三) 瑞吉欧课程模式的内容

瑞吉欧课程模式的内容属于生成性和非预期性的。因此，瑞吉欧课程模式是没有固

---

① Edwards, C., Gandini, L., Forman, G. 儿童的一百种语言：瑞吉欧. 艾米里亚教育取向——进一步的回响[M]. 罗雅芬，等译. 台北：台湾心理出版社，2000.

② 马拉古兹. 儿童的一百种语言——意大利瑞吉欧方案教学报告书[M]. 张军红，等译. 台北：台湾光佑文化事业股份有限出版公司，1996.

定的教材,也没有明确的学习目标的。马拉古兹说:"因为我们确实知道的是,与幼儿在一起,三分之一是确定的,三分之二是不确定的或新的事物。"①因此,在设计课程时,教师要先了解儿童的兴趣、爱好、能力、需要等,只制定出一般的教育目标,不需要制定详细的教育目标。同时根据对儿童的了解并结合儿童、家长、社区、文化等因素考虑课程实施时可能会发生什么。该课程模式的课程主要来源是儿童周围的环境和儿童感兴趣的事物、现象和问题等,儿童的课程内容可以来源于儿童的游戏、家务活动或艺术活动等。

(四)瑞吉欧课程模式的实施

瑞吉欧课程模式的实施主要采取方案活动的方式和儿童与社区集体学习的方式来完成的。

1. 方案活动

瑞吉欧课程模式的主要构成是方案活动。方案活动的目标是"通过发展儿童的所有形式的语言来促进儿童教育的发展,这些语言包括:表现性语言、交流性语言、符号性语言、道德性语言、隐喻性语言、逻辑性语言、想象性语言和关系性语言。"②方案活动的目标主要通过以下三种形式来完成。

1)协商式活动

方案活动的开始、经过和结束三个阶段都是由教师与儿童一起协商完成。例如,在方案活动开始时,教师根据儿童的兴趣引发一个问题,由儿童与教师共同协商。在发展阶段教师引导儿童讨论,其中师生之间平等讨论是方案活动非常重视的,尤其注重儿童与他人分享自己的想法。在方案活动结束的阶段,教师提供儿童展示的机会,创造让儿童相互交流和分享经验的条件,教师帮助幼儿对整个方案活动的回忆和评价。可见,方案活动的过程就是师生之间协商的过程。

2)生成性评估

生成性评估的对象主要是针对方案活动的不同阶段进行的。例如,在方案活动开始的阶段,评估方案对儿童的学习能够提供哪些可能,具备哪些资源,这些活动对儿童的能力是否适合。在方案活动发展阶段,评估方案的进展如何,可以提出哪些问题,儿童在方案活动中可以用到哪些技能。在方案活动结束时,最后方案活动的成果怎样体现当初的计划,这些创造力怎样在作品中表现出来的等。可见,方案活动的评估是动态的,是对方案活动的整个过程进行评估的,进而使方案活动不断发展和完善。

3)持续性记录

持续性记录将方案活动的协商式活动和生成性评估内容记录下来,形成记录"档案",为教师和儿童在方案活动中出现的一切可能的问题加以关注和思考。在瑞吉欧课程模式中的记录更强调记录儿童在活动中所表现出来的经验、记忆和想法,包括儿童的作品、照片、成人的评语等。这种记录是在方案活动的整个过程中,因此具有持续性。

2. 集体学习

瑞吉欧课程模式中的"集体"不仅仅是儿童,还包括成人如家长、教师、社区成员等。

---

① Edwards, C., Gandini, L. & Forman, G. The Hundred Languages of Children[M]. London: Ablex Publishing Corporation, 1998, p. 61.

② 斯泰西·戈芬,凯瑟琳·威尔逊. 课程模式与早期教育[M]. 2版. 李敏谊,译. 北京:教育科学出版社,2008.

瑞吉欧课程模式的成功基础就是因为有不同社会人士的积极参与,构成了和谐的集体学习。其中,集体学习的较为突出的表现形式是社区参与和家庭参与。

1) 社区参与

参与是瑞吉欧小镇居民的"哲学"。社区参与是瑞吉欧课程模式中成功经验的一部分。社区参与管理是在1971年的国家学前教育方面的法律中确立的,其主要形式有咨询委员会。家长、教育者、市民每两年就会为每一所托儿所和幼儿园选举1~2名咨询委员会代表,服务于市托儿所和幼教部门,并与市长、市教育主管领导、早期教育主管领导、教研人员共同合作来管理和发展幼教事业。这种社区参与是持续性的,对家庭参与起到一定的促进作用。

2) 家庭参与

马拉古兹认为儿童最好的学习是从儿童自己和儿童的家庭那里发生的。因此,瑞吉欧课程模式非常重视家园联系,要求教师要尽可能地创造家园联系,同时要促进教师与家长之间的关系。例如,在瑞吉欧学校里,家长第一次送儿童入学时,甚至厨师都会参加家长的欢迎仪式,提供食物让家长品尝,让家长放心。

三、斑克街早期儿童教育课程模式

斑克街早期儿童教育课程模式又称为银行街早期教育模式。它是露西·米切尔(Lucy Sprague Mitchell)在亲戚的援助下创办的教育实验局,后来发展成了斑克街教育学院。1919年,约翰逊(Harriet Johnson)建起了斑克街儿童学校,后来该学校发展成斑克街教育学院的实验学校。1928年,拜伯(Barbara Biber)参与协助斑克街早期课程模式的实践与研究。1965年,美国的"开端计划"(head start),将斑克街学校由私立学校转变为公办学校,以帮助社会低收入家庭的儿童或文化处境不利家庭的儿童学习。1971年,斑克街早期儿童教育课程模式更名为"发展—互动模式"。目前,斑克街早期儿童教育课程模式仍然是美国重要的早期教育课程模式之一。该课程模式主张发展"完整儿童",为儿童提供良好的发展环境,重视家园合作,课程内容以主题的形式来整合儿童的经验。

(一) 斑克街早期儿童教育课程模式的理论来源

斑克街早期儿童教育课程模式的理论来源主要有以下三个方面。第一个理论来源弗洛伊德(Sigmund Freud)和安娜·弗洛伊德(Anna Freud)的精神分析理论、埃里克森(Erik H.Erikson)的心理动力学理论,主张把儿童放在社会背景中去激发他们的内在发展动力。第二个理论来源是皮亚杰(Jean Piaget)和温拿(Heinz Werner)等的儿童认知发展心理学理论,主张儿童的认知发展是有阶段性的。第三个理论来源是杜威(John Dewey)的进步主义教育理论,主张儿童在学校的学习要有意义,并且要与儿童的生活联系起来。斑克街早期儿童教育课程模式的明显特点是"发展—互动"。发展是儿童每天在日常生活中习得经验所积累的结果,是儿童对周围世界的变化以及成长的理解和反应方式。互动是指儿童与他身边环境的互动,这里的环境包括其他儿童、成人和物质环境。因此,斑克街早期儿童教育课程模式重视儿童学习的社会背景以及学习的本质的互动性。

(二) 斑克街早期儿童教育课程模式的目标

斑克街早期儿童教育课程模式的基本理念是把儿童放在社会背景中进行个性发展和

认知发展。因此，它的教育目标主要表现在以下几点。第一，培养儿童有效地作用环境的能力以及沟通能力和表达能力；第二，促进儿童的自主性发展和个性发展，包括自我认同、自主行动、自行抉择和承担责任和接受帮助的能力；第三，把儿童培养成具有良好社会品质的人，如能关心他人、有合作精神、对人友好等；第四，把儿童培养成具有创造能力的人。可见，斑克街早期儿童教育课程模式的目标是要培养身心等各方面共同发展的人，即培养"完整儿童(whole child)"，也就是其课程内容具有综合性。

（三）斑克街早期儿童教育课程模式的内容

斑克街早期儿童教育课程模式的课程内容是在整合儿童的已有经验，如美术、音乐、数学、科学、语言、运动等方面内容的基础上，以促进儿童对周围世界的了解。该课程模式强调那些相互联系的经验才是对儿童最有意义的。由于该课程目标强调儿童社会性方面的培养，因此其课程核心为"社会学习"，以社会学习的问题来设置综合性的课程主题。这些主题包括：人类与环境的互动；人类为生存而产生的从家庭到国家的各级社会单位及其与人的关系；人类世代相传；通过宗教、科学和艺术等了解生命的意义；个体和群体的行为；变化的世界。[①] 斑克街早期儿童教育课程模式的建构者们认为：儿童社会学习的最有效的方式是根据儿童的需要选择儿童自己的方式通过再创造的过程来获取经验。

（四）斑克街早期儿童教育课程模式的实施

斑克街早期儿童教育课程模式的实施工具是"课程轮"，轮的中央是主题，轮辐间的空间是活动区角或者活动的内容。该模式分为7个步骤来完成：围绕社会学习内容来选择主题；根据儿童发展特点确定课程目标；教师根据儿童学习的主题收集相关的资料；教师组织儿童开展与主题相关的活动；家长积极参与跟儿童相关的活动；教师有义务将活动推向高潮；教师要对活动进行观察和评价。

斑克街早期儿童教育课程模式的实施还特别强调环境创设对儿童学习的帮助。斑克街早期儿童教育课程模式是一个开放式的，其基本观点是教师需要为儿童提供一个良好的环境，儿童选择适合自己的活动进行学习。该模式重视空间的规划即教师将教室划分为不同主题的区角。该模式的实施有一定顺序的时间安排。在课程模式实施的整个过程中，儿童的学习都是主动的。该课程模式还强调教师灵活性的发挥，即教师可以把自己设计的教学计划与儿童生成的活动交替进行。

四、方案教学课程模式

方案教学课程模式是由美国著名的儿童教育家凯兹(L. G. Katz)和查德(S. C. Chard)提出来的。他们认为，当时的许多幼儿园教育活动通过纸和笔来完成的书面任务都不能满足幼儿的兴趣。因此，他们主张让儿童在探索和不断积累经验的方式来学习。儿童学习获得的经验能够帮助儿童适应社会和交际能力的发展和良好性格、行为习惯的养成。凯兹和查德在他们的著作《探索孩子心灵世界——方案教学的理论与实务》中说："但是学术化或游戏化的课程对年幼的孩子都是不够的。因为这两者均未能充分挑战孩子的心智……我们认为真正符合发展原理的课程应该要强调心智目标，因此我们倡导方

① 朱家雄. 幼儿园课程[M]. 上海：华东师范大学出版社，2011.

案教学。"[①]方案教学是指教师确定主题的依据是儿童的生活经验和兴趣，以确定的主题为中心，通过概念的方式将知识展开，编制主题网络，让儿童通过自己的学习，去探索概念的含义。其基本要素是解决儿童真实生活中的问题和以小组为单位共同对主题进行长时间的深入探究。方案教学更强调儿童对主题的探究，并在探究过程中培养解决问题的技能等。但是，方案教学没有统一的操作模式，需要教师掌握丰富的知识和教学技能以及依靠教师的聪明才智才能顺利完成。

（一）方案教学课程模式的理论来源

凯兹和查德并不是方案教学的首次提出者，他们只是在20世纪80年代后期再次倡导而已。方案教学是进步主义教育运动中的一个重要内容。克伯屈在1918年的《方案教学法》一文中倡导方案教学。20世纪20年代起，艾沙克斯倡导在英国伦敦大学运用方案教学。六七十年代在英国的幼儿园和小学广泛运用方案教学。当时美国的很多教师都在使用方案教学。闻名于全世界的瑞吉欧课程模式的一个重要特点就是运用了方案教学法。方案教学不是正式课程，它对正式课程起到平衡和补充的作用。其具体的作用如下。

1. 互动的作用

方案教学课程模式与班克街课程模式一样，强调互动性。该模式更强调社会互动。因为社会互动能够促进儿童的学习和社会能力的发展。所以，儿童要参与到其他儿童的有意义的学习活动中去。当儿童原有的想法与新的想法相互发生作用后，这种活动就激发了儿童大脑的思考。

2. 非正规活动的重要性

凯兹对非正规活动的理解是：儿童的学习环境越不正式，儿童在环境中就会感觉越自由，越能将其理解表达出来，教师就越有机会去了解儿童所理解的事物。非正规活动也需要平衡，这样儿童才能在学习上取得进步。非正规活动包括自发游戏和方案活动。

3. 不同的教学方法

方案教学也提倡使用不同的教学方法。因为不同的教学方法更能使儿童获得学习上的成功。年龄越小的儿童，越要运用不同的策略对他们进行教育。

（二）方案教学课程模式的目标

方案教学课程模式的目标非常丰富，归纳起来有以下四个方面。第一，丰富儿童的心灵世界。凯兹主张通过知识和技能、情感、道德、审美能力等方面来丰富儿童的心灵世界。第二，平衡课程活动。方案教学的作用可以起到平衡课程，补充和巩固儿童从游戏和正规课程活动中所学到的知识。第三，学习即生活。方案教学其中一个目的就是使教育机构具有生活化的功能，让成人和儿童都把学习看作生活，把学校学到的经验看作是在真实生活中体验到的。第四，教室社区化。方案教学要让儿童体验到教室是一个社区。社区的氛围在儿童被期待和被鼓励时就会充分体现出来。方案教学也为儿童提供了合作的机会，让儿童分享彼此的经验。

---

① Katz，L.G. & Chard，S.C. 探索孩子心灵世界——方案教学的理论与实务[M]. 陶英琪，陈颖涵，译. 台北：台湾心理出版社，1998.

(三) 方案教学课程模式的内容

方案活动内容包括儿童的认知、情感、社会性、语言和体能等多个方面,把游戏、故事、绘画、手工、音乐、数学等方面的内容融合在一起。凯兹等曾给幼教一线的教师提供了一个系统化的主题:第一,儿童的日常生活,如家庭、孩子、食物、玩具等;第二,社区,如居民、医院、商店、交通等;第三,节日与大事,如国庆节、名人来访;第四,地理,如山川、河流等;第五,时节,如季节、日历等;第六,自然环境,如天气、植物等;第七,抽象概念,如时间、空间、对称等;第八,普通常识,如汽车、轮船等;第九,其他,如宠物等。[①]

(四) 方案教学课程模式的实施

方案教学课程模式的实施是通过团体讨论、实地考察、发表、探究、展示五种形式展开的,这为教师支持和引导儿童的学习提供了一个可以参考的范式,并且这五种形式在方案活动的整个过程都能体现出来。团体讨论是全班儿童一起或者分成不同的小组对某个问题展开讨论,并相互分享各自的想法和经验。实地考察就是把儿童带出教室到现场去参观、访问或调查以便取得第一手材料。如观察动物园的宠物、访问教育局工作人员等。儿童可以用绘画、符号、戏剧表演或模型制作把获得的第一手材料表达出来。探究就是儿童为了解决问题或找到答案,可以去咨询自己的父母或者亲戚朋友等,也可以实地参观或实验等。最后,儿童将自己工作的结果在布告栏或者墙上展示出来,让儿童清楚地了解自己对问题探究的情况,也便于家长对幼儿园工作的了解。

学习任务

(1) 如何合理借鉴五指活动课程模式?

(2) 五指活动课程模式与行为课程模式的异同点有哪些?

(3) 社会化课程模式与生活教育课程模式对幼儿园活动的开展有哪些指导作用?

(4) 蒙台梭利课程模式对幼儿园教学的启发是什么?

(5) 瑞吉欧课程模式对幼儿园活动开展最具有影响力的方面有哪些?

(6) 班克街早期教育课程模式与方案教学课程模式可以形成哪些幼儿园课程理念?

扩展阅读

高瞻课程

(一) 高瞻课程的主要内容

高瞻课程(也称 High Scope 课程)是在儿童主动学习与教师支持的前提下开展的一种课程模式。课程的内容包括10个方面,即创造性表征、语言和文学、社会性和主动性、运动、音乐、分类、排序、数、空间、时间,具体包括58条关键经验。关键经验是对学前儿童一系列社会的、认知的和身体发展情况的描述。

(二) 课程的实施

1. 学习环境的安排

空间的设计要有吸引力,包括软硬度、色彩、光线、舒适感等物理因素都应考虑;区域

① 高敬. 幼儿园课程[M]. 杭州:浙江教育出版社,2010.

的区分要明显，以鼓励幼儿选择不同领域、不同类型的活动；空间的规划要适合不同时段、不同类型活动的需要，如大集体活动、午餐、午睡的需要等。

在材料的提供方面，一是强调材料尽可能利用真实生活中的材料；二是强调材料的摆放要有规律、秩序，强调标记的作用。前者考虑到了材料具有多样性与丰富性，与孩子生活相连，后者则更多地考虑让孩子在收取材料过程中学习。

2. 一日生活的安排

High Scope 课程有一个架构在引导着每天的活动。一般有以下几个环节。

计划、工作、回顾时间：这段时间是各时段中最长的，目的在于发展幼儿的兴趣、能力，尤其是解决问题的能力。计划，是指每位幼儿在进入自选区域活动前，都要考虑一下自己将要做的事。工作，是指幼儿经过计划后的自主游戏活动，这时成人要注重对幼儿的观察，适时适宜地给予支持协助；回顾，是指幼儿在区域活动结束后，聚在一起，分享他们做过的活动。

小团体时间：这段时间是老师为了特定的目的设计好的活动，让幼儿经过实物操作去解决问题。这个活动往往人数较少，由一位成人引导。

大团体时间：这是为了建立幼儿的团体意识而设计的活动。活动时，成人与幼儿一起共同分享、体验活动的乐趣，通常的活动有唱歌、律动、讲故事、演戏等。

户外活动时间：每天有1～2次的户外活动时间，让幼儿有充分的大肌肉活动机会，有机会与同伴玩并发明新的玩法、规则。

3. 将关键经验作为观察、描述儿童行为的工具

High Scope 课程的关键经验，是对学前儿童社会、认知和身体发展的描述，是学前儿童正在做的事情。它来自教师对儿童的认真观察，以及从这些观察中所形成的理论。它从原来关注“儿童应该学什么”，到现在转向关注“儿童正在做什么”，反映了 High Scope 课程自身几十年来教育观念的转变过程，以及对儿童认识的发展。

（资料来源：唐淑．孔起英．国外幼儿园课程[M]．南京：南京师范大学出版社，2009.）

第三章 幼儿园课程内容

课程内容是联系教育者与受教育者之间非常重要的桥梁。可以这样说,没有课程内容,一切教育活动都难以实现。怎样理解课程内容,直接关系到教育质量的好坏,即直接影响到人们对课程的设计与实施。课程不仅仅是静态的,它更是动态的。把课程内容渗透在动态的教育实践活动中,才是教育的最终出路。

幼儿园课程内容是实现幼儿园课程目标的载体,对教师和幼儿来说,就是教师要"教什么"和幼儿要"学什么"。怎样的幼儿园课程内容才能实现其目标有利于幼儿的发展,这都涉及对幼儿园课程内容的选择与组织。幼儿园课程内容还直接影响到幼儿园课程的编制、实施等。

本章将从幼儿园课程内容的形式与来源、课程内容的基本特征、课程内容的具体构成以及课程内容的选择与组织几个方面进行阐述。

第一节　幼儿园课程内容的形式及其来源

要正确理解幼儿园课程内容,就必须对课程内容有清楚的认识,继而为正确掌握幼儿园课程内容的形式与来源,以及对幼儿园课程内容的选择与组织提供更大的帮助。

一、课程内容与幼儿园课程内容的含义

课程内容是课程价值得以实现的支柱,但是到目前为止并没有对课程内容有一个明确的界定,而事实上必须要先清楚地理解它,才能使教育变得更有价值。教育界的学者们普遍把课程内容理解为三种形态:静态、动态和动静结合。

（一）静态的课程内容

把课程内容理解为知识或知识系统，这在教育实践中一直占主导地位。在教育实践中，人们对课程的理解有"课程即科目""课程即学科""课程即知识""课程即教材"等观点，很明显都把学科、科目、知识、教材等指向同一对象"课程内容"，都是教育教学内容的一种变体。这里指的课程内容是一种静态的知识或知识体系。例如，较权威的《简明国际教育百科全书·课程》把课程内容看作静态的，"课程内容是指一些学科中特定的事实、观点、法则和问题等。"①有的人直接把知识看作课程内容。结构主义理论的代表人物布鲁纳把各门学科中的基本概念、原理等组成的知识结构看作课程内容。夸美纽斯把知识或文化要素看作课程内容。这些观点都把课程内容当作静态的。

我国幼儿园课程尽管强调游戏化、生活化、活动化等，但《幼儿园教育指导纲要》把课程内容理解为语言、科学、艺术、社会、健康等五大领域，这实际上也是静态课程内容的另一种表达方式而已。静态的课程内容能够在短时间内获得大量的间接经验，形成系统的知识，但是它不能满足幼儿的兴趣、需要等。

（二）动态的课程内容

杜威、陶行知等教育家把课程理解为"经验""活动"，强调根据儿童的兴趣在"做中学"，在实际操作中习得经验。也就是说，课程内容存在于活动过程中。福禄倍尔、蒙台梭利等主张在教育中课程内容指的是具体的感知运动和操作运动。泰勒在《课程与教学的基本原理》中将教育经验和学习经验看作是课程内容。而学习经验是指"学习者与他对做出反应的环境中的外部条件之间的相互作用。"②张雪门的行为课程强调以幼儿的行为为中心，教师根据幼儿的生活经验、兴趣、能力等拟订活动，配合实际教材，进行扫地、抹桌子、养花等教育实践活动。可见，上述教育者们所主张的课程都表现为行为或活动或经验等，这些课程内容都为动态的内容观。动态的课程内容更令幼儿对学习内容感兴趣，培养幼儿专注和解决实际问题的能力等。但动态的课程内容会花去幼儿大量的时间，也很难获得大量的经验，特别在短时间内很难获得高水平的经验。

（三）动静结合的课程内容

在教育实践中，教育者往往通过活动等形式来完成静态的课程内容。另一种途径是通过课外活动或活动课等途径交替进行来弥补静态课程内容与动态课程内容二者之间的不足。活动课或课外活动课实际上就是讲的动态的课程内容。动态的课程内容有以下两种表达方式：一是文字表述的隐性的动态课程内容，如科学活动课、游戏活动等；二是生动形象的可见的活动、事情现象等，如实地参观、现场观察等。课程内容在教育实践中往往是动静结合在一起的，如体育课中的跳、跑等，既包含跑、跳的静态知识和技能，也包含跑、跳的动态的具体动作等动态课程内容。

在对课程内容的三种形态理解的基础上，再来看学者们对课程内容的理解。施良方对课程内容的理解为：课程内容是指各门学科中特定的事实、观点、原理和问题，以及处

---

① M. F. 康奈利，P. F. 克兰汀宁，等. 简明国际教育百科全书：课程[M]. 北京：教育科学出版社，1991.

② 泰勒. 课程与教学的基本原理[M]. 北京：人民教育出版社，1994.

理它们的方式。[1] 靳玉乐对课程内容的理解是作为符合课程目标要求的一系列规范的间接经验和直接经验组成的用以构成学校课程的文化知识体系，也是课程内容的主体部分。[2] 综合起来，可以将课程内容理解为一系列较系统的直接经验与间接经验的所有的活动。

从对课程内容的理解，我们更愿意将课程内容看作是一种动态的观点。在这个观点基础上来理解幼儿园课程内容，就是根据幼儿园课程目标，有计划、有目的、有选择地将各种直接经验与间接经验融于活动中的所有活动体系。

二、幼儿园课程内容的形式

幼儿园课程在界定时常用将其内容作为动态和静态划分，但这只是相对而言的，并不能将二者截然分开。因此，学者们往往按照课程内容存在的形式将幼儿园课程内容分为直接经验和间接经验；按照幼儿园课程内容存在的环境又分为情境和活动。

（一）课程内容的形式分类

1. 感性知识与理性知识

哲学认识论的观点认为，知识是客观世界的反映，是对事物属性与联系的认识，它有时表现为主体对事物的感性知觉或表象，属于感性知识；有时表现为关于事物的概念或规律，属于理性知识。[3] 因此，哲学观点将知识分为感性知识与理性知识。

2. 个体知识与人类知识

教育心理界，常把知识分为广义的和狭义的知识。广义的知识包括个体通过与其周围世界相互作用后获得的一切信息（皮连生，1997），还包括个体在生活实践中积累的知识和在人类社会历史实践中积累的各种信息。狭义的知识通常是指储存在语言文字符号或活动中的信息或意义，如概念、公式、定理等系统的科学文化知识。按照知识储存的形式又分为个体知识（储存在个体头脑中）和人类知识（储存在书籍、光碟等媒体中）。当代著名认知心理学家 J. R. 安德森受加涅的影响，用信息加工的观点将知识分为陈述性知识（回答是什么）和程序性知识（回答怎么做）。

（二）我国幼儿园课程内容的分类

幼儿园课程内容也可以从不同的划分标准分为不同的课程内容。

1. 以学科结构为标准来划分幼儿园课程内容

1989 年我国颁布的《幼儿园教育纲要（试行草案）》将幼儿园课程内容划分为体育、语言、常识、计算、音乐、美术六门学科。这种划分方法是典型的以学科结构为标准进行划分。随着教育理念的不断更新，这种划分标准逐渐被修正。

2. 以经验领域为标准来划分幼儿园课程内容

2001 年我国颁布的《幼儿园教育指导纲要（试行）》将幼儿园课程内容划分为语言、健康、社会、科学、艺术五大领域。这种划分是以幼儿的经验为标准的，其理论基础是以幼儿在与周围环境相互作用中发展的基本观点，把幼儿在环境中活动的内容划分为五类。

---

①② 陈文华. 幼儿园课程论[M]. 北京：科学出版社，2011.

③ 莫雷. 教育心理学[M]. 广州：广东高等教育出版社，2002.

对幼儿来说，更赞同将幼儿知识称作经验。对此，幼儿园课程内容可以分为间接经验和直接经验。间接经验通常指人类长期积累、传承、储存下来的知识，也包括个人认识世界的结果。间接经验主要是指幼儿从书本、语言、媒体等物质形式中学习到的，学习的途径主要是从成人或他人告知或自己视听到的一种接收到的经验。幼儿的直接经验是指幼儿在生活或实践活动中通过模仿、体验、探究等方式获得的经验。幼儿应该学习什么样的经验才更合适？这是一个值得探讨的问题。

1）间接经验

幼儿需要学习大量的间接经验，缩短认识世界的时间，为获得直接经验奠定基础。间接经验具有系统性、科学性、抽象性、概括性等特点。对幼儿来说，学习间接经验也是必要的。正如苏联教育学家和心理学家 A. B. 查包洛塞兹所说："儿童智力发展的最重大的进展不是掌握某些个别的知识和技能的结果，而是：第一，掌握反映现实的某个方面的主要联系和依从性的一定的知识体系的结果；第二，掌握作为这一知识体系基础的思维活动的一般形式的结果"①。也就是说，掌握一定的间接经验对幼儿的发展是有很重要价值的。

2）直接经验

根据幼儿身心发展特点和学习特点，幼儿应该以获得直接经验为主。

首先，为幼儿创设外界刺激条件。根据皮亚杰的儿童认知发展的观点：儿童是通过主动吸收环境中的信息并与自己已有知识进行重新建构，成为自己的新知识。皮亚杰还认为，儿童在建构知识的过程中，其认知主要表现在同化(assimilation)和顺应(accommodation)两个同时存在又相互补充的不同方面。同化是指已有的知识的应用，以个体偏好的现有思考方式，对外界事物加以说明和解释。② 例如，幼儿已经知道饼干这个概念，他看见圆形积木像饼干，那么幼儿就将圆形积木归纳到他心里的饼干概念中去，即把当前的概念归纳到他原有的概念中，这就叫同化。顺应就是指个体对特定事物做出反应，改变了自己已有的知识结构。③ 例如，幼儿看见广场上的大妈们正在跳广场舞，幼儿努力学大妈们跳广场舞，这时的幼儿正在改变自己的认知结构去适应别人的认知结构，这就叫顺应。可见，同化是让外界刺激适应个体的知识结构，顺应是让个体适应外界刺激的过程。但二者对幼儿的认知发展起着同样的作用。对幼儿来说，成人能够为幼儿提供同化或顺应的外界条件对幼儿的发展是有用的。

其次，重视幼儿期经验的习得。有关儿童智力的发展特点，不同的学者观点不同。如推孟的观点是：儿童智力的趋势是到 10 岁前呈直线增长趋势，但是到了 10 岁以后就开始发展缓慢，到 18 岁时就出现停止状态。韦克斯和瑟斯顿等人则认为：人的智力普遍从 3、4 岁左右到 12、13 岁左右期间呈等速发展，之后开始减慢。尽管心理学家们对智力的各种规律有不同的观点，但他们一致认为，幼儿期是智力发展最为迅速的时期，④ 因此要加强对幼儿知识的传播以促进幼儿智力的增长。

最后，为幼儿期准备直接经验习得条件。这跟幼儿的思维特点有关。其一，幼儿的思维特点是以具体形象为主，即幼儿的思维要借助事物的具体形象来进行联想，而不是凭借

---

①③④ A. B. 查包洛塞兹. 学前教育学原理[M]. 北京：人民教育出版社，1984.

② 桑标. 当代儿童发展心理学[M]. 上海：上海教育出版社，2003.

事物的内在关系来学习的。如幼儿能够知道爸爸、妈妈和他自己共三人,但他不知道爸爸和妈妈共 2 人,加上自己 1 人等于 3 人的加法概念。也就是幼儿的思维特点跟其知识经验和第一信号系统占优势,幼儿还不能用第二信号系统即符号等来代替。其二,幼儿的抽象思维特点开始萌芽。苏联明斯卡娅(1954)曾对幼儿的思维方式的关系和发展过程做过实验研究。她把幼儿的思维划分为直觉行动水平和具体形象水平和词的水平三种思维方式。其中,直觉行动水平和具体形象水平一直在幼儿期都处于直线上升的发展趋势,而词的水平在幼儿 5～7 岁时开始萌芽。因此,教师要为幼儿创设一定的情境或活动条件,让幼儿在具体的环境或活动中学习到直接经验或间接经验。

3. 以一日活动的形式为标准来划分幼儿园课程内容

2004 年上海市颁布《上海市学前教育课程指南(试行稿)》将幼儿园课程按照一日活动的形式分为四类:生活活动、运动、学习活动和游戏活动。这四类活动内容具有综合性,同时又保持相对独立性。[①] 其中,生活活动主要指生活自理、交往礼仪、自我保护、环境卫生、生活规则等方面的活动,目的是让幼儿在真实的生活环境中自主、自觉地发展各种生活自理能力,形成健康的生活习惯和交往行为,在共同的生活中能够愉快地、安全地、健康地成长。运动主要指体操、器械运动、自然因素锻炼等活动,其目的是提高幼儿的身体素质和适应环境的能力。学习活动主要指讨论、阅读、听赏、制作、表演、实地参观、收集信息等活动,其目的是激发幼儿的探究兴趣,使幼儿在认知能力和情感态度方面得到发展,为未来的学习奠定基础。游戏活动主要指幼儿自发、自主、自由的活动,充分利用游戏的价值发展幼儿的想象力、创造力和交往能力,以促进幼儿情感和人格健康发展。

(三)情境既是静态的间接经验,又是幼儿获得经验的条件

情境是由人、事、物及其相互之间的联系所形成的一个共同体。它不仅包括自然界的山川河流,也包括各种动物,还包括人类改造过的世界,如桥梁、梯田、工厂等,甚至是人类各种文化和人的心理环境等。情境由“情”和“境”组成,情指向是人,包括人的行为、心理等;境指向客观存在的自然等。把情境纳入课程内容之中,是一种相对静态的间接经验,也是幼儿园课程的本质的体现。把幼儿经验的获得放在情境中,使幼儿的学习更直观、更具体。此时的情境就是作为幼儿获得经验的条件。让幼儿在客观存在的情境中学习,这符合幼儿的学习特点,是必要的。

(四)活动既是幼儿园课程内容的重要组成部分,又是实现课程的方式

目前,让幼儿在活动中获得经验已经成为幼教界的一个共识。我国幼儿园工作法规也把幼儿教育规定为“教育活动”,其目的是更强调课程内容的活动性。事实上,教育界很早就把活动看成幼儿园的课程内容。例如,美国幼儿园课程内容包括唱歌、讲故事、缝纫、剪纸、烹饪、种植、养动物等,并作为幼儿具体的学习内容。法国幼儿园的课程内容包括体育、游戏、律动等。德、俄等国也将幼儿园课程内容基本上定为具体的活动。可见,幼儿阶段将活动作为幼儿园的课程内容的重要组成部分,让幼儿在活动中获得直接经验,这是符合幼儿的身心发展特点的。

---

① 上海市教育委员会. 上海市学前教育课程指南(试行)[M]. 上海:上海教育出版社,2004.

三、幼儿园课程内容的来源

通常把确定目标的依据概括为三个方面，即儿童、知识、社会。课程内容是课程目标的具体化。课程内容的来源同样与课程目标的来源是一致的，包括儿童、社会和知识。但是，对幼儿园的儿童来说，同样要落实到幼儿。因此，幼儿园课程内容的编制要充分考虑幼儿的身心发展特点，尤其要考虑到幼儿的兴趣、需要和学习动机等方面的特征，形成适合幼儿学习的经验结构。同时要考虑幼儿所处的时代下的社会，是个什么样的社会，可能会影响到幼儿的哪些方面，其中哪些具体方面对幼儿的学习是有利的，哪些方面是不利的，以及怎样的知识对幼儿才是有用的。知识是幼儿园课程的组成部分。对幼儿来说，不是所有的知识都拿来教给幼儿。尽管目前还没有一套统一的、完整的教材形成知识系统来教给幼儿，但是至少可以把握好一个原则，就是幼儿的知识更多来自幼儿的生活和其他方面的活动，幼儿与外界相互作用后能够获得的经验，而不是完全来自书本。

（一）来源于知识或经验

人类长期积累下来的知识或经验是宝贵的文化遗产。这为后人的继续探新提供了条件。知识是人类直接活动或认识的产物。随着科技的突飞猛进，人类积累的知识越来越多，个人是学不完人类知识的。因此，要素主义者巴格莱(W. C. Bagley，1874—1946)提出：将文化遗产中的精华传给下一代。于是，有选择性地传递给下一代成为必然。

实用主义者认为活动课程要以儿童的即时兴趣需要为中心，不能保证儿童获得社会生活与发展所必需的基础知识和基本技能，不能实现知识的联系产生更大的教育价值。幼儿更是受自身条件的限制，不可能所有的知识都要去尝试一遍，并且难以超越时空的限制。如发射一颗卫星需要多少能量和材料，幼儿不可能计算出来。像这些知识就没有必要教给幼儿。因为对幼儿来说，既难又没有多大用处。如中秋节的习俗有赛龙舟，这样的知识就可以通过传递的方式教给幼儿，没有必要让幼儿亲自去体会。

结构主义者代表人物费尼克斯(P. H. Phenix)的课程内容观点是：“所有课程内容必须经学科中抽取，或者只有学科知识才适合作课程。”因为学科揭示了“知识的可教学形式”“非学科性知识是不适应教和学的”。[①] 可见，他主张学科课程。但是这种观点在当今幼教界普遍不赞同。因为，幼儿的抽象思维尚不发达，不适合学习较系统性、科学性和逻辑性强的知识。

（二）来源于幼儿

幼儿既是幼儿园课程的实施对象，又是幼儿园课程实施的主体组成部分，还是幼儿园课程的来源。学前儿童正处于迅速发展的时期，其身心发展本身就已经构成了幼儿园课程内容的来源。知识是感性与理性的共同体，但知识与儿童不能等同为一个概念。知识不能包括儿童的所有内容。儿童自身是认知、情感、兴趣、需要、意志、动机、情感特征等完整的人，是个充满活力，有巨大发展潜力的未成年人，需要成年人去发展他们。发展的这些方面也就是课程的部分内容，如发展目标、发展过程等。因此，把课程内容看作是幼儿之外的东西，就不能揭示课程内容的本质。如果把课程内容等同于教材就更不科学了。

---

① 石筠弢. 学前教育课程论[M]. 北京：北京师范大学出版社，2014.

教育的目的是传授知识、发展智力，立足于培养完整的人为目标。人本身就是课程内容的最终来源。知识是人探索世界的产物。只有培养完整的人才能包括课程内容的各个方面。因此，幼儿园课程要以幼儿为课程内容的来源，才能使发展幼儿的目标得以实现。

（三）来源于幼儿的情境及活动

无论是瑞吉欧教育体系，还是方案教学等，都倡导幼儿的活动是幼儿在教师所组织的环境下相互作用中开展的。这里讲的环境，就是指相对静态的情境，其中既包括活动，又包括情境。由此可见，活动和情境都自然成了幼儿园课程内容的来源。我国幼儿教育家陈鹤琴、张雪门、张宗麟等人都大力倡导通过环境和活动来教育幼儿。情境是生活、自然界变化和活动的综合体。[①] 按照幼儿自己的生活历程，自然界的时间变化和幼儿自己的活动对象来选择的课程内容属于历史经验。陈鹤琴曾经把幼儿的生活历程作为幼儿的课程来源。他还为幼儿编制了“生活历”，以月份为顺序把一年的节气，哪个节气幼儿该玩什么和人们应该吃什么等内容列入课程内容中。张雪门主张将儿童的实际生活经验联系起来教幼儿。他主张儿童在活动中学习，倡导“活动即教育”。他指出幼儿园课程的来源是符合有目的、有计划、有价值的整个活动。张宗麟把幼儿的实际生活作为幼儿园课程内容的来源。具体内容“与季节、月份、自然事物紧密相关”。[②] 蒙台梭利将幼儿的运动和感觉作为课程内容的来源。她具体“把日常生活锻炼、园艺活动、手工作业、体操、音乐节奏动作、操作玩具等作为课程主要内容。”[③]福禄倍尔把游戏看作课程内容。无论是把情境还是把活动看作幼儿园课程内容，活动都会存在于某一个情境中的，同时活动又是个相对独立的系统。活动是以动态的形式出现的，更能体现幼儿的主体地位和对幼儿发展所起的作用，跟幼儿的发展关系最为直接。情境离开了幼儿，能够独立存在，但是活动离开了幼儿，就体现不出其存在性。幼儿离开了活动，其主体性也同样体现不出来。因此，活动对幼儿来说更重要。

幼儿园课程内容的基本特征：根基性和兴趣性

第二节　幼儿园课程内容的基本特征

幼儿园课程内容的好坏、是否合理或者说是否符合幼儿身心发展特点等直接影响着幼儿的未来发展和幼儿园的教育质量。因此，对幼儿园课程特征的把握非常重要。幼儿园课程特征是由其课程的本质和性质决定的。概括起来，幼儿园课程内容具有以下一些基本的特征。

一、根基性

根基性是幼儿园课程内容最首要的特性。其含义是：第一，幼儿园课程是未来一切课程的基础；第二，幼儿园课程内容的实施从最基础的内容着手；第三，幼儿园课程内容具有最基础的知识结构和启蒙功能；第四，幼儿园课程内容包含了人生价值和人的价值中最

---

① 石筠弢．学前教育课程论[M]．北京：北京师范大学出版社，2014．

② 张泸．张宗麟幼儿教育论文集[M]．长沙：湖南教育出版社，1985．

③ 卢乐山．蒙台梭利幼儿教育・载黄人颂・学前教育学参考资料（上）[M]．北京：人民教育出版社，2000．

基本的内容。之所以说根基性是幼儿园课程内容最首要的特性，是因为人的教育是一个连续而持久的教育。幼儿园教育是源头，是开端。幼儿的教育内容是从最基础的内容开始的。蒙台梭利说："3岁儿童已经打下了作为一个人的人格基础。"[①]"我们应切记人不是到大学里才得到发展的，而是自其出生起的心理发展即已开始，而且在生命的最初三年中其发展最为迅速。在这一时期积极地关心儿童的发展比其他任何时期更为必要。"[②]幼儿期是心理发展和人格发展的关键期或敏感期。因此，幼儿教育是未来任何阶段教育的基础。

幼儿园课程是解决人生及发展最基本的问题：最基本的个人生活、人与人的最基本的交往关系、人对自然和社会最基本的认识等。所有幼儿对自己、对自然、对社会等方面的认识都构成了幼儿园课程内容。这些内容是最粗浅的知识、最基本的经验、最简单的活动、最常见的现象，并且与幼儿的生活联系最紧密、最直接。

二、兴趣性

爱因斯坦说："兴趣是最好的老师。"兴趣使幼儿主动地从事各项活动，从而获得经验，促进其发展。因此，幼儿园课程内容应该具有兴趣性的基本特性。杜威对兴趣的理解是：第一，兴趣指活动发展的全部状态，如一种作业、职业、研究等，即一个人的兴趣是政治、金钱等；第二，兴趣是事物能够吸引人或感动人的地方，即可以预见的和希望得到的客观结果，如某人对商业感兴趣，因为商业的兴衰直接关系到他的经济利益；第三，兴趣是个人的情感倾向，尤其是指个人的态度，如某人喜欢唱歌。幼儿对自己感兴趣的东西，能够做到专心，注意力强，做事效果好。对幼儿来说，兴趣是个人的感情倾向更为明显。他们容易受外界的影响，兴趣的直接性、表面性较大。他们的兴趣表现为对新异事物的好奇心，从而促使幼儿去探究。探究是幼儿获得经验的重要方式之一。因此，兴趣性具有重要的教育价值。

课程内容具有兴趣性，这是符合幼儿的心理特点的。杜威根据儿童的四种本能（社会本能、制造本能、探究本能、艺术本能）演化出四种兴趣：第一，谈话或沟通的兴趣；第二，制造或组织的兴趣；第三，探究的兴趣；第四，艺术表达的兴趣。杜威说："儿童活动的成长即须不断地实践此四种兴趣。"[③]"如果你们观察小孩，将会发现他们对于物质世界的兴趣，主要在于与其人类的关系——作为人类事物的背景及媒介。"[④]因此，课程内容应该编制一些符合儿童这四种兴趣的内容。但是这四种兴趣并不能包括儿童所有的兴趣。通常，幼儿对自己熟悉的或者与自己有关系的内容更容易产生兴趣。如果幼儿对自己不感兴趣且枯燥乏味的东西进行学习，他们会缺乏真正的学习动机。因此将兴趣作为一个心理学范畴来考虑幼儿园的课程内容应该会具有一定的教育价值。

幼儿园课程内容的教育价值主要表现是：第一，为了培养或发展幼儿内在的兴趣；第二，为了使课程内容与幼儿发生有机的联系。尽管幼儿园课程内容有如此的教育价值，但是，还是不能一味顺从幼儿的兴趣。因为幼儿的兴趣具有不稳定性，而且到了小学以后不

---

①④ 蒙台梭利．蒙台梭利幼儿教育科学方法[M]．北京：人民教育出版社，1993.

② 洛克．教育漫话[M]．北京：人民教育出版社，1985.

③ 约翰·杜威．学校与社会·明日之学校[M]．赵祥麟，等译．北京：人民教育出版社，1994.

能完全凭着兴趣来学习,还需要对幼儿进行一些良好习惯的养成。例如,人与人的交往、社会行为规范等就不能完全凭借兴趣来学习,幼儿必须进行接受性学习。

无论是幼儿自身感兴趣的课程内容还是根据应该发展的、应该接受学习的课程内容,都可以通过游戏和工作的方式让幼儿获得经验。在1989年的《幼儿园工作规程》中规定:游戏是幼儿的基本活动。是因为"游戏能满足幼儿身心发展的基本需要,能给他们快乐"。(刘焱,1996)。"在游戏中,兴趣比较直接……就是在游戏中,活动就是它自己的目的,而不在于它具有将来的结果。"在游戏中,幼儿能够充分发挥其想象力。国内外幼教界已达成了一个共识:游戏是幼儿最佳的学习方式和活动。因此,在幼儿园课程内容中,游戏可以占较大的比例。

"工作"也是幼儿感兴趣的一种学习方式。很多教育者都论述过幼儿的"工作"。蒙台梭利很喜欢用"工作"来谈及幼儿的学习。她认为:"游戏就是小孩的工作。"杜威认为:"当我们在做一件事时感到快乐的就是游戏;当一件事完成时我们感到快乐的就称之为工作。"相对于幼儿来说,游戏与工作并无大的区别。幼儿园大班的孩子,就对"工作性的活动"同样感兴趣。

三、人文性

幼儿园课程内容的人文性就是指在幼儿园课程内容中反映幼儿作为人的本性以及与人的本性有关的社会文化特色。这种特性更注重人的因素,即幼儿,尤其是幼儿的主体性、个性以及适合幼儿发展的文化。

人的价值是课程价值的核心。幼儿是幼儿园课程的一切价值的中心。幼儿园课程就是要以发展幼儿个性、积极性、主动性、创造性等为其主要内容。知识经验的选取不能离开幼儿,也不能离开幼儿过分强调知识或经验的价值。幼儿园课程内容要尊重幼儿的意愿、实际经验、兴趣、能力和个性以及幼儿的人格、人权,等等。也就是说,幼儿园课程的人文性就是人道主义或人本主义在课程内容中的反映。

在幼儿园课程内容中,人文性还必须包括与幼儿生活紧密相关的文化传统、民俗礼仪、节日活动、行为习惯等。这些文化体现了人的本性、行为、价值等,与人的社会性关系紧密的课程内容,即反映人的群体性特征的社会文化。

四、情境性

情境性是幼儿园课程内容实施时所需要的一定环境,帮助幼儿直观地感觉或体验的一种精神氛围或物质条件的要求。情境性主要有两种:一种是处于假想状态的情境性,这种情境性是静态的,如课程内容计划的方案状态,其情境性只存在于课程内容设计者的想象或理念中,与课程实施者之间不能形成一种互动。另一种是现实的情境性,这种情境性是在实际教育情境中加以概括、描绘,通过运用、修改后保存下来。但在课程内容的编制方案中,常常是假想状态和现实状态同时存在于课程内容的方案中。

教育活动离不开教育情境。课程就是学习者、教育者、教育情境相互作用的活动。教育情境是形成幼儿经验学习的必要条件。不同性质和不同特点的教育情境是影响幼儿学习的重要因素。好的教育情境能调动幼儿学习的积极性、主动性等。对幼儿来讲,直观、易操作、富有感染性的情境更能满足幼儿的好奇心和活泼好动的特点。因此，枯燥乏味的教育情境或高深的知识对幼儿来说是毫无意义的。

五、活动性

情境性是从幼儿的思维特点，直观性、形象性和具体性等思维特点来设置的较外显的基本特征。但是从幼儿的注意力时间短、好动、好奇心强等心理特点出发，需要由外显的课程内容特征向内隐性的特征转化。这就要求课程内容具有活动性。

无论是外显的情境性特征还是内隐的活动性特征，都统一于幼儿的行为活动中。幼儿好动、喜欢游戏，在活动中充分表达幼儿的意愿，身心各方面也得到充分发展。"动态性"是活动的根本特性，幼儿随时都处于活动之中。无论是教育家还是心理学家都有与幼儿活动性相关的观点。如福禄倍尔主张：人天生就有活动的本能，这种本能主要通过游戏来体现。在幼儿游戏中最能表现出主动性和创造性。福禄倍尔还为幼儿的活动设计了"恩物"，他把游戏活动作为幼儿课程的基本内容。蒙台梭利把幼儿的活动看作是"工作"。她认为工作是幼儿最重要的活动，幼儿的工作就是由一系列的活动组成的。她主张幼儿与环境相互作用的结果能够促进幼儿的发展。其发展的动力就是幼儿的生理和心理产生的活动。皮亚杰从幼儿的认知和思维等方面考察了幼儿活动的许多方面，并且活动内容包括了言语分类、排序、时间、空间等，他强调幼儿智力发展的本质是通过活动来实现的。陈鹤琴创造了"五指活动课程"，突出了活动的重要地位。张雪门的行为课程强调了以活动为中心，幼儿的课程内容来源于幼儿的活动。时至今日，我国的幼教学者也纷纷强调幼儿园课程的活动性。幼儿园课程的活动性更能体现其课程内容的兴趣性等基本特性。

六、整体性

幼儿园课程内容的整体性是指幼儿园课程内容的各个组成部分之间相互联系，共同构成幼儿园课程的内容，缺少了某一方面对幼儿的发展都是不完整的。从横向上讲，整体性主要体现在幼儿学习经验的内容涉及不同领域、不同类型的课程内容之间的相互联系，共同构成一个整体。这主要是根据幼儿的身心发展特点和教育目标培养完整的人决定的。从纵向上讲，整体性主要指幼儿一生的发展是个有序且连续的统一整体。这主要是指同类或同领域内容的顺序性联系。如在音乐儿歌的歌唱方面的要求：对小班幼儿，能够感知音乐进行活动；对中班幼儿，能够跟着音乐的节奏较准确进行律动；对大班的幼儿，不仅能够感知音乐的节奏，还能准确地演唱出来。

由于幼儿的学习无意性很强，课程内容更多以整体性反映幼儿的学习内容。这符合幼儿心理功能的发展还没有完全分化完善，一种心理品质对另一种心理品质的影响较大，如幼儿的意志力差，较容易受其他心理品质的影响等情况。因此，幼儿园课程内容有机联结成一个整体，才能促进幼儿的心智向更高层次发展。

七、发展性

发展性是指幼儿园课程内容的功能，也是幼儿园教育的目标。课程内容的发展性是指课程内容顺应幼儿身心发展的内在顺序并促使幼儿向教育预期的方向变化的特性。我国幼儿园教育相关法规规定，要促使每个幼儿在原有水平上和谐健全发展。这些教育目标必须通过教育实践来实现。而这个实现的首要条件就是幼儿园课程内容。因此，课程内容具有发展性才能完成教育目标。社会与个人的发展决定了课程内容必须具有发展性。个体生命的表现与生活不断外延，客观上要求课程内容要具有发展性才能适应人的发展。幼儿作为个体，有其发展的特殊规律，要有发展性的课程内容才能促进其健康地发展。

幼儿园课程内容的发展性还要与幼儿的有序发展相适应。自然主义者强调幼儿的身心发展是有顺序的，课程内容也同样要遵循这一个规律。例如，捷克教育家夸美纽斯首先提出要按照幼儿发展阶段确定课程内容的思想。[①] 裴斯泰洛齐提出教育要适合于人类本性的心理学的循序渐进的方法。[②] 赫尔巴特和斯宾塞也主张依据幼儿心理发展顺序来设置课程。

通过上述分析，幼儿园课程内容不仅具有发展性的特点，还要"有序"地发展，遵循幼儿身心发展的阶段性，使之由简单到复杂地设置幼儿园课程内容。

幼儿园课程的具体构成

第三节　幼儿园课程具体内容的构成

不同地区或者不同国家对幼儿园课程内容的具体构成都会存在各自的差异。但是世界上大部分国家都以《纲要》的形式对幼儿园课程的具体领域做出政策上的规定。

一、不同地区或国家对幼儿园课程内容领域的划分

不同地区或国家把课程内容作为《纲要》的重要内容，也是《纲要》里所占比例最大的部分。它包括幼儿园的基本教育内容和幼儿的主要学习内容，甚至包括了幼儿的学习结果与发展方向。

2011 年，经济合作与发展组织（OECD）对其成员国开展了一项关于学前教育质量的调查，其中就专门针对幼儿园课程内容做了调查，参与的国家有澳大利亚、奥地利、加拿大、美国等 35 个国家或地区。调查的内容包括 9 个方面：读写、数学、科学、艺术、音乐、身体健康、实践技能、游戏时间、户外活动。参与的国家还主动填写了一些内容，如宗教、道德与公民、健康与幸福、社会科学、跨文化教育、信息技术、外语、学习方式。调查结果显示：读写和数学是最受各国或地区重视的，被调查的国家几乎都把这两项内容作为幼儿园课程领域的内容。身体、科学、艺术等也是作为领域的重要内容。由于科技的发展，信息技术、学习方式等也作为新领域内容出现在幼儿园课程内容中。

二、不同国家幼儿园课程《纲要》中领域划分的基本思路

幼儿园课程内容领域划分的基本思路，是指不同国家或地区在构建课程内容时根据什么标准来划分出不同的领域内容，各个领域内容之间的相互关系是什么，这样划分的教

①② 石筠弢. 学前教育课程论[M]. 北京：北京师范大学出版社，2014.

育目的和教育价值取向是什么。对此，各国或地区幼儿园课程内容领域划分的基本思路大致分为两个方面。

（一）从学科领域的思路来划分

目前，世界大多数国家或地区的幼儿园课程《纲要》在划分课程内容时都采取学科领域的思路来划分。这种划分方式主要是按照学科领域的形式来组织幼儿要学习的知识和经验。学科领域体现了课程内容的整合性和综合性。学科领域弱化了知识之间的逻辑性，并与幼儿的实际生活结合起来，即将知识融入幼儿的生活之中。

不同国家或地区以学科领域来划分课程领域内容的结构化程度是不相同的。如芬兰的《全国幼儿教育与保育纲要》中，其领域内容的结构化程度就相对较高。不同领域内容下的教育活动是通过人类理解、知识和经验的基本形式来实现幼儿发展的平衡。主要学习数学定向、自然科学定向、历史社会定向等。

我国在 2001 年颁布的《纲要》中的领域内容，也主要从学科领域思路划分为健康、语言、社会、科学、艺术五大领域。我国对这五大领域内容称为“教育内容”，而不被称为“课程内容”。这种称法在一定程度上体现了我国避免将幼儿园课程的学科化、知识化的传统理解，避免了学科化，强调了低结构化的课程领域。该《纲要》考虑了比较成熟和科学的分类；也考虑到教师便于按照知识的性质和幼儿的学习特点来组织教学和教师对领域名称更为熟悉。

（二）从幼儿的生活角度来划分

从不同国家或地区的《纲要》划分的思路还可以看出是从幼儿的生活角度来划分的。把幼儿作为处在现实社会文化生态之中的生活主体。要使幼儿过有意义的生活，那么幼儿园的课程就该让幼儿的认知和生活统一起来。如澳大利亚在 2009 年颁布的《归属、生活、成长：澳大利亚学前学习框架》中，没有明确提出课程内容领域和学习领域，只是以学习目标的形式提出了儿童发展的内容：使儿童成长为有强烈认同感的个体、和他们周围世界有紧密联系并有所贡献的个体、具有强烈幸福感并健康的个体、积极自信乐于参与的个体、能够有效交流的个体。这五个学习目标实际上是对儿童的学习领域做出的一个相应的规定。再如新西兰在 1996 年颁布的纲要《学前课程》中列出了五个儿童学习与发展的领域：幸福健康、归属、贡献、交流、探索。这五个学习领域也是从幼儿的生活角度来划分的。

三、不同国家或地区幼儿园课程领域内容的结构方式

不同国家或地区对课程内容领域的组织结构方式基本按照“目标—实施要点”和“目标—内容—实施要点”两种方式来呈现。

（一）“目标—实施要点”式

很多国家或地区都采用“目标—实施要点”式来组织幼儿园课程领域内容，即先呈现领域中幼儿学习与发展的目标，再对如何实现这些目标提出对教师的指导原则和要点。目前我国的《纲要》就采用的这种“目标—实施要点”式来组织领域内容的。另外，挪威、新西兰、爱尔兰、美国的一些州都采取的这种领域组织方式。如挪威在 2006 年颁布的《幼儿园课程内容与任务框架计划》中以“交流、语言和文本”为例，首先是一段简单的陈述性引

语，然后列出了本领域要使幼儿达到的目标，如发展幼儿概念的理解力，使用各种词汇；使用各种语言来表达自己的情感、希望和经验，解决人际交往中的各种矛盾，形成各种关系，逐步熟悉书籍、歌曲等。

（二）"目标—内容—实施要点"式

也有较多国家或地区采用"目标—内容—实施要点"式来组织领域内容，如日本的《幼儿园学习指导纲要》和韩国的《幼儿园课程》都有独立的课程内容而且较详细的介绍，对目标的介绍相对而言较概括，例如韩国对内容部分进行了三级细化，这样便于教师对课程内容的把握，但有的教师认为没有明确的教育内容无从着手，令教师更关注幼儿学习的内容而忽视了幼儿的活动过程。

四、不同国家或地区具体领域内容的表述

（一）健康领域

健康的身体是幼儿学习与发展的物质基础。爱尔兰的《课程纲要》中指出：身体健康对儿童的学习与发展非常重要，只有以健康的身体为基础，儿童才有可能去探究周围世界，并不断挑战自我。[①] 中国香港地区的幼儿园课程也指出：身体的活动使幼儿体会到身体活动的能力和建立空间感；感官的运用，有助于幼儿认识自己与四周环境的关系；适当的训练有助于大小肌肉的操控能力，以及有效地培养专注和观察能力，增强自信。这在幼儿的学习上起了重要作用。挪威2006年颁布的《幼儿园课程内容与任务框架》中也指出：通过身体活动了解自己和周围的世界。通过感官活动，儿童获得许多方面的经验、技能和知识。儿童之间的互动也往往是开始于身体语言和身体的活动，这对儿童的社会发展很重要。[②] 可见，幼儿的身体发展与其他方面的发展有着紧密的关系。因此，各国或地区的幼儿园课程纲要中将健康领域放在了一个很重要的位置甚至是首要的位置。但是不同的国家或地区对其表述是有差别的，如新西兰、澳大利亚、爱尔兰表述的是"幸福健康"，英格兰表述的是"身体发展"，冰岛表述的是"健康与幸福"，加拿大表述的是"健康与身体活动"，印度表述的是"身体与动作发展"，中国、日本、韩国表述的是"健康"等。这些国家或地区对健康的不同层面的重视程度也是有差别的。有的重视身体方面的健康，有的对身体与心理两个方面的健康都很重视。

1. 身体健康

有的国家或地区重视身体方面的健康，主要内容包括大小肌肉、运动能力等方面的发展，以及健康的生活方式。如英格兰在2012年颁布的《学前基础阶段法定框架》中，专门对幼儿运动与操作、健康与自理两个方面做了明确的规定。运动与操作的学习与发展的目标是：儿童在大小肌肉运动中能够较好地控制和协调；能够以各种方式自信安全地通过有一定难度的道路和空间；能够有效地运用和操作一些设备和工具，包括使用铅笔写字。健康与自理的学习与发展目标是：儿童知道身体锻炼、健康饮食的重要性，并能够讨

---

① National Council for Curriculum and Assessmet (2009). The Early Childhood Curriculum Framework: Principle and Themes. Dublin: National Council for Curricutum and Assessent.

② Ministry of Education and Research (2006). Framework Plan for the Content and Tasks of Kondergartens. Oslo: Ministry of Education and Research.

论保持健康和安全的各种方式。有一定的生活自理能力,包括独立穿衣服、上厕所。[①] 印度的幼儿园课程框架也重视身体与运动能力上的发展,包括大肌肉运动能力;精细肌肉动作的协调配合;手眼协调;平衡感、身体协调、空间和方位意识;营养、健康状况和锻炼。[②] 印度同时在该课程框架中还特别提出了感官发展通过视觉、听觉和动觉来促进幼儿的五种感觉能力的发展。

与前面两个国家相比较,美国在2011年颁布的《幼儿教育内容标准》中对健康领域中的身体方面是这样陈述的:幼儿期建立的饮食习惯会影响其一生的发展,好的饮食习惯有助于防止疾病、肥胖和其他方面的健康问题。这方面的学习与发展目标是:儿童参与各种大肌肉运动,以发展控制、平衡、力量和协调能力;参与各种促进精细肌肉发展的活动;理解健康安全的生活。

2. 心理健康

许多国家关注幼儿身体方面的健康,也特别关注幼儿心理方面的健康发展。有的国家或地区是将心理和精神方面的健康表现出积极和消极两种不同的关注。

1) 对幼儿积极心理与精神状况的关注

如爱尔兰的课程纲要中,幸福健康领域确立的一个基本的目标是"儿童有积极的学习观和生活态度",包括不断提供自主性和做出选择与决定的能力;能够自我激励,不怕挑战;尊重生活、自我和他人;知道生活是有意义的、有目标的;成为积极的小公民。[③] 澳大利亚的健康领域中对幼儿的积极情感的培养也是很重视的:幼儿能够表现出信任和自信;当别人沮丧、困惑或伤心时能够给予关心;能够与人分享幽默、幸福和满意;能够接受新的挑战,面对自己和他人的努力及取得成功时感到高兴;不断增加合作的行为等。[④] 澳大利亚对幼儿健康领域的理解是很宽泛的,既包括幼儿的情感体验,也包括幼儿社会性方面的健康方面。这与世界卫生组织对健康的定义(健康不仅包括不得病,还包括心理健康以及社会交往方面的健康)基本一致。

2) 对幼儿消极心理与精神状况的关注

新西兰的《编席子:学前课程》中指出:发展幼儿大胆表达害怕情绪的能力和信心,并相信幼儿的害怕情绪能够得到认真对待;能够容忍一定程度的变化、令人吃惊、不确定和令人困惑的情感需要,相信自己的要求会得到积极的回应。[⑤] 培养幼儿正确面对消极情感或情绪是必要的。但是在幼儿的生活中会遇见积极的情感和消极的情感,因此把对幼儿积极和消极的情感结合起来共同培养、二者兼顾,才能促进幼儿的健康发展。另外,对处于特殊时期的幼儿,还应该考虑幼儿的一些特殊心理,如新入园幼儿的焦虑心理以及幼

---

① Department for Education(2012). Statutory Framework for the Early Years Foundation Stage.

② Ministry of Women and Child Development Government of India (2012). Early Childhood Education Curriculum Framework (Draft).

③ Natinal Council for Curriculum(2009). Astear: The Early Childhood Curriculum Framework Principle and Themes.

④ Australian Government Department of Education, Employment and Workplace(2009). Belonging, Being & Becoming: The Early Years Learning Framework for Autralia.

⑤ Ministry of Education(1996). Te Whariki: He Whariki matauranga monga mokopuna o Aofearoa. Early Childhood Curriculum.

小过渡时期的情绪反应,幼儿园应该正确引导,促进幼儿经验的一致性和连贯性,以顺利过渡转变。

(二)语言与交流领域

幼儿阶段是其语言发展的关键期。因此,幼儿园的一个重要任务就是促进幼儿的语言发展。不同国家或地区对这一领域的表述也存在不一致。如澳大利亚、新西兰、爱尔兰等表述为"交流";挪威表述为"语言与交流";苏格兰、日本、韩国表述为"语言";加拿大和美国表述为"语言与读写能力";英国表述为"交流与语言"和"读写"作为不同的领域。这些国家或地区对语言领域的表述有所不同,甚至差别很大,涉及的范围也不完全相同。

1. 语言

许多国家或地区对幼儿园课程纲要中的"语言"有不同的侧重点:一是强调幼儿的语言的积极情感以及幼儿在此基础上提高其语言的运用能力;二是强调幼儿早期读写能力的发展。

1)强调幼儿语言积极情感以及提高其语言的运用能力

我国在2001年颁布的《纲要》中对语言领域有比较明确的规定。如语言教育的目标是:提高幼儿语言交往的积极性、发展语言能力。具体包括以下内容:喜欢与人谈话、交流;注意倾听并能理解对方的话;能清楚地说出自己想说的事;喜欢听故事、看图书。在教育的指导上提出:创造一个自由、宽松的语言交往环境,使幼儿体验语言交流的乐趣;养成幼儿注意倾听的习惯,发展其语言理解能力;鼓励幼儿用清晰的语言表达自己的思想和感受,发展其语言表达能力;教育幼儿使用礼貌语言与人交往,养成文明交往的习惯;引导幼儿接触优秀儿童文学作品,使之感受语言的丰富和优美;培养幼儿对生活中常见的简单标记和文字符号的兴趣;利用图书和绘画,引发幼儿对阅读和书写的兴趣,培养前阅读和前书写技能,提供普通话的语言环境,帮助幼儿熟悉、听懂并学说普通话。少数地区还应帮助幼儿学习本民族语言。我国对幼儿语言的培养充分体现出积极的语言情感和语言运用。这是针对过去受社会约定和符号的限制和传统语言教授方式,忽视语言的习得是一个个性化的过程而加以规定的。日本、韩国的语言领域也基本上与我国语言的侧重点一致,强调语言的积极情感并在此基础上发展幼儿的语言能力。

2)强调幼儿早期读写能力的发展

英格兰在2012年颁布的《学前基础阶段法定框架》中,设立了"交流与语言"领域,还设立了"读写"领域。在阅读方面的目标是:儿童能读出并理解简单的句子;能够使用发音方面的知识来解码常见词汇并能准确地读出来;也能读一些常见的不规则单词;当和别人谈论所读的词汇和句子时,能够表明他们理解这些词汇和词语。在书写方面的目标是:儿童能运用发音的知识,以和发音相对应的方式写下单词;能写一些不规则的常见的单词;能够写下简单的句子;能够正确地拼写出一些单词,同时有些单词可以根据发音来写。[①] 美国与英格兰的做法一致,将"语言与交流""早期阅读""早期书写"并列出现在课程内容纲要里,充分体现了这些国家或地区对早期阅读与书写的重视。

---

① Department for Education(2012). Statutory Framework for the Early Years Foundation Stage: Setting the Standards for Learning,Development and Care for Children from Birth to Five. London: Department for Education.

2. 交流

不同的国家或地区对“语言”领域的理解不一致,有的国家或地区已经泛化了,甚至用来指“语文”领域了。例如,中国香港地区就以将语文学科领域常使用听、说、读、写四个方面的能力来规定幼儿语言领域的内容。在聆听与说话方面的目标是:儿童能够听懂说话和故事,丰富日常接触的词汇,并理解故事和说话的意思;应用所学的词语和短语,来表达自己的意见和需要;与人交谈对话时需要有礼貌,语音清晰和顺畅地表达;提出及回答问题,并能做简单的推理、解难及推测结果;与人分享生活经验和见闻。在阅读方面的目标是:使儿童能够掌握阅读的初步技巧;养成阅读的兴趣与习惯;理解故事内容;认识常见的文字及学习主题的常用字;从阅读中学习。[①] 由此可见,香港地区的“语言”领域已经与对数学等学科的理解同属于一个范畴了。爱尔兰的“交流”领域的内容范围也同样远远超出了听、说、读、写的范围,甚至把数学、艺术、信息技术等作为不同的交流方式。澳大利亚、新西兰也同样泛化了交流的内容。

(三)社会领域

各个国家或地区对社会领域的表述是不相同的。如澳大利亚的“社会学习与个体学习”、英格兰的“个体、社会与情感发展”、挪威的“道德、宗教和哲学”和“地方社区和社会”、加拿大的“个性与社会性发展”、美国佐治亚州的“社会探究发展”和“适合性与情感发展”、日本的“人际关系”、韩国的“社会关系”、印度的“适合、个体与情感发展”等。这些国家的社会领域内容,大致可以分社会性发展和社会性探究两类。

1. 社会性发展

我国《幼儿园教育指导纲要(试行)》中对幼儿社会领域的目标规定是:增强幼儿的自尊、自信,培养幼儿关心、友好的态度和行为,促进幼儿个性健康发展。具体目标是:喜欢参加游戏和各种有益的活动,活动中快乐,自信;乐意与人交往,礼貌、大方,对人友好;知道对错,能按基本的社会行为规则行动;乐于接受任务,努力做好力所能及的事;爱父母、爱老师、爱同伴、爱家乡、爱祖国。可见,我国《纲要》中对社会领域的规定是从幼儿个体和社会两个方面来进行表述的。

英格兰对社会领域目标规定了三个具体的目标:一是自信和自我意识,幼儿能够自信地尝试新的活动,能够自信地在熟悉的群体中讲话,谈论自己的想法,选择所需要的活动材料,当需要或不需要帮助时都敢于说出来;二是管理自己的情绪和行为,幼儿能够谈论自己和他人的情感的反应和行为,知道哪些行为是不可接受的;三是在小组或班级中,理解并遵守规则,建立关系,在游戏中能够合作,知道按秩序轮流进行,在游戏活动中能够考虑对方的意见。对他人的需要和帮助有一定的敏感性,能够向成人和其他幼儿学习积极的人际关系。[②]

美国的乔治亚州为了促进幼儿的社会性品质的发展,特别设立了“社会性与情感”领域来促进幼儿社会性发展,设立“社会探究发展”来促进幼儿社会性认知发展。其中,社会性与情感发展领域主要集中在安全与积极关系的建构,通过直接与间接的教学引导,促进

---

① 香港课程发展会议(2006). 学前课程指引.

② Department for Education (2012). Statutory Framework for the Early Years Foundation Stage.

幼儿人际交往社会技能的发展，学习被社会认可的方式表达情绪情感。同时帮助幼儿发展好奇心、坚持等积极的学习态度。具体内容有发展自信和积极的自我意识；发展好奇心、主动性、自主性和坚持性、逐步提升自我管理的能力，比如能够以适当的姿势、动作和语言来表达情绪，感到沮丧时可以用语言来表达，而不是去攻击其他小朋友；发展人际交往互动的社会技能，和学习集体中的其他小朋友建立起关系。①

从各国或地区的社会性发展目标来看，大致包括以下内容：开朗、乐于交往、自信、关心、友好、敢于表达等。但是，儿童的社会性发展应该与幼儿所在国家或地区的文化结合起来考虑。美国教育家托宾（Tobin）曾说过："没有一个全球通用的教育质量标准。"②因此，每个国家要根据自己的国情来考虑幼儿的社会性发展。

2. 社会性探究

美国马萨诸塞州2003年颁布的《学前学习经验指导纲要》中使用过"社会探究"一词。马萨诸塞州2008年颁布的《得克萨斯州学前教育纲要》中指出：社会探究是儿童生活的一个有机组成部分，也是他们非常感兴趣的。儿童通过探究理解自己到理解他人和周围世界。该纲要中的社会探究的具体内容有：第一，探究人、过去与现在的能力。能按着事件、时间和常规来组织自己的生活。第二，经济技能。能理解人的生存需要食物、衣服和庇护所。参与一些活动，以帮助自己理解消费意味着什么，讨论周围社区工人的作用与职责。第三，地理技能。能够辨认周围环境的常见特征。第四，公民技能。能够辨认美国的国旗和得克萨斯州的州旗；对着美国国旗和得克萨斯州的州旗宣誓，并行注目礼；参与小组投票决定；能够辨识自己和同学，以及自己和来自其他文化背景的人之间的相似点。③韩国在2007年颁布的《幼儿园课程》中的"社会关系"领域中也规定了一系列幼儿社会性分组的内容，同时也规定了"社会探究"方面的内容，如对社会现象感兴趣，包括对周围环境感兴趣，了解周围社区的各种不同特征、家庭地址、相关社会机构名称和功能；对经济生活感兴趣，节约消费，爱护财物，可再用物品的回收再利用，知道钱在购买中的作用，了解家长的职业，对不同的工作及每种工作的重要性有所认识。④

（四）艺术领域

各国或地区对艺术领域的表述也是不同的。我国2001年的《纲要》中表述的是"艺术"，中国香港2006年的《学前课程指引》以及美国马萨诸塞州2003年的《学前学习经验指导纲要》中表述的都是"艺术"。但是，英格兰2012年的《学前基础阶段法定框架》中表述的是"表达性艺术与设计"，苏格兰2004年的《追求卓越的课程》中表述的是"表达性艺术"，印度2012年的《幼儿教育课程框架》中表述的是"创造性与审美分组"。日本和韩国新近颁布的课程文件为"表达"。美国佐治亚州的《幼儿教育内容标准》把"艺术"内容放在了"创造性分组"领域中。澳大利亚和新西兰把艺术活动放在"交流"领域中。不管这些国

① Georgia Department of Early Care and Learning(2011), Georgia's Pre-K Program Content Standards.

② 托宾. 从民族志研究视角看学前教育的质量[M]. 朱家雄，译. 国际视野下的学前教育. 上海：华东师范大学出版社，2007.

③ Texas Education Agency(2008). Revised Texas Prekindergarten Guidelines.

④ The Ministry of Education and Human Resources Development(2007). The Kindergarten Curriculum of The Republic of Korea.

家或地区如何表述，但是各自的艺术内容呈现了以下特点。

1. 艺术活动是幼儿自发表达的一种方式

各国或地区都倾向于强调活动的自发性，即幼儿在艺术分组活动中的自由表达。如我国2001年颁布的《纲要》中明确提出把艺术作为幼儿的另一种表达认识和情感的“语言”。艺术活动是一种情感和创造性活动，幼儿在艺术活动过程中应有愉悦感和个性化的表现，教师要理解并积极鼓励幼儿与众不同的表现方式。韩国2007年的《韩国幼儿园课程》中也强调艺术的自主性和创造性表达。日本2008年的《幼儿园学习指导纲要》在艺术内容方面也规定：分组活动能够丰富幼儿的情感和表达自我的能力，通过自主地表达自己的经验和思想提升创造性。①

2. 艺术活动中幼儿的探究

幼儿在艺术活动中不仅体验艺术，还会有很多探究。无论绘画还是舞蹈，幼儿都在认识自我、认识世界。美国马萨诸塞州2003年的《学前学习经验指导纲要》中指出：学前阶段艺术教育的基础是起始自儿童的探究、尝试、感官的参与以及理解讨论。这也是教师应该反思的问题：设计的艺术活动能否引起幼儿的探究。对此，美国佐治亚州在2011年颁布的《佐治亚幼儿教育内容标准》中对幼儿艺术探究做了以下一些表述：幼儿探究和使用各种材料，以分组艺术来表达。其中包括尝试各种艺术材料，以获得相关的感觉体验。②

（五）科学与数学领域

各国或地区对科学和数学的划分领域和内容都不尽相同。如我国2001年颁布的《纲要》中，“数学”并没有被单独设置为一个领域，而是并列放在“科学”领域中。韩国的“探究”、日本的“环境”、美国马萨诸塞州的“数学”与“科学、技术与工程”、美国佐治亚州的“数学分组”与“科学分组”、加拿大的安大略省的“科学与技术”、挪威的“自然、环境与技术”与“数学、空间和形状”等。上述可见，日本和韩国将数学内容并入科学领域，有的是将数学与科学领域分开的，有的国家或地区将技术纳入到科学领域。但大多数国家或地区都是将科学的基本内容指向自然科学，培养幼儿对周围自然事物的探究兴趣和能力。这些国家都有一些共同特点。

1. 对幼儿探究精神的培养

各国或地区都重视对幼儿进行探究精神的培养。这些探究精神包括幼儿的好奇心、探究欲望、对周围事物的认识兴趣，以及在探究过程中表现出来的坚持性和乐于与同伴合作、相互交流。如韩国在2007年颁布的《韩国幼儿园课程》就明确提出：“分组幼儿的探究精神，强调对周围事物和自然环境的好奇心与积极探究，以及在此基础上的创新的新思维能力。”我国在2001年颁布的《幼儿园教育指导纲要（试行）》中对科学领域的规定也充分体现了培养幼儿的探究精神：激发幼儿的好奇心和探究欲望，发展认识能力。这些规定都很好地体现了对幼儿积极的“科学”情感、态度、价值观的培养。

2. 幼儿尊重自然和可持续分组意识的初步养成

科学领域培养幼儿探究周围自然事物的过程中，幼儿与自然接触，从而了解自然过程

---

① Ministry of Education, Culture, Sports, Science and Technology(2008). The National Curriculum Standard for Kindergartens.

② Georgia Department of Early Care and Learning(2011). Georgia's Pre-K Program Content Standards.

中，培养幼儿尊重自然，尊重生命意识和可持续发展意识。挪威2006年的《幼儿园课程内容与任务框架计划》中的“自然、环境与技术”领域明确规定：自然使幼儿体验到美，能够激发幼儿的美感表达……引导幼儿开始理解可持续发展的重要性。这包括爱自然、理解自然界的各种相互作用以及人与自然之间的相互关系。教师要通过讲解和组织相关活动，促进幼儿对可持续发展的理解。

第四节 幼儿园课程内容的选择与组织

一、幼儿园课程内容的选择

幼儿园课程内容的选择是课程编制过程中的一个基本环节，也是编制课程的基础性工作，是解决教师“教什么”和幼儿“学什么”的问题，也是幼儿园课程目标具体实现的一个途径。幼儿园课程内容选择是否恰当，直接影响着幼儿的发展。

（一）幼儿园课程内容选择的意义

幼儿园课程内容的选择对幼儿的学以及幼儿的发展都能够起到积极的教育作用，主要体现在以下几个方面。

1. 选择的幼儿园课程内容能为幼儿未来的学习奠定基础

幼儿园课程内容的选择是为了帮助幼儿获得基础知识，为未来的学习奠定基础。因为知识可以帮助幼儿认识自己以及幼儿自身生活的环境，从而认识幼儿周围的世界，甚至改变自己的行为，朝着有益于幼儿和他人身心健康的方向发展。如果没有经过选择的知识就教给幼儿，也许不适合幼儿的发展，甚至会阻碍幼儿的发展。所以，经过选择的幼儿园课程内容，就可以将那些自然的、零散的知识整理出来形成知识系统，去掉幼儿无法理解的知识，学习幼儿应该学习的知识，才能有助于幼儿的发展。

幼儿应该学习的知识可以包括以下内容：①幼儿生存需要的知识，如幼儿健康知识、安全知识等；②能解决幼儿基本生活、人际交往等方面问题的知识，如餐饮常识、对同伴友好等；③帮助幼儿认识自己的生活环境和周围世界的知识，如了解社区、自然常识等；④为入小学做准备的知识，如简单的语言、科学、艺术等方面的知识；⑤为未来做好公民的知识，如保护环境等方面的知识。

2. 选择的幼儿园课程内容能帮助幼儿掌握基本的活动方式

人是通过活动的形式体现其存在的，人也是通过活动影响并改变自己和世界的。幼儿同样以活动的方式存在。幼儿的活动有基本的生活、交往、学习等方式。经过选择的幼儿园课程内容就是为了帮助幼儿掌握这些活动的技能技巧、方式方法。例如，教师可以抓住幼儿与教师、同伴的交往在游戏或活动中进行指导，让幼儿进行这方面的学习。

3. 选择的幼儿园课程内容能帮助幼儿发展智力和能力

智力和能力常在解决问题时表现出来，并在解决问题时得到发展。解决问题的过程常常要经过以下几个阶段：从发现问题到提出问题，再到形成假设，检验假设，最后得出结论。幼儿是在做中去发现问题，检验假设，最后解决问题。因此，幼儿园课程内容可以设置一些问题情境，让幼儿在做中去寻找解决问题的办法，从而获得能力和智力的发展。

幼儿的问题往往出现在生活中、游戏中、与环境的相互作用中。因此，教师要善于将幼儿常遇见的问题纳入幼儿的学习内容中，转化为幼儿园课程内容的一部分。

4. 选择的幼儿园课程内容能培养幼儿的情感态度

情感态度是指对他人及周围世界的一种内心倾向性。情感态度是伴随着活动而产生的一种相对稳定的情绪体验。因此，情感态度的形成是在活动中进行的。心理学上对情感态度的形成可以通过以下三种途径：一是环境熏陶。也就是说，在环境中，可以让幼儿形成某种情感体验；二是经验体会。例如，幼儿痛苦的情感体验，会让幼儿产生消极的态度，幼儿愉快的情感体验，会让幼儿产生积极的态度；三是认识理解。当幼儿认识并探索某事物时满足了好奇心后产生的一种热爱学习的态度。因此，经过选择的幼儿园课程内容应该放到一定的环境中，让幼儿通过探索等活动获得经验体会的内容。

（二）幼儿园课程内容选择的取向

幼儿园课程内容的选择必须考虑幼儿头脑的知识、幼儿的特点和与之适应的社会。这三个因素的侧重点不同，就形成了不同课程内容的取向。

1. 课程内容即教材取向

许多对教育或课程感兴趣的学者都曾对课程内容的选择做过大量的探讨。如1859年英国教育家斯宾塞就提出过这样的命题：“什么知识是最有价值的。”他认为能为未来完美的生活做准备的知识才是最有价值的，而能达到这个要求的知识只有科学知识。因此，他认为科学知识在课程内容中应该处于核心地位。之后的要素主义学派、永恒主义学派以及结构主义学派等代表的观点也主张将科学知识以学科的形式作为课程的主要内容。在以学科知识为取向的课程内容观的影响下，长期把课程内容当作教材上的内容。

以教材为课程内容取向的观点，直接将课程内容等同于教材和教科书，是课程内容的唯一来源。这严重脱离了幼儿的实际，根本不能把课程内容落实到幼儿身上去。而教材是教育目标与课程内容之间的物质载体，所承载的是前人总结下来的间接经验，是静态的知识。这与幼儿的学习特点不完全吻合。因此，可以把教材看作一种方向或思路，不能看作课程内容的全部。教师要根据本园和幼儿实际情况进行课程内容的选择。

2. 课程内容即活动取向

随着科技的迅猛发展，一些课程研究者们开始对课程内容进行重新思考。在这种条件下，课程内容即活动的观点便应运而生。许多学者认为课程的主要内容应该是现实社会生活经验。如英国教育家怀特海说过：“只有生活的一切方面才能成为教育的教材。”斯宾塞将社会生活的五个领域设计了一个课程内容体系，博比特、查特斯、塔巴等人倡导各种社会需求构成课程目标。这些学者的观点，强调在活动中培养幼儿的操作能力，幼儿的学习与生活紧密结合，在生活中获得经验。这样的学习，幼儿才喜欢，才更有现实意义。因此，在幼儿园编制课程中，尽量体现活动思想。我国幼儿教育家陈鹤琴就提出“活教育”的思想，主张“大自然、大社会都是活教材”，强调在“做中学、做中教、做中求进步”，并创设“五指活动法”的活动课程模式。五指活动法的内容是健康、社会、科学、艺术和语言。活动课程在实施时很多教师流于形式，图热闹，并不能将幼儿需要获得的经验融入活动过程中。因此，活动取向的课程内容选择，要注意将课程内容与活动融为一体。

3. 课程内容即经验取向

课程内容即经验取向的观点是针对知识取向的批判和反思而提出来的。经验课程内容取向观点的学者认为：“把教材看作幼儿的课程内容，忽视了幼儿的活动和学习体会，而课程的真正含义是要被幼儿亲自经历、理解和接受的东西。”泰勒主张：“学习的基本手段是教育者要为幼儿提供学习经验，学习经验的获得是幼儿在主动与外界环境相互作用的过程中产生的。”对此，不同幼儿在相同的活动中产生的学习经验可能会不同。因此，将学习经验等同于教材的观点是不对的。持有学习经验的学者认为：知识是学会的，而不是教师教会的，决定学习情况的不是教师也不是教材，而是幼儿与教师、环境相互作用的结果。这种观点强调幼儿的主体性。课程内容的选择也应该关注幼儿的兴趣、需要、经验和认知情感等特征。但是，这种观点弱化了教育者的教育作用，使教育活动变得目的性、计划性不那么强。

（三）幼儿园课程内容选择的原则

课程内容的选择是为了实现教育目标，促进幼儿更好地发展。对课程的选择做一些方向性的指引，更有利于课程选择的科学性与合理性。因此，幼儿园课程内容的选择应该遵循以下一些原则。

1. 合法性原则

任何时代的教育都是为了社会的发展与稳定服务。当今的教育也不例外。课程目标必须要经过全面深入研究和论证，并经过一定决策程序才能确定下来，因而具有充分的合法性。①

既然课程目标具有合法性，受课程目标制约的课程内容也应该具有合法性，不能随意或盲目地选择课程内容。那么，什么样的课程内容才具有合法性呢？我国经过决策程序制定出来的一系列方针政策或条例等可以作为课程内容选择的参照依据。除了广义上讲的幼儿园课程内容的选择要符合我国的法律法规等的规定外，同时要符合国家对幼儿园教育事业所做的一些特殊的规定，如 1996 年中华人民共和国国家教育委员会令第 25 号发布的《幼儿园工作规程》、2001 年教育部颁布的《幼儿园教育指导纲要》、2010 年国务院印发的《关于当前发展学前教育的若干意见》、2012 年由教育部正式颁布的《3～6 岁儿童学习与发展指南》等都可以作为我国幼儿园课程选择的指导性文件。

2. 适宜性原则

课程内容选择的适宜性主要针对三个方面来讲，一是课程内容适合幼儿的学习，符合幼儿的身心发展特点，贴近幼儿的生活。让幼儿能够在日常生活中愉快地获得经验；二是课程内容要适合教师操作。教师可以结合自身掌握的专业知识和专业技能或者自己的特长对幼儿园所选的教材内容做适当的修改或补充；三是课程内容的选择要适合幼儿园的实际情况。幼儿园可以根据所处的地理位置或者自身的特色来选择课程内容。对最后所选择的课程内容进行由简单到复杂、由易到难、由具体到抽象逐渐变化的顺序来组织。

3. 整合性原则

幼儿园课程内容的整合性主要体现在幼儿的身心全面发展上。这就要求幼儿园的课程内容包括语言、健康、社会、艺术、科学等各个领域。这些领域的内容以某一个领域为起点来对应幼儿的发展进行内容选择，各个领域的内容又是相关联或者相互交叉的，最后达

---

① 杨爱程．略论课程内容的选择标准[J]．教育研究与实验，1993．

到整体优化,进而共同促进幼儿全面发展。

4. 结构性原则

幼儿园课程内容的整合性是从内容的相互关联性来考虑的。结构性则是从各个领域的均衡性来考虑的。所谓均衡性是要考虑各个领域内容的比例要适当,合理安排幼儿园的一日活动以及各个活动内容所占的时间多少。同时均衡性还要考虑各个领域内容的前后衔接和逻辑关系。因为幼儿的发展是一个连续的动态过程,所以,课程内容的选择要注意不同领域之间的相互联系与相互渗透。

5. 生活化原则

由于幼儿的思维特点是以具体形象性为主,而生活是幼儿每天都要感知和体验的,对幼儿来说更具体、更真实,随时都可以在生活之中与周围人、环境或事物接触,这些与幼儿最接近,对幼儿的学习最有效,也最能吸引幼儿的兴趣。

(四)幼儿园课程内容选择的方法

选择幼儿园课程内容是提高幼儿园教育质量的关键。幼儿园课程内容的形式与类型也较丰富,具体到每一节课用正确或合适的方法进行选择也很重要的。教师要尽力从不同领域、不同角度、不同幼儿的兴趣、需要、能力和幼儿园所处的环境进行选择,充分体现幼儿园课程的启蒙性、活动性、生活性、整合性等特点。具体可以采用以下方法。

1. 分科课程与综合课程结合

根据课程结构性原则,分科课程更能突出单一学科知识的系统性和完整性。综合课程更能将幼儿需要的各种资源进行整合,更能做到因地制宜,将各个领域的内容进行有机整合,以适应幼儿的兴趣、好动等特点。

2. 趣味性内容与知识性内容结合

教师有效教学的手段必须将幼儿需要学习的知识通过趣味的形式或活动形式体现出来,充分发挥幼儿的主体性,使幼儿在学习活动中体验到快乐,即寓教于乐。通过有趣的方式进行知识的学习,也符合幼儿的思维特点具有形象性、具体性和直观性等。因此,幼儿园课程内容的选择应充分顾及幼儿的兴趣、需要和能力,贴近幼儿的生活,促使幼儿向更高层次发展。

3. 预设课程内容与生成课程内容结合

预设课程内容是指教育者在教育活动之前制定的教学方案及其教学手段,一般情况下以文本教案为主要表现形式;生成课程内容是指在教育活动过程中师幼通过教育行为产生的新的兴趣点、知识点或价值判断。教育者把二者结合起来才能更大限度地发挥教育的功能。

4. 正常活动与自由活动结合

正常活动是指国家规定的《纲要》为指导下由教育主管部门同意制定的教学,包括国家课程、地方课程和园本课程等。自由活动是教师根据幼儿园实际情况或本班情况安排的,由教师指导下的幼儿自发开展的活动,即幼儿自己选择的课程内容或自编的课程内容或游戏区角拓展的内容等。

二、幼儿园课程内容的组织

在对幼儿园课程内容进行选择的基础上,就要将选择好的内容有机地联结在一起,使幼儿产生累积效应,就要把课程内容组织起来,形成一个完整的系统教给幼儿。

(一) 幼儿园课程内容组织的含义

通常认为课程内容的组织是将课程内容的各个要素进行合理的安排、排列,将分散的课程内容联结起来的方式。不同学者对课程内容的组织的观点不一致。

学科课程内容观点下,课程内容组织是对学科知识与结构进行组织。经验课程内容观点下,课程内容组织是对经验的选择与编排。教案课程内容观点下,课程内容组织是把教案内容系统化、结构化,并将内容以教案的方式呈现。泰勒则认为,“课程内容组织是把学习经验组织成单元、学程和教学计划的程序。”泰勒对课程内容的组织明确了组织的对象是学习经验,组织后的结果有单元、学程和教学计划,组织的过程要有程序。同时他还指出了课程内容组织的目的是使幼儿获得累积的经验。但是泰勒的课程内容组织的观点更强调“物”的因素,而忽视了教师的言语、幼儿园的氛围和相关规定等内在具有价值的隐性课程内容。

(二) 幼儿园课程内容的组织原则

在组织课程内容的过程中,教育者常遵循一定的组织原则,尽力将课程内容发挥教育效果的最大化。幼儿园课程的基本任务就是为教育提供一个优化的环境,使幼儿在生动有趣的、积极主动的氛围中学习和活动,奠定一生可持续发展的基础,在这个优化的教育环境中组织幼儿园课程,为幼儿发展做出科学周密的计划。因此,幼儿园课程内容在组织时应该遵循以下原则。

1. 整体性原则

整体性原则是幼儿园课程组织的一个基本原则,更是一种指导思想。人本质上应该是身心统一的一个整体。幼儿教育的目的就是要把幼儿培养成身心全面发展的完整人。因此,幼儿园课程需要把教育中的各种要素组织起来构成一个整体。只有这样,才能实现幼儿的全面发展。

根据这一原则,在进行幼儿园课程内容编制时就需要将生活活动、游戏活动、自由活动等整合起来,考虑将显性课程与隐性课程整合起来,直接经验与间接经验整合起来,家庭、社区、幼儿园的教育资源整合起来,共同为幼儿园课程提供一个完整的课程内容体系,而不是零散的、支离破碎的知识。总之,将幼儿园课程构建成全面的、综合的、系统的课程体系,课程内容的各要素之间相互联系、相互渗透、相互影响、不可分割,最终达到“整体大于部分之和”的教育效果。这就是课程内容整体性的关键之处。

2. 生活化原则

生活化原则是幼儿园课程内容的基本原则。也就是说,幼儿园课程内容要贴近幼儿的生活实际,加强幼儿教育与生活的联系,“寓教育于生活之中”,使生活成为幼儿课程的内容,同时也是幼儿园课程内容实施的一种手段或方式,让幼儿园课程内容与实施融入幼儿的生活。幼儿的生活处处蕴藏着教育内容,教师可以随时随地在生活中发现课程内容并加以运用,生成新的课程内容,这就是生活教育化。幼儿园课程内容生活化原则主要是要求设计一日活动的各个环节,尽可能地抓住蕴藏在生活中的一切机会发挥教育功能。同时也要求对生活环境和生活规律进行分析,以便将课程内容的安排更具体,更符合幼儿的需要。这里需要强调的是,幼儿园课程内容生活化不是教育的目的,而应用这一原则的目的是为了让幼儿能够更自然、更轻松、更有效地学习。

3. 主体性原则

幼儿园课程内容的组织的主体性是指教师引导幼儿积极参与的教育过程。这个原则主要目的是想发挥幼儿的积极性和主动性。这样才能让课程内容内化为幼儿的学习经验。当今社会需要培养具有主体性品质的人。

主体性原则体现在以下两个方面。一是需要教师积极引导,即充分发挥教师的主体性。这样的课程内容才能具有灵活性、开放性。因为教育过程中不确定因素太多,幼儿与教师互动过程中教师应该主动发现并掌握幼儿的一切动态;二是幼儿自身的活动。因为活动是幼儿发展的先决条件。幼儿的发展是在与环境相互作用过程中达成的。幼儿有怎样的活动,就会有怎样的发展。因此,教师要尽可能地引导幼儿积极参与活动,提供幼儿发展的机会。

4. 价值性原则

幼儿园课程内容的组织的价值性原则是指教师要组织能够促进幼儿发展的课程内容。能够促进幼儿发展的内容主要有以下一些要求。第一,课程内容要贴近幼儿的生活。贴近幼儿生活的内容有直接经验和间接经验。这一点可以利用幼儿已有的生活经验,增强其学习的主动性。同时在生活中引导幼儿熟悉周围的事物,不断发现事物的新异性。第二,课程内容要能够促进幼儿认知能力的发展。尽管幼儿认识周围事物达不到很高深的水平,但是幼儿在了解周围事物及其相互间的关系过程中,使幼儿在思维和探究能力等方面能够得到相应的发展。第三,课程内容要高于幼儿已有水平。根据维果茨基的“最近发展区”观点,教师提供给幼儿的知识或经验要具有一定的挑战性,使幼儿在成人的引导或帮助下能够完成。这就是鹰架教学。

(三)幼儿园课程内容的组织形式

幼儿园课程内容可以从不同的角度或出发点进行组织,形成一定的形式。

1. 以幼儿为中心的课程内容组织形式

以幼儿为中心的组织形式更强调幼儿的兴趣和需要,以幼儿的经验为中心来组织课程内容,更关注幼儿在生活情境中的学习方式。教师的工作就是为幼儿提供学习机会和学习条件,创设一个适合幼儿的教育环境,使幼儿在与环境相互作用中习得经验。活动课程更多的就是这种课程内容组织形式。这种组织形式下,教师是幼儿学习的支持者、合作者和引导者。幼儿在这种形式下学习的动手能力和操作能力能够得到很好的锻炼。但是这种课程内容组织形式下,幼儿获得的知识缺乏系统性和相互联系性,即具有零散性。因此,这种课程内容的组织形式应该在幼儿知识结构化方面做一些相应的改进。

2. 课程内容以幼儿的活动为组织形式

1) 按照参与活动规模可以分为集体活动、小组活动和个别活动

不同的活动形式有不同的使用范围,其自身也有不同的教育价值,不能简单地认为哪一种形式就一定好,应根据课程目标、课程内容等进行具体选择与应用。

集体活动一般是全班幼儿都同时参与的活动。这种活动的特点是全班幼儿同时做一个相同的事情。在这个活动过程中教师对全体幼儿进行指导。一般用于集体教育活动。这种形式的最大优点就是效率高,有利于培养幼儿的集体感和纪律意识。但是很难照顾

到个别幼儿,不能充分发挥幼儿的主动性和兴趣等。

小组活动是教师有计划地将幼儿分成若干个小组。小组的学习可以是教师对小组的活动分别进行指导,也可以是小组自由开展活动。这种活动形式是为幼儿提供同伴交往的机会、学会分享、合作、交流、讨论,同时幼儿根据自己的能力选择合适的方法和进度来完成学习任务。分组可以是随机的,也可以是按照幼儿能力进行分组。这种分组活动的优点是能够照顾到幼儿的不同需要。但是这种活动形式容易影响幼儿的自我评价,产生"标签效应",因此要慎用。小组活动一般用于新学习的内容。

个别活动一般是一个教师面对一个幼儿进行指导,也可以是一个幼儿的自发性活动。这种组织形式的优点就是能够照顾到个别幼儿,使教育更有针对性,能够满足个别幼儿的需求。个别活动通常用于幼儿自选活动时间,教师作为同伴参与到幼儿的活动中去,与幼儿互动,进行专门指导。

2) 按照活动内容分为常规活动、游戏活动、教学活动

常规活动主要指幼儿园的一日生活的各个环节,包括幼儿在园的所有活动,如入园、进餐、盥洗、如厕、午睡、起床、做操、值日活动、离园等。常规活动对幼儿的生活化教育是非常重要的途径。这种组织形式对幼儿来说有非常多的养成教育和活动内容。

游戏活动是幼儿最为喜欢的、最能发挥幼儿主体性的一种组织形式。游戏的教育功能已经为广大幼教工作者所接受,并把它视为重要的教育手段,其目的是要给幼儿充分的游戏权利,让幼儿愉快地学习,促进幼儿健康发展。

教学活动是教师专门组织的教育活动。这种形式是按照教师自己规定的课程内容,有计划、有组织、循序渐进地引导幼儿获得经验的一种活动形式。无论学科课程、活动课程还是主题活动课程,都称为幼儿的教学活动。教学活动的目标明确、内容是经过精心选择的,教师的组织性特点明显。这种活动的主要目的是帮助幼儿获得新知识、新经验并丰富幼儿的知识,提高幼儿的水平。

(四) 幼儿园课程内容组织的策略

课程改革是教育改革的核心内容,而课程内容是课程改革的核心内容,直接关系课程目标以及教育目标的实现。21 世纪的课程内容改革主要呈现出以下特点。

1. 重视课程内容的全面性

由于我国的教育目标是要培养身心健康的幼儿、促进幼儿在德、智、体、美等方面全面发展。因此,我国课程改革重视全面的课程内容。课程内容包括五大领域:健康、社会、艺术、科学、语言。课程内容实施包括在园内园外,也包括在正常的教学活动中和一日生活的各个环节中。这与发达国家的观点基本一致。发达国家主张培养"完整儿童",要求对幼儿进行认知、情感和体验结合培养,知识和生活结合培养,促进幼儿的全面发展。

2007 年韩国在第七次幼儿园课程改革中规定各类幼儿园都要把课程划分为 5 个综合领域,同时也包括身心健康、社会交往表现、语言和探究。每个领域都强调对幼儿从不同层面进行自主能力和创造能力的培养,追求幼儿的全面发展,培养幼儿完整人格。

日本在 2000 年开始实施的《幼儿园教育要领》提出幼儿园教育目标是"通过幼儿园生活培养儿童生存能力的基础",具体目标是健康、人际关系、环境、语言、表现等五大领域。

在2007年日本政府再次明确了五大领域的具体目标。日本政府在2008年对《幼儿园教育要领》进行修订，2009年开始实施《幼儿园教育要领》具体规定了健康、人际关系、环境、语言、表现五大领域的课程目标与具体实施内容。

英国在2008年由儿童、学校和家庭部颁布的《早期基础阶段的法定框架》，提出0～5岁儿童的早期学习目标应包括六大领域：个人、社会和情感的发展，交流、语言和读写，问题解决、推理和计算，有关周围世界的知识和理解，身体发育，创造性的发展；并规定了每一个领域的具体学习目标。英国政府颁布的《早期基础阶段的法定框架》成了该国幼儿教育课程改革的指南针，并对该国幼儿教育实践起着重要的指导作用。

2. 强调课程内容的基础性

我国幼儿园课程内容改革与其他国家一样，重点突出课程内容的基础性。这是由幼儿的年龄特点和学习特点等因素决定的。

澳大利亚幼儿园课程改革后更加强调幼儿园课程的基础性，主要表现在基本知识和基本素质的培养，如识字、识数以及日常生活问题的解决和与人沟通的初步能力。20世纪90年代末澳大利亚教育改革委员会主席梅耶(Mayor)提出澳大利亚人应该具有的七种关键能力：收集、分析和组织信息的能力；交流思想和信息的能力；设计和组织活动的能力；与他人合作和团队协作的能力；运用数学思维和数学方法的能力；解决问题的能力和使用技术的能力。梅耶同时指出这七种关键能力主要是通过儿童在日常生活、学习以及终身学习和发展基础上获得的必需的基本技能。也就是说，他强调幼儿园课程改革的内容要注重其基础性方面。

美国幼儿园课程内容的改革也把重点放在了幼儿的早期读写、数学和科学的学习。虽然美国的课程内容改革也很重视社会情感、创造力和身心发展，但是美国从2000年颁布的《结果框架》等学习标准强调的核心领域还是幼儿的早期读写、数学和科学学习，其中语言和认知是美国幼儿早期学习很受重视的方面。总体上来看，美国的幼儿园课程改革还是很强调幼儿园课程内容的基础性的。

英国的幼儿园课程内容改革同样很重视幼儿的早期读写和数学学习。2000年英国政府颁布的《基础阶段课程指南》把基础阶段的课程内容分为人格、社会性和情绪情感、交流、语言和读写、数学、知识和对周围世界的理解、身体发育、创造性发展等领域，可以看出，英国早期阶段的课程内容重视其基础性和全面性。英国课程内容改革的重点也放在了早期学习目标的制定方面，其目的是用来指导幼儿教育实践，提高幼儿教育质量。在《基础阶段课程指南》中规定：基础阶段确定为3～5岁，提出并表述了基础阶段的每个领域的"发展阶石"(即每个领域的早期学习目标)和"实践工作者的工作"(即怎样为幼儿设计和提供符合年龄特点的适宜的活动)等。2008年英国政府颁布了《早期基础阶段的法定框架》，该框架明确把0～5岁儿童的早期学习目标做了具体的规定：个人、社会和情感的发展，交流、语言和读写，问题解决、推理和计算，有关周围世界的知识和理解，身体发展和创造性的发展。可见，英国课程改革数学领域改为"问题解决、推理和计算"，使数学目标更加具体化，但仍然没有把读写从"交流、语言和读写"领域中细分出来。

3. 关注幼儿的差异性

在全世界追求教育民主、平等、公平的前提下，同时也在追求教育的差异性。幼儿教育同样也在追求教育的差异性。因为幼儿园课程内容的多元化包括多种课程模式、多个课程领域、多种文化渗透、多个民族等,幼儿园教育不得不关注幼儿的差异性。尤其是其中的多种文化与教育之间的相互影响和互动的关系,导致了教育的多元化。多元文化教育的开展既保护了文化的多样性,又使幼儿获得丰富的社会文化知识,尊重文化的同时也尊重了文化的差异,将多元文化渗透到幼儿园课程内容和幼儿园课程活动中。

美国是个多民族的大熔炉,从欧洲、非洲、亚洲等不同的国家移民到美国。一直以来,美国倡导反对文化偏见和文化歧视,倡导不同文化背景下的儿童要相互尊重,目标是要建立一个多元文化的公平教育环境。澳大利亚也是倡导多元文化教育的一个国家。在幼儿园课程中,澳大利亚提出了尊重本土文化和他国文化教育,学习"本土文化"和"亚洲及澳大利亚与亚洲的关系"等。幼儿在不同文化的学习中了解其差异并尊重其差异。英国在早期民主教育中要求幼儿不能因为种族、文化和宗教、母语、家庭背景、特殊的教育需要、缺陷、性别、能力等遭到排斥或被处于不利的地位,倡导要公平地教育幼儿。

4. 力求课程内容的标准性

21 世纪初,在促进教育公平和提高教育质量的背景下,发达国家力求改变过去幼儿园课程内容零散的状况,开始制定统一的幼儿教育课程标准,使课程内容设置更加规范化。幼儿园课程内容规范化的前提是尊重所有幼儿的权利和价值,其目标是发展所有幼儿。

美国制定儿童早期学习标准的最初目的是保证幼儿教育的质量。近年来,美国各州教育部门对早期学习标准提供了支持,同时也加强了监控。美国幼儿教育课程改革的重点是制定和实施早期学习标准,以提高幼儿教育质量,促进幼儿入学准备。美国在 20 世纪 80 年代末期发起了基础教育课程标准的改革运动,对幼儿教育产生了一定的影响。2000 年,美国负责"开端计划"的部门提出了《"开端计划"儿童发展结果框架》,将幼儿的学习内容划分为"语言发展""读写""数学""科学""创造性艺术""社会性情感发展""学习方式""身体健康与发展"八个学习领域,并规定了每一个领域的构成要素与 3～5 岁的幼儿在每一个要素上应该获得的知识、技能、能力和行为等。这个结果框架对美国各州的早期教育影响都较大。到 2003 年,已有 27 个州建立了早期学习标准。到 2009 年,美国各州都已经建立起了系统的早期学习标准。同时,全美幼教协会和一些教师理事会也制定了各领域的早期学习标准。

澳大利亚统一对儿童课程标准做了规定:要求每学年儿童有必须学的课程内容和必须达到的成绩要求,具体的教学步骤和评价方法则由幼儿园和教师规定。从 2013 年,澳大利亚所有跨州转学的儿童不再经受各州的巨大差异带来的困惑所影响。国家课程委员会主席巴里·麦克高(Barry MaGaw)教授指出:"新课程将提高课程标准,确保儿童获得基本的受教育权。"

英国撒切尔政府在 1988 年颁布了《教育改革法》设立了国家课程。5 岁以下儿童没有国家统一课程,但考虑到幼小衔接的情况,幼儿园可以参考国家课程实行。2000 年英国布莱尔政府颁布了《基础阶段课程指南》,建立了英国首次的国家统一"六大领域"课程:幼儿个体的、社会的情感能力,交流、语言和读写能力,数学能力,对世界的理解能力,身体发展,创造力。2010 年英国卡梅伦政府对儿童早期教育课程进行了改革,重点关注儿童的个人、情感和社会的发展，身体发展，语言交流能力三个核心内容，技能发展重点放在读写能力、数学能力、表达艺术以及对世界的理解和构想能力。同时幼小衔接要紧密联系。①

新西兰政府在1989年制定了学前教育课程纲要。1996年新西兰教育部颁布了国家第一个全国统一的学前教育课程体系“Te Whaariki”。这是新西兰第一个具有国家法律文件性质的课程标准，被称为该国学前工作者的“圣经”。② 它是根据幼儿的年龄特点，能力和兴趣等来设计，成为学前教师的行动指南。该课程体系规定课程的总目标是培养儿童成为有能力与自信的学习者和交流者；成为思想、精神和身体都健康的公民；能用儿童自己所学的知识为社会做出应有的贡献。该课程体系同时提出了儿童发展的五个方面：健康、交流、归属感、探究和贡献，还规定了课程内容包括基本知识如语言、数学、科学、艺术等，还包括基本技能如工作和学习的技能、交往的技能、解决问题的技能、自我管理和竞技能力、信息能力等。新西兰的学前教育课程体系特别重视家庭、社区之间的联系及其家庭资源和社区资源等，使课程与幼儿的生活紧密联系。

5. 凸显时代性

幼儿园课程的时代性主要是通过幼儿园课程内容以及课程内容的实施手段来体现的。一方面，科学教育占据幼儿园课程的大部分，如美国、英国、法国等。另一方面，幼儿园课程内容开设了外语，如日本和韩国都把学习外语纳入幼儿园课程。这两点在我国目前也是这种情况。时代性还体现在课程内容的实施手段上。例如，我国的幼儿园教室基本上会配备多媒体。美国所有的幼儿园都普及了计算机。加拿大从幼儿园到12年级的儿童和少年都开设了“虚拟学校”。法国、澳大利亚、瑞典都把计算机、网络等纳入了学前教育规划。

学习任务

（1）幼儿园课程的来源途径有哪些？

（2）我国与国外幼儿园课程五大领域的异同点有哪些？

（3）我国幼儿园课程内容选择的原则有哪些？

（4）我国幼儿园课程内容选择的方法有哪些？

（5）我国幼儿园课程内容组织的形式有哪些？

扩展阅读

我国第一个幼稚园课程标准简介

唐　淑

《幼稚园课程标准》（以下简称《课程标准》）于1932年10月由国民政府教育部正式公布，这是我国幼教史上的第一个课程标准。

① 冯慧．李盛．英国学前教育方案（EYFS）述评[J]．上海教育科研，2012.

② 李政云．匡冬平．新西兰“政府主导”学前教育发展的举措及其启示[J]．学前教育研究，2013.

一、《课程标准》的指导思想

五四运动前后,人们为了探讨中国教育的出路,出现了一个声势浩大的宣传、介绍西方教育理论、教育学说的热潮.当时影响最大的莫过于杜威的实用主义教育思想,并以此为核心,形成了构建《课程标准》的指导思想。主要观点有:

(1) 尊重儿童,确立儿童在教育过程中的中心地位。明确教育的目的是促进儿童的发展。

(2) 儿童所有的生活都是课程。

(3) 重视儿童的直接经验,儿童在生活中学习,即主动作业。

(4) 主张教材、教法心理化,课程编制和实施按儿童心理发展的顺序来进行。

(5) 打破分科界限,采用设计教学法。

二、《课程标准》共分三部分

第一部分为幼稚教育总目标,其内容是:

(1) 增进幼稚儿童身心的健康。

(2) 力谋幼稚儿童应有的快乐和幸福。

(3) 培养人生基本的优良习惯(包括身体、行为等各方面的习惯)。

(4) 协助家庭教养幼稚儿童,并谋家庭教育的改进。

第二部分为课程范围。包括音乐、故事和儿歌、游戏、社会和常识、工作、静息、餐点共七项,每项均列有目标、内容及最低限度的要求。例如,游戏一项规定:

(1) 目标

① 增进儿童身体的健康。

② 顺应爱好游戏的自然性向,而兴以适当的游戏活动。

③ 发展筋肉的联合作用,并训练感觉和躯肢的敏活反应。

④ 训练互助、协作、合群守纪律、公正、耐苦等社会性。

(2) 内容大要

包括下列各种游戏的练习:

① 计数游戏(如搬运豆囊、抛掷皮球等,可兼习计数)。

② 故事表演和唱歌表情的游戏。

③ 节奏的(例如听音而作鸟飞兽走等的游戏)和舞蹈的游戏。

④ 感觉游戏(闭目摸索、听音找人等练习触觉、听觉、视觉的游戏)。

⑤ 应用简单用具(如秋千、滑梯、木马、跷跷板等)的游戏。

⑥ 模拟游戏(如小兵操、猫捉老鼠等的模拟动作)。

⑦ 我国各地方固有的各种良好的游戏。

(3) 最低限度

① 能参加群儿的集合,成行成圈、自觉协调。

② 使用图中所设计的游戏器具五种以上。

③ 知道游戏的简要规则。

第三部分为教育方法要点,共十七条,其主要内容为:规定将各科打成一片,实行课程(作业)中心制的设计教学;幼儿在园时间全日约六小时,半日约三小时;各种作业可由儿童各从所好，自由活动，但是每日必有一次团体作业，故事、游戏、音乐、社会和自然大都可由教师引导，施行团体作业；教师是儿童活动中的把舵者、儿童问题的最后的裁决者，教师需要细微、全面的观察儿童并记录；必须充分利用户外的自然和社会环境，并注意设备要合乎我国的民族性，合乎当地社会情形，要适应儿童需要和不背教育的意义等。

（资料来源：唐淑. 我国第一个幼稚园课程标准简介[J]. 学前教育研究，1995(2).）

第四章
幼儿园课程与幼儿园教育活动

无论是幼儿园教师还是其他幼教工作者，首先弄清楚幼儿园课程与幼儿园教育活动，这是为了更好地应用幼儿园课程开展幼儿园教育活动或教育教学研究。其中，弄清楚幼儿园课程与游戏的关系、幼儿园课程与教学的关系以及再细化的幼儿游戏与幼儿学习的关系、教学与幼儿游戏的关系等，对于广大幼教工作者都是非常重要的。

第一节　幼儿园课程与游戏的关系

游戏与幼儿身心的发展有着紧密关系。这在幼教界早已达成共识。我国教育部颁布的《幼儿园管理条例》和《幼儿园工作规程》对此做了规定：幼儿园要以游戏为幼儿的基本活动。因此，教师要尽可能地运用游戏来发挥其教育价值。

一、幼儿游戏与学习的关系

幼儿游戏与学习的关系

长期以来，我国认为游戏不是学习，游戏与学习是完全不同的活动。这种观念不仅在民众中存在，也体现在心理学和教育学教科书中。也就是说，我国长期以来都否定游戏等同于学习。这种观念不仅从根本上否定了游戏在儿童身心发展中的重要价值，而且也否定了我国《幼儿园工作规程》中规定的游戏作为幼儿园的基本活动。学习是教学的基础，要从根本上扭转幼儿园教学过程中存在的重上课、轻游戏的现象，就必须正确定识游戏与学习的关系。

（一）我国历史上就存在游戏与学习的分离和对立

我国过去一直是以教师、教材和课堂为中心的旧“三中心”学习观占主导地位。这种观点长期影响着人们对游戏的认识，导致游戏与学习分离，甚至将游戏与学习对立起来，认为玩游戏是不利于学习的，尤其是学龄阶段的儿童，更是不能玩游戏的。只有学前期的儿童才可以玩游戏，才认为是合法的“游戏期”。也就是说，只有6～7岁以前的儿童才可以玩游戏。

在人类社会初期，儿童与成年人之间是通过“成年礼”仪式作为区别。儿童从出生到行“成年礼”之前，受到成年人的保护与照顾，可以不对自己的行为负任何责任。儿童学习的方式是通过游戏的方式进行的。人类学家发现，在有些印第安部落，在儿童刚出生时，父亲就会亲自制作粗糙的玩具弓送给儿童。当他能够独立行动时，父亲就会给他专门制作一支适合他身材大小的实用的弓。当儿童看见父亲制作弓时，就会模仿父亲进而自己制作弓。这时，父亲就会鼓励儿童，给他们一些制作方法的指导。儿童有了自己的弓，和同伴们一起像成人那样去狩猎，追赶野兔子，玩打仗的游戏。儿童在游戏中习得制作和使用工具的技能，以及怎样与人相处和遵守行为规则等。

随着生产力的提高，私有制的产生，学校的出现，人的发展阶段有了进一步分化，以入学前后为标准，区分了入学前的幼儿期和入学后的学龄期以及完成学校教育的成人期。这种分化一方面延长了参加劳动的准备期，另一方面削弱了教育与生产劳动的联系，年轻一代不能直接进入生产劳动，而必须以学校为中介环节。以文字为学习对象和重要媒介的教学方式，取代了原始的教育时代以观察、模仿和游戏为主要机制的教学形式。游戏丧失了以往的教育功能，从而退出了教育领域，而被归属于学前期，即“游戏期”。成人给儿童提供玩具，例如在古代斯巴达，儿童已经拥有许多玩具，婴儿响匣、滚圈、陀螺、风筝、石蜡或陶土制的玩具人、秋千和木马等。这时，游戏与学习的对立观点也开始形成，人们崇尚以文字和书本为对象的学习，游戏被看作是与学习对立的、会妨碍学习的活动因子而被排斥于学校校门之外。在我国古代，人们常常告诫儿童：“业精于勤荒于嬉”，提倡头悬梁、锥刺股的寒窗精神，从小就以学会“学而优则仕”来刺激儿童学习。使他们从此与游戏绝缘。

（二）幼儿的学习特点在游戏中得以体现

幼儿学习的特点

学习是由经验引起的比较持久的能力或倾向的变化。“经验”对学习来说是一个关键概念，如果说能力或倾向的变化是学习的结果，那么学习过程正是获取经验的过程。传统上，人们把学习理解为一个接受由他人建构好的知识体系的过程。现在人们的学习观已发生了改变。游戏作为幼儿的基本活动，是幼儿学习的重要途径。游戏过程可以让幼儿在经验的主动建构过程和经验的社会性建构过程中获得多方面的经验。

1. 游戏过程是幼儿经验的主动建构过程

经验是在人与环境的相互作用过程中获得的。游戏过程是幼儿与环境相互作用的基本形式。刘焱在关于探索与游戏关系的研究中发现：游戏活动中幼儿与环境相互作用的基本过程揭示了游戏过程是幼儿经验的主动建构过程。其研究结果为：特殊性探究与多样性探究是幼儿在游戏过程中主要与物质环境相互作用的两种基本方式。游戏过程是这两种探究交替轮流的过程。研究结果表明：这两种探究以3分钟为一时段，先后轮流，构成了游戏的微观结构与流动过程。借助于这两种探究方式，幼儿与环境的相互作用过程表现为三个阶段。

1）特殊性探究阶段

特殊性探究阶段是由于外部刺激所引起和控制的寻求对于外部刺激意义的理解的认

知性行为。当一个幼儿第一次接触一种玩具或游戏材料时所表现出的反应是这种特殊性探究。这种探究往往是视觉、听觉、触觉以及本体觉等多种感知觉的联合运动。在这个阶段,所要解决的基本问题是:“这是什么?”“它有什么用处”“我应该拿它做什么或怎么做”。通过这种探索,主体获得对于当前刺激物的信息以及意义的理解,或者获得某种技能,例如从不会滑滑梯到学会爬上梯子然后滑下来。

2) 多样性探究阶段

通过第一阶段的探究,外部刺激物的新异性消失,这时幼儿或者已经熟悉了玩具或游戏材料的一般玩法,或者已经掌握了特定的动作技能如滑滑梯,在这种情况下开始转入第二阶段的探索,即多样性探究阶段。这种探究不是由外部刺激引起的,而是由主体自身的动作或愿望所引起的,例如还能拿这个玩具或游戏材料来玩什么。如果坐着滑梯向下滑已经学会了,试一试倒着爬上去再滑下来。在多样性探究阶段,所解决的问题是:“它还有些什么用处”“我还能拿它来干什么”。这种多样性探究要求打破已经形成的手段—目的之间的联系,发现活动主体的想象与创造。多样性探究标志着自我挑战,主动学习。通过这种探究,重组改造原有的经验,发现物体新的用途或组合的潜能,可以进一步加深对原有意义的理解,丰富和扩展已有的心理结构。

3) 重新定向阶段

当第二阶段由主体通过多样性探究寻求或新异性再次消失时,主体会重新定向,进行新的特殊性探究。如此循环往复,不仅扩大了游戏者与环境之间相互作用的可能性范围,而且也在不断丰富与改造游戏者本身的经验与心理结构。这种多样性探究的循环往复,可以解释幼儿为什么可以重复玩同样的玩具与游戏材料而不厌烦的现象。

2. 探究与游戏的区分

20 世纪 60 年代以后,受信息加工的认知主义心理学和动机心理学中“唤醒”理论的影响,人们试图区分探究与游戏。探究被看作是一种有目的的、收集信息的行为,而游戏则是一种更随意、多样化的行为。华尔威(Wohlwill,1984) 提出了区分探究与游戏的三个标准:第一,从行为模式来看,探究的行为方式变化不大,总是视觉与触觉等的联合运动,而在游戏中则卷入了很多行为方式而且往往以夸张的或新的方式组合起来;第二,从注意的集中程度来看,在探究中引起注意,注意力比较集中,在游戏中容易分散注意;第三,从情绪状态来看,探究中的情绪是中性的或偏向否定的,在游戏中则是肯定的。

但是探究与游戏无论在个体发生学上还是活动的微观仿生学上两者都是紧密相关的。在活动的微观仿生学上,当出现新的刺激时,首先是探究,然后是游戏。前者可看作“特殊性探究”,指向于特定的环境刺激,当这种刺激的新异性消失后,儿童移向“游戏”或“多样性探究”。在这种探究中,儿童的探究超出单一的特定的刺激的影响而移向更大的环境。探究和游戏的区分是游戏的进一步延伸。正如哈特(英国,1989)所指出的那样,“我们叫作游戏的活动至少可分成两种不同的行为类型,探究与游戏”。在这里实际有广义游戏和狭义游戏之分。广义游戏指游戏活动,狭义游戏指游戏活动过程中与“特殊性探究”相对应的“多样性探究”行为。

3. 游戏过程是经验的社会性建构过程

人们往往把幼儿在游戏中的学习看作是幼儿独自面对世界的独立发现,如皮亚杰。

事实上并不是幼儿独自面对世界，从个体仿生学的角度来看，幼儿的游戏从一开始就是社会性的。处在人所特有的社会文化环境中，游戏活动中所使用的物品以及幼儿在游戏中的交往对象（包括成人或伙伴）都构成了游戏发生的社会文化背景。成人，尤其是父母或婴儿的其他看护者不仅是婴儿生活的照料者，也是儿童最早的交往对象与游戏伙伴。成人在婴儿的游戏中起着策划游戏并为游戏提供框架的作用，这种作用既影响着婴儿的实物、玩具游戏，也影响着婴儿以后与同龄伙伴的游戏，同时也影响着婴儿对玩具的性别偏好与游戏风格等。一些研究表明，亲子游戏与伙伴游戏对于儿童的学习具有不同的作用，亲子游戏可以使婴儿形成与发展新的技能，而伙伴游戏可以帮助他们练习与巩固在与成人游戏过程中习得技能（Duun，1983）。

3 岁以后，伙伴逐渐代替成人成为儿童游戏中主要的交往对象。伙伴交往对于幼儿的学习具有与成人交往不同的但同样重要的作用。而且由于伙伴交往过程中双方地位的平等性，因此伙伴共同游戏往往具有与成人的交往活动不具备的功能与特点。

1）范例作用

在与伙伴共同游戏过程中，伙伴的行为为幼儿提供模仿的直接对象，促进幼儿的观察学习。

例如：幼儿园中班，教师组织幼儿玩“猜猜我是谁”。游戏的玩法是教师请一个幼儿上来趴在教师的怀里，不能看身后的小朋友，教师用手指出另一个幼儿，让他说句话，请趴着的小朋友猜出说话者的姓名。结果前面连续有 4 个幼儿用自己的本来声音说话，一下子就被猜出来了。第 5 个幼儿很聪明地吸取了前面 4 个幼儿“失败”的教训，伪装了自己的声音，把自己的声音变得粗声粗气。他的这一举动不仅使自己“赢”了，而且也使其他孩子“呆住”了。经过片刻的“鸦雀无声”之后，教室里开始骚动起来，许多孩子一边举手，一边嚷嚷：“老师，让我来，让我来！”同样的行为激起了他们的兴趣与好奇，他们跃跃欲试，也想这样做一回。

“猜猜我是谁”游戏的策略就是要把自己的声音伪装起来，让对方猜不着自己是谁。这要求幼儿在思想上能够站在他人角度思考问题，使其“去中心化”，这对中班幼儿来说是一种挑战。第 5 个幼儿从前面伙伴的“失败”中悟出了这一策略，他的成功以及这一招新奇的策略，又为其他幼儿提供了可以模仿的范例。幼儿在这样的游戏过程中相互作用，相互学习。

2）修正与强化

在共同游戏的过程中，一个幼儿的行为构成了对另一个幼儿行为的刺激或反馈，对于伙伴的行为具有修正与强化的功能。例如在共同游戏中，玩具往往成为幼儿之间冲突的中心问题。不同的幼儿往往使用不同的策略（包括适宜的和不适宜的），试图得到自己所想要的玩具，而拥有玩具的伙伴的行为（包括退让、拒绝、反抗等）都构成对于同伴行为的反馈或强化因素。如果一个幼儿在第一次使用某种策略取得成功后，会出现反复使用这一“成功”策略的倾向，从而形成个体交往风格的某种倾向性。

例如：甲、乙、丙三个幼儿在一起玩，甲有一个药箱，里面有一个医疗玩具与材料。乙和丙都想从甲的药箱中得到玩具，但是乙和丙采取的策略不同，乙采取的伸手去抢的方式，因为乙已把手伸到了盒子里，甲无奈只得让乙拿了他想要的东西走。丙采取的是与甲协商的方式:“你借我一下,行吗?”甲很痛快地满足了丙的要求。甲的反应对丙的行为都构成了强化,但性质不同,如图 4-1 所示。

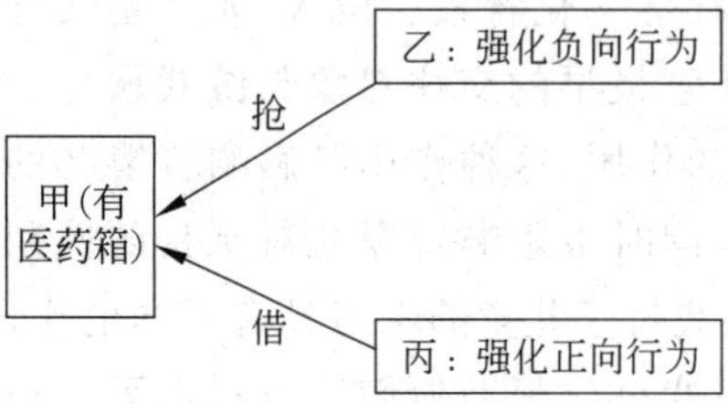

图 4-1 甲对乙和丙的反应

交往策略包括教师教给幼儿的规则,要经过伙伴交往与相互作用的过程,才能真正使幼儿建构对于交往策略或规则“意义”的理解,才能内化为支配幼儿行动的原则。游戏过程中的伙伴交往对于幼儿积累社会交往经验具有重要的意义。

3) 经验互补

来自不同家庭背景,生活经验不同的幼儿在一起共同游戏,游戏过程就成为幼儿交流经验,发现他人的经验与观点的过程,有益于幼儿思维活动的“去中心化”过程。

例如:一个幼儿拿了一把玩具扳头围着一辆汽车(用纸箱做的)转,这里敲敲,那里拧拧。另一个幼儿走过来问,“你在干吗?”“汽车坏了,我在修汽车。”“汽车坏了应该把它送到汽车修理厂去啊!”“不对,我爸爸的汽车坏了,就是自己修的。”在这个过程中两个幼儿交流了自己关于“修汽车”的不同经验与观点,不仅使各自的经验得到了扩展,而且也为幼儿发现他人与自己不同的观点与看法提供了机会,有益于思维活动的去中心化。

幼儿与成人以及伙伴在游戏过程中相互作用,为幼儿在游戏过程中经验的建构提供了人类学习活动的社会文化背景,使游戏活动中的幼儿经验建构成为发生在社会文化背景中的社会性过程。

二、游戏与教学的关系

根据教育的两大原理:一是促进个人的发展,二是促进社会的发展。具体到幼儿园阶段的教育来说:一是促进幼儿的发展,二是要把幼儿的发展纳入符合社会发展的需要上来。只有通过游戏和教育才能够真正完成这两大任务。因此在幼儿园课程中,要正确处理好游戏与教学的关系。

(一) 游戏与教学的区别

游戏更强调“过程”“活动”本身以及幼儿在活动过程中的表现,遵循幼儿发展规律,顺应幼儿发展。但是,教学的目的性更强,更多地追求“活动”或“过程”的结果,需要完成一定的教学任务,传递一定的文化知识。教学对教师的要求也不同于游戏。在《纲要》中,游戏本身不承载一定领域的知识,仅仅是一种教学手段而已,但是教学是要承载一定知识的。

(二) 游戏与教学的联系

幼儿园课程的具体实施是通过游戏活动和教学活动共同完成的,二者在幼儿园课程实施中起到非常重要的作用。当游戏作为完成教学内容的手段时,游戏与教学就是一种平行的关系。当游戏作为教学内容,如角色游戏、表演游戏、结构游戏、智力游戏、音乐游戏、体育游戏等,其自身就是教学内容时,游戏与教学又是统一在某一活动中。因此,游戏与教学是相互影响、互相结合的关系。二者在幼儿园课程实施中相互补充,共同为幼儿的发展服务。

伍德等人曾经对儿童的游戏与教师的教学的结合提出:"要知道儿童的打算,只能来自一种能鼓励儿童自由表达和自我完成的课程,也要求教育者对儿童在游戏中的交流所包含的意义以及如何将它们进一步编入课程计划十分敏感。这需要师生两个方面的立场以及双方的交流,这有赖于对儿童游戏的观察,有赖于在儿童游戏中对儿童的支持性的交互作用,还有赖于为儿童建立与之相连并能给予反映的反馈系统。这些结构能使教育者理解儿童学习的样式、产生图式、认知的关注点以及游戏的意义,也能使他们仔细地考虑,在教师为中心的背景下,什么外加的东西才是必需的,不管是通过提供资源重组环境,还是丰富活动的内容。课程的这种结构应该是不强加于儿童的,特别是我们的课程是工作和游戏、教师指导和儿童中心的活动连续体之间的一个位置,它为课程如何被接受和解释提供了反馈。"①但是,教师在课程实施中常常将游戏与教学混淆了:将游戏与教学彻底分离,或者走极端,教学完成课程内容,游戏就是纯粹地玩耍,不能很好地将二者整合起来。

在幼儿园的课程实施中,课程作为一个整体出现在教师与幼儿面前,游戏渗透了课程内容的方方面面。从课程表面看,难以估量游戏与教学各自所占的比例,尤其是从幼儿园的课程表上更难看出。只有在课程实施过程中,从幼儿的学习趣味性体验才能判断教师是否采用了游戏或者游戏的成分。当教师在课程实施中缺乏游戏材料或游戏氛围时,教师难以知道幼儿的学习体验,更多靠教师的主观猜测来判断幼儿学习的情况,而采用更多的外部控制如过多的命令等,使课程内容陷于枯燥局面等。这样的教学效果是不理想的,甚至会使幼儿产生厌倦学习等不良影响。

三、游戏与教学的整合

(一)幼儿游戏的教育作用

游戏是幼儿的基本活动。为幼儿提供游戏的时间和空间,保证幼儿游戏的权利,已是国际上共同关注的问题。1961 年 6 月创建于丹麦的"国际儿童游戏权利协会"(简称 IPA),于 1990 年 6 月在日本东京召开第十一届大会,会议主题是"游戏与教育",强调游戏是儿童的正当权利,没有游戏就没有儿童的发展,应该面向 21 世纪的需要,充分发挥游戏的教育功能。

游戏是最适合学前儿童的一种活动形式,游戏是幼儿童年生活中的快乐。游戏不仅对幼儿有娱乐作用,而且对幼儿的身体、智力、社会性和情绪等方面的发展有重要价值。

1. 游戏促进幼儿身体的发展

几乎所有的游戏都能促进幼儿身体的发育,使幼儿身体的各种器官得到锻炼,促进其机体的新陈代谢,骨骼和肌肉的成熟,内脏和神经系统的发育。游戏发展了幼儿的基本动作和基本技能。例如,爬、跑、跳、钻、攀登等体育游戏,锻炼了幼儿的大肌肉;插塑、搭积木、穿珠等结构游戏,发展了幼儿的小肌肉。"捞鱼"游戏锻炼了幼儿的躲闪能力和动作的灵活性;"蜻蜓点水"游戏发展了幼儿的平衡能力等。在户外进行游戏,使幼儿直接接触到充足的阳光、新鲜的空气,增强幼儿对环境变化的适应能力,促进幼儿身体健康。游戏令幼儿产生愉快的心情,这有利于幼儿的身体健康。

---

① Wood, L. & Attfield, J. Play, Learning and the Early Childhood Curriculum[M]. Paul Chapman Publishing Ltd., 1996. p.88.

2. 游戏促进幼儿的智力发展

国内外许多研究结果都表明：游戏能唤起幼儿的兴趣，使幼儿集中注意力，充分发挥想象力和创造力，在轻松愉快的气氛中学习和发展。也就是说，游戏能促进幼儿的智力发展。有人实验研究游戏与智力的关系表明：把3～5岁的幼儿编成4组，进行不同内容的活动。第一组是表演游戏组，幼儿按童话故事"三只山羊"和"三只小猪"进行表演游戏；第二组是想象讨论组，幼儿听"三只山羊"和"三只小猪"的故事，并讨论故事；第三组是角色游戏组，幼儿按日常生活经验玩游戏，如"医院"游戏、"幼儿园"游戏；第四组是控制组，幼儿进行传统的剪纸、粘贴等活动。实验六七个月后，所有幼儿经过同一内容的测验，结果表演游戏组和角色游戏组得分高，特别是表演游戏组更高。这一实验表明，表演游戏和角色游戏可以促进幼儿智力发展。

1）游戏扩展和加深幼儿对周围事物的认识

游戏是幼儿认识事物的有效方法之一。幼儿在游戏中接触到各种游戏材料，通过具体的活动，认识各种物体的性质和用途，获得有关事物之间关系的经验。例如，幼儿在玩水游戏中可以了解到水的特性，同时还可以认识盛水的器具。不同的游戏可以让幼儿获得丰富的知识和经验，促进幼儿的学习。

2）游戏促进幼儿想象力的发展

游戏是具有象征性的，它以假想为条件。幼儿在游戏中常扮演生活中的角色，如"我当爸爸""你当妈妈""这(椅子)是我的汽车""这是我的轮船(纸做的)"。幼儿在游戏中任意展开想象。象征性游戏的"假装"和"好像"的性质，有利于培养幼儿的想象力。

3）游戏促进幼儿的思维能力的发展

在强调幼儿主动性和创造性的游戏中，幼儿不断地在思考，不断地解决一个一个问题。例如，玩角色游戏"公共汽车"，幼儿要分配角色，谁当售票员，谁当司机，谁当乘客。当司机的幼儿要决定用什么当方向盘，或许用两件积木当加油踏板和刹车踏板；当售票员的小朋友要票本，并要报站名；当乘客的幼儿把自己当成老爷爷或老奶奶，要假装去某个地方做一件事情。总之，在游戏中幼儿的思维不断活跃起来，游戏的内容和情节逐渐丰富。在需要开动脑筋的智力游戏中，幼儿思考的积极性更是突出，计算游戏、语言游戏、猜谜语等科学常识游戏都有利于促进幼儿思维的发展。

3. 游戏促进幼儿的社会性发展

社会性是指人们进行社会交往，建立人际关系，理解、掌握和遵守社会行为准则，以及人们控制自身行为的心理特征。幼儿出生以后，在环境和教育的影响下，在参与社会生活的过程中，他们的社会性逐步发展，学习与他人进行交往，学习建立人际关系，如亲子关系、同伴关系、师生关系，学习按社会行为规范去行动。总之，学前期，幼儿正处于从"自然人"向"社会人"转变的时期，游戏活动对幼儿的社会性发展具有重要意义。

1）游戏提供幼儿社会交往的机会，发展幼儿社会交往的能力

幼儿与同伴的交往对幼儿的发展是十分重要的，在交往中，幼儿逐渐熟悉、认识周围的人和事，了解自己和同伴的想法、行为、愿望与要求，理解他人的思想、行为和情感，学习与同伴分享、互相谦让、合作等人际交往技能。游戏是幼儿进行社会交往的起点，在游戏中幼儿学习怎样与同伴相处，怎样处理和协调同伴之间的关系，共同完成游戏活动。在游

戏过程中，幼儿学习相互配合，互相谦让，发展同伴之间的友好关系。

2）游戏使幼儿学习社会角色，掌握社会性行为规范

幼儿出生后，就不可避免地处在一定的人际关系和社会地位中，他们不可避免地被赋予某种角色。有些角色是一出生就决定的，如男人或女人；有些角色是随着社会生活范围的扩大而出现的，如在家里是儿子，在幼儿园是小朋友，进入学校后是学生，长大后会成为丈夫、爸爸、教师等。每种角色都是社会接受的角色行为，幼儿需要不断学习社会角色行为。如果非角色行为成为幼儿的习惯行为，那么，幼儿将在社会生活中遭受挫折。在学校肆无忌惮、为所欲为是学生的非角色行为，男孩子过于娇柔纤弱也是社会不接受的非性别角色行为。

游戏是幼儿学习和掌握社会角色的一条途径。在幼儿游戏中，常常是女孩子当“妈妈”，男孩子当“爸爸”。在扮演“妈妈”和“爸爸”的过程中，幼儿在学习与自己性别相适应的行为方式。在角色游戏和表演游戏中，幼儿通过扮演角色，模仿现实生活中人们的行为，在学习社会行为规范。例如，在“公共汽车”游戏中，“售票员”主动到“乘客”中去卖票，并提醒“谁给老人、抱小孩的让个座”。幼儿在游戏中通过模仿学习的社会行为，会对幼儿的实际生活产生影响，有利于幼儿社会性的发展。

3）游戏锻炼幼儿的意志

意志是个性的重要构成因素。在现实生活中行动的果断性、对无意义行为的自我控制能力、遵守规则、克服困难等意志品质，是幼儿社会性构成的重要方面。幼儿自制力，意志行为尚未充分发展，但在游戏中，幼儿却表现出较高水平的意志行为，游戏能培养和锻炼幼儿的意志。苏联心理学家马努依连柯曾做过“哨兵”站岗的实验，要求幼儿在空手的情况下，保持哨兵持枪的姿势。其中有两种情境：一种是非游戏情境，其他小朋友在一边玩，让他在一边以哨兵持枪的姿势站着；另一种是游戏情境，实验者以游戏方式向他提出要求，告诉他其他小朋友是“工人”，他们正在包装糖果，你来当哨兵，为保护工厂而站岗。结果表明，在第二种游戏情境下，幼儿当“哨兵”站立不动的时间远远超过非游戏情境站立不动的时间。游戏使幼儿发展控制自己冲动的能力。在体育游戏、智力游戏等规则中，幼儿使游戏得以进行，必须学习控制自己。游戏为幼儿提供了大量的让幼儿依靠自己的努力克服困难的机会。

4. 游戏在幼儿情感中的作用

游戏可以丰富幼儿的情绪体验，有助于培养幼儿的高级情感。

1）游戏丰富幼儿的情绪体验

游戏的内容和形式灵活多样，幼儿在游戏中体验着各种情绪情感。在“娃娃家”游戏中，扮演父母的幼儿体验着父母对孩子的关心与爱护。苏联幼儿教育学家门捷利茨卡娅指出：尽管游戏词典里有“好像”“假装”等词，但幼儿在游戏时产生的情感永远是真诚的，孩子不会作假，也不会装样子。

随着幼儿游戏主题和构思的发展和复杂化，幼儿的情绪情感体验更丰富，更深刻。在“医院”游戏中，幼儿会像一个医生一样吩咐“病人”按时吃药。当“护士”的幼儿主动搀扶病人，让“病人”好好休息，培养幼儿的同情心。在表演游戏中，幼儿深深地体验着故事中的人物的喜怒哀乐。在竞赛游戏中，幼儿经历着紧张，体会着紧张后的放松。总之，游戏

使幼儿体验各种情绪情感,学习表达和控制情感的不同方式。

2) 游戏发展幼儿的成就感和美感

幼儿在游戏中没有对成功或失败的担忧,他们可以任意摆弄玩具、材料,按自己的意愿扮演各种角色,体现自己对生活的理解。他们在游戏中不断地获得成功,发展成就感。

游戏可以发展幼儿的美感。美感是由审美的需要是否获得满足而产生的情感体验,它是根据一定美的评价而产生的。幼儿在社会化的过程中体验美感。婴儿从小就喜欢鲜艳的东西,如鲜艳的玩具等。随着幼儿年龄的增长,幼儿逐渐形成一定的审美标准,能通过对音乐、美术作品等的欣赏活动中逐渐形成美感。在游戏中,幼儿会表现出对艺术作品的美好印象,使用着艺术语言,装饰和美化自己的游戏环境,这些活动都有助于培养幼儿对自然、艺术等的审美能力,发展幼儿的美感。

3) 游戏可以消除幼儿的消极情绪

游戏,尤其是角色游戏,为幼儿提供了表现自己各种情绪的机会。幼儿的愤怒、厌烦、紧张等不愉快情绪,在游戏中得以发泄、缓和。以弗洛伊德为代表的游戏精神分析理论认为,游戏是儿童精神的发泄,游戏可以补偿现实生活中不能满足的欲望,再现那些难以忍受的体验,缓解心理紧张,减少忧虑。

(二) 游戏与教学整合的思想

游戏作为教学手段其实是很陈旧的观点。法国的卢梭(Jean-Jacques Rousseau)、瑞士的裴斯泰洛齐(Johann Heinrich Pestalozzi)和德国的福禄倍尔(Friedrich Wilhelm Froebel)等人很早就提出用游戏方法来教育幼儿。但是在 19 世纪 70 年代由于学科中心占主导地位,游戏与教学结合起来的思想没有受到重视。现代教育界又开始认识到游戏的重要价值,因此,游戏又重新回到幼儿园课程中来并处于中心位置。主要原因是受建构主义的学习模式的影响和美国关注儿童适宜性发展等思想的影响。第一,建构主义的学习模式的观点认为:学习是一种主动的和社会互动的过程,幼儿在这个过程中根据自身已有的经验来建构个人对周围世界和事物的认识。在游戏过程中,幼儿拥有主动学习和社会互动的机会。因此,游戏教学便成为建构主义课程中的重要组成部分。第二,美国关注儿童适宜性发展等思想是被全美幼儿教育协会(NAEYC)普遍接受的一种能够促进幼儿发展的重要思想。游戏同样被公认为能够提供给幼儿适宜发展的相适应的学习机会。全美幼儿教育协会将游戏作为促进幼儿社会的、情感的、认知的发展及自我反省能力发展的重要手段,同时也是教师应该在教学过程中用到的教育手段。

(三) 游戏与教学整合的意义

游戏能够促进幼儿的发展,游戏与教学整合的思想在很早就形成了。因此,将游戏与教学整合起来是必需的。其整合的意义具体来说有以下几点。

1. 幼儿在游戏中获得积极情感有利于幼儿形成积极的学习态度

游戏最大的特点就是具有趣味性和愉悦性,幼儿在游戏中总是表现出愉快的情感体验。当教师将知识和技能放在游戏中让幼儿获得时,幼儿就会以积极的情感去对待学习态度。因此,游戏与教学自然就融合在一起了。

2. 游戏假想的特点有利于幼儿对知识的学习

游戏再现现实生活,同时又超越了外在的现实生活,尤其是在角色游戏中幼儿以物代物的假想，取代了物体原有的意义，使幼儿在游戏中的行为与生活中的行为差异很大。幼儿在假想的游戏中，学习新的知识并验证原有的知识。这本身对幼儿知识的学习变得更有意义。

3. 幼儿在游戏中感到安全，更愿意尝试新的或冒险的事物

幼儿在游戏中的注意力、记忆力等优于现实生活中的活动，更有利于幼儿完成游戏中的任务。游戏中的冒险一般不会危及幼儿的安全，即使操作失误也无关紧要。而且幼儿在游戏中感到更安全，对游戏中的新事物或冒险活动更愿意去尝试。

4. 游戏能够提供给幼儿更多的学习机会

与完全结构化的教学相比而言，以游戏为手段地教学活动能够让幼儿以多种方式多种途径学习，将知识与游戏结合起来，游戏与教学结合起来，幼儿在游戏中学习的机会比结构化的教学多得多。如培养幼儿控制自己的情绪的讲课中，可以让幼儿了解愉快的心情结果，让幼儿学会怎样与家人或朋友相处，让幼儿知道控制情绪的方法可以多种多样，让幼儿了解如果不能控制自己的情绪会给别人带来的伤害等。为了确保所有幼儿在现有的水平有更多的学习机会，教师可以为幼儿营造更多的游戏环境。

（四）游戏与教学整合的类型

将幼儿园游戏与教学之间进行整合的目的是保证和提高幼儿园的课程实施的有效性。维果茨基曾经提出“童年早期儿童是按照自己的大纲学习的”。[①] 因此，根据维果茨基的观点，幼儿园的课程主要是从幼儿的角度来设置，教学方法主要根据幼儿的需要让幼儿自发、自主、自选的游戏为主。教师设计的教学活动也要根据幼儿的特点来设计教学活动并且与幼儿自发、自主、自选的游戏结合起来。

在教师实际的教学活动中，教师主要有分离型、交叉型、融合型几种游戏与教学整合的模式。

1. 分离型模式

分离型模式的表现是游戏与教学在时间段上分得十分清楚，而且二者之间存在相互独立性。例如，在幼儿园的课程表上的一日活动的各个环节，相互之间没有关联性。如餐饮、盥洗、如厕各个环节互不相干。教师更关注教学活动环节以及其目标的达成。游戏以自由的方式存在，教师不在意幼儿对游戏如何选择的。也就是说，这种模式中，游戏中没有教学，教学中没有游戏，二者是独立存在的。

2. 交叉型模式

交叉型模式是教学内容在游戏中应用，或者在游戏中发现了问题又放在游戏中去解决。但是二者之间仍然是独立的。例如，教师在进行科学活动探索物体的软硬时，教师为幼儿准备了海绵、棉花、新的小布条、一次性塑料吸管、小石头、小铁棒等。教师开始告诉幼儿今天的学习内容以及幼儿如何操作或运用这些材料后，就让幼儿去感知这些材料。感知的方法是幼儿自己用手去摸或捏这些材料，也可以通过对材料的相互敲打等多种方式去探索。一段时间后，教师让幼儿讨论，然后说出这些材料的软硬程度等。这种教学模式就是游戏与教学的交叉型模式。

---

① 维果茨基. 维果茨基教育论著选[M]. 余震球，选译. 北京：人民教育出版社，1994.

3. 融合型模式

融合型模式是教学坚持《幼儿园工作规程》中规定:“游戏是幼儿的基本活动”。教师要以游戏为中心来开展教学活动。教师开展以游戏为中心的教学活动时要与幼儿的生活相结合。在这个过程中,教师和儿童在平等的基础上实现双向互动,通过对话、交流等活动,师幼共同在活动中得到情感、态度和经验等。教师在支持幼儿的发展中其自身也得到了相应的发展,幼儿在教师的指导下也得到了应有的发展。在这个过程中,游戏是幼儿的主要生活,也是幼儿积极的、自然的学习活动。融合型模式是游戏与教学整合效果最理想的一种模式,师幼在这样的活动中都得到了愉快体验和共同成长。

第二节 幼儿园课程与教学的关系

一、对课程与教学的关系的不同理解

不同学者对课程与教学的关系理解不同。其中,Oliva 对课程与教学的关系的理解普遍被学者们认可。他想象地提出了四种模式(Oliva,2005)[①]来具体说明课程与教学的关系。

第一种是二元模式。这种模式是将课程与教学实践看作是两个相对独立的实体、二者之间没有任何的关联,即课程是课程设计者要做的事,教学是教师要做的事,二者互不影响。如出版社出版的教科书在设计过程中教师不得参与,教师的教学工作也不影响出版社的课程设计。这就是课程与教学的二元模式,如图 4-2 所示。

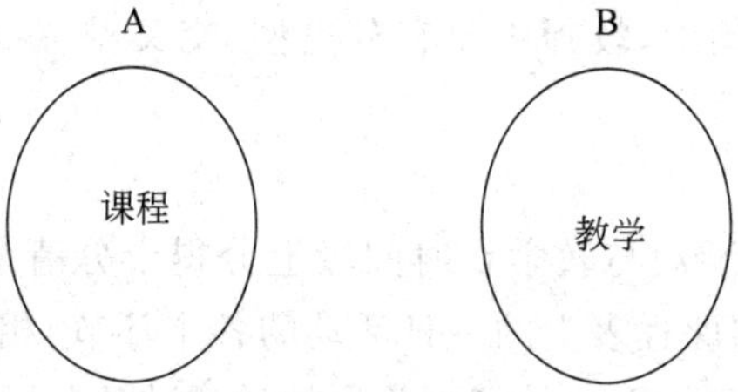

图 4-2 课程与教学的关系(二元模式)

第二种是连锁模式。这种模式是将课程与教学看成一个整体,部分重合,即二者的关系就像一个连锁一样。如幼儿园室内环境创设已有主题(关爱家人)活动的情境,教师又在室内墙上贴上与主题相关的给爷爷奶奶捶背的图片。在此情境中,图片是教材,也是课程的一部分,又是教学活动的一部分,如图 4-3 所示。

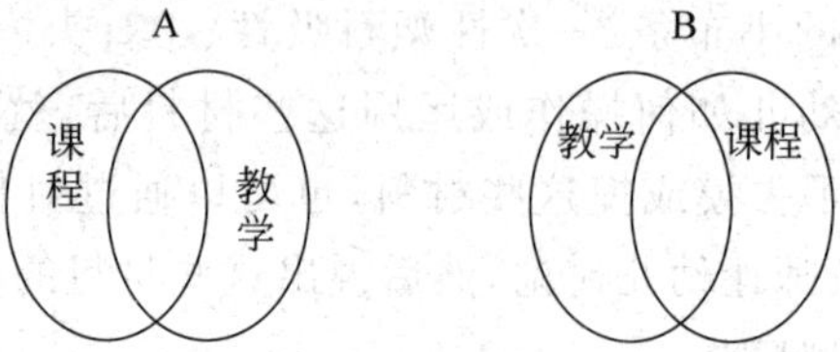

图 4-3 课程与教学的关系(连锁模式)

① 维果茨基. 维果茨基教育论著选[M]. 余震球,选译. 北京:人民教育出版社,1994.

第三种是同心圆模式。这种模式下的课程与教学是一种包含关系或者层级关系。也就是说，假如课程是一个系统的话，教学就是课程的一个子系统即教学是课程的一个组成部分；或者假如教学是一个系统的话，课程就是教学的一个子系统，即课程是教学的一个组成部分，如图 4-4 所示。

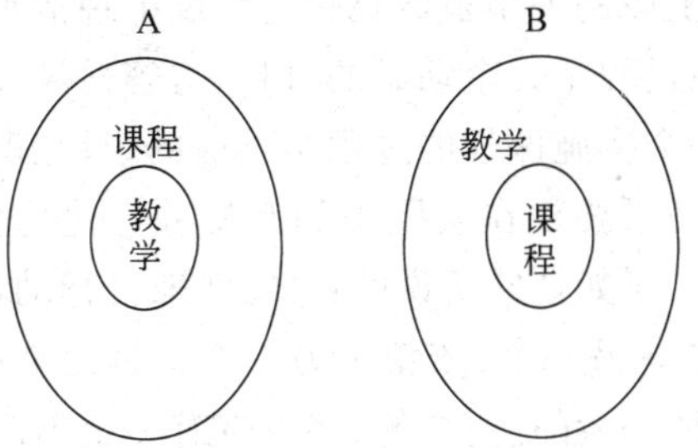

图 4-4 课程与教学的关系(同心圆模式)

第四种是循环模式。这种模式下的课程与教学都被包含在一个循环系统里，这种模式强调课程与教学之间的相互作用关系，二者被统一在一个教育活动中，如图 4-5 所示。

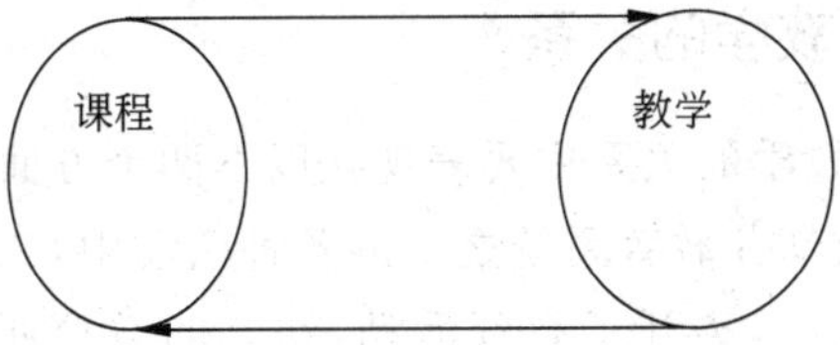

图 4-5 课程与教学的关系(循环模式)

随着时代的发展变化，人们对课程与教学的理解也在发生变化。Oliva 从不同角度对课程与教学的关系做了全面的分析。在不同的情境，课程与教学在某一活动中所在的地位可能不同，但对课程与教学的关系已经达成了一些共识。如课程与教学始终不能脱离某一教育活动，否则二者的价值不能得到充分体现，二者相互依存又相互独立。

二、课程与教学的关系

从不同学者对课程与教学的关系可以看出，无论如何二者都是不可分割地被统一在教育活动之中。随着人们对课程与教学的深入研究，把课程看作是教学的下位概念或者相反把教学看作是课程的下位概念都是不符合逻辑的。目前，对课程与教学的关系普遍地认识是：课程是目的，教学是手段。美国学者波姆(W. J. Popham)和贝克(E. J. Baker)在《制定教育目的》中说："课程是指学校的意图，教学是指学校的实践；课程是为有目的的学习而设计的内容，教学是达到教育目的的手段。"[①]教学目的转化成学校的培养目标，然后进一步转化为课程。课程体现出教育目的和学校的培养目标。同时教学必须依据课程来展开，课程是教和学的中介，课程的实现必须依赖于教师的教和学生的学这两个双向活动，并且二者是相互作用、相互影响并共同参与于教学活动中的。在实践过程中，教学对课程提出了新的要求，对课程进行改革以适应教学，更好地为教学目标服务。但是，教

① 施良方. 课程理论——课程的基础、原理与问题[M]. 北京：教育科学出版社，1996.

学是手段,课程是目的也绝不是简单的单向关系,二者存在着一定的内在连续性,从某种意义上二者是可以相互转换的。[①] 教学过程是为了让学生掌握一定的课程内容,获得一定的经验,同时在实践中对课程进行检验,看课程内容是否符合学生或对课程提出新的要求,作出适当的调整以适应学生发展的需要。

课程与教学为目的与手段的关系虽然在一定程度上理清了课程与教学的一种内在的关系,但是忽视了教学实施过程是一个动态的过程,这容易导致教学是一个重视课程计划的过程,只把教学理解为一个实施课程的过程是不够的,只把课程理解为教学的蓝图或施工图纸也是不行的。二者必须要放在实践中相互检验。建构主义者认为:目标、计划产生于行动之前和行动之后。正如杜威所说的:"规划来自行动,并在行动中得以调整。这两者是相互作用的,一个导向另一个、依赖于另一个。将此推广到课程领域,编写课程大纲或教学计划应该采用一种一般的、宽松的、多少带有一定不确定的方式。随着课程或课的进行,特定性愈加明确并在合作中获得——通过教师、学生和课本的合作。"[②]可见,课程是通过行动者参与的行为和相互作用的结果,不是预先设计的课程。而且课程上通过教学使其价值得到实现并扩大化。

三、幼儿园课程与教学的关系

幼儿园课程与幼儿园教学的关系主要表现在以下两个方面。二者之间的关系十分紧密,共同被包含在幼儿园或幼儿教育系统之下的各种活动中,二者缺一不可。离开了幼儿园课程,幼儿教育便是空洞的,离开了教育活动,幼儿的教育便不能开展。Macdonald 和 Leeper 将课程看作为进一步行动所做的计划,教学则是将计划付诸实践的。(Macdonald & Leeper,1965)幼儿园课程是幼儿园教学的蓝图,幼儿园教学是幼儿园课程的实践。其目的都是为了促进幼儿的学习与成长。幼儿园课程与幼儿园教学的区别主要表现在以下一些方面。第一,二者完成的任务不同,如"课程回答的是该教什么"而"教学回答的是该怎样去教"。第二,二者的性质不同。Oliva 认为课程就是教育的方案、计划、内容以及学习经验,而教学是教育的方法、教学活动以及课程的实践与呈现;课程的决策讲求计划性,教学的决策讲求方法论;课程计划先于教学,在计划过程中,既为课程也为教学做决定。(Oliva,2005) Johnson 则把课程定义为具有结构性的预期的学习成果,而把教学定义为教学者与一个或多个学习者之间的互动。[③] (Johnson,1967)

幼儿园课程的内部和外部存在一定的关系便于理解课程存在的依据和基础。但是了解幼儿园课程与教学的关系也有利于指导幼儿园教育实践工作。

在幼儿园的教学常被称为教学活动,是教师根据教育目的、教育纲要,有计划、有目的地指导幼儿的学习活动。幼儿园的教学活动是幼儿全面发展的教育手段,通过教师指导下的集体、小组的教学活动,儿童获得生活的、运动的、社会的、自然的、数学的、艺术的等多方面的经验和知识,学习语言,发展智力,学习知识的方法,激发学习的兴趣,培养初步

---

① 施良方. 课程理论——课程的基础、原理与问题[M]. 北京:教育科学出版社,1996.

② 小威廉姆·E. 多尔. 后现代课程观[M]. 王红宇,译. 北京:教育科学出版社,2000.

③ 简楚瑛. 课程发展理论与实践[M]. 北京:教育科学出版社,2010.

的学习习惯，并促进良好个性品质的形成。① 长期以来我国的幼儿园教学都是采取预先设计好的课程来实施的，即教学过程是教案或教学设计预先设计好的课程实施或展现的过程。对教师来说，就是完成教学规定的目标和任务。教师把工作重心放在了教学设计和上课，只考虑了教什么或者怎么教，没有真正去考虑幼儿的兴趣和需要或者幼儿目前的发展水平等。也就是说，目前我们的教学重点是只考虑了教，在学的方面考虑得少。事实上，教学是教师和幼儿共同参与的活动。具体可以从以下几个方面进行理解。

(1) 教学过程是通过将预先设计好的教案由静态转化为动态的过程，由事先的平面设计转化成了师幼共同参与的立体设计，教学过程实现了课程的教育意义。

(2) 教学过程不是课程的简单呈现，而是课程的发展。通过教学，才能发现预先设计的课程存在的问题并加以修改，才能根据幼儿的需要加以扩展或补充，或者生成新的课程内容。对此，教师就需要对事先设计好的课程进行调整，使事先设计好的课程更加完善。

(3) 正确认识教学与设计的计划性与目的性。教学与课程的计划性和目的性是针对教师而言的。教师在教学过程中虽然不能把事先设计好的课程的每一个内容都必须展开，但是可以根据教学的实际需要做相应的调整或改动，使事先设计的课程更能符合幼儿的需要，引导幼儿更主动更有效地学习。但是要注意的是，不能盲目地改动或调整，否则只会破坏教学与课程的灵活性与适宜性。

幼儿园往往只提课程而不提教学，主要原因是为了避免有的教师"小学化倾向"更为严重。这是狭义地理解教学的缘故。理论界对教学与课程的关系的研究又相当缺乏，对教师的指导不够，容易使教师将教学与课程混淆。因此，对教学与课程的关系应该慎重地加以考虑。

四、幼儿园课程与教学的特点

幼儿园课程与教学的关系是不可分割的关系，二者共同面对身心迅速发展的幼儿。幼儿的身体柔弱，大脑发育未完全成熟，认知能力较差，经验欠缺。同时，正常幼儿的发展潜力是巨大的，可塑性强，正需要通过适宜的环境和知识去促进幼儿的智力、体能、个性等多方面的发展。要实现这一目标，幼儿园课程与教学应该具备以下一些特点：第一，保教并重。保教并重既是幼儿园课程的内容，又是幼儿园教学的基本原则。因为幼儿的身体弱小、生活自理能力差，需要对幼儿进行身体方面的保育工作。幼儿的发展潜力巨大，智力等方面发展迅速，通过有效的教育、教学能促进幼儿体、智、德、美等方面和谐发展，为幼儿入小学做好准备。第二，幼儿的认知水平处于前运算阶段，思维处于具体形象阶段，无法通过抽象的教学来学习。因此，在幼儿园应该通过幼儿亲身参与活动等方式来开展教学。如通过让幼儿观察、倾听、操作、探究等活动来认识周围世界和事物，了解事物之间的关系以及幼儿与周围事物之间的关系等。因此，幼儿园课程与教学要通过教师创设一定的环境，让幼儿在与环境相互作用下吸取经验和得到相应的发展。第三，幼儿处于社会性发展的初步阶段，幼儿园课程与教学活动（游戏、观察、交流、模仿等）要充分利用幼儿接触到的人来发展其社会性品质。如通过教师、同伴等来形成和谐的师幼关系和同伴关系，让

① 黄人颂. 学前教育学[M]. 北京：人民教育出版社，2009.

幼儿学会分享、合作、帮助、同情心等亲社会性行为和其他道德行为习惯和各种知识技能。第四,随着幼儿语言的发展,幼儿不仅可以直接感知事物,而且还可以通过语言表达出来,甚至可以讲解一些不能直接感知的事物,从而调节自己的行为。由于幼儿还达不到用抽象符号来学习,因此,教师要通过具体事物与即将学习的知识之间的联系来进行学习,而不能用抽象的符号让幼儿学习。第五,幼儿好奇心强、注意不稳定等容易引起幼儿探究兴趣,但是兴趣容易转移。幼儿园的课程和教学应该利用实际物品和有挑战性的真实活动来激发幼儿的探究兴趣,引导幼儿积极学习。教师在日常生活中观察到幼儿有自发性的活动要积极支持与鼓励幼儿去探究或生成新的课程内容。第六,幼儿具有知识经验缺乏,思维具体形象,注意力不稳定等特点,因此幼儿园的教学应该是幼儿容易理解的,处于启蒙阶段的课程内容,方法是通过游戏或操作以及直观的教具、图片、实物等让幼儿轻松地学习。幼儿园不给幼儿布置家庭作业,尤其是书面家庭作业,不考试,不计分,不留级等,确保幼儿在园开心地学习,健康地成长。

五、幼儿园课程与教学的发展

(一)我国幼儿园课程与教学的发展

我国"课程"一词的出现最早见于唐朝。而关于"教与学"的提法在殷商时期的甲骨文中开始出现,到宋朝时才真正出现"教学"一词。我国"课程"与"教学"的发展经历了四个阶段:幼稚园的初建期、发展期、转折期和改革开放至今。

1. 我国幼稚园初建期的课程与教学

我国幼稚园课程与教学的研究与编制在清朝末年开始的。1904 年,张之洞等人专门制定了《奏定蒙养院章程及家庭教育法章》(以下简称《法章》)。这是第一部学前教育法规,招收 3~7 岁幼儿入园。《法章》中对保教工作作了指导:"保育指导儿童,专在发育其身体,渐启其心知,使之远于浇薄之恶风,习于善良之规范。"《法章》还设立了与小学不同的课程。要求幼稚园的保育应以"儿童最通晓之事情,最所喜好之事物,渐次启发涵养之。"具体的保育内容有"游戏、歌谣、谈话、手技"等,并要求与游戏结合起来开展。可见我国在清朝末年已有较完整的课程内容。

1903 年湖北巡抚瑞方在武昌创办了我国第一个幼稚园叫湖北幼稚园,后改名为武昌蒙养院。后来到 1905 年湖南蒙养院建起,幼稚园相继纷纷建起。这些幼儿园的课程与教学方法、教学内容差别不大。国外的教会也在我国办起了幼稚园,招收 0~8 岁的幼儿。教育活动有唱歌、游戏、运动、谈话、故事等。教学内容有识数、常识、国语、卫生习惯、祈祷、圣经等。这些内容表明我国当时的课程与教学融入了西方的教育思想和教育方法。

2. 20 世纪 20—50 年代幼稚园发展期的课程与教学

20 世纪 20 年代开始,世界各国教育学和心理学的发展,尤其是美国进步主义思想推动了我国幼稚园课程与教学的第一次改革。其中,代表人物是陈鹤琴。1923 年他在南京钟鼓楼建起了幼稚园,并作为学前教育科学的实验基地,对幼稚园的课程与教学进行了一系列的研究,提出了很多研究结果。如"五指教学法""单元教学"等。1929 年陈鹤琴将南京钟鼓楼幼稚园的研究成果整理成《幼稚园课程暂行标准》得到教育部的审议通过,1932 年由教育部颁布并在全国实施,1936 年得到修订。这是我国第一部建立在实验研究基础上适合中国国情的课程标准。

20世纪20年代后期，张雪门于1917年在宁波建起了星荫幼稚园，1928年他又在北京开办了艺文幼稚园。张雪门也是在研究基础上形成了“行为课程”。行为课程是建立在幼儿生活基础上的。因此幼稚园的教学内容主要有扫地、抹桌子、养鸡、种菜等。张雪门也为幼稚园的课程与教学做出了很大的贡献。

3. 20世纪50—80年代幼儿园转折期的课程与教学

自从我新中国成立以后，全面向苏联学习，我国展开了幼儿园教育的全面改革。1952年在苏联专家戈林娜的指导下，我国制定了《幼儿园暂行规程草案》(以下简称《草案》)和《幼儿园暂行教学纲要》。《草案》规定了幼儿初步发展的教养工作的主要目标：培养幼儿基本的卫生习惯，注意其营养，锻炼其体格，保证幼儿的身体健康发展；培养幼儿正确运用感官和语言的基本能力，促进其智力发展；培养幼儿爱国、守纪律、有礼貌等良好品质；培养幼儿审美能力，促进其创造力和想象力的发展。为了实现这些目标，《草案》还设立了6个教养活动：体育、语言、认识环境、图画手工、音乐、计算等。《幼儿园暂行教学纲要》还对6个教养活动从目标、教学大纲、教学要点和设备要点四个方面做了纲要性的说明。这种系统性地全面改革旧课程，为建立社会主义新课程体系奠定了基础，但也将我国幼儿园课程与教学引向了学科课程模式，教学上忽视了游戏与幼儿的活动等。1966年后，我国幼儿园教育受到严重影响，幼儿园的课程和教学处于停滞状态。

4. 20世纪80年代初改革开放至今幼儿园的课程与教学

在1979—1983年期间我国幼儿园教育开始得到恢复，但是幼儿园的“学科教育”和“作业教学”等仍占主流。1981年10月我国教育部颁布了《幼儿园教育纲要(试行草案)》(以下简称《试行草案》)，规定招收3～6岁幼儿，培养目标为促进幼儿体、智、德、美全面发展。该《试行草案》要求通过游戏、体育活动、日常生活活动、上课、娱乐等来实现培养目标，并要求各科同等重视。可见，该《试行草案》重视活动，重视幼儿均衡发展，相比前一阶段的课程与教学更为科学。

改革开放后，我国幼教界不断引进西方教育理论和经验，开展了对我国幼儿园课程与教学的研究和改革。从1983年起，我国幼儿园的课程与教学改革取得了新的进展，突破了我国长期单一的课程模式，出现了综合课程模式、特色课程模式等多元课程模式。

2001年9月，我国教育部颁布了《幼儿园教育指导纲要》(以下简称《纲要》)，规定了要尊重幼儿，以游戏为基本活动，保教并重，关注幼儿个性发展等。《纲要》同时规定了健康、语言、社会、艺术、科学五大领域，并提出了教学的原则、教学的方法等。在《纲要》的指导下，我国开发了多种新课程模式，如行为课程、整合课程、经验课程、综合课程等。改革开放大大地推动了我国课程与教学的发展。同时，还应该看到我国幼儿园课程与教学仍然存在一些不足，有待幼教同人继续努力探索，完善我国幼儿园课程和教学。

(二) 国外幼儿园课程与教学的发展

国外的幼儿园课程一词最早提出来的是斯宾塞。国外虽然有了课程一词，但当时并无系统的课程内容。随着幼儿教育的发展，国外幼儿教育课程模式才逐渐丰富起来，形成多种多样的幼儿教育课程模式。国外对幼儿园课程有重要影响的人物有欧文、福禄倍尔、杜威、蒙台梭利等。

1. 欧文对幼儿园课程的贡献

欧文是典型的理想主义的代表人物。他在1800年担任苏格兰的新纳拉克纺织厂的股东兼任该厂长时,亲自看到工人们的悲惨生活,于1816年创办了性格形成新学园。这是世界上第一所幼教机构,也是世界上第一所为工人阶级服务的学前教育机构,招收6岁以下的儿童。其教育目的是把幼儿培养成聪明、善良、仁慈和有理性的人,以后能够在良好的环境里生活,不要再像幼儿的父辈们那样生活。在这个幼教机构里,教师对待幼儿的态度要好,不打骂或不处罚幼儿,教师用直观的方法让幼儿愉快地学习,促进幼儿身心发展,获得社会交往能力。欧文认为:幼儿教育是其教育的第一阶段,在这个阶段中,通过户外游戏、体操、观察、探索、操作和园艺劳动等促进幼儿体、智、德、美各方面全面发展。因此,欧文这些思想和观点大大地推动了幼儿园教育的发展。

2. 福禄倍尔对幼儿园课程的贡献

1837年福禄倍尔在德国勃兰根堡建立了一所学龄前儿童教育机构。1840年将这所教育机构改名为幼儿园,这是世界上的第一个幼儿园。在这个幼儿园里,充分应用了福禄倍尔的教育思想、课程内容和教学方法。福禄倍尔对幼儿园课程最大的贡献是他在幼儿园主张游戏化来教学,其中他设计的教具"恩物"是非常典型的推动幼儿园课程的发展。

恩物一般划分为6种:第一种恩物是六只柔软的彩色小球。教师可以用它们来教幼儿认识数目和颜色等。教师甩动球,可以让幼儿学习前后上下等空间知识。第二种恩物是木制的球体、立方体和圆柱体。教师可以用这三种形状让幼儿认识物体的几何形状。第三种恩物是由八个同样大小的小立方体组成一个大立方体。第四、五、六种恩物是大立方体,可以分割成若干个大小不同的小立方体、长方体以及小的三角形等。[①] 这些教具都能够很好地被用在数学领域中。因此,福禄倍儿用游戏的方式很好地推动了幼儿园数学课程的发展。

3. 杜威对幼儿园课程的贡献

20世纪初美国以杜威为代表的进步主义者们掀起了进步主义教育运动。此后,杜威以哲学思想和"做中学"等思想为指导,设计了以儿童为中心的"经验主义课程"。该课程强调以儿童的经验为基础的课程理念。他所指的经验包括经验的事物和经验的过程。其经验主义课程的核心思想是:教育即经验,教育即生长,教育即生活,教育即社会。杜威的经验主义课程的核心思想推动了教育界对课程的认识发展到了整体的、动态的、主观的、将来的课程观,并且重视儿童在课程中的地位,将知识与社会统一到课程中去。杜威提出:学校科学的相互联系的中心点是学生的社会活动。经验主义课程是通过"活动作业"来实现儿童与社会,儿童与知识之间的沟通。幼儿阶段的活动作业水平主要是"做中学",也就是儿童的从事直接的、外向的、社会的活动,学习怎么样做,而且立即应用。杜威对幼儿园课程的最大贡献就是他提出的"做中学"的教学方法、经验是儿童的学习内容、以及在教学中要重视以儿童为中心。

4. 蒙台梭利对幼儿园课程的贡献

20世纪初蒙台梭利在意大利建立了儿童之家,招收贫民的孩子。她是用对弱智儿童

---

① 王天一,夏之莲,朱美玉. 外国教育史(上册)[M]. 北京:北京师范大学出版社,1993.

的教育方法用来教育正常儿童并取得显著成绩。蒙台梭利教学法就是这样兴起的。蒙台梭利教学法的一个最大特点就是设计了一系列的可供幼儿自主操作练习的玩具来发展儿童的感觉、动作和思维。蒙台梭利还提出了关键期的概念。她认为0～6岁是儿童在语言、秩序、感觉和良好行为发展的关键期。教育要抓住儿童发展的关键期。

蒙台梭利认为：儿童的教育内容主要有日常生活方面(如发展幼儿的基本动作和社交动作、关心环境的行为、照顾自己的行为)、感觉方面(设计一系列的感官教具来训练幼儿的视觉、听觉、味觉、嗅觉、触觉。)和学科知识方面(算术、语文、天文、地质、地理、历史、植物、音乐等)。蒙台梭利教学法中还特别强调教师是儿童与教具之间的媒介,教师的责任是为儿童学习准备环境、观察、监督儿童并为儿童进行示范等。蒙台梭利对课程的贡献是提出了系统和全面的教育内容,并设计了一系列的感官教具等。

学习任务

(1) 幼儿学习与游戏的关系如何?

(2) 幼儿游戏与教学的关系如何?

(3) 幼儿园课程与教学的关系如何?

扩展阅读

提高幼儿园教师教学水平的途径之一：片段教学

目前,许多幼儿园在招聘教师或教学评比活动时采用片段教学来考查教师的教学水平。因为片段教学可以了解教师的教育教学理论知识与专业知识的掌握程度和基本的教学技能的养成情况,即可以综合考查教师的教学水平。另外,片段教学只需要是评委和部分教师等少数人,也不用兴师动众准备太多教玩具,时间限定在10～15分钟,比较省时省力。对教师来讲,片段教学具有很多优点。

幼儿园片段教学是根据一个领域活动或主题活动来开展的一个完整的教学活动。因此,教师在进行幼儿园片段教学之前要先熟悉教材,选取教学方法,确定教学重难点,还要将教学构想具体化、实践化。幼儿园片段教学虽然时间并不长,但是对于缺乏教学经验的新教师特别有用。有的教师讲课速度过快,还没有下课就已经把教学内容讲完了。有的教师虽然是在上课时间讲完的课,但其语调、节奏没有变化,不能吸引幼儿的兴趣。因此,幼儿园可以采取片段教学的方式来提高缺乏经验的教师的教学水平。片段教学设计教案的时间一般为半小时或40分钟左右。教具的准备也较简单。片段教学可以通过自说自演的形式呈现完整的教学步骤和实施过程。在这个过程中,教师的教学一般在模拟的环境中进行,如评委等或其他人员可以是模拟的幼儿,也可以在教师的办公室作为模拟的教室开展,非常方便易行。

(资料来源：杨小霞. 对幼儿园片段教学的再思考[J]. 福建教育,2013.)

第五章 园本课程与开发

《国务院关于基础教育改革与发展的决定》和《基础教育课程改革纲要(试行)》中明确规定：为了保障和促进课程满足不同地区、学校和学生的要求，要实行国家、地方和学校三级课程管理。在保证实施国家课程的前提下，鼓励地方开发适应本地区的地方课程，学校可以开发或选用适合本校特点的课程。我国幼儿园不存在国家统一规定的课程，只有宏观政策上的国家课程，如《3～6岁儿童学习与发展指南》等。

幼儿园教育是基础教育的重要组成部分，是终身教育的最初阶段，理当同国家的课程管理保持一致。因此，从课程管理角度也应该有国家课程、地方课程和园本课程。不同级别的课程其目的是不同的。国家课程的目的是保证幼儿的学习权利，规定幼儿应该达到的各项水平，为公众幼儿园教育提供依据。地方幼儿园课程是促进国家课程的有效开展，弥补幼儿园国家课程的不足，加强国家与地方的联系，调动地方力量参与幼儿园课程改革。园本课程的目的是为了更好地贯彻国家课程的实施，照顾好幼儿的个别差异，同时促进教师的专业发展。目前我国是以国家课程为主，地方课程和园本课程为辅的课程模式。但是我国地方课程和园本课程还不是很成熟，有待进一步探索。本章重点介绍园本课程，因为幼儿园领域涉及各种各样的统编课程。幼儿园如何选择适合自己幼儿园的课程，是很多幼儿园需要面临和解决的问题。

第一节　园本课程概述

一、园本课程的内涵

校本课程是1973年菲吕马克(Furumark)和麦克米伦(McMuller)两位学者在爱尔兰阿尔斯特大学召开的国际课程研讨会

上提出的“校本课程开发”概念。校本课程就是学校在一定的教育思想的指导下，立足于学校实际，充分利用社区和学校的课程资源，自主开发出适合本校学生的特点并体现出学校特色的课程。[①] 校本课程开发在英、美等国很受重视。随着我国基础教育课程改革的深化，校本课程也在我国受到重视，其优势在教育实践中逐渐被显现出来。园本课程就是根据校本课程发展而来的。

园本就是以幼儿园为本，关注幼儿园管理者和教师在教育实践中遇见的急需解决的问题。20 世纪 80 年代以来我国幼儿园课程改革的历程几乎是园本课程研究的历程。1999 年 6 月 13 日《中共中央国务院关于深化教育改革全面推进素质教育的决定》提出了三级课程管理体制后，进一步推动了园本课程的研究。2001 年我国教育部颁布《幼儿园教育指导纲要》(以下简称《纲要》)后，幼儿园园本课程实践形成了热潮。尽管《纲要》里没有明确提出实行园本课程，但是《纲要》强调要“城乡各类幼儿园都要从实际出发，因地制宜地实施素质教育”“教师要根据本《纲要》，从本地、本园的实际出发，结合本班的实际情况，制订切实可行的工作计划并灵活地执行”。这些规定，其实就是园本课程的精神。目前，园本课程也成为了学前教育课程的一个发展趋势。

园本课程可以从宏观上理解为幼儿园所实施的所有课程，包括国家课程、地方课程和幼儿园自己开发的课程。微观上理解园本课程仅指幼儿园在国家法律法规等相关政策的指导下，以幼儿园为本，结合幼儿园的教育理念、教育条件等资源，充分调动本园教师、家长、社区人士、课程专业人员等共同开发和利用本园一切课程资源而形成的适合本园自身特点的课程。

园本课程不同于地方幼儿园课程。地方课程是在国家规定的课程计划内，由省级教育行政部门或其授权的教育部门结合当地的政治、经济、文化、民族等发展需要所开发的课程。地方课程是更多地利用地方的一切课程资源，反映幼儿园所在地域范围内的具体特点，体现地方特色的课程。而园本课程是在本园所在地区的地方课程的指导下，根据各地、各园的实际需要，开发出的以幼儿园为本的具有个性化的课程。

二、园本课程的特征

园本课程是结合本园的课程资源，由本园家长、教师和幼儿等共同开发出的符合本园特色的课程。因此，园本课程具有一些独有的特征。

(一) 园本课程是一种“自下而上”的课程模式

过去，我国的幼儿园课程主要实行的是“自上而下”的国家课程。教师和幼儿都没有课程的决策权。自从进行园本课程实践后，园本课程把教师和幼儿看作是课程的主体和创造者，同时也是课程的重要组成部分。园本课程变过去“自上而下”的课程模式为“自下而上”的课程模式。教师是课程的主要设计者，在园本课程具体实施过程中发挥着创造性作用。幼儿有权利对自己所学习的课程内容提出自己的要求或疑问。

(二) 园本课程是一种不断生成的探究活动

国家课程是一种事先预设好的课程。而园本课程的目标、内容、方法等都可通过教师

---

① 修成静. 幼儿园园本课程开发的现状及策略研究——以上海市 G 幼儿园为个案[D]. 上海：上海师范大学，2013.

与幼儿在教育实践中不断生成。园本课程还可以鼓励家长和社会人士根据相关的课程等共同建设而成,具有很大的动态性和弹性。正如斯腾豪斯所说,园本课程是实践性的课程,因此园本课程具有即时性和探究性。

(三)园本课程具有民主性

园本课程有课程专业人员、本园教师、幼儿、家长和社区等多个主体,因此园本课程的开发具有民主性的特点。各方面的人士都可以对幼儿园课程提出自己的意见和想法。这些参与的主体可以参与决策和均衡课程的各个方面。国外的园本课程开发同样考虑由各个方面的人员参与,而家长的意见通常是幼儿园园本课程决策的重要依据。

(四)园本课程具有个性化

园本课程在开发过程中充分体现出本园特色,因此园本课程在实践过程中自然也体现其自身的特色。其独特性主要通过本园幼儿、本园教师、本园的环境及其物质条件、本园文化和本园的办园理念等多方面呈现出来。没有独具特色的园本课程就不能算作是园本课程。园本课程强调幼儿园要根据本园的硬件和软件的实际拥有情况以及本园的教师和幼儿的需要等自主性地建设课程,彰显本园特色,以使得本园与其他幼儿园之间存在区别。同时,这也是为了改变"千园一色""整齐划一"的办园局面。各个幼儿园事实上存在各种差异,办出有个性化的幼儿园更适合的园本课程形态,更有利于幼儿的发展。

(五)园本课程充分体现以幼儿园为本

目前幼儿园课程模式多种多样,如生活课程、活动课程、生成课程、探究课程、经验课程等,但这些都不是园本课程。园本课程的标准有两个:一是以幼儿园为本,也就是说幼儿园的课程模式必须要以幼儿园的成员根据自身幼儿园的发展历史与现实条件(如师资条件、幼儿发展水平、社区资源等条件)所决定来展开的实践活动;二是园本课程必须属于课程范畴。尽管园本课程不要求具有国家课程那样完整的课程体系,如包括课程目标、课程内容、课程方法、课程评价等,但是园本课程必须体现课程的某一方面或某几个方面的要求。而这些方面与国家课程或地方课程或与其他幼儿园的课程有区别。

三、园本课程的实施

园本课程的实施是指幼儿园从本园实际情况和办园理念出发,将新课程与原课程进行整合、重新组合并进行实践的过程,其中既包含对新课程使用或适应性的改编等园本化处理,也包含将经过处理的课程组织实施的过程。[①] 园本课程实施时,需要对知识和经验或活动序列进行选择,需要对时间和资源进行安排和分配。园本课程从某种意义上讲是教育教学的过程,同时,园本课程又不同于教育教学,因为园本课程的实施有自身的实施价值取向和不同的操作方式。

(一)园本课程的实施价值取向

园本课程的实施是新课程发展的重要内容。在课程发展过程中,课程实施者对课程的态度、课程的建构思路、课程实施的文本即教材的变化以及变化程度等的不同价值取

① 陈文华.幼儿园课程论[M].北京:科学出版社,2011.

向,都会影响到课程实施的效果。一般课程实施有以下三种价值取向。

1. 忠实执行取向

忠实执行取向是指课程执行者在课程实施过程中忠实地执行国家课程方案,没有任何创造性。如果园本课程实施取向是忠实执行取向,就会导致将园本课程的实施忠实于国家课程,不会对国家课程有任何的调整或变革,课程执行者也会选择适合国家课程的教育教学方法。这样的课程实施取向,不符合《纲要》所规定的根据本园实际情况实施课程,也不利于幼儿的发展。

2. 相互适应取向

相互适应取向是指幼儿园课程执行者意识到课程实施本身就是一个变化的过程,执行者要根据这个变化结合本园的实际情况对本园的课程目标、课程内容和实施课程的方法等进行调整,或者让本园的实际情况适应国家课程方案可能发生的变化。这种取向的课程执行者将园本课程理解为协调中的变革,在变革中寻求园本课程的发展,以适应幼儿的发展为最终目的。

3. 创造性取向

创造性取向是指将园本课程实施看成是师幼共同在具体的教育情境创造、生成新的教育经验的过程。在这个课程实施过程中,原先设计好的教育情境或者课程方案仅仅是师幼进行再创造的依托或者资源,师幼在这个条件下不断发展新课程或生成新的经验。师幼在这个过程中共同得到发展。创造性取向是园本课程实施的最具有价值取向,最能体现幼儿园特色的一种园本课程取向。

园本课程实施的不同价值取向对教师的要求是不同的。忠实执行取向、相互适应取向、创造性取向对教师的要求逐渐提高。如果要让幼儿园更好地开发出自己的园本课程,就更需要拥有高素质的教师,尤其在教育能力和研究能力等综合能力方面要高于其他教师。

(二)园本课程的整合实施

很多教师对园本课程的整合都感到茫然,不知如何着手。下面介绍几个园本课程的整合方式,以供参考。

1. 从学科式的整合转向主题式的整合

以上海市黄浦区"幼儿园课程园本化的整合实施"项目研究为例,该研究小组曾对园本课程整合的具体实施进行了研究,结果为:园本课程整合实施的过程就是改变教师原有的习惯操作定势,逐步适应整合实施的一般操作方式的过程。如主题活动"街心花园"的主题式整合课程(图 5-1)与学科式整合课程(图 5-2)。这两种课程的整合在主题明确程度、内容连续性和结构化程度等方面是有区别的。

1) 二者的主题明确程度不同

主题式整合活动"街心花园",教师始终围绕主题街心花园来设计,明确主题的核心内容"街心花园"与街心花园的整体构成,如"人""公告栏""树"等。进而对这些整体构成进行系列的主题活动,如"走进街心花园的树林";如街心花园里的人在活动;如"认识一棵树"。通过对街心花园的整体了解后,让幼儿对街心花园进行整体"设计布置街心花园"。也就是说,主题式整合活动是让幼儿能够在真实的生活中感受与人们生活相联系的周围

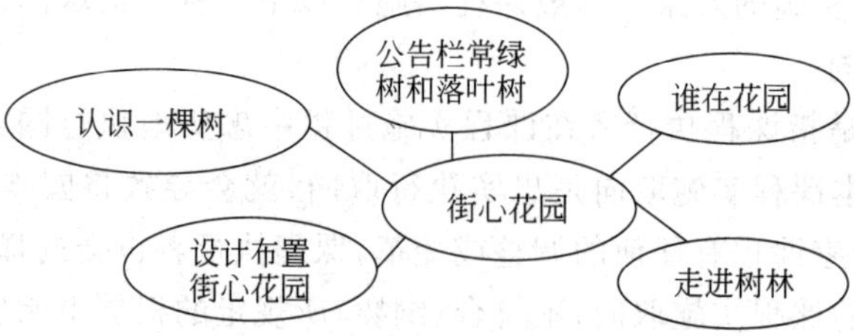

图 5-1 主题式整合课程

（资料来源：陈文华. 幼儿园课程论[M]. 北京：科学出版社，2011.）

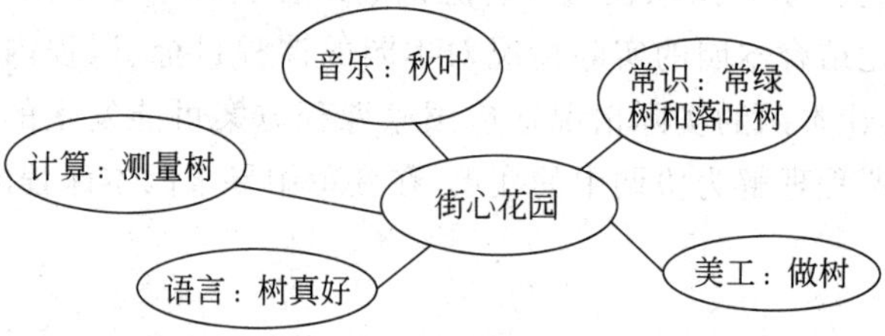

图 5-2 学科式整合课程

（资料来源：陈文华. 幼儿园课程论[M]. 北京：科学出版社，2011.）

事物，围绕中心主题展开一系列的活动，愉快地获得经验。这样的整合活动能够使幼儿对所学的知识更感兴趣。

学科式整合活动“街心花园”，虽然有学习的主题，但是各个学科之间与主题的明确性不强，没有紧紧围绕主题“街心花园”来进行整体设计，各个具体的学科主题如音乐活动“秋叶”、语言活动“树真好”似乎与主题“街心花园”联系不大，也就是各个学科没有以街心花园为核心来设计。看上去，各个具体的学科都在学习与树有关的知识，但是这些主题都没有突出“街心花园”，而只是在强调“树”。可见，学科式整合活动的主题没有主题式整合明确。

2）二者的活动内容连续性不同

主题式整合活动“街心花园”的各个具体内容“走进树林”“谁在花园”“公告栏常青树和落叶树”“认识一棵树”“设计布置街心花园”是具有连续性的。“走进树林”“谁在花园”指人走进或人看见，即人在活动。幼儿看见公告栏，学习公告栏上树的知识，然后根据幼儿对树的了解去认识树，再根据幼儿所看所感来对街心花园进行设计、布置等一系列的活动都是连续的。

学科式整合活动“街心花园”的各个学科具体的内容“常识：常绿树和落叶树”“音乐：秋叶”“计算：测量树”“语言：树真好”“美工：做树”看上去仿佛有联系，都在谈论与树有关的内容，这些树都是街心花园里的，仅仅是街心花园里的一部分，尤其是“秋叶”，更是主题“街心花园中很小的一部分”，而且各个学科之间是孤立的，如“音乐：秋叶”与“计算：测量树”之间根本谈不上有任何联系。“语言：树真好”也与“计算：测量树”之间的关系不大。一个是“机械”的测量，一个是饱含感情的“赞美”“树真好”。因此，学科式整合活动的内容之间的连续性不强。

3）二者的结构化程度不同

主题式整合活动“街心花园”的结构化程度很低。因为在活动设计时更多考虑幼儿的参与或活动，尤其是体现幼儿的个别差异，因此在组织活动时更多样化地进行组织。如“公告栏常绿树和落叶树”，教师就可以引导幼儿查阅哪些是常绿树，哪些是落叶树，帮助幼儿不断生成新的学习内容，使学习在开放式的环境下进行学习。如“认识一棵树”，教师就可以通过认识一棵树而让幼儿对这棵树相关的或这棵树周围的一切事物同时进行认知，如“认识这棵树周围的朋友”等，即让幼儿在动态化地与教师互动或与周围环境互动中进行探究性的学习。

学科式整合活动“街心花园”的结构化程度高于主题式整合活动“街心花园”。如“计算：测量树”，在教学过程中教师必须严格给幼儿准备测量工具如尺子或绳子或者用幼儿的身体高度去比较，看看这棵树到底有多高。学科式整合虽然各个学科所教内容都与街心花园相关，但是，在具体实施过程中，开放性和生成性都较低，严格按照预先设计来进行。这就会大大降低幼儿的学习兴趣。

2. 主题引领下的学科领域的整合活动

以南京某园开展的“田野课程”为例，该园以陶行知先生的“生活教育理论”、创造性教育理论和方案教学的经验等为理论支撑开展的主题网络式活动模式。以“环保道德教育”为主题引领各学科领域的整合活动为例（图 5-3）。

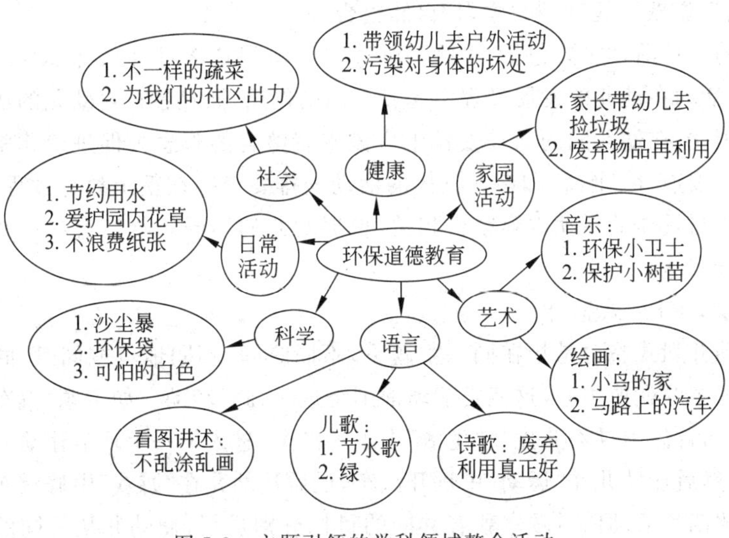

图 5-3 主题引领的学科领域整合活动

（资料来源：陈光春. 幼儿园课程论[M]. 北京：教育科学出版社，2014.）

主题引领下的学科领域的整合活动容易使教师走向极端，要么走向学科教学，与主题教学对立起来，要么走向主题教学，完全忽视了知识的系统性等学科特点。因此，每个活动必须要找到学科与主题的切入点，不能各自为政，彼此孤立起来。应以“环保道德教育”为例，找到主题与学科之间的融合点。

1）找准主题要求与掌握知识要求之间的融合点

针对“环保道德教育”这一主题，如果教师只是空洞地说教，就不能引起幼儿的兴趣，这样的教育效果不会很理想。因此,将学科要求掌握的知识结合起来,根据各学科的学习特点,可以将“环保道德教育”分别设置在各学科五大领域中去,再结合该园的“家园活动”和“日常教学活动”,也可以将这一主题融合进去(图 5-3)。幼儿通过各学科丰富多彩的多个子主题活动来完成中心主题,使幼儿在看、听、说、唱、亲自操作中去体验环保的具体方法,真正意义上理解环保,最终达到环保道德教育的作用。幼儿也能够从环保道德教育的各种子主题中系统地了解环保知识,将语言同化在各子主题中来实现对各科领域知识的掌握。

2）找准经验的扩展与知识学习之间的联结点

在开展主题活动“环保道德教育”时,教师可以根据幼儿对周围熟悉的环境进行讨论,引导幼儿对周围世界的认识和思考。如从“日常活动”学科领域开始入手,让幼儿对自己熟悉的生活活动中与环保相关的水、花、草、纸张等开始进行认识,让幼儿积累丰富的经验。在幼儿丰富的经验基础上,教师引导幼儿开展各学科领域的主题活动,如“社会”领域的“不一样的蔬菜”和“为我们的社区出力”等主题,“科学”领域的“沙尘暴”“环保袋”“可怕的白色污染”等主题活动。然后教师将从一个学科领域的主题扩展到下一个学科领域的主题,即将幼儿的经验逐渐扩展到下一个学科领域的主题中去,在幼儿应该掌握的知识之间形成一个联结点。这样让幼儿在各种主题活动中去学习到各学科领域需要掌握的知识。

3.“生活”“游戏”“运动”和“学习”自然整合

幼儿园的一日活动主要包括“生活”“游戏”“运动”和“学习”四类活动(以下简称四类活动)。每种活动在幼儿的发展过程中起着不同的作用,而且各自对幼儿的成长都占有重要的地位。因此,在幼儿园的活动安排中应该本着整合的观念去促进幼儿整体发展。每天的活动安排要有序、全面、和谐。具体的活动安排要统筹在整个教育过程中,而且每种活动的安排要与具体的活动内容紧密相关,根据幼儿的不同年龄特点和认知内容和活动特点进行整合实施。

1）四类活动并列式整合

四类活动并列式整合是指在同一主题下,不同时间、不同地点或同时、同地安排这四类活动。同一主题就像中心,这四类活动都围绕这一轴心转动。如主题“汽车”,教师可以“汽车”为轴心,首先引导幼儿先从“生活”中了解汽车,进入下一个环节让幼儿“学习”有关汽车的常识,然后让幼儿在“运动”中玩开汽车,最后让幼儿在“游戏”中修汽车等。这种在同一主题下的四类活动前后顺序朝着共同的目标分别进行,使幼儿从不同的角度来学习有关汽车的知识。幼儿在熟悉汽车会玩汽车的前提下,教师可以同一时间安排这四类活动,让幼儿根据自己的兴趣来选择自己的活动方式。

2）四类活动渗透式整合

四类活动渗透式整合方式是较典型的一种活动组织方式。这就需要教师对课程内容相当熟悉,而且能够找准各种活动与主题的关联度。如主题“踩影子”,既可以是幼儿的身体“运动”,又可以是幼儿“学习”光的知识和幼儿“生活”常识,幼儿还可以进行“游戏”。因此,这一主题下教师可以引导幼儿开展这四类活动活动。这四类活动可以同时开展,在幼儿“运动”中“学习”光的知识,在“游戏”中体验“生活”中的光等。

不管这四类活动是哪种整合方式，都应该注意以下三点。第一，整合四类活动时必须保留每种活动自身的独立空间，不能用学习占有游戏的时间与空间；第二，整合是自然和有机的合成，不是机械的整合，更不要削弱了教育的作用；第三，整合的形式不一定非得显性，讲究一个原则，凡是能够促进幼儿发展的四类活动都是有效的。

4. 国家课程与园本课程并用

园本课程是在国家课程的指导下立足于本园实际情况而开发的新课程。如果园本课程完全脱离了国家课程的指导，就可能会导致对课程目标、课程内容和课程实施方法等的把握不准确，从而达不到促进幼儿全面发展的教育目的。因此，要求园本课程的实施要与国家课程并用。

1）重新组合课程内容板块

重新组合课程内容的板块是以课程教材的基本主题框架为基础，以原有的经验为根据，将国家课程与园本课程进行重新组合，经过合并、增补、删减、精选、创造等形成，构建起以主题活动为主的板块。这样经过重新组合的课程内容，能够保证课程内容符合幼儿的发展，又能体现园本课程内容的特色。

2）寻找园本课程与国家课程的焦点

园本课程与国家课程原本关系不大，但是对幼儿二者都有一个共同点，就是以促进幼儿发展为目的。因此，可以根据幼儿发展的具体方面来作为国家课程与园本课程的焦点，然后对课程内容进行梳理，分配分量，以保证幼儿在各方面均衡发展。

3）园本课程需要动态管理

幼儿园长期以来都实行的分科带班教学，教师一般被固定分配到某个班进行教学。而园本课程更强调主题式教学，原有的班级教学模式被打破，很多教师可能不习惯新的教学模式，容易使教师之间产生隔阂。因此，需要幼儿园实行动态管理，如实行重点分工，共同进班，轮流负责等多种形式的管理。

园本课程资源的利用

第二节 园本课程资源的利用

幼儿园课程作为基础教育的重要组成部分，要与国家实行的“国家、地方、学校三级课程”管理相一致，幼儿园就应该开发出自己的园本课程。幼儿园在开发园本课程时，首先要对园本课程资源的相关内容进行了解并掌握一定的园本课程资源开发与利用的技巧。

一、课程资源的定义

课程资源中涉及“课程”“资源”“课程资源”等概念的理解。“课程”不仅指幼儿园的上课，而且指幼儿的学习经验、预期的学习结果以及教学过程中诸多影响层面等。①《现代汉语词典》中“资源”一词解释为“生产资料或生活资料的来源”②，“课程资源”是课程改革

---

① 李姗泽. 学前教育应重视中华民族优秀传统文化——论民间游戏在幼儿园课程资源中的地位和作用[J]. 课程·教材·教法，2005(5).

② 吴刚平. 课程资源的开发与利用[J]. 全球教育展望，2001(8).

中提出的一个重要的新概念，它是指在学科教学中可供利用的各种显性的和隐性的因素、素材、条件等。① 课程资源又称为教学资源，即课程与教学信息的来源，或者指一切对课程和教学有用的物资和人力。课程资源与课程之间形成二者相辅相成的关系。因此，可以把课程资源认为是课程设计、实施和评价等整个课程编制过程中可以利用的一切人力、物力以及自然资源的总和，包括教材以及学校、家庭和社会中所有有助于提高学生素质的各种资源。课程资源既是知识、信息和经验的载体，也是课程实施的媒介。②

幼儿园课程资源是指有利于实现幼儿园课程目标的各种因素总和。也就是说，凡是有助于幼儿主动学习和全面和谐发展的资源都应该加以开发和利用。③ 即幼儿园课程编制与实施的各种可利用的人力、物力以及自然资源的总和。凡是有助于幼儿园课程目标的实现，有助于幼儿发展的各种资源都可以开发与利用。

二、课程资源观

不同的学者对课程资源的认识是不同的，也因此形成了不同的课程资源观。学者们对课程资源的理解，可以归纳以下四个课程资源观。

（一）不能把教材作为幼儿园唯一的课程资源

我国幼儿园教师常常把教材作为幼儿园教学的唯一课程资源，手捧一本书教到底。有些教师不愿意花时间，通过多种途径去收集更多的课程资源来丰富和改变现有的教材。一提到园本课程开发和园本课程资源的利用，很多教师就想到多买几个幼儿园教材版本来参考、学习，甚至是拼拼凑凑成一本教材，就认为园本课程开发结束，或者就认为园本课程开发成功。

在进行课程资源开发时，不能仅仅局限在对教材单一资源的认识与利用，首先要根据本地、本园的实际情况，具体分析哪些资源可以利用来进行园本开发。该资源具有哪些功能或结构，适合被安排在园本课程中的哪一个部分或用什么方式进行开发。相对于园本课程开发而言，其课程资源开发的主体、基地、内容、条件等方面都要进行综合考虑，形成课程资源的有机整体。其次，在进行园本课程资源开发时，要结合园内和园外等课程资源进行相互转换、协调等利用，尽可能地将课程资源变得宽泛起来。最后要根据幼儿的学习兴趣和需要考虑有哪些课程资源可以利用。如结合现代信息技术，以幼儿的原有经验为基础，体现当代的经济、文化、科技等的发展，尝试多样、有趣、富有探索性的素材开发出新的教育内容，为幼儿提供可观察、实验或探究的学习内容，为广泛的课程资源的开发与利用铺平道路。因此，课程资源是丰富多样的，不是仅教材单一的课程资源。

（二）教师是幼儿园重要的课程资源

目前，很多人更多地认为幼儿园拥有的良好教学设备设施才是最好的课程资源。有的学前教育专业毕业的学生在就业时或者工作调动时也只把某园的硬件设施作为评价该园课程资源的唯一指标。当然，一个幼儿园的物质条件优越的确有利于幼儿的发展和吸

---

① 常存文. 美术课程资源的开发与利用[J]. 内蒙古师范大学学报(教育科学版)，2006(6).

② 施良方. 课程理论——课程的基础. 原理与问题[M]. 北京：北京教育科学出版社，1996.

③ 沈丽华. 幼儿园课程开发中社区资源的整合[J]. 学前教育研究，2010(5).

引家长的眼球，但那并不是幼儿园最重要的课程资源。幼儿园课程资源不仅应包括设备及其他设施，还应包括教师。真正能够操控这些物质课程资源的是人(教师)，因为教师不但可以运用这些物质资源，还可以创造更多、更好的物质资源和精神资源。

从幼儿园教学本身看，幼儿教师既是课程实施者，又是一种活的课程资源，幼儿师资培养是幼儿教育课程资源形成的重要途径。随着课程改革的深入发展，很多学者都意识到：不能把课程理解为静态的过程，因为教学过程是个动态的过程，教学过程中会不断生成新的课程内容。这就对幼儿园教师提出了更高的要求，幼儿园教师必须掌握各方面的专业知识，而且能熟练运用所掌握的知识。教师同时还要具备良好的心态，与幼儿平等、自如地对话，充分体现幼儿教师的专业知识和专业能力。

从幼儿园园外的课程资源看，可以将幼儿的学习扩展到社区和家庭，使幼儿园与社区、家庭紧密结合，协同来完成教育活动。协同方式有参与教学、收集活动所需材料或资料、对幼儿进行辅导或咨询、提供信息支持等。幼儿教育课程应由幼儿身边最近的体验开始，让幼儿在活动中运用书籍、报刊、互联网、电视、广播、录像、照片、玩具、实地观察等各种途径去获取信息，并在活动中培养问题意识和自发寻找解决问题的方法。[①] 而这些园外的课程资源也需要教师主动去开发和利用。

教师不仅决定着课程资源的选择和利用，是素材性课程资源的重要载体，而且教师自身就是课程实施的首要的基本条件资源。在这个意义上讲，教师是最重要的课程资源，教师的素质状况决定了课程资源的识别范围、开发与利用的程度以及发挥效益的水平。在课程资源建设过程中，要始终把教师队伍建设放在首位，通过这一重要的课程资源的形成来带动其他课程资源的优先发展，同时促进幼儿的发展。幼儿的发展必须依靠高素质的专业教师。教师必须做好准备以便在能力、需要、经验和学习方法诸方面为幼儿提供优质的教学。同时，幼儿园的行政管理人员、保育员和其他相关的工作人员也是课程资源的重要组成部分。

（三）教学环境是幼儿园不可忽视的课程资源

幼儿可以在幼儿园及教师创设的学习环境中进行探索和自主学习。在这样的环境中，幼儿可利用教师提供的各种课程资源，如图书、音像资料、玩具、多媒体以及互联网上的信息等来达到学习的目的。

随着课程资源领域的扩宽，时间、空间和学习材料等有效的科学学习环境中的几个极其重要的组成部分的范围也相应在扩展。创造良好的教学环境，就有了更大的灵活性和创造空间。幼儿园和教师应具备利用教学环境的能力，确保学习环境的安全性、探索性，并且使幼儿自主地选择最合适的材料，决定什么时候、什么场所以及用什么样的方式去利用这些资源，并有多种机会、多种途径地进行学习。

（四）幼儿也是幼儿园的课程资源

幼儿也是幼儿园的课程资源，其根本原因是幼儿不仅是教学的对象，同时还是课程的主体。一方面是指幼儿的现实生活和可能的生活是课程的依据；另一方面是指发挥幼儿在课程实施中的能动性，幼儿创造着课程。课程本身具有“过程”和“发展”的含义，课程学

---

① 聂劲松．农村幼儿教育课程目标与资源探析[J]．课程与教学，2006．

习就意味着幼儿通过与被称为课程的东西进行对话构建课程意义。从表层看，课程是由特定的社会成员设计的，但从深层看，课程是由幼儿来创造的。课程的实施不是设计者预设的发展路径，幼儿也不是完全地通过对成人生活方式的复制来成长的，幼儿在与课程的接触中，时刻用其独有的眼光去理解和体验课程，并创造出鲜活的经验，而这些鲜活的经验又是课程的极为重要的组成部分。从此意义上说，幼儿是课程的创造者和开发者。因此，不应把课程及其教材视为幼儿唯一的学习对象，而应发挥幼儿对课程的批判能力和建构能力的作用。

幼儿园课程资源类型

三、课程资源的类型

按照不同的标准，可以将课程资源分为不同的类型。泰勒把课程资源分为“目标资源、教学活动资源、组织教学活动资源、制定评估方案的资源”；[①]从运动特征可分为静态资源和动态资源；依据在教育发展中所起的作用可分为现实资源和潜在资源；根据性质可分为自然课程资源和社会课程资源；等等。

按载体形态分，课程资源大致可以分为以人为载体的资源、以物为载体的资源、以活动为载体的三种资源类型。“以人为载体的资源”又称为“内生性”资源，它包括具有较高的思想道德素质、丰富的生活经验和广博的专业知识的各类人员，其最大特点是他们可以直接参与课程实施，并对其他资源进行深度加工。“以物为载体的资源”是指以历史、现实和将来存在的物为载体的资源，即物化形态的资源。这类资源较多，只要是附载信息的物，都有可能成为此类课程资源，关键是要根据需要而灵活选用。“以活动为载体的资源”是指所有活动或特定的情景所蕴含的丰富资源，表现为特定的机会或情景。这类资源有着艺术化的功效，具有动态性、随机性、即时性等特点，只是在特定的时空条件下存在，是不能完全复制的情景性资源。

就与学习者的关系而言，课程资源可按如下两个标准划分：一个标准是看某种课程资源是否专门为学习者而设计。按这个标准，可将课程资源分为两类：一是专门设计的资源，指为课程实施专门设计的、以社会资源为内容或条件的学习资源，即从无到有创造的资源，如主题活动设计的系列学习材料、综合实践活动资源包等，包括相关文字材料、录音带、录像带、多媒体课件，以及相关活动场景和机会等多种形式；二是非专门设计的资源，指本来并非为课程实施直接设计而存在的、且具有一定课程价值的相关资源，自然界、社会中广泛存在的具有多种特性和功能的社会资源都可看成是这类资源。另一个标准是看课程资源距离学习者的远近程度。根据这个标准，可将课程资源分为三类：一是直接的课程资源，泛指各种直接为学习者服务的课程资料和相关配套资料，不仅包括教材，还包括相关媒体和书籍等；二是教学环境内的课程资源，指课程实施涉及的主要社会环境资源，其功能是呈现教学信息和提供活动空间，如课程实施所涉及的课程、教具、传统游戏等；三是教育环境内的课程资源，指具有教育意义的广泛的社会环境，既包括以提供服务为主的支持系统，如乡村图书室、学习中心、电影院等，也包括科学技术、文化氛围等因素。

---

① 江山野. 简明国家教育百科全书[M]. 北京：教育学出版社，1991.

有的学者将课程资源按照课程资源的存在形式分为有形资源和无形资源。有形资源包括教材、教具、仪器设备等有形的物质资源;无形资源的范围比有形资源更广,可以包括学生已有的知识和经验、家长的支持态度和能力等。

有的学者按照课程资源的空间形式划分为园内资源、园外资源和网络化资源。园内资源主要指本园教师、幼儿,幼儿园图书馆、教室、动植物标本、教学挂图、模型、录像片、投影片、幻灯片、电影片、录音带、电脑软件、教科书等,以及其他各类教学设施和实践基地。园外资源主要指公共图书馆、博物馆、展览馆、科技馆,家长、园外学科专家、上级教研部门,大学设施、研究机构、有关政府部门、其他幼儿园的设施、学术团体、野外、工厂、农村、商场、企业、公司、科技活动中心、少年宫、社区组织、电视、广播、报纸杂志等广泛的社会资源及丰富的自然资源。网络化资源,主要指多媒体化、网络化、交互化的以网络技术为载体开发的园内外资源。这些资源中凡是对幼儿园及幼儿发展有利的都可以作为课程资源进行开发和利用,采用何种方式划分都有其合理性。

依据华东师范大学吴刚平博士按照课程资源的功能把课程资源分为素材性课程资源和条件性课程资源。素材性课程资源指直接作用于课程并能够成为课程的素材和来源,包括知识、技能、经验、活动方式与方法、情感态度和价值观以及培养目标等方面的因素;条件性资源虽作用于课程却并非形成课程本身的直接来源,而是在很大程度上决定和影响着课程实施的范围和水平,包括直接决定课程实施。这里以湖南省怀化市民族地区的课程资源开发为例。

1. 素材性课程资源

在民族地区的素材性课程资源主要包括民族生活文化、民族礼仪文化、民间传统文化、民族技艺文化、民族信仰文化、民族节日文化等。

(1) 民族生活文化。服饰、饮食和建筑等是民族生活文化的重要组成部分。在服饰方面,男子芦笙装是侗族服装艺术的经典之作。在饮食方面,苗家喜食酸汤菜、糯米饭;侗家的腌肉鱼、腌碎骨、腌菜、油茶、苦酒等。在建筑方面,侗乡鼓楼、风雨桥、寨门,苗族吊脚楼都是具有独特风格的建筑物。如能在幼儿园教育教学活动中把这些资源以多种形式呈现出来,将对幼儿增进对本民族的历史和文化认识起到潜移默化的作用。

(2) 民族礼仪文化。丰富的传统伦理思想通过大量的道德习俗在生产和生活的各个方面反映出来。在村寨间、家族中及家庭生活里的道德习俗形成了长幼有序、尊老爱幼、相互扶助等道德风尚。如侗家就有“敬老”“祭萨讲款”“为也”等习俗和一些很强约束力的各种禁忌。如能将这些民族礼仪文化的大部分优良的传统纳入幼儿园课程内容,将对幼儿的道德发展、礼仪规范的学习起到重要作用。

(3) 民间传统文化。民间文学、民间艺术及民间体育是民间传统文化资源的典型代表。适于课程资源开发的文学作品主要包括《青蛙南海取稻种》一类的传说故事、《蔗小小岩头滚下坡》等儿歌。民间艺术在少数民族人民的生活中占有非常重要的地位,有代表性的有靖州苗族歌鼙、通道侗族大歌、侗戏、琵琶歌、芦笙舞、麻阳花灯等。传统文化体育活动项目也相当丰富,苗族的舞狮子、舞龙灯、赛龙舟,侗族的草球游戏、摔跤、玩山走寨、三三棋游戏等,将这些内容和活动纳入幼儿园课程,也能激发幼儿的学习兴趣,培养幼儿的民族自尊心和自豪感。

(4) 民族技艺文化。技艺文化课程资源主要包括生产技术、民间医药、工艺制作等方面。其中通道的传统侗锦技艺精绝文化,艺术内蕴博大精深具有极高的艺术性。如果将侗锦制造工艺纳入幼儿园课程,将有利于幼儿手工制作及艺术鉴赏能力的发展,并能从中了解侗族的文化内涵,传承该民族的传统文化。

(5) 民族信仰文化。民族信仰文化包括宗教、崇拜、祭祀、巫术、吉祥崇尚等。侗族萨岁神崇拜神秘古朴,麻阳有世界仅存的盘瓠图腾,新晃侗族摊戏(也叫旧冬咚推)积淀了各个历史时期的宗教文化。当然少数民族的信仰必须经过一定的筛选和将部分反映朴素自然观及生命观的文化内涵作为课程资源。

(6) 民族节日文化。怀化各少数民族自治县的民族节日众多。如苗族的"苗年"(饱冬节)、侗家的"侗年"(过冬)、土地会、三月三、六月六、做禾花会涉及祭祀、纪念、社交等多方面。传统节日对培养幼儿的民族认同具有巨大的潜在教育价值。

2. 条件性课程资源

条件性课程资源反映在幼儿园课程中主要包括人力、物力和财力三种。

(1) 人力。在课程资源开发过程中教师、幼儿、家长、社区人士、高校及科研机构的学前教育课程专家等都是其开发的主体,这些主体应"各司其职、各出其力"。其中,教师是最为关键的人力因素,"没有教师发展就没有课程开发"。因此,有针对性地对园本课程开发的人员进行培训是很有必要的。

(2) 物力。幼儿园内外的环境、设施、媒介等都是可利用的课程资源。就园内而言,不能仅仅局限在教材的开发,还应该包括活动室、多功能厅、图书馆、展览室、舞蹈室、走廊、楼道等实体环境和多媒体、互联网等虚拟环境,都可以进行开发和利用。就园外来而言,各种表现体现民族文化的建筑物(如芷江侗文化城、麻阳苗族文化长廊)、场馆(如新晃夜郎古乐城)、服饰、饮食、文物(如芷江龙津风雨桥、通道坪坦风雨桥群)等也可作为潜在的课程资源。

(3) 财力。目前政府都纷纷加大了学前教育的投入,在财政预算中对学前教育经费一般都有增加的趋势或有更多的投入倾斜政策,财政性学前教育经费,在同级财政性教育经费中占合理比例并逐年提高。湖南省已设立学前教育发展专项经费实施农村公办幼儿园建设工程,支持农村尤其是贫困民族地区学前教育事业的发展。同时幼儿园还可以多渠道筹措经费,利用各种社会力量和民间团体的资金来办园。

四、社区资源的开发与利用

社区资源是指一个社区内一切可运用的力量,包括人力、物力、财力、知识与资料、历史传统、生活习俗、发展机会、地理与天然物质、人文社会环境等。幼儿园可以利用已有的教研团队或者指派专门的人员,以幼儿园为圆心,对周边容易获得的社区资源进行系统和全面的了解。幼儿园周边的各类企事业单位和场所,如医院、菜场、幼儿园、邮局、银行、书店、公园、居委会等均可纳入到收集课程资源范围中来。同时,幼儿园与教师将收集到的课程资源可按照一定的标准进行分类和整理,选取有用的课程资源进行开发,建立真正有价值的幼儿园课程开发资源库。

幼儿园可以把具体的社区资源库分为人力资源、物力资源、环境资源、文化资源等几大类，根据幼儿园的课程实施目标分别配置和利用，也可以根据社区资源的特定性质共同用于幼儿园的教育活动。有些社区资源可以直接用于幼儿园课程实施，但有些资源具有即时性，如元宵灯会、重阳舞狮会等重大的社区活动；有些资源具有长效性，如社区内的各种活动设施和场地等；有些资源具有不可重复性，有些资源则可以反复使用等。针对社区资源的特点，幼儿园要在对资源进行分类筛选的基础上，根据各种资源的性质，进一步优化和配置资源，并将之整合进不同的课程实施计划中，制定相应的课程实施细则。幼儿园整合社区资源时可以有以下一些方法。

（一）引进法

引进法简单地说就是幼儿园根据自身教育活动需要，把社区内的一些人力、物力、自然、文化等方面的资源引入幼儿园，直接为幼儿园的教育活动服务。引进法的主要特点是幼儿园教育活动开展的场所只局限在幼儿园内部。如为了加强孩子们的安全意识，特别是孩子们的交通安全知识，可以邀请一位职业是交通警察的家长来给幼儿上交通安全标记课。而对于一些难以直接引入幼儿园的社区资源，则利用视频、多媒体等手段，将之制作成图文并茂的教学材料来实现其教育价值，如针对社区里各种各样的诸如停车、转弯、禁止入内、警务标识等标记，可以用电子采集的方法，把它们拍成照片或者录像，再放入幼儿园的课程资源之中加以利用。

（二）借用法

借用法是指幼儿园借用社区内的一些无法直接引入的资源，以保证幼儿园活动的正常开展。在此，主要是借用一定的设施、设备和场地等。如幼儿园在开展亲子教育等需要较大的空间场所的活动时，通过良好的沟通和协商，将附近小学的操场开辟为活动场所，并在相关器材等方面得到小学的相应支持，从而弥补幼儿园现有资源的不足，保证教学活动的正常开展，实现了社区内资源的共享。

（三）参观实践法

参观实践法主要针对的是一些注重让幼儿通过体验来接收一定知识信息的教学活动。由于这类教学活动本身需要一个整体的教育环境支持，而其中涉及的诸种教育元素又无法简单地切割和独立展示，为此就需要教师带幼儿去亲身体验和参观，以感受其中蕴含的多种教育元素。如为了让幼儿初步理解和感受商品交易的过程，在大班主题活动“今天我当家”中，带幼儿到菜场买菜。幼儿通过自己购物的过程，认识了货币，了解了买卖，认识了各类菜名，同时与叔叔阿姨的交流以及幼儿之间的合作购物，为幼儿形成与他人交往、合作的良好关系奠定基础。

（四）变废为宝法

变废为宝法是将一些废旧的资源引入幼儿园，通过教师对其进行再加工、再利用，使之服务于幼儿园环境、教学活动、游戏等。如在“环保小制作”活动中，教师对收集到的废旧材料进行再加工，制作成一幅幅精美的作品张贴于墙上，既丰富了幼儿园环境，又让资源再次得到利用，能够很好地激发幼儿的环保意识。变废为宝法的具体用法如下。

1. 收集

幼儿园可以根据活动需要号召家长集中收集废旧物品,也可以在幼儿园某一固定地方或班级教室外放置一个大纸箱,有废旧物品的家长可以随时带到幼儿园来开展零散收集。幼儿园在收集废旧物品前,可以通过微信群或其他方式告诉家长收集废旧物品的一些要求,如哪些废旧物品幼儿园才需要,拿来之前建议家长也做一些初步的清洁处理等。

2. 洗净

幼儿园将收集到的废旧物品需要做清洁消毒处理。有的废旧物品如塑料瓶或易拉罐等可水洗净消毒后使用。有的物品如纸盒等用毛巾擦净后使用。并且,这种清洁消毒行为还应该定期开展。建议幼儿园将废旧物品的清洁消毒过程以拍照或视频等方式展示给家长,让家长放心幼儿园的废旧利用。

3. 管理

幼儿园将处理后的废旧物品先进行分类和装箱管理。这样便于教师指导幼儿拿取与玩耍。幼儿玩耍后,教师也应该要求幼儿放回原处,保持幼儿园的整洁。

4. 利用

幼儿园收集到的废旧物品主要用于幼儿园的美工活动、结构游戏活动以及其他游戏活动和集体教育活动中。废旧物品除了经济办园外,还可以丰富幼儿园的各种活动材料,使幼儿园更好地开展各类活动。

5. 废旧材料的种类与具体利用措施

(1) 易拉罐。

加工办法：现在美工区或结构游戏区将其加工,用透明胶粘牢。

注意事项：该材料容易割伤幼儿手,建议在教师指导下操作,教师需要随时注意幼儿安全。

利用 1：玩过草地游戏(图 5-4),目的是练习幼儿的平衡力。

利用 2：玩叠叠高游戏,目的是练习幼儿的耐心和视觉判断的准确率。

利用 3：玩帆船游戏(图 5-5),目的是让幼儿了解水上交通工具。

图 5-4 过草地游戏

图 5-5 帆船游戏

利用 4：玩拖车游戏(图 5-6),目的是练习幼儿的手臂大肌肉。

利用 5：幼儿种植器皿(图 5-7),目的是培养幼儿劳动意识和热爱生命。玩法：建议改种易养的吊兰或绿萝;每位幼儿拥有一个种植器皿;放置室内养护;器皿上贴上幼儿照片,配文字"养护人"。

图 5-6 拖车游戏

图 5-7 种植器皿

(2) 废报纸。

加工办法：折叠、撕、粘、贴、揉、搓等。

利用 1：汽车轨道(图 5-8)，目的是培养幼儿的创造力。

利用 2：撕面条，目的练习幼儿的小肌肉。

利用 3：揉纸团，目的是练习幼儿的手掌力量。

利用 4：搓金箍棒，目的是培养幼儿的想象力。

(3) 废旧纸盒。

加工办法：撕、剪、画图案、着色等。

利用 1：跨栏(图 5-9)，目的是练习幼儿的大肌肉。玩法：迈开右脚，努力跨过去。

图 5-8 汽车轨道

图 5-9 跨栏

利用 2：走直线(图 5-10)，目的是练习幼儿的平衡能力。玩法：沿着直线一直往前走，用双手控制平衡，注意别踩到线外。

利用 3：踩脚印(图 5-11)，目的是培养幼儿秩序感。玩法：每一步都要踩到脚印上，往前跨时控制好力度和幅度。

图 5-10 走直线

图 5-11 踩脚印

图 5-12 跳格子

利用 4：跳格子(图 5-12)，目的是练习幼儿腿部大肌肉。玩法：双脚跳进空格内，不能踩到纸板上。

利用 5：建筑城墙[图 5-13(a)和图 5-13(b)]，目的是练习幼儿大肌肉。

利用 6：制作家具(图 5-14)和家电(图 5-15)，目的是培养幼儿的创造力和练习幼儿的大肌肉。

利用 7：制作汽车、轮船、飞机等交通工具(图 5-16)，目的是让幼儿熟悉交通工具。

(a) (b)

图 5-13 建筑城墙

图 5-14 制作家具

图 5-15 制作家电

图 5-16 制作交通工具

利用 8：走迷宫(图 5-17)和走大鞋(图 5-18)，目的是满足幼儿的好奇心。

图 5-17 走迷宫

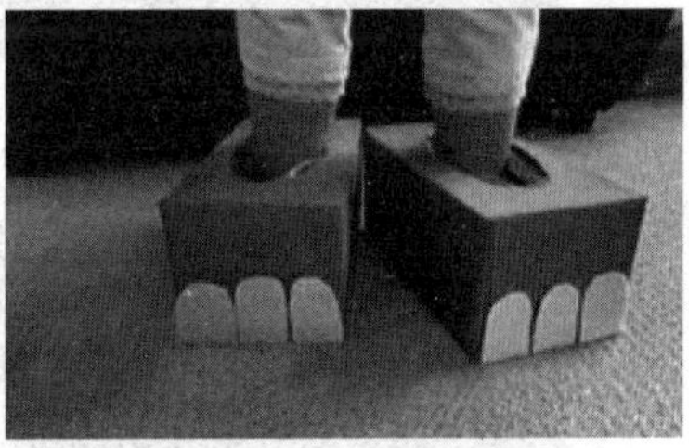

图 5-18 走大鞋

利用 9：制作机器人(图 5-19)，目的是培养幼儿的想象力和对现代文化的了解。

图 5-19 制作机器人

利用 10：制作时钟(图 5-20)，目的是让幼儿形象认识钟表，教师形象教学。

图 5-20 制作时钟

利用 11：纸盒内作画(图 5-21)，目的是培养幼儿对美术的兴趣和审美能力。
利用 12：球类场地和打球(图 5-22)：目的是培养幼儿的规则意识。制作材料：鞋盒、细长的园木棍、夹子、打孔器、尺子、笔。制作方法：在鞋盒的两个短边各挖出一个球门洞，在两个长边的两端均匀地打上4个或者双倍数的圆洞，并插入准备好的细木棍，然后将木夹子固定在木棍上就完成了。找一个小圆球作为足球，就可以进行了。

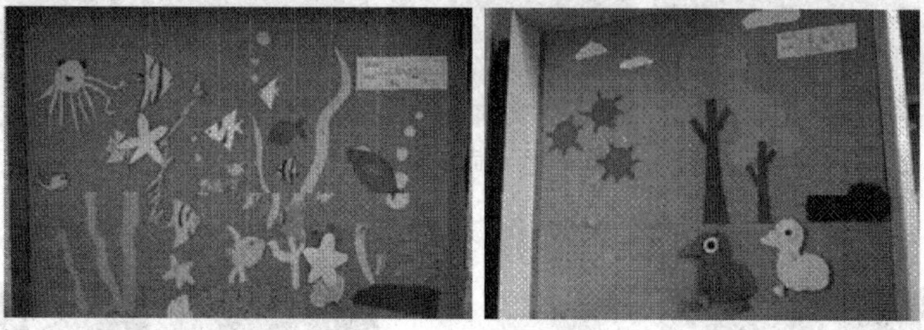

图5-21 纸盒内作画

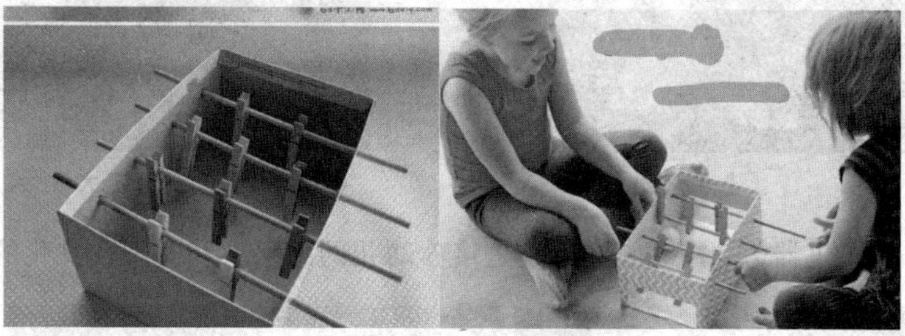

图5-22 球类场地和打球

(4) 废旧矿泉水瓶。

加工办法：剪、装扮等。

利用1：打保龄球(图5-23)，目的是练习幼儿的大肌肉。

利用2：给瓶子宝宝排队(图5-24)，目的是让幼儿在操作中形象地学习高矮、大小等数学知识。

图5-23 打保龄球

图5-24 瓶子宝宝排队

利用3：帮动物朋友找食物(图5-25)，目的是培养幼儿关心别人和学习一一对应的关系。

利用4：制作毛毛虫(图5-26)，目的是练习幼儿的小肌肉。

利用5：种植器皿(图5-27)，目的是培养幼儿的责任感和热爱生命。

图 5-25 帮动物朋友找食物

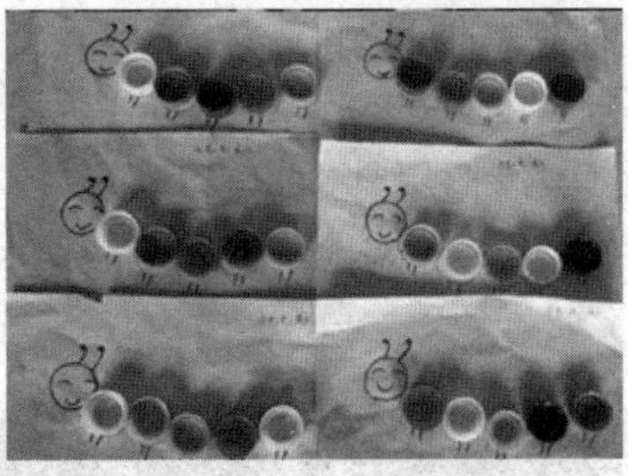

图 5-26 制作毛毛虫

(a) (b)

图 5-27 种植器皿

利用 6：制作人像和动物(图 5-28)，目的是培养幼儿的想象力、审美能力和练习幼儿的小肌肉。

图 5-28 制作人像和动物

利用 7：制作拉力器(图 5-29)，目的是练习幼儿的手臂大肌肉。

图 5-29 制作拉力器

(5) 其他废旧材料。

利用1：纸板、木棍等制作龙，玩民间游戏“舞龙”(图5-30)。

利用2：废旧厨具(图5-31)，玩娃娃家游戏“做饭”；玩音乐游戏“打击乐器”(图5-32)。

利用3：家装剩余木质板(拼木地板等)，玩飞机制作(图5-33)和桥梁搭建(图5-34)等。

图5-30 舞龙

图5-31 厨具

图5-32 打击乐器

图5-33 飞机制作

图5-34 桥梁搭建

利用 4：废旧牙膏盒(图 5-35)，玩结构游戏。

图 5-35　废旧牙膏盒

利用 5：农产品(图 5-36)，作画或建筑等。

图 5-36　农产品

五、课程资源的开发途径

幼儿园及教师进行课程资源开发时，可以通过以下一些开发途径获取更多的课程资源，使课程资源更有利于幼儿园及幼儿的发展。

（一）应以主题为核心进行整合性开发

主题活动，顾名思义，就是围绕一个中心内容(即主题)来组织的教育教学活动。它的特点是打破领域之间的界限，将各种学习内容围绕一个“中心”有机连接起来。以主题为核心的整合性开发分为确立主题、建立主题网和开展主题活动三个步骤。根据收集到的课程，结合本园实际情况，幼儿园可以采取主题活动的形式整合和利用各种资源，应用于课程开发和组织相应的园本课程活动。

（二）应以经验为基点进行活动性开发

杜威认为，经验说明人与环境交互作用过程中所发生的一切，它是人对环境的占有、欣赏、体验、审美、崇拜、喜悦、感伤、探究、认识的整合。据此，他提出教育就是经验的改造或改组。幼儿园可以根据自身对当地地域文化的占有，将地域文化渗透到幼儿园一日生活的各个环节。幼儿园应该以幼儿和教师现有的生活经验为依托，逐步拓展和开发相应的活动内容。

（三）应以环境为依托进行隐性课程开发

隐性课程是一种以间接的、内隐的方式呈现的课程，是幼儿在学习环境中所学习到的非预期或非计划的知识、价值观念和规范。如民族地区的民族性格、民族情感、民族价值观等民族文化精髓更多就是通过周围整体环境的熏陶与浸染而形成的。为此，幼儿园对民族文化课程资源的开发，要更多地关注周围环境对幼儿潜移默化的作用，积极建构以环境为依托的隐性课程，以让幼儿全面感受和体验本民族文化的魅力。

第三节　园本课程开发

“课程开发”一词最初是卡斯韦尔和坎贝尔(Caswell & Cambell)在1935年出版的书《课程开发》中提出来的，后来很快被其他课程研究者们使用。“development”有开发、创建、发展、形成等意思，赋予课程开发的发展性、过程性。[①] 园本课程开发是指一个以幼儿园为基础进行课程开发的开放民主的过程，即园长、教师、课程专家、幼儿及家长和社区人士共同参与幼儿园课程计划的制订、实施和评价等活动。[②] 也有学者将园本课程开发定义为：“幼儿园组织及其成员，根据国家或地方政府关于幼儿园教育纲要的精神与幼儿园自身发展的实际需要，充分利用园内外的课程资源所进行的课程选择、课程生成、课程重组的相关研究与管理过程。”[③]园本课程开发包括两个方面的含义：一是指幼儿园根据自己的办园理念、幼儿兴趣与需要，结合幼儿园的具体特点和条件而进行的课程创编；二是指幼儿园根据自己的办园理念、幼儿兴趣与需要，结合幼儿园具体特点而对其采用的国内外专家学者编制的课程进行园本化实施。[④] 课程开发具体设计到其开发的类型、条件、方式和技巧等。

一、园本课程开发的类型

张承宇(2013年)根据期刊文献整理将园本课程开发分为三种类型：新教育理念引领下的园本课程开发、地方文化引领下的园本课程开发、主要领域引领下的园本课程开发。[⑤] 我国历史悠久，有着丰富的传统文化，因此，大多数学者赞同将传统文化引领下的园本课程开发算作一类型。由此，园本课程类型有以下四种。

（一）新教育理念引领下的园本课程开发

目前新教育理念主要有自主性教育、情境教育、全纳教育、个性化教育等。很多幼儿园将这些新的教育理念引进幼儿园课程，积累了大量的经验。[⑥] 同样，我国园本课程开发的理念很多，但是其基本的理念主要有以下几个方面。第一，尊重幼儿的生活价值。因为只有了解幼儿的生活，才能走进幼儿的世界去真正了解幼儿需要什么，是怎样发展的，才能开发出符合幼儿生活、符合人性的课程。第二，整合科学世界与生活世界。当今时代是科学技术迅速发展的时代，同时人们又是现实生活中的人。胡塞尔(E. Husserd)从现象学把现代人生长的家园分为“生活世界”和“现象世界”。生活世界是个人与群体生活于其

---

① 付洪岭. 园本课程开发中幼儿教师课程领导的个案研究[D]. 长春：东北师范大学，2010.

② 陈时见，严仲连. 论幼儿园园本课程开发[J]. 学前教育研究，2001(2).

③ 上海市教委教研室. 幼儿园课程园本化理论与实施的研究[M]. 上海：上海教育出版社，2004.

④ 李云淑. 关于园本、课程园本化、原本课程开发等概念的辨析[J]. 上海教育科研，2008(11).

⑤ 张承宇. 幼儿园园本课程研究综述——基于期刊网范畴[J]. 苏州教育学报，2013(4).

⑥ 袁爱玲. 幼儿园课程[M]. 北京：北京师范大学出版社，2015.

中的现实而又具体的环境。[1] 科学世界是一个由逻辑与概念体系构成的理论世界。生活世界是科学世界的基础，科学世界是把生活世界的一部分抽取出来加以理论化、形式化的结果。二者是历史的统一。批判主义教育家吉鲁(Giroux)也强调：课程与学生的日常生活相结合无论怎样强调都不过分。[2] 因此，将科学世界与生活世界整合起来开发园本课程更加有利于幼儿发展。第三，整合个人价值与社会价值。历史上卢梭、蒙台梭利、杜威等人都十分强调个人本位论的课程观。他们认为个人的存在和发展才是最根本的，这样的教育才是最有价值的。柏拉图等人强调社会本位论的课程观。他认为教育促进社会的发展才是最重要的。因此其课程取向也是社会本位论。但是，人是生活在社会中的个体，只有寻求二者的平衡点，将其整合起来，才是课程发展的动力之源。第四，整合个人发展与社区发展。单个的人相对于群体而言，属于“类”分子，是具体的人。个人的发展是在特定的历史时期和特定的环境中的单个成员的发展。单个成员的发展具有独特性、唯一性和不可替代性，是具有个性的发展。而社区相对于单个成员来说，具有一定的认同感和归属感，是一个较稳定同时又具有一定动态性的发展。社区的发展需要单个社区居民的积极参与和大力支持。也就是说，个人是社区发展重要的人的因素。因此，将个人发展与社区发展整合起来进行开发园本课程。

（二）地方文化引领下的园本课程开发

每个地方都有其地方文化，这些地方文化非常有价值，也有不少学者对地方文化融入幼儿园课程有所研究。如葛晓英和连平共同提出的《闽南民间艺术教育与园本课程建议》(学前教育研究，2005 年 10 月)，姚玲英对芦墟山歌与园本课程组合开发进行了初步探索(教育科研论坛，2010 年 12 月)等。我国每个地方都具有各自的地方特色文化，四川南充市有着嘉陵江文化、丝绸文化、三国文化等多种丰富的地方文化，若将这些文化融合到幼儿园课程中，将打造出很多特色园本课程。

四川省南充市某省级示范幼儿园以地方文化中的丝绸文化开展了一系列的相关活动，种植桑树活动(图 5-37)、蚕模型中的钻爬活动(图 5-38)、养蚕活动(图 5-39)、编织活动(图 5-40)、扎染活动(图 5-41)等。幼儿对这些活动非常喜爱，这些活动也得到了家长的积极支持。例如，桑叶不够喂养蚕，家长就利用周末到郊区去采摘野桑叶(山上没有管理

图 5-37 种植桑树活动

图 5-38 蚕模型中的钻爬活动

---

① 项贤明. 泛教育论[M]. 太原：山西教育出版社，2000.

② 付洪岭. 园本课程开发中幼儿教师课程领导的个案研究[D]. 长春：东北师范大学，2010.

的桑树)。这些活动既丰富了幼儿园的课程内容,提高了幼儿的活动积极性,更加强了家园合作的力度。

图 5-39　养蚕活动

图 5-40　编织活动

图 5-41　扎染活动

(三) 主要领域引领下的园本课程开发

我国幼儿园课程主要是在《纲要》指导下实施的。《纲要》规定了幼儿学习的内容主要有:健康、语言、社会、科学和艺术五大领域。每个领域所包含的内容不同,对幼儿的发展作用也不同。很多幼儿园根据本园特点和教师、幼儿、家长等的特点开发出以某一领域为主的课程,如倪晓寅和吴兴莉所撰写的《幼儿园健康教育园本课程的构建与实施》(上海教育科研,2005 年 12 月),刘艳春和李绮青撰写的《以体育为"龙头"构建特色园本课程》(新闻天地. 论文版,2008 年 4 月)等。也有很多幼儿园以语言或艺术等领域开发的园本课程,甚至有的幼儿园只以奥尔夫音乐作为该园的教育特色,有的幼儿园以运动为其特色等。无论幼儿园以哪个领域为主要园本课程特色,都应该遵循幼儿全面发展的规律。幼儿园不能忽视幼儿其他方面的发展,为国家和社会培养完整儿童奠定基础。

(四) 传统文化引领下的园本课程开发

《纲要》明确提出:"充分利用社会资源,引导幼儿实际感受祖国文化的丰富与优秀。"我国幼儿传统文化非常丰富,主要集中表现以下四个方面。

1. 经典儿歌、故事等传统文化

幼儿园通过筛选出适合幼儿学习(欣赏、吟诵)的传统文化中的经典之作融合到幼儿园已有的课程活动中,以形成本园的特色课程。

2. 民间游戏

民间游戏是民间流传下来的一种游戏形式。民间游戏既包括幼儿所玩的民间游戏,也包括成人所玩的民俗娱乐节目。这里所探讨的幼儿民间游戏指的是产生并流传于广大人民群众的日常生活中，是幼儿运用一定的知识和语言，借助各种物品，通过身体运动和心智活动，反映并探索周围世界的一种活动。有的幼儿园通过对民间游戏的挖掘、整理、归纳出适合幼儿园利用或开发的内容成为幼儿园较有特色的园本课程，如浙江省富阳市灵桥镇中心幼儿园利用民间游戏研究形成本园园本特色课程。

目前制约民间传统游戏开发的因素主要有以下几个方面。第一，现代科学技术对民间传统游戏发展的影响。现代科学技术水平的高速发展，使得一切科技事物都可用计算机软件用动态虚拟模式呈现在人们的视野中，把原有的生活从现实转变到梦幻的完美世界。这不仅颠覆了人们对于生活认知的展现程度，也减少了人们的日常生活交流。如网上购物的流行，导致越来越多宅男宅女的出现，大大冲击了其在现实生活的时间。科学技术的发展使得人们的日常交往变得越来越狭隘，网上的一切事物变得更加具有吸引力，也许这也是影响民间传统游戏发展的因素之一。从中牟利的凭借，这就大大歪曲了民间传统游戏的本质。第二，现代经济高速发展对民间传统游戏的冲击。信息时代的到来，不仅促进了城乡一体化进程，也加速了新农村建设与改革的步伐，使原有的农村生活焕然一新。如高楼大厦的建立使得人们想拥有空旷的休闲场所也成为一种奢望，即城市可利用的空间越来越少。随着经济和高科技信息渗入农村，使农村生活也逐渐失去了原有的质朴。如现农村只有小部分幼儿仍保留打陀螺游戏，大部分幼儿则在舒适的空调房玩电子游戏。第三，活动场所的流失。当前幼儿园和中小学教育教学中，在课间操和户外运动的时候才会有简单、便捷的传统游戏。而在城市建设的都市圈或社区很少或几乎没有民间传统游戏设施、场地供大家娱乐和交流，这对民间传统游戏的传承具有一定的负面影响。

3. 传统民族风俗等

《纲要》第二部分在社会的内容要求中写道："适当向幼儿介绍我国各民族和世界其他国家、民族的文化，使其感知人类文化的多样性和差异性，培养理解、尊重、平等的态度。"教师要根据本《纲要》，从本地、本园的条件出发，结合本班幼儿的实际情况，制订切实可行的工作计划并灵活地加以执行。在教育部关于印发《纲要》的通知中也明确要求：贯彻实施《纲要》，要坚持因地制宜、实事求是的原则，认真制定本地贯彻《纲要》的实施方案。应从具体情况出发，切忌搞一刀切。各地可采取先试点的方法，对不同地区、不同类型、不同条件的幼儿园，分别提出不同的要求。这些规定给民族地区幼儿园课程资源的开发留下空间，使各幼儿园可根据新《纲要》的精神，灵活开发本民族、本地区的课程。2012 年颁布的《3～6 岁儿童学习与发展指南》语言部分明确提出："会说本民族或本地区的语言和普通话，发音正确清晰。"社会部分明确提出："知道自己的民族，知道中国是一个多民族的大家庭，各民族之间要互相尊重，团结友爱。"因此，园本课程开发要根据本民族的政治、经济、文化等不同为基础，尊重本民族的风俗开发出一系列园本课程。

4. 传承的民间艺术

蒙古民族是音乐的民族，千里草原是民歌的海洋，每一个蒙古包里，每一位蒙古族同胞的口耳之间，永远飘动着不绝如缕的上辈人传给他们的歌。蒙古民歌洋洋洒洒，浩如烟海，其品位之高，数量之巨，令世人叹为观止，是一个无法估量的音乐宝库。蒙古民族是一个质朴豪爽的民族,蒙古民歌有着优美的旋律,独特的韵味,歌中时时透射出蒙古人胸襟的开阔。蒙古民族又是一个多灾多难的民族,其音乐歌曲的内在品质也大都饱含苍凉、孤独、悲怆的艺术之美。只要你听到蒙古人演唱的长调牧歌,便立刻能感受到浓郁的草原气息,体味到高度的艺术享受。民间器乐常用的乐器有笛子、马头琴、三弦、四胡等。牧民生活离不开马,在蒙古族音乐舞蹈中反映牧马生活的作品亦为寻常可见,使人感到骏马奔腾纵跃和蒙古族人民剽悍勇敢的性格。所以,可选用适合幼儿的民族经典艺术作品,如"小黄马""富饶辽阔的阿拉善""马步舞""乌舞"等独具魅力的蒙古族歌舞对幼儿进行美感等多方面教育,但要避免仅仅重视表现技能或艺术活动的结果,而忽视幼儿在活动过程中的情感体验和态度的倾向。民间艺术蕴藏着丰富的音乐课程和音乐课程资源。园本课程开发以开发民间艺术为目的。如邹渊的"传承民间音乐文化,开发音乐教育的新课程资源"(上海师范大学学报,2006 年)等。①

二、园本课程开发的条件

园本课程开发是一个艰巨的任务,不是一两个人就能完成的。它必须要将幼儿园相关的人士和各种资源利用起来才能开发出高质量的和有特色的园本课程。因此,园本课程开发需要具备以下一些条件。

(一) 具备高素质的幼儿园园长

园长在幼儿园内具有最高指挥权和决策权,也是幼儿园内课程的规划者和课程资源的协调者。因此,园长必须具备扎实的专业的知识、宽泛的通识知识、管理知识以及对课程的研究能力等,能够用专业知识去发现问题、分析问题和解决问题。而当前园长在课程开发方面的能力一般未经过专业培训,因此在园本课程开发方面常常是被园长们忽略的内容。而园本课程开发的整体统筹规划和安排又离不开园长。因此,园长自身要了解和具备课程方面的领导能力。这是园本课程开发的有力保障。

(二) 有一支专业的教师队伍

教师是园本课程开发的主要力量。教师队伍的专业水平直接影响着园本课程开发的质量。《幼儿园教师专业标准(试行)》中规定了教师具备三个方面的专业素养,即专业理念和师德、专业知识、专业能力。这三方面是幼儿园教师必备的基本素质与条件。如何将幼儿园教师的专业理念与师德、专业知识和专业能力转化为教师内在的专业修养,需要幼儿园对教师进行个性化培养。因为不同的教师的特长和兴趣爱好等完全不同。而且大多数教师未参加过园本课程开发,缺乏课程开发经验,需要幼儿园对教师进行课程开发的前期培训和督促学习。同时要注意,别给教师太大压力,根据本园教师的实际情况进行园本教研活动,让教师自主参与本园课程开发。

(三) 幼儿园的科学化管理

园本课程开发是一个庞大且烦琐的系统工程,其中涉及人、财、物等各种资源的利用

① 程五一,杨明欢. 近十年我国学前教育传统文化教育资源的研究综述[J]. 早期教育科研,2012(6).

与资源部门之间的协调。若使园本课程顺利开发，就需要幼儿园对这些资源加以科学管理，成立课程开发领导小组，以确保课程资源为课程开发提供一切保障。管理过程中要做到上下级层层有序，形成有效地执行、监督、反馈的管理机制。

（四）有课程专家的专业指导

园本课程开发要求专业水平较高。如果离开课程专家的专业指导，就可能使园本课程开发不能深入到课程本质，达不到理想的园本课程开发。园本课程开发仅依靠幼儿园自身园长和教师是远远不够，有可能走偏或走弯路。因此，园本课程开发在课程专家的指导下，能够保证园本课程开发的质量。

三、园本课程开发的方式

园本课程的方式影响着园本课程开发的效果，选对开发方式才能保证园本课程开发顺利。园本课程开发的具体方式，可以根据李云淑①对园本课程的决策权是幼儿园的观点，园本课程开发可以是自行创编、自行选择或改编、整合、补充、拓展等方式，其中主要的方式是选择、调整、创编三种。

（一）园本课程的选择

园本课程开发的选择是园本课程开发的第一步。课程选择是幼儿园根据本园的实际情况，从多种园本课程类型中选择一种适合本园课程开发的类型。选择园本课程时，既要考虑所选择的园本课程是否适合本园幼儿，又要考虑本园在进行课程开发时的条件是否具备，以及有无课程理论作支撑而建立起一整套完整的课程体系。因为一旦选择后就不能随便更换园本课程类型以及课程内容了。否则，会造成教师工作的盲目性。

（二）园本课程的调整

园本课程开发的第二步就是对已经选择的园本课程类型以及相关的课程资源进行调整。如国内外课程专家所编制的课程如何调整为适合本园的课程，既要符合本园教师的教学能力，又要符合本园幼儿的学习特点。这一步就是园本化的过程。调整可以从两个方面来理解：一方面是将课程专家所编制的课程要适合本园实际情况；另一方面是整改已经选择的由课程专家编制的课程以达到高度园本化。课程园本化质量就在于幼儿园是否能够选择到优秀的课程资源，是否能够根据本园幼儿的特点对课程进行恰当的调整而达到最终实现幼儿个性化发展。

（三）园本课程的创编

园本课程创编是园本课程开发的最后一步，是开发出全新的课程体系。只有在通过园本化阶段，才可能创编出更新、更有特色、更适合本园的园本课程。园本课程创编可以从以下几个方面着手。

1. 对整个课程体系进行创编

课程体系包括课程目标、课程内容、课程方法和课程评价等方面的内容。幼儿园可以

---

① 李云淑. 关于园本课程、课程园本化、园本课程开发等概念的辨析[J]. 上海教育科研，2008(11).

根据本园所处的地理位置、本园教师的专业水平、本园幼儿的家庭背景等多个方面开发出一套完整的园本课程体系。如上海南西路幼儿园的课程开发、上海静安区威海路幼儿园健康教育课程的开发等。目前，几乎没有幼儿园对全园课程全部进行开发，因为幼儿园目前的师资水平还达不到对全园课程进行整体开发。

2. 对某门课程进行创编

对某门课程进行创编是指幼儿园或教师只对某门课的在课程内容或课程方法等方面以全新的面貌呈现。如有教师对艺术领域中的《绘画》创编了“幼儿版画课程”。该课程内容选取贴近幼儿的生活中的事物，如幼儿常见到的小树、小动物等。在版画材料的选择上由易到难，如实物拓印—粉刷版画—漏印版画—纸版画—木版画等。该版画也可以应用于其他领域的教学。如教师可以让幼儿通过画“树”结合起来进行语言领域活动“树真好”的学习。

3. 对本地方课程进行创编

我国疆土广阔，各个地方都具有自己的特色。幼儿园可以根据本园所在地方的乡土文化进行课程创编。如福建省仙游县的幼儿园教师和幼儿工作者充分利用当地课程资源，合作编写了反映了大拿感地乡土文化的教材《仙游县幼儿园乡土教育活动实例选编》，将乡土文化内容融合在幼儿园的主题活动中。每个主题活动由主题活动目标网络、主题活动安排表、主题设计与指导、环境创设与可利用教育资源、小小资料库等组成。整个课程将园本课程与省级课程融合在一起，成了当地所有幼儿园的园本课程。

4. 对某一个主题或某一单元进行创编

对某一个主题或某一单元活动进行创编，这是教师普遍都能够达到的创编水平。如有教师创编了主题“培养幼儿亲社会行为：帮助”。第一，教师通过让幼儿“看”绘本故事“城市里最漂亮的巨人”理解“帮助的行为”。第二，教师通过让幼儿“听”儿歌“帮助小鸭子”来感知“帮助”的意义。第三，教师通过让幼儿在“帮助好朋友”活动中亲自“做”，来体验帮助好朋友获得的快乐。教师在对某一主题或某一单元进行创编时，切忌不要局限在园本所使用的教材上，要在自己对本园或本班幼儿的了解基础上，根据自己对《纲要》和课程内容的了解灵活进行创编。

四、园本课程开发的注意事项

为了确保园本课程开发的质量，幼儿园或教师在园本课程开发时应该注意以下情况。

（一）不要将园本课程与特色课程混淆

目前，有相当多的园长和教师将园本课程理解为符合本园幼儿和教师需要的课程就是园本课程。他们认为园本课程的核心就是课程设置。这种对园本课程的理解太过片面和不完整，导致有的幼儿园和教师将园本课程理解为特色课程。他们认为园本课程就是课程内容在设置过程中自然形成，简单地增减幼儿园课程就是有特色，就是园本课程。而园本课程的核心是“以园为本”，在实践基础上不断完善，直至幼儿获得真正意义上的全面发展。

（二）不要把园本课程看作是唯一的课程

很多幼儿园在开发了本园的园本课程后，就丢弃了其他所有的课程，包括国家课程和地方课程，视园本课程为本园唯一的课程。这样容易将很多优秀的课程抛弃，甚至将完整的课程体系支离破碎，形成片面化或片段化。园本课程作为课程的一部分，只有把它放在整个课程系统中，才能完整地把握课程的宗旨，促进幼儿的全面发展。

（三）不要将园本课程从一日活动中分离出来

园本课程在实施过程中，很容易以集体活动的方式开展，而未能将园本课程融入一日活动中，即将园本课程从一日活动中分离出来。这样，就使幼儿的学习脱离了幼儿的生活。幼儿的生活是幼儿学习课程的一部分内容，也是幼儿的一种学习。这样做不利于幼儿的学习与发展。因此，园本课程要融入幼儿的一日活动中，让幼儿在一日活动中满足其学习和生活的需要。

（四）不要将园本课程孤立起来

园本课程与地方课程、国家课程共同构成了完整的幼儿园课程体系。有的幼儿园将园本课程孤立起来，不把园本课程与其他课程看成一个完整的课程体系。园本课程也不能与幼儿园的其他活动孤立起来。幼儿园的活动是多种多样的，除了实施园本课程外，还有家园活动，教研活动等。幼儿园和教师要将园本课程与其他活动结合起来统筹安排。

学习任务

（1）园本课程的内涵是什么？

（2）园本课程的整合方式有哪些？

（3）园本课程资源的类型有哪些？

（4）园本课程资源开发的途径有哪些？

（5）园本课程开发的方式有哪些？

（6）您所在地区有哪些课程资源可供幼儿园利用及其如何利用？

扩展阅读

利用社区资源建构园本课程的策略

吴秀婷　郭月霞

一、重视隐性课程的建构

一是打造富有感染力的静态环境。笔者所在幼儿园位于有中国鞋都美誉的晋江市陈埭镇，因此我们通过多方位收集整理，把家乡的特色“名胜古迹”鞋博会等社区文化资源，以图片的形式布置于幼儿经常路过的走廊、过道、文化展厅，并通过亲子阅读，让孩子在每日的耳濡目染中随时感受鞋都文化的独特魅力。

二是精心布置各个走廊。通过教师们的群策群力，家长孩子的共同参与，我们的大门以“品牌晋江”为主题，一楼以“多彩鞋世界”为主题，二楼以“缤纷花世界”为主题，三楼以“晋江鞋,走世界”为主题。各楼层展现鞋文化的不同方面,给孩子们留下了深刻的印象。

三是创设富有特色的区域环境。为了让孩子们在游戏的同时可以尽情享受本土文化的熏陶,我们创设了富有本土文化特色的区域环境,如手工区提供锤子、剪刀、针、线等鞋子制作工具,让孩子们在布置得非常具有鞋厂特色的环境中,利用教师提供的半成品材料学习制作鞋子、彩绘鞋子、包装鞋子;设计并布置了鞋文化展厅,向孩子们呈现各种各样的鞋材料,包括织带、鞋扣、皮革、织布等,同时展示幼儿制作的各种手工作品;设计并布置了“陈埭一条街”,以角色游戏的形式将鞋扣店、小吃店、鞋厂地方特产等活灵活现地展示在孩子面前,使孩子们在游戏中尽情感受地方文化的博大精深。

四是重视班级墙饰的及时更新。我们要求各年龄段的教师根据本班的实际情况进行班级小环境的创设,并要经常更新内容,形成班级社区文化特色墙,让孩子们无时无刻不在感受鞋文化,真正做到让环境说话,让学习置身于环境之中,如大四班的“鞋子宣传会”即是结合每年鞋博会的教育契机,请家长带幼儿实地参观后,把有关照片张贴在班级的墙面上,引导幼儿了解陈埭的鞋文化品牌。

二、精心研发园本课程体系

(一) 精选合适的内容

陈埭的鞋文化涵盖面很广,不是什么都可以拿来给孩子的,所以我们首先必须对社区资源进行删选。在发动教师广泛收集整理地方文化资源的基础上,我们以《纲要》为指导,经过教师集体共同商议,明确了小、中、大班不同的教学任务,其中,小班以利用社区资源建构区域活动课程为主,中班以利用社区资源建构领域活动课程为主,大班以利用社区资源建构主题活动为主。

(二) 研讨设计活动

结合社区资源组织正规的集体教学活动,完全属于创造性劳动,这对教师来说是一种全新的挑战,因此我们遵循由易到难的原则,先挑选地方资源中相对孩子来说比较简单的内容作为教学突破口,组织课题组教师集体备课,并选择善于大胆创新的老师在园内开展公开教学,以活动促思考,用活动作引领,吸引更多的老师自觉投入到特色教学研究中来,克服畏难情绪,在此基础上,利用幼儿园的教研平台,我们通过激发教师的群体智慧,组织教师深入开展园本教材研究,在确定了上课内容、执教老师后,组成研讨团队,分工协作共同完成面向园外观摩教师的公开教学任务,虽然这样的创作过程充满艰辛,但通过活动孩子发展了,教师成长了,即是最大的收获。因此,我们通过量化任务,给教师压担子,要求每学期各年段的实验班级组围绕各自的特色教学任务,必须完成一个以上有一定质量的教学活动设计,并在园内公开展示、深入研讨,如此为园本课程体系的建构打下了坚实的基础。

(三) 用心拓展课程

晋江制鞋产业富有浓厚的生活气息和品牌特色,这也是成就“晋江鞋都”的魅力所在,因此让幼儿学习并亲自创作鞋子,不仅可以使孩子们加深对本地鞋文化的认识和理解,还能让孩子们充分感受到家乡人民的聪明才智。例如在“认识家乡的鞋”的活动过程中,教师首先通过参观鞋厂，观察鞋子的外形特征，比较各种鞋子的不同特色，激发了幼儿对制鞋的浓厚兴趣。而后，教师带领孩子，通过参观鞋厂的流水线，与制鞋工人的交谈，记录制鞋过程，深化孩子对制鞋的了解和认识。最后与孩子一起制作自己喜欢的鞋子。为此，幼儿园模拟鞋厂创设了鞋子工作间，可以让幼儿按照制作的程序（制作鞋底、制作鞋面、鞋子合成、鞋子装饰、鞋子包装）真实地体验制作鞋子的全过程。如此通过一步步有目的的引导，孩子由浅入深地习得了经验，并用自己的方式很好地表征了经验，实现了还原生活、回归本真的幼儿园教育本质。

（四）再次创新课程

课程研究的结束并不意味着幼儿探索的结束，因此教师还要学会继续创新课程。如在幼儿探索的过程中，通常会有许多的闪光点，教师就要善于利用这些闪光点，与幼儿再次生成课程，促进幼儿探索的深化。例如在开展“家乡的鞋”这一主题活动的过程中，我们开展了一系列丰富多彩的活动。在探索的过程中，许多幼儿对线的产生，布的艺术产生了浓厚的兴趣。教师也发现线和布里也有许多可探索的资源，如衣服上有线，玩具上有线，食品上有线，家里有线，幼儿园里有线，可谓周围到处都有线，甚至我们的身体也有很多直的、弯的线条，而且线可以画，可以吃，可以玩，可以变魔术，可谓充满了丰富的探索价值。于是教师和孩子们商量，在结束“家乡的鞋”的主题活动后，开展“会变魔术的线”的主题活动，得到了孩子们的热烈回应。孩子们不仅了解了无处不在的“线”，而且学会了用开放敏锐的心去感受，用细腻的心灵去创作，在充满“惊奇”的情景中尽情享受了探索、发现和创造的乐趣。

三、走出幼儿园，融入社区

社区是幼儿个性发展、表达表现的大舞台。为了让幼儿融入社会生活，亲身体验社会活动，并让幼儿在参与中充分发挥自己的潜能，大胆表达表现，我们加强了与社区的密切联系，把参与社区活动纳入了幼儿园的常规教学中。

（一）引导幼儿积极走进社区

我们幼儿园所在的社区可谓拥有丰富的人文教育资源，有鞋材一条街、鞋业工业区、鞋都商业广场、商业一条街（银行、邮电局、超市、麦当劳、理发店等）、图书馆等。为了更好地发挥这些社区资源的教育功能与价值，我们主动与社区保持密切联系，有计划、有目的地定期组织幼儿，围绕这些内容开展相应的活动，增进幼儿的直接经验，萌发幼儿好奇探究、亲近自然、爱护环境的意识，并让孩子们在灵活多样的活动空间与活动形式中，按照自己的兴趣爱好，自由结伴组合，自主学习，共同合作，感受身边资源的多种用途。实地参观、调查等实践活动充分发展了孩子们的想象力和创造力，激发了他们自主学习的欲望。通过一段时间的研究与实践，孩子们对家乡有了更深的认识，并能运用多种表现方式展现自己对家乡的情感。此外，我们还积极组织孩子们参加“广场之夜”“企业文化之旅”“重阳节”“鞋博会”“绿色环保”“朋友请到陈埭来”等大型社区活动，让孩子们在社区搭建的大舞台上多元地展示个人的能力、张扬自己的个性，不仅培养了他们的自信心，而且促使他们对周围的人、事、物有了更真切的了解。

(二) 充分利用社区资源

我们鼓励社区中各行业和家长中有特长的人员参与我们的教学活动,如邀请回族使馆的人员来园,向幼儿介绍回民的由来及发展历史等;请各行各业的人员来给幼儿传授丰富的社会知识,使幼儿在与他们的接触中,开阔见识,扩大知识面,加深对社会生活的了解,促使孩子们的综合能力得到了不断的提高。同时,社区各行各业的人在与孩子的接触中,更直观地了解了幼儿园和教师的工作,了解了幼儿教育的重要性,体现了更高的幼儿教育价值追求,由此更愿意配合幼儿园各项活动的开展,提高了幼儿园课改的整体效益。正是在于社区环境的互动中,孩子们的合作能力、交往能力、创造能力、语言能力得到了锻炼,大胆自信的心理素质得到了提升,同时加强了主动学习的意识与能力。总之,用"心"体验,用"意"创造,用"情"耕耘,让地方社区资源走进幼儿园,构建富有地方特色的园本课程,是有效利用社区资源,促进幼儿园发展,增进幼儿园与社区良性互动和彼此理、支持的重要途径。

(资料来源:吴秀婷,郭月霞.利用社区资源建构园本课程的策略[J].学前教育研究,2012(11).)

实 践 篇

随着幼教课程改革力度的加大，幼儿园课堂教学的改革也相应地得到重视。但无论课堂教学怎么改，其基本的课堂教学范式仍然有必要保留。尤其是作为幼儿园教师，更应该掌握课堂教学中备课、说课、上课、听课、评课和教学反思等环节的基本知识与基本技能，这是学前教育专业工作人员和教学研究人员的基本功。只有将幼儿园课程与教育教学实践有机地结合起来，才是完整的课程观，才是真正的课程实践。

第六章 幼儿园备课环节——课堂教学设计

强调教学设计取向的主要研究者是罗兰德(Gordon Rowland)。他认为设计就是为创造某种具体且有实际效用的新事物而进行的探究。[①] 教学设计是以获得优化的教学效果为目的,以学习理论、教学理论和传播理论为理论基础,运用系统方法分析教学问题,确定教学目标,建立、试行并评价教学方案的过程。[②] 教学设计就是教师要先草拟一份教学计划,确定教学过程中的学习标准,然后决定如何评价这些标准,一旦标准确立后,教师就要确定适当的教学策略与方法,选择教材和学习资料,最后评论和微调整个计划。[③] 美国是正式提出教学设计的国家。近几十年来,人们逐渐认识到教学设计的重要性。其理论与实践的发展已形成了一个较为成熟的学科。本章主要从幼儿园课堂教学设计目标、设计类型与方法、设计内容与思路、设计结构及撰写等方面进行分析。目前教学设计的发展趋势主要表现在以下四个方面。

一、教学设计越来越重视学科领域和跨学科的应用与研究

教学设计需要在一个知识共同体中开展。这个知识共同体包括哲学、社会学、教育学、心理学等一级学科知识,有时还会涉及语言学、人类学、脑科学、教育技术学等知识。幼儿园教师在具体进行教学设计时还会与自己的专业知识学前教育学、学前心理学、学前卫生与保健学、幼儿园课程、幼儿园活动设计以及所教的内容结合起来,甚至要把五大领域的知识结合起来综合考虑。在

---

① 诺伯特·M. 西尔,山尼·戴克斯特拉. 教学设计中课程、规划和进程的国际观[M]. 任友群,等译. 北京:教育科学出版社,2009.

② 陈时见. 课程与教学[M]. 桂林:广西师范大学出版社,2001.

③ Janice Skowron. 教师备课指南:有效教学设计[M]. 陈超,郄海霞,译. 北京:中国轻工业出版社,2009.

进行教学设计时要以幼儿为中心以及幼儿需要什么样的学习环境,幼儿需要什么样的学习方法等进行思考。

二、教学设计越来越重视与信息技术和教育理念的整合

现代教育技术在教学设计的应用首先是在军事方面。教学设计的一个主要变化是教育技术对教学内容和方法的影响。一些最有魅力的教育技术的应用拓展了可以呈现的问题的本质和可以评估的知识和认知进程。通过多媒体等方面的应用,丰富了学习环境,对认知能力的提高起到了很好的帮助作用,可以让幼儿更直观地理解所学习的知识。20多年互联网等技术的应用,成为教育技术的重要内容,在此基础上,建构主义逐渐兴起。以建构主义理念来设计教学就十分重视现代教育技术的应用。因此,在幼儿园课程设计中对现代教育技术的应用逐渐重视起来。

三、教学设计越来越重视建构各种影响因素下的学习环境

人类的学习是通过个人、群体或组织(如家庭、学校、国家等)向下一代传授他们已经掌握的知识和技能。这种传递的过程就是个体学习的过程。这种学习的过程是与环境有关的。环境的发展直接影响学习者的学习效果。对特殊群体的学习者幼儿来说,必须要为他们设计特殊的环境来代替"真实"环境,因为真实环境可能是复杂的、很遥远的或很危险的。教学设计建构影响幼儿学习的各种因素,帮助幼儿在有效的环境中进行学习。如通过录像、演示、模拟等方法提供给幼儿"脚手架"方面的支持,以扩大幼儿的学习能力,帮助幼儿有更多的方法或者机会向教师或同伴学习。

四、教学设计越来越重视评估新理念和新方法的应用

教学设计越来越表现出把课程、教学、实施和评估进行总体规划的趋势。① 教学设计过程中要把幼儿的兴趣、需求、个体差异性以及涉及幼儿的相关信息整合起来,结合幼儿所处的文化背景,教师选择什么样的教学方法等方面综合起来分析,使最后对教学设计的评估才会更科学、更有效。具体到课堂教学的设计,作为幼儿园教师应该掌握教学设计目标、类型、方法、内容、思路、撰写格式等。

第一节　幼儿园课堂教学设计的目标与分析

课堂教学目标的设计是课堂设计的首要任务。教学目标是幼儿园教师对幼儿学习活动的预期。每堂课都应该有教学目标,并且这些目标是有一定顺序的。了解课堂教学目标及其意义有利于课堂教学质量的提高。

一、教学目标设计的意义

教学目标设计的中心工作是编写一系列明确的、具体的教学目标,然后组织成一个个

---

① 赵中建. 再论教学设计——访荷兰土温特大学迪卡斯拉特教授[J]. 全球教育展望,2003(1).

层次分明的目标体系。这个工作的意义有以下几点。

（一）有利于教学设计的整体优化

教学目标与教学对象、教学内容、教学方法、教学媒体、教学评价等方面有着紧密的关系。教学目标的制定决定了教学内容、教学方法和教学媒介的选择和使用，也是教学评价的参考依据。因此，教学目标的制定是教学设计中很重要的内容。只有教学目标明确、具体后，才能保证教育过程的顺利实施和教育质量的有效提高，才能优化教学设计的整个内容。

（二）有利于幼儿教师的教学

教师要编写出明确、具体的教案就必须要先钻研课程内容，了解幼儿的经验准备和幼儿学习的兴趣、需要以及幼儿园的条件等后才能清晰地知道应该确定什么样的目标才能完成这一工作。在这个过程中，教师研讨深入思考相关的教育问题，对课程内容进行编排，对教育过程步骤进行逻辑思考等。这些工作有利于幼儿教师教学水平的提高。

（三）有利于幼儿的学习

教学目标是规定幼儿的学习方向、促进幼儿发展的保障。有了教学目标，能够更好地对幼儿进行评价，看幼儿是否达到了教育要求，了解幼儿的学习情况，增强幼儿的学习热情和积极性。

二、教学目标的分类

教学目标的分类理论很多，但是被教育界普遍接受的教学目标分类理论主要是美国课程论家布卢姆等人提出的目标分类：认知目标、情感目标和动作技能目标。这三种目标是按照从低到高不同层次排序，形成一个完整的教学目标体系。

（一）认知目标

布卢姆在《教学目标分类学·认知领域》著作中将认知领域教学目标分为以下六个层次：第一，知识。是指对学过的知识材料的回忆能力。这些知识材料包括具体事实、方法、过程、形式、结构、背景、基本概念、原则和理论等。第二，领会。是指把握知识材料所包含的意义，并将它们内在化和意义化的能力。通过三种形式可以看出幼儿是否已经领会了知识材料的意义。一是转换，即幼儿能够用自己的语言或其他方式来表达所学的内容；二是解释，即对一项学习内容加以说明或概述；三是推断，即预测事物的发展趋势。“领会”已经超越了单纯的记忆，所以比“知识”的目标级别高，它是最低水平的理解。第三，应用。是指把抽象的概念、原理、方法和理论应用于特殊的具体情景的能力。“知识”和“领会”构成了“应用”的基础，“应用”是一种较高水平的理解。第四，分析。是指把复杂的知识分解成几个独立的部分，并使各部分的相互关系更为明确，各相关层次更为清楚的一种能力。“分析”要求既理解知识材料的内容，又理解它们的结构，所以它代表了比“应用”更高一级的智力水平。第五，综合。是指将所学的各部分知识重新组合，并形成一个新的知识整体的能力。它强调的是创造能力和形成新知识结构的能力。第六，评价。是指为了某种目的，对观念、作品、答案、方法和材料等的价值做出判断，所以是最高水平的认知教学。[1]

在这六个层次的认知目标中,除了最低层次的“知识”目标以外,后面五个层次的认知目标都属于智慧技能目标。智慧技能是知识加工的方式,需要幼儿通过思考对知识进行建构或重新建构。五类智慧技能也是按照从低到高的层次排列的,有交叉重叠,但界限是不很分明的。幼儿的认知目标,一般处于前三个较低层次的目标,即知识目标、领会目标和应用目标。具体到幼儿的不同年龄和不同的内容,认知目标也会不同。除了对幼儿进行知识的传授以外,适当地培养一定的能力也是必要的。

(二) 情感目标

布卢姆等人在《教学目标分类学 · 情感领域》著作中把情感目标分为以下五个层次。第一,接受(注意)。是指将注意力集中到某个事件或某项活动中并准备接受。由意识、接受意愿、控制注意或选择注意三个连续的内容构成。这是最低级的价值观的形成。第二,反应。是指主动参与某种活动并以某种方式积极作出响应,同时表现出较浓厚的兴趣。由反应中的默认(如遵从或顺从)、反应的意愿(如赞成、赞同或自愿的反应)、反应满足三个内容构成。情感目标与兴趣等相似,都强调幼儿对特定活动的选择及从中得到满足感。第三,价值判断。是指用一定的标准对特定现象、行为或事物进行判断,自发地表现出某种兴趣和关注。由价值的接受、偏爱、信奉三个内容构成。幼儿在这一阶段的行为表现出一致性和稳定性,与“态度”和“欣赏”等相似。第四,组织。是指当多种价值观念并存,愿意把它们组织成体系,然后进行比较,以便确定它们的相互关系,并按照重要性排序,从中接受自己认为重要的价值观,进而形成个人的价值体系。由价值的概念化和价值体系的组织两个子类组成。值得重视的是幼儿已经建立起来的价值体系,往往会因为新观念的介入而发生变化。第五,价值与价值体系的个性化。是指价值观和价值系统已形成稳定的、具有个人特点的价值体系。由一般性态度和革新特征两个子类组成。这一等级中各个价值的层级各种已经确定,它们处于一种内在和谐状态。[2]

情感目标共包含了以上五个由低级到高级的目标,并且每个层级的目标都有子目标。这就告诉我们,情感目标是个不断内化的过程,外在的要求、标准要内化为幼儿的价值观,需要经过接受、反应等连续的过程。情感目标并不是非常深奥,而是可以描述并有方向和措施的。情感目标是教学的重要任务,每个领域都可以融入情感目标的培养。这五个层级的目标在幼儿园教学中都可以适当地选择与确定。

(三) 动作技能目标

辛普森受布卢姆的认知目标和情感目标的影响,在其著作《教学目标分类学 · 动作技能领域》中将动作技能目标分为七个子类。

(1) 知觉。是指运用感官去获得与动作技能有关的知识、性质和作用等信息,以便指导动作。例如幼儿在学习攀爬动作的时候,首先必须了解手与脚的基本动作要领以及每个动作的作用。

(2) 定向。是指从心理、生理和情感等方面对特定的动作做好准备。对幼儿来说,要

①② 陈时见. 课程与教学[M]. 桂林:广西师范大学出版社,2001.

想学习动作技能，除了要知道动作要领以外，还必须愿意去学。如果一个幼儿恐高，就要先克服恐高的心理。否则幼儿是学不会攀爬的动作的。知觉是定向的先决条件，知觉和定向统称为动作技能学习的认知阶段。

(3) 有指导的反应。是指学习复杂动作技能的早期阶段，这一阶段主要是进行模仿。在模仿过程中会出现一些尝试性错误，教师应给予及时的指导，纠正幼儿的错误动作，只有这样幼儿才能掌握正确的动作。

(4) 机械化动作。是指幼儿的反应已经变成了习惯，达到自动化的操作技能，但动作模式并不复杂。

(5) 复杂的外显行为。是指包含复杂动作模式的熟练动作操作。操作的熟练性以精确、迅速、连贯协调和轻松稳定为指标。幼儿不仅能够按照动作要领准确地做好基本动作，而且能把各种基本动作连贯起来，娴熟地完成动作。

(6) 适应。是指技能的高发展水平，幼儿能修正自己的动作模式以适应特殊的装置或具体情景的需要。幼儿在熟练地完成动作的同时，能够审视和调整自己的动作。

(7) 创造。是指创新的动作模式以适合具体情景。强调以高度发展的技能为基础的创造能力。幼儿根据自身条件创造新的动作，以便最大限度地挖掘自身的潜力。①

在动作技能目标的分类中，第一、第二个目标是不能通过外显行为来观察的，第三、第四和第五个目标是可以通过外显的行为来观察的，第六目标属于动作反应的熟练程度，第七个目标属于创造类动作。这样的分类，可以将目标用于操作类或探究类的活动；确定的目标尽量具有外显性以便教师观察到幼儿的学习状况，进而调整好幼儿的学习任务。

总之，布鲁姆等人所提出的有关教学目标的分类可以被用在幼儿园课程内容的各个领域。在运用这些目标分类时，尽量根据幼儿的年龄和课程内容来决定目标的层级及具体的目标。

第二节　幼儿园课堂教学设计的类型与方法

备课是整个教学过程的总策划和总设计，是教师进行课堂教学的依据，是课程内容转化为实际课堂活动的蓝图，在教学过程中具有非常重要的地位和作用。教师备课是上好课的前提和首要条件。根据备课的目的、任务、内容、方式和时间的不同，对备课的类型划分也就不同。

一、按照备课的目的、任务划分备课

备课按照其目的、任务划分为学年或学期备课、月或周备课、课时或课堂备课。

（一）学年或学期备课

学年或学期备课是在一学年或一学期开始前后对下一学年或学期的课程内容进行选择与组织，制订全年或一学期的教学计划。这里的课程内容包括对国家政策法律法规等

① 陈时见. 课程与教学[M]. 桂林：广西师范大学出版社，2001.

文件的学习，如《幼儿园工作规程》《幼儿园教育指导纲要》《3～6岁儿童学习与发展指南》等。了解幼儿园自己制订的计划或安排，如幼儿园大型活动的安排等。结合教师所拥有的教材或参考书、教师自身的特长以及幼儿园所在地的实际情况等进行课程内容的钻研。

（二）每月或每周备课

教师要把学期的内容分到每个月或周去完成，按照课程内容的循序渐进原则呈递进式或并列式来完成。拟订出每个月或每周完成的主题或教学内容。进一步确定每个月或周的课程内容教学目标、教学重点、教学要求、教学方法或活动形式的。处理好每个月或周之间课程内容的联系或顺序。考虑幼儿的实际情况做好调整。

（三）课时或课堂备课

在教师经过学年或学期备课、月备课就可以对自己所教的课程内容有个较完整或较系统的认知，做到心中有数。在此基础上，进行课时备课，就能更好地对课程内容加以把握。在每一节课前进行备课，是为了保证教学任务高质量完成。课时备课是根据月或周的教育目标、教育任务、教育要求等做相应的教育计划，从每节课的实际出发，落实月或周的具体安排。例如对上节课的活动延伸，或者对新知识的探究等做具体的设计。

二、按照备课的形式划分为个人备课和集体备课

按照备课的形式划分为个人备课和集体备课。个人备课和集体备课的关系是个人备课是集体备课的前提，集体备课是为了提高个人备课水平。

（一）个人备课

个人备课是主要的备课形式，更多地体现个人的创造性劳动，更突出教师个性特点的发挥。个人备课是提高备课质量很重要的环节，是提高集体备课质量的前提。个人备课也包括集体备课中个人学习其他教师的先进经验。

（二）集体备课

集体备课是备课的辅助形式，是为了提高个人备课质量。从某个角度讲，集体备课也属于教研活动范畴。集体备课可以是同年级、同领域教师一起备课。这有利于教师之间相互探讨、相互学习、交流经验，从而有利于统一教学要求和教育目标，有利于解决教学实践中的疑难问题，也有利于新老教师之间相互学习，促进教师之间的团结，形成教师集体意识。

集体备课的内容是：确定教学目标、进度、重难点；交流教学经验；探讨幼儿的实际问题；研究教育学际中的疑难问题；通过观摩课帮助教师改进教学方法或理念；集体现场备课等。

集体备课的要求是：集体备课前要求教师要进行个人备课；集体备课次数不宜太多，可以一月一次或两次；集体备课内容要事先进行安排并对教师提出要求；要和教学实际结合起来真正做到解决实际问题为出发点。

三、按照备课的时间划分为平时备课、课前备课、课后备课

（一）平时备课

平时备课主要是指教师在日常教学中做的准备工作，如收集资料，学习《纲要》，看其

他版本的教材、了解幼儿的行为习惯、反思自己的教育经验等。

（二）课前备课

课前备课是上课前根据新的情况进行的调整或修改、完善事先写好的教案并认真思考以前同一节课的经验与教训的备课形式。很多教师以为写好教案就算备好课了，讲课没有问题。特别是有的老教师以为自己经验丰富，无须花太多时间去熟悉教案。这些想法都不利于教学质量的提高。只有在课前熟悉教学内容，才能真正做到融会贯通，自由发挥。

课前备课的内容包括以下几个方面。

(1) 进一步思考教学内容和教学目标是否对幼儿合适，能否在教学实际中充分地体现出来。

(2) 进一步熟悉教学内容，做到熟练、准确应用。

(3) 斟酌教学内容或教学内容的语言表达方式是否符合幼儿特点。

(4) 思考教学方法是否能够解决教学内容的重难点。

(5) 预算课堂时间分配是否合理。

(6) 估计课堂教学中幼儿可能会出现哪些问题，如何应对。

（三）课后备课

课后备课主要是指在上课结束后根据所得到的信息进行思考总结，找出得失以便改进以后的教学，为下一次课或下学期课做好准备。课前备课是教学的准备，并不等于教学的实际效果。教学设计得完美也不一定适合于幼儿。对课前准备的教学目标、教学内容、重难点、教学方法等进行思考，看哪些地方有不妥当之处，经过教育实践中的上课环节才能发现。课后备课就是通过上课环节对教学设计进行检验后总结出经验与教训，为提高教学质量创造条件。

第三节　幼儿园课堂教学设计的基本要求

幼儿园课堂教学设计的基本要求：讲究导课技巧

一、讲究导课技巧

（一）走出备课中的鸟笼逻辑

一般有经验的教师都很注意课堂导课。很多精彩的课堂教学一般都会有有趣的内容吸引幼儿，然后再把幼儿的注意力吸引到本次课堂上来。但是有一些教师钻不出备课中的“鸟笼逻辑”。“鸟笼逻辑”来源于一个故事。甲对乙说：“如果我送你一只鸟笼，并且挂在你家中最显眼的地方，我保证你过不了多久就会买一只鸟回来。”乙不以为然地说：“养只鸟多麻烦啊，我是不会去做这种傻事的。”于是，甲就去买了一只漂亮的鸟笼挂在乙的家中。接下来，只要有人看见那只鸟笼，就会问乙：“你的鸟是什么时候死的，为什么死了啊？”不管乙怎么解释，客人还是很奇怪，如果不养鸟，挂个鸟笼干什么。最后人们开始怀疑乙的脑子是不是有问题，乙只好去买了一只鸟放进鸟笼里，这样比无休止地向大家解释要简单得多。[1] 该故事主要讲了一个道理:人们常常先在自己头脑里挂个鸟笼,最后不得不在鸟笼里装上什么东西。在教学导课部分,很多教师以为必须要有导课环节,好像没有导课环节就不叫教学一样。也就是说,很多教师的头脑里受传统的束缚,或者受惯性思维的约束,其逻辑思维并没有根据需要而改变。为了导课,教师总想去找个与该堂课相匹配的内容。如果导课技巧掌握得不好,作者认为是可以不要导课环节的,直接进入新课内容也是可以的。

(二)再好的导课都应该与主题直接相关

1. 根据新旧知识联系导课

美国心理学家戴维·奥苏贝尔(David P. Ausubel)提出有意义学习对导课具有很好的启示作用。有意义学习的实质是符号所代表的新知识与学习者认知结构中已有的适当观念建立实质性的、非人为的联系。[2] 也就是说,有意义学习需要具备两个条件:一是在幼儿的认知结构中有同化新知识的原有知识并且具有有意义的学习心向或者兴趣;二是新学习的知识对幼儿来说具有潜在的意义,也就是新旧知识之间有内在的联系。根据奥苏贝尔的观点,幼儿是否能够获得新知识,主要看幼儿的认知结构中是否具有相关知识。对此,他还提出了先行组织者的概念,即先于新知识呈现的一种引导性的知识或材料。将先行组织者用于课堂中进行导课,可以将新旧知识很好地融合在一起。利用先行组织者建立一种幼儿的学习心向,是利用新知识建立幼儿学习的一种潜在意义。教师灵活运用导课,是搭建新旧知识的桥梁。

2. 创设情境导课

无论蒙台梭利教学法、瑞吉欧教育体系还是方案教学等都主张幼儿是在与教师组织的环境相互作用进行活动而获得经验的。幼儿在一定环境中学习,这也符合幼儿的具体形象的思维特点。这就要求教师创设承上启下的课堂环境,从而形成一套完整的学习环境,以激发幼儿解决实际问题的心向。

3. 巧用问答式导课

幼儿具有好问的特点,那么教师可以通过对幼儿进行相关教学内容的提问,吸引幼儿的学习心向。教师要对自己的提问进行精心思考,既要考虑问题与新主题之间的联系,又要考虑幼儿的兴趣和幼儿原有知识是否具备回答该问题的能力。

二、前计划

在开始进行课堂设计前就应该思考教学设计的相关内容,如长期计划(即某学年、某学期或某月期间,哪些天是用来教学的,哪些天是用来安排教学相关的其他内容的)、课程内容(该教学期间要传授哪些内容)、程序(用什么程序来强化教学内容是最有效的)、幼儿已经掌握的技巧或经验准备情况、学习活动(组织哪些活动最利于幼儿学习)。

(一)制订长期计划

在进行课堂教学之前,用一张大纸为每个学年、学期尤其是每个月制订一个长期的计

---

①② 罗德红.李志厚.课堂教学与管理艺术[M].北京:中国言实出版社,2014.

划。Sardo Brown(1988)的研究证明了这种方式是很有用的。在日历上标注好假期(包括节假日、周末等)、校验活动时间、学期结束时间等,余下的才是教学时间这样尽量将教学时间有效利用。因此,不可能把所有的教学内容都安排进去,这样就有一个谨慎选择,按照重要程度依次排列、合并,考虑时间的允许程度,将不重要的内容删除。海蒂·贺斯·雅各布(Heidi Hayes Jacobs,2004)对长期计划的重要性及其设计做了这样的建议:"围绕大主题来构建课程内容,要求全园的教师都来参与设计,然后整合为多样的主题。"这就要求时间与课程内容的匹配。

(二)确定课程内容

提供内容是课程实施最核心的部分。由于课程内容的丰富性,要求对课程内容做出重难点的区分,这需要谨慎思考。越是有利于幼儿发展的,可以把它看作越是有用的;对幼儿无关紧要的内容,可以考虑删除。所教给幼儿的内容要让幼儿清楚教师所强调的活动或事件。

(三)确定程序

程序又称为过程或步骤。程序对教学来说与内容同等重要,对课程内容的完成非常关键。设置程序的目的是让幼儿思维清晰。教师要确认幼儿需要什么样的思维过程。这要根据主题内容来确定,如果是科学领域的知识,可能幼儿更需要用探究方式来进行思维;如果是语言领域的知识,可能幼儿需要用表演方式来进行思维等。

(四)确定幼儿已经掌握的技巧或准备情况

在进行教学设计时,要先了解幼儿已经掌握的技巧和准备情况,这有助于更有针对性地进行教学。教师要知道:自己即将传授给幼儿的知识中,哪些内容是幼儿已经掌握的。如进行结构游戏时,幼儿基本的结构知识具备没有,如大小、颜色、厚薄等;哪些结构操作技能已经掌握,如排列、组合、拼插、镶嵌等。一个有效的教学是必须了解幼儿新学习的准备。

(五)确定学习活动

学习活动是手把手的、交互性的经验。[①] 教师应该为幼儿创设各种各样的活动。经过长期计划后,教师自己能够很清楚哪些活动对幼儿是有帮助的,哪些活动是不太成功的。对于一个新教师,可以对前辈的经验加以借鉴或参考。一个教师应该有好几个成功的活动方案。当进行长期计划时才能根据不同的课程内容加以运用。

三、课堂教学设计要注意的问题

(一)以教育目标为课堂教学的准绳

教学的一切活动都是为了实现教育目标,因此,教育目标一旦确定后,课堂教学就要以教学目标为核心、为准绳,整个教学过程,都不能偏离教育目标。教什么、怎么教都要与教育目标相关联。有的教师在教学过程中,随意性太大,或看起来讲得热闹,或者太花哨,却与教育目标联系不紧密。有的教师认为某个环节能够调动幼儿的兴趣,不舍得删除,但

① 荀烈治,等. 教学策略——有效教学指南[M]. 牛志奎,译. 8版. 北京:中国人民大学出版社,2011.

是该环节与教育目标没有任何关系，其结果只能是妨碍了教育目标的实现，不利于教育质量的提高。

(二) 以教育内容为核心

教育内容是经过精心选择的，是符合幼儿需要的，如果在教学过程中，舍弃了事先确定的教育内容，就无法实现教育目标。在教学实践中，允许将新的科研成果吸收到教育内容中或对已设计好的教育内容做补充或调整，但是设计好的基本内容不能做大的改动，不能舍本逐末。这样不利于教学任务的完成。

(三) 以幼儿为落脚点

幼儿园的所有教育都是为了幼儿的发展和社会的发展服务的。因此，教学设计中的目标、内容、方法等都必须考虑对幼儿是否具有教育性和适宜性；幼儿自身是否具有可接受性；是否符合幼儿发展的规律性等。因为教育的目的是要促进幼儿全面发展，备课是为了要幼儿掌握一定的知识、技能、经验，形成一定的正确观念，培养其兴趣，发展其智力，形成良好人格等。由于幼儿的身心都处于最初的成长阶段，教师要特别考虑幼儿身心发展特点和成长规律，这些目标、内容、方法等是否适合幼儿，幼儿是否能接受等。因此，备课必须要最终落实到幼儿身上。

第四节　幼儿园课堂教学设计的内容与思路

传统的教学设计思路主要是站在教师的角度来考虑的。其教学目标主要是：“我们想让幼儿得到什么?”其教学内容主要是：“通过什么让幼儿得到?”其教学方法主要是：“怎样让幼儿得到?”而当代的教学设计思路主要是站在幼儿的角度来考虑的。其教学目标主要是：“幼儿需要什么，我们想让幼儿得到什么?”其教学内容主要是：“通过什么让幼儿得到，幼儿从中可能得到什么?”其教学方法主要是：“怎样让幼儿得到，幼儿可能会怎样去获得?”幼儿园课堂教学设计内容涉及幼儿的特征、幼儿的学习任务、集体教学环境、教学顺序等几个方面的内容。

一、幼儿的特征

幼儿的学习任务是由幼儿来承担的，幼儿有自己先天的能力、背景知识和经验等方面的很大不同，在接受新学习任务方面的能力就会不同，因此在进行教学设计时必须考虑幼儿自己的学习特征。考虑的内容可以有以下两个方面：第一，找一条合理的途径来缩小个别幼儿特征之间的差异，目的是确保教学计划的可行性。第二，鉴别出普通幼儿身上的共同特征有哪些表现。了解幼儿身上的共同特征表现能够使教学设计更有效，也为那些有差异特征的幼儿学习找到一个平衡点，即在共同特征基础上设计的教学怎样才能满足有差异的幼儿教学设计。要达到上述目的就必须对幼儿的心理发展特征进行基本的了解。

(一) 幼儿的注意力水平状况

幼儿的注意是以无意注意为主，有意注意正处于形成阶段。这就是幼儿的注意力不稳定、会出现好动的原因。从积极的观点来看，幼儿的好动更好地促进了幼儿的探索精神，是幼儿对世界进行认知的前提。但是从消极的观点来看，幼儿的好动不利于他们对事物获得清晰的认识。随着幼儿年龄的增长，其注意的稳定性会不断提高。有研究报告认为：对幼儿玩玩具的注意力情况，1岁幼儿的注意时间仅能持续2分钟，到2岁时注意持续时间8分钟以上(Ruff & Lawson,1990)。也有人观察幼儿自由活动的时间，研究结果认为：5～6岁幼儿的注意持续时间平均大约7分钟(Stodolsky,1974)。

同时，幼儿注意广度不断扩大。国外一项研究结果表明，6岁以下幼儿在看电视的时候，常只注意视觉形象，如各种拟人动物角色的衣着打扮、样貌和动作情况，幼儿不会注意对话的具体内容等。6岁以后不仅对视觉形象感兴趣，也对听觉方面的刺激信息感兴趣，开始注意对话了(Hayes,et al.,1981)。有研究结果认为：4～6岁幼儿对节目中的重要信息很敏感，看完后能回忆起很多重要信息，对不重要的信息回忆不起来(Lorch,et al.,1987)，也就是说，幼儿的注意具有选择性的特点。

（二）幼儿的记忆发展水平

外界刺激的作用在于对人的感官从引起注意到长久的记忆。幼儿的记忆发展表现在基本记忆能力的发展、记忆策略的发展和对周围世界认知的发展。

1. 基本记忆能力的发展

基本记忆能力是指在短时记忆中所保持的信息总量的能力。有人对幼儿记忆数字表的实验表明：幼儿的记忆广度为，5岁儿童平均可以记住4个数字(Brener,1990)。随着幼儿年龄增长，其记忆广度逐渐提高。有研究也表明：让幼儿将看过的图片认出来，大部分4～5岁的幼儿都能把全部图片认对。但是如果让幼儿先看玩具再把看过的玩具名称说出来，2岁幼儿一般只能说出2个，4岁幼儿能说出3～4个。这说明幼儿的再认能力比回忆能力强(Perlmutter,1984)。

2. 记忆策略的使用

记忆策略一般有复诵、组织和精细加工三种方式。幼儿不会自发用这三种方式，因为幼儿的认知水平还达不到这种程度。但是幼儿将记忆任务与他们自身的需要联系起来可以使用一些简单的记忆策略。如国外的一项研究表明：在2～5岁的幼儿面前呈现大小形状相同的12个盒子，有的盒子装的是巧克力，有的盒子装的是别针。如果幼儿能分辨出装巧克力的盒子，盒子里的巧克力就属于他。结果即使是4岁的幼儿也能将装巧克力的盒子找对。他们是按照装巧克力的盒子位置来帮助记忆的(Deloache & Todd,1988)。国内的研究也表明，5、6岁的幼儿已经能够主动采用记忆策略；在无诱导的条件下，也有30%的幼儿能够主动采用策略来解决问题。

3. 对周围世界的知识发展

对周围世界的知识是指幼儿通过日常生活中积累起来的经验用于对周围客观世界的认识。这种知识对幼儿来说已经存储在长时记忆系统之中。幼儿的长时记忆系统是按照一定的方式组织起来的知识结构。有研究分析，幼儿具体的知识结构类型有以下几种重要类型。

1) 故事结构知识

故事结构知识是指故事具有完整性，包括故事的开头和结尾部分。开头部分指故事方式的时间、地点、人物、情节。结尾部分指故事中主人翁的结局。幼儿喜欢听故事、看故事。听多了和看多了，幼儿自然会形成一定的故事结构知识。故事结构知识能够帮助幼儿理解和回忆听过的故事，同时能帮助幼儿提高自编故事的能力。

2）程式知识

程式知识是指日常生活情景或事件的心理表象。[①] 幼儿建构了有关的心理表象，就能预料事件发生的先后顺序和事件中人物应该采取的行为等。如果问幼儿要到快餐点吃饭，进入快餐店该干什么？幼儿能够回答：进入快餐点后先排队点餐，然后付钱，等着服务员把餐端出来，放在柜台上等。幼儿一旦有了程式知识，就能轻松适应环境和进入社会与人交往，从而提高幼儿的行为效率。

3）类别关系知识

幼儿学会了说话，掌握了词的应用就开始了对事物类别关系的认识。词是语言的基本单位，是概念的载体，具有概括性。一个实物名词就代表了某一类事物。如“花”这个词，就代表了所有的花，花有菊花、牡丹花、玫瑰花等。因此，幼儿已经开始形成和发展了对事物的类别的区分知识。

（三）幼儿对数的推理能力

幼儿数概念的形成和运算能力的发展直接影响幼儿对数的推理能力，而数概念和运算能力来源于计数活动。[②]一般 3 岁幼儿已经能够口头数 10 以内的数。接下来，幼儿的计数能力可以发展到按物点数，即幼儿能够把数与客观事物的数量一一对应起来，在此基础上说出事物的总数。由按物点数到说出总数代表着幼儿的计数能力达到了一个新的水平。最后是按数取物，即幼儿能够按照一定的数取出该数的事物。这就是幼儿对数概念的实际应用，也就形成了数的概念。

幼儿通过计数活动，使幼儿对数的组成有了认识，包括对数进行分解与组合，也就是幼儿能够学习加减法了。幼儿的计数能力与运算能力是并行发展的。运算能力包括实物运算、表象运算和抽象数字运算三个层次的水平。一般在 4～5 岁幼儿能够学习 10 以内的实物加减法。如对北京地区幼儿进行运算能力的研究表明，在实物运算能力水平方面 4 岁组通过的达 58%，5 岁组达 80%；在表象运算和数字运算方面相对更难，5 岁组对 10 以内的表象运算和数字运算能力水平分别是 29%和 13%。可见，对小班和中班幼儿最好不要进行数的推理学习，对大班幼儿可以开始简单的 10 以内的数的推理学习，学习方法应该用实物帮助幼儿进行计数。

（四）幼儿对时间和空间认知发展的特点

1. 幼儿对时间的认知特点

幼儿对时间的认知是比较困难的，因为时间比较抽象，不能直接感知，反映各种时间的关系如“昨天”“今天”“明天”等也只是相对而言。因此，幼儿对时间的认知是对幼儿思维能力和整个认知水平的一大挑战。成人帮助幼儿对时序（时序是反映客观现象的一种顺序）、时距（时距是客观现象的持续性的反映）和年龄（年龄是一种时间概念）等的认知，都应该与幼儿的自身经历或亲身活动结合起来。

---

①② 方富熹，方格. 儿童分组心理学[M]. 北京：人民教育出版社，2005.

2. 幼儿对空间的认知特点

幼儿对空间的认知首先由认知对象决定。幼儿对空间的认知内容主要有以下三个方面。一是空间知觉的发展,如认知对象的形状、大小、远近、方位等;二是有关几何的分组,如长度、面积、体积等;三是空间表征和推理能力等。但是幼儿常常是根据自身的知觉经验理解空间事物同时幼儿又受事物的知觉属性影响。一般幼儿对空间的认知发展是从整体事物到局部事物开始,然后又从事物的局部到整体的知觉过程。

(五)幼儿的言语发展

幼儿在与成人交往的过程中,大脑皮质不断完善,随着感知、注意、记忆、思维等的迅速发展,语言能力也在飞快发展。幼儿期是学习本民族语言的最佳时期。

幼儿期是人的一生中掌握语言最迅速的时期,也是最关键的时期。在这一时期,幼儿的听觉和言语器官的发育逐渐完善,已经具备正确发出全部语音的条件,三四岁时发音已开始定型。

3~4岁幼儿由于神经系统发育还不完善,发音器官和听觉器官的调节、控制能力相对较差,所以他们有些音发得还不够准确和清晰。此时是他们语音发展的关键期。这时的幼儿已经能听懂日常生活用语,会向别人表达自己想基本的法和要求,只是语句不够完整,有时会出现时断时续的现象。他们对词义的理解比较表面化和具体化。

4~5岁幼儿基本能够发清楚大部分语音,已能听懂日常一般句子和一段话的意思。他们掌握词汇的数量和种类迅速增加。在使用简单句的基础上,其语言逐渐连贯起来。

5~6岁幼儿在正确的教育和影响下,能够清楚地发出母语的全部语音,并能听懂更多较复杂的句子,理解一段话的意思。能够掌握表示因果、转折、假设关系的连接词,掌握表示类概念的词汇;能够用语言描述事物发展的顺序,并且会有意识地组织句子,表达时会运用各种语气。

幼儿期的词汇数量增加极其迅速。据河北大学的一项调查表明:3~4岁幼儿的词汇数量约1200个。美国斯密斯的研究结果为:3岁约896个,4岁约1540个,5岁约2070个,6岁约32562个(许政援等,1996)。我国还缺乏4~6岁幼儿掌握词汇量的具体研究数据。幼儿词汇量的增加意味着幼儿的同类词也在增加,如"大"和"小","高"和"矮"等。同时幼儿对时间词汇也有一定的掌握,如时序词"先"和"后"等。3~4岁的幼儿能够理解"正在",5~6岁幼儿理解"已经",6岁的幼儿能够理解"就要"等(朱曼殊,张惠芳,1990)。幼儿词汇量的增加还表现在词类范围的不断扩大。幼儿一般先掌握实词,后掌握虚词。

幼儿在言语的发展过程中对句子的理解先于句子的产生。幼儿在能够说出句子前,往往要先理解这个句子的意思。但是成人在说出这种句子时总是千变万化的。幼儿能够采取一定的策略去理解。如国内外的研究表明,幼儿常用的理解策略有语义策略、词序策略和非语言策略。幼儿随着年龄的增长逐步说出双词句、多词句,逐渐增加句子的长度。幼儿到两岁半后开始对句子进行简单的修饰,3岁后能够用较复杂的修饰语。3岁半后幼儿的复杂修饰语增长速度最快。两岁半左右能够说出极其少量的简单复句,5岁时发展较快,主要是联合复句和主从复句。

幼儿在语音、句法和语义规则等的掌握下，能够用语言进行交往。国外的一项研究表明，4 岁左右的幼儿已经能够按照本民族语言适宜年龄、性别和社会状态不同的听者。但幼儿的对话需要一定的情景帮助表达。因此，教师要创设一定的语言情景来帮助幼儿掌握和运用语言的能力。

二、幼儿的学习任务分析

教学设计主要考虑的不是“幼儿要学习什么”，更主要的是考虑“幼儿在这堂课学习结束后将知道什么或会做什么”。这需要对幼儿学习的任务进行确定。幼儿的学习任务的确定是教学设计的首要条件。确定好幼儿的学习任务后再进行任务分析。任务分析主要有两个类型，一是程序任务分析；二是学习任务分析。程序任务分析描述完成某一个任务需要哪些步骤。比如，在结构游戏中要让幼儿学会搭建一个物品。幼儿要先搭建什么，再搭建什么，最后搭建什么三个步骤。程序任务分析揭示了两个信息，一是提供了对教学终点目标的一个清晰描述，包括所设计的每一个步骤；二是揭示了可能但又不很明显的个别步骤。

程序任务确定后，就要用另一种分析即学习任务分析来确定先决条件。先决条件又称前提条件，是在终点目标学习之前幼儿要学习的一项任务，它使幼儿的学习成为一种可能。例如上述结构游戏案例中的先决条件是幼儿对搭建物品的材料相关知识具备吗？对搭建物品的操作技能掌握吗？教师为幼儿提供搭建物品的材料吗？这些便是学习任务的先决条件。这些先决条件使终点目标(幼儿搭建物品)成为可能。

学习任务的先决条件有学习智慧技能的先决条件和其他学习类型的先决条件。学习智慧技能的先决条件分为必要性先决条件和支持性先决条件。智慧技能的必要性先决条件是智慧技能学习的终点目标通常由两个或更多个下位技能或更简单的技能组成。下位技能或者更简单的技能就是学习终点智慧技能的先决条件。对幼儿来说，如幼儿要学习绘本故事“蚂蚁搬家”，其中幼儿能够表演“蚂蚁搬家”作为该堂课的终点智慧技能，那么幼儿学习蚂蚁“爬行”的动作就是其中的一个较简单的技能。对幼儿来说，“爬行”的技能就是幼儿“表演蚂蚁搬家”的必要性先决条件。

同时，学习智慧技能的支持性先决条件是智慧技能学习的基础，对智慧技能的学习起到支持或帮助作用，包括信息的掌握、认知策略的习得、学习态度的端正程度等。对于幼儿的学习智慧的支持性先决条件的描述，还是用“蚂蚁搬家”的例子来说明。幼儿是否会说“蚂蚁”“西瓜”等语言；幼儿对“搬家”的概念是否了解；幼儿对“蚂蚁搬家”的故事是否感兴趣等便是学习绘本故事“蚂蚁搬家”的支持性先决条件。

三、集体教学环境的设计

大量的教学任务都是在各种规模集体中进行学习的。这种集体规模有以下一些形式：第一种规模是两人组成一组。这种形式有可能是两人讨论学习或者是辅导形式学习，对幼儿来说还可能用于合作、对话或表演等活动。集体学习环境可以是一个教师和一个幼儿之间的活动，也可以是两个幼儿之间的活动；第二种规模是小组。小组的成员一般是 3～8 人为一组。这种形式一般用于讨论、相互问答或者合作等活动。对幼儿来说，可以用于讨论、表演、合作等活动。集体学习环境可以是师幼之间或者幼儿相互之间的活动;第三种规模是大组。大组成员一般由9人及以上组成。这种形式一般用于演示或有投影仪等有材料中介的情况下的大型活动。集体学习环境一般是师幼之间或幼儿相互之间的活动,因此,不同规模的集体教学方式是不同的。小组更支持幼儿的主动性学习,大组更支持幼儿的接受性学习。

四、教学顺序的设计

任何教学都必须要确定先决条件,之后再确定更复杂的条件。条件确立后,要确定目标的顺序。教育的目的是在能促进有效学习的课程中建立顺序。这就是教学顺序的设计。最一般的顺序是由简单的学习任务到复杂的学习任务,其中复杂的学习任务需要较长时间来完成。另一种顺序就是根据学习内容的意义不同来排序。按照赖格卢思和斯坦(Reigeluth & Stein,1983)的"教学精加工理论"的观点:从宏观理论水平对排序问题进行排序,先让幼儿学习概念化或原理性的东西,然后再具体化的学习或再进行延展学习,即先学习一般性的经验,再学习个别性的经验。但是对幼儿的具体思维特点,先进行具体感知学习,也许更有用得多。

对于一节课的设计,要在一定的时间内完成学习一定的任务。对于幼儿来说,完成学习任务所花的时间要与幼儿的不同年龄来计算。如大、中、小班幼儿的注意力时间不同,其一节课安排的时间就会不同。一般是大班幼儿的注意力时间长于小班幼儿的注意力时间,因此,在安排学习任务时大班幼儿的学习任务多于小班幼儿的学习任务。时间确定下来后,确定操作的安排。操作安排与目标时间之间没有绝对的原则,但有一些具体的要求。例如,先前的学习要支持新的学习;一节课的顺序要完整,即要有一个合理的完整安排;无关的目标不要在课堂上出现;教幼儿要确定先后顺序,即先教什么再教什么,或者让幼儿先做什么再做什么。

对于一节课中技能的顺序安排可以确定一个或多个单目标作为终点目标。终点目标下可以有下位目标,如要让小班幼儿学习穿衣服作为终点目标,那先让小班幼儿了解衣服的结构,尤其是有纽扣的衣服,扣纽扣的技能可以作为穿衣服的下位目标。下位目标的获得需要让幼儿知道什么才能学习到新的经验,还需要了解幼儿已经知道了哪些经验可以帮助他(她)获得新的经验。教师要把幼儿有关的经验或者幼儿已有的经验作为该节课设计的起点。在幼儿具体的一节课的教育中,还要考虑幼儿的动作技能、智慧技能、语言水平、学习兴趣和认知策略等。

在设计一节课的教学顺序时,要把先决条件中的支持条件放在首先的位置,如小班幼儿学穿衣服,幼儿准备有纽扣的衣服作为其中一个先决条件中的必要条件。幼儿认识纽扣作为扣纽扣这个先决条件中的第一个支持条件,掌握扣纽扣的顺序作为扣纽扣的先决条件中的第二个支持条件。这里的教学顺序应该准备有纽扣的衣服→幼儿认识纽扣→掌握扣纽扣的顺序。如果幼儿扣纽扣失败,那么教师就要思考:幼儿是否已掌握了先决条件。这样,教师就要回到学习顺序的轨道上来,从而继续对已经掌握新经验的幼儿起到积极的强化作用。

第五节　幼儿园课堂教学设计的结构与撰写

幼儿园课堂教学设计结构与撰写

通常情况下，课堂教学设计之前，教师要首先了解幼儿园教务组拟订的学年和学期计划。其次，教师结合教务组的规定，根据本班幼儿和教师自己的实际情况进行备课。备课时要先拟订学期计划、月计划、周计划，即对本学期的教育任务，教师大致要在哪个月或哪几周完成哪些任务，给幼儿提供怎样的学习内容，做一个基本的划分。这样，教师在进行课堂设计时就能做到心中有数了。对于一个幼儿园的新教师，了解幼儿园教务组的安排是很重要的，它能起到指导作用，既要按照幼儿园的要求完成教学，又要结合本班幼儿的情况完成教育任务，这样双结合才能更好地实现幼儿教育目标。

教师对每堂的设计即备课环节，最好提前一周完成，因为，经过上一周的教学工作体会以及对幼儿学习的反馈信息，能够有充裕的时间对下一周或下一次的教学设计做调整。备课环节是幼儿园教师上好课的最重要的环节，也是与课堂实施的最直接的环节。教师通过备课、具体编写教案，能够对教学内容有更加充分的认识，和对教学活动整个过程加以熟悉，这是提高教育质量很关键的一步。幼儿园教师提升课堂设计的能力需要从以下几个方面入手。

一、了解幼儿园课堂教育活动设计的基本结构

教育活动设计的基本结构一般包括以下一些步骤。

(1) 要明确该堂课的具体主题或名称。如果教师自己都没有一个明确的主题，那么就有可能出现这样的情况，有的幼儿回到家，家长问："今天在幼儿园学了什么呀或都做了什么呀?"认真参与了教师组织活动的幼儿也答不上来。

(2) 要明确该堂课具体的教育目标。教育目标一般包括知识目标、能力目标、情感目标三个方面。对教育目标的要求：表述清楚，表述一致，避免混乱；表述得体，便于操作；具体、清晰地写出表达到教育目标的条件；情感目标与认知目标并重。

(3) 要明确该堂课的重点和难点。相同年龄的幼儿其发展水平大致相似，有经验的教师能更准确地确定课程内容的重难点，其目的是为了防止平均用力。

(4) 要明确用什么方法来解决重点，用什么方法来解决难点。

(5) 要准备哪些教玩具或应该布置什么样的教学环境，为幼儿创设更直观、形象的教学气氛。在进行这些物质准备时应该遵守的原则："根据需要而准备，准备了就要充分应用。"

(6) 要根据教育内容来分配时间。对时间进行分配的目的，是为了防止时间分配不合理。如导课内容和巩固内容，本可以较短时间完成，却因为占用了大量时间，导致重点内容没有足够的时间来完成，从而导致教育内容不能按时完成等现象的发生。

二、幼儿园课堂教育设计的撰写格式

把课堂教学设计以文本的形式撰写出来称为教案。教案是课堂实施的主要依据，是

课堂计划的具体安排。教案无固定的格式,但是一些基本的内容还是应该具体包括在内。

(一) 教案的基本格式

(1) 主题名称。该堂课的具体名称,也就是上课的主要内容要有个名称。有了主题,上课要紧紧围绕主题来开展。主题的确定决定了上课的形式、方法、教具的安排和准备。

(2) 教学目标。教学目标体现了教学要完成的具体任务。幼儿园的教学目标一堂课不宜太多。一般2～3个为宜。每个目标确保真正实现。

(3) 教学内容。教学内容要根据主题名称来做具体安排,以及内容的多少,内容是否需要延伸等。教学内容要为完成目标服务。

(4) 教学重难点。教学重点要与活动开展的主要内容相一致。难点可以根据幼儿掌握内容知识的困难程度决定。

(5) 教学方法。一般在一堂课不宜使用过多的教学方法。2～3个为宜。主要运用什么方法来导课,用什么方法来完成重点,用什么方法来完成难点。即教学方法的运用要有针对性和具体性,或者说是对应性。

(6) 教具。教具根据教学的需要来准备,尽量具有直观性、生动性、形象性、情趣性、色彩鲜亮性等特点。准备的教具要充分应用,不能闲置在一边。即根据需要而准备,准备了就要充分应用。

(7) 教学步骤或教学过程。教学步骤的撰写要清晰、明确,主体部分要能够体现该堂课的内容、方法、步骤、措施。

(8) 活动结束。幼儿园活动结束的设计要自然,不要让幼儿感觉很突然或者没有结束的准备。

(二) 教案撰写的一般程序

(1) 钻研幼儿园课程标准。幼儿园的课程通常参考《幼儿园教育指导纲要(试行)》或者《3～6岁儿童学习与发展指南》等纲领性文件,将其中的精弄懂吃透,再结合本园实际情况和自己教的幼儿的具体年龄来考虑该堂课的内容是否需要调整。教师对本堂课所教内容要能把握其核心的东西,是否能够用此内容来实现教育目标。

(2) 分析幼儿。教师在分析幼儿时要考虑幼儿的心理特点和学习特点。教师还要分析幼儿的家庭背景特点等。因为幼儿的家庭特点不同,幼儿掌握的知识背景等可能会不同。教师的教案尽可能考虑幼儿能够真正参与到自己准备的活动中来。

(3) 查阅资料。教师查阅资料的目的是对自己准备的内容进行再思考,同时对别人的教学经验加以吸收或者借鉴,不能一味地"拿来主义",完全照搬别人的教案。

(4) 确定教学目标。教学目标一般分为认知目标或者知识目标、情感目标、能力目标三类。有的学者分为知识与技能、过程与方法、情感或态度或价值观。不管用什么方法,根据自己当堂课的教学需要来制定目标,如有科学活动课,更多培养幼儿的探究意识或操作能力等,或了解某一知识等。不同的领域目标可能不同。如健康领域中的体育课,不一定每堂课都要求幼儿掌握某些知识。没有知识目标可以不写。总之要灵活处理。

(5) 确定重难点。教师在撰写教案时就应该把重难点确定好。这有利于对教学主要内容的突破,同时也防止教师在教学过程中跑偏。

(6) 选择教学方法。教学方法是根据教学的具体内容、幼儿的年龄和已有的知识和能力水平来选择的,而且教师对所选择的方法要综合加以运用。

(7) 准备教具或教学设施。教师要进行有效教学,就要准备教具,刺激幼儿的多种感官。教师还要设计自己准备的教具在教学中具体哪部分内容用什么教具以及怎么用。

(8) 设计教学步骤或过程。这是教案的主体部分,也是教师最花时间、精力的地方。虽然很多课在准备教案的过程都会不同,但是一般包括:导课或热身、具体过程的几个环节或步骤或一系列的活动、结束语。

(9) 教学反思。有一个好的教案既要体现好的预见,又要体现深刻的反思。这一环节有些教师都忽视了。因为看上去好像与本堂课关系不大。但是它跟后面教学技能的提高或者对下一堂的设计有着重要的影响,或者对本堂课的补充或者修正都能起到很好的作用。

(三) 撰写教案应该注意的问题

1. 切忌照抄别人的教案

别人的教案代表别人的知识储存、教学能力、特长等。别人的教学对象跟自己的教学对象也会存在不同。所以别人的教案不一定完全适合自己。因此,拿到别人的教案要进行思考,好的经验或者方法可以借鉴学习,别人的设计不适合自己的就该结合自己的情况进行修改。

请发现以下教学设计"喜羊羊与灰太狼"存在的问题并说明理由。

活动目标

A. 借助动画片感受回旋音乐不同的音乐性质,初步学玩音乐游戏《喜羊羊与灰太狼》。

B. 创编小羊不同活动的模仿动作,能按照音乐节奏进行表演,体验音乐游戏带来的快乐。

活动准备

课件、喜羊羊头饰若干、灰太狼头饰一个。

活动过程

A. 听音乐做律动:我是一个棉花糖,变变变,变只小兔蹦蹦跳;我是一个棉花糖,变变变,变只小狗汪汪汪;我是一个棉花糖,变变变,变只小羊咩咩咩;我是一个棉花糖,变变变,变成小朋友坐坐好。

B. 师:"今天蒋老师给宝宝们带来了一首非常好听的歌,你们听。"

(幼儿听《喜羊羊与灰太狼》的主题歌,随意做动作)

师:"你们知道这是什么歌吗?"(喜羊羊与灰太狼)

师:"你们喜欢喜羊羊他们吗?"(喜欢)

师:"羊宝宝们生活在羊村里面每天都很快乐,你们想知道他们在做什么吗?"(想)

C. 看动画片《喜羊羊与灰太狼》片段,幼儿和老师一起讨论小羊们在羊村会做些什么事?创编一些相应的动作。(起床、穿衣服、洗脸、刷牙、吃早饭、做运动、玩游戏……)

幼儿跟老师一起随音乐做动作1~2遍。

D. 师:"听!这音乐是……?"(狼来了)

师:"小羊应该怎么办?"教师示范躲藏的动作。告诉幼儿灰太狼来了,小羊一定要藏好不能动，否则就会被灰太狼抓去吃掉。等灰太狼走了，羊宝宝们才能动。

E. 请配班老师配合演灰太狼和幼儿进行游戏，请个别幼儿进行角色游戏，男孩、女孩互换角色进行游戏，让幼儿感受与同伴游戏的乐趣。

F. 师："羊宝宝们，你们都能保护好自己，气走了灰太狼，你们开心吗？"（开心）大家一起跳起欢快的舞蹈结束活动。

上述教案《喜羊羊与灰太狼》存在的问题及其分析。

第一，从物质准备看，机械照搬蓝本人物，只准备了一个灰太狼头饰。对全班幼儿来讲，不一定只有一个幼儿喜欢或者愿意表演灰太狼。虽然灰太狼在电视剧中只有一个人物，但是由于灰太狼的聪明和强悍，或许有多个幼儿喜欢。另外，由于灰太狼是羊族攻击的对象，若只有一个幼儿扮演灰太狼，活动后其他幼儿很容易把表演灰太狼的一个幼儿作为攻击对象。若有多个幼儿表演灰太狼，或者教师准备了多个灰太狼头饰，幼儿交换灰太狼与喜羊羊的角色，幼儿能够将两种角色都体验到了，就减少了灰太狼被攻击的可能。因此，关于灰太狼头饰的准备，可以将一个改为准备若干个。

第二，从教学环节看，可以将"棉花糖"魔术导课环节删掉。因为，该环节与教学内容的关联度不大。可以将看《喜羊羊与灰太狼》动画片的片段作为导课环节，帮助没有看过该动画片的幼儿了解人物或角色，为音乐活动的开展做准备。这样调整教学环节的目的，是使上课的每个环节都要与主题紧密相关，尽量不要跑偏。通常一堂好的课，都应该是教学设计的每一个环节都与主题直接相关，其次，各个环节的递进性是很明显的。

第三，从教师设置的答案看，具有唯一性。一般情况下，教学设计仅仅是对教学所做的一个预先设计。而教学本身在实施过程中，具有诸多可变性。因为教学是一个动态的过程。因此，教学的结果或者说教学事实有可能与教师事先的设计有出入。如"你们喜欢喜羊羊他们吗？"（喜欢）。如果有的幼儿就偏偏不喜欢"喜羊羊"，反而喜欢"灰太狼"的强悍呢？因此，教师给出问题的答案可待定或多样，应该具有灵活性和多样性，不能是唯一性。

通过对以上教案的质疑，教师可以通过网络、书本等学习或借鉴他人的教学设计，但是教师还要根据本园、本班幼儿以及教师自己的实际情况进行调整或改编，使原有的教学设计更适合自己去教本班的幼儿。

2. 切忌为了完成任务而做敷衍、简单应付

有的幼儿园要求教师必须完成多少个教案，教师为了完成任务索性敷衍。这样完成的教案别说是质量，连最基本的备课都看作是应付，根本不能拿来指导自己的实际教学。太简单的教案不能体现教学的重点环节，在教案中找不到精华的东西。对此，幼儿园可以考虑灵活检查教师的教学工作。如考察的方法和途径多样。

3. 幼儿园适当安排集体备一堂课

教师常单枪匹马，各自为政进行备课，缺乏团队合作。教师之间的竞争意识也很激烈，常守口如瓶，自己好的经验不愿意跟同行交流或分享。幼儿园通过集体备课，把相互之间的经验整合在一个教案里，让幼儿园每个班都有高质量的教案可以使用。

(四)教学设计案例

聪明的小鸡

(幼儿园大班语言课)

[申倩琳(执教者)、曾彬(指导教师),2015年四川省师范生教学能力竞赛大赛参赛作品(一等奖)]

所用教材:因学前教育无固定教材,故选用绘本《聪明的小鸡》作为教学用书

版　　次:北京师范大学音像出版社2004年6月 第一版第一次印刷

活动名称:语言活动《聪明的小鸡》

活动对象:大班幼儿

活动目标

知识目标:了解《聪明的小鸡》故事大概内容,并学会比较句式的完整表达"我力气比你大,我跳得比你高,我声音比你大"。

技能目标:能用适当的表情、语气、动作表演故事情节。

情感目标:学会开动脑筋,并积极参与游戏活动。

活动重难点

重点:在理解故事情景中,表演小鸡和狐狸的比赛情景,生动形象的模仿动物。

难点:学会比较句式的完整表达。

活动准备

物质准备:①《聪明的小鸡》故事课件;②小鸡、狐狸头饰若干;③大小树枝。

经验准备:幼儿已有过表演情节的经历。

活动过程

A1　导课环节。

观察图片,谈话导入,激发幼儿学习兴趣,进入故事情节。

A1.1　点题。

师:小朋友们好,今天老师给你们带来两个小动物,你们认识吗?

幼:小鸡和狐狸。

师:小鸡和狐狸今天要给大家讲一个故事,故事的名字就叫《聪明的小鸡》。

A1.2　比赛的起因。

师:请小鸡自己来告诉小朋友们故事是怎样的?小鸡说:"小朋友们好,我是小鸡,狡猾的狐狸,它想吃了我,哼,我才不会让它得逞呢,我可聪明了,我想了个不错的办法,我就对狐狸说'狐狸,虽然你个子比我大,可我比你聪明,你敢不敢和我比赛,要是你赢了我,再吃了我也不迟呀,敢不敢!'"

师:你们觉得狐狸有没有答应接受小鸡的挑战呢?

幼:有(没有)。

师:我们也让狐狸自己来说吧,狐狸说:"我才比你聪明呢,你小鸡算什么,区区一个比赛,我还怕你不成,比就比。"

B2　教学环节。

讲解故事，师幼谈话、讨论动物的表情、语言及肢体动作，引导幼儿学习比较句式及自由表演故事的主要情节，从而到达教学目标。

B2.1 第一个环节，比谁的力气大。

主要让幼儿观察模仿，先单独表演，再幼儿集体自由表演，教师引导学习比较句式“我力气比你大”。

师：我们一起来看他们比了什么。它们这是在干吗呀？

幼：举树枝。

师：举树枝要用什么呢？

幼：力气。

师：原来他们在比谁的力气大，那小鸡和狐狸举重的样子，动作，表情一样吗？

幼：不一样。

师：有什么不一样，请你们仔细观察。老师请一个小演员学一学小鸡，一边学一边告诉大家你是怎么做的呢？

幼：幼儿表演并描述。

师：我们一起来学一学小鸡举树枝的样子。那狐狸举是什么样子。

幼：幼儿表演并描述。

师：狐狸举完树枝后会对小鸡说什么呢？（引导幼儿说出“我力气比你大多了”）

师：我们大家一起来，指着图上的小鸡，用狐狸的口气说“我力气比你大多了”。这轮比赛谁赢啦？

幼：狐狸。

B2.2 第二个环节，比谁跳得高。

师幼集体观察并自由表演比赛跳高的情景，学习比较句式“我跳得比你高”。

师：他们这次又在比什么呢？

幼：跳高。

师：你们跳过高吗？跳高是怎么跳的呢，你们跳一跳试试。

幼：幼儿表演。

师：小鸡和你们跳的不一样啊，你们仔细看看小鸡是怎么跳的，你们学一学。

师：小鸡跳高的时候，狐狸是怎么样的，你们觉得它会对小鸡说什么？（引导幼儿说出“我跳得比你高”）

师：那你们学学狐狸，我看看是不是比小鸡跳得高。

幼：幼儿表演。

师：的确跳得很高，小鸡怎么样看狐狸呀？

师：小鸡嘴里还说着话。说什么呢，你们能说一说吗？（引导幼儿学习句子“你跳得比我高”）

师：这轮比赛又是谁赢？

幼：狐狸。

B2.3 第三个环节，比谁的声音大。

幼儿自由选择角色扮演，自由表演故事情节，学习比较句式“我声音比你大”。

师：小鸡两次都输给狐狸了，已经到了最后一轮比赛，再这样下去小鸡会被吃掉的，我们一起来看看小鸡最后一项比赛会不会赢？

幼：会(不会)。

师：这次又比的什么呢？

幼：声音。

师：这次我们可以自由选择想演的对象进行表演，看看哪边的小演员表演得最好。

师：先请小鸡组自由表演，狐狸组的任务观察，注意小鸡的表情，动作。接下来是狐狸组，你们听了小鸡组表演，你们想对小鸡说什么？(引导学习固定句式“我声音比你大”)

师：狐狸组表演，小鸡组观察，我们一起来听听狐狸的声音大不大。

师：那这轮比赛谁赢了？

幼：狐狸。

师：你们怎么知道是狐狸赢了呢？为什么？

幼：农夫。

师：为什么农夫会出现呢？

幼：狐狸的声音太大了，把农夫引来了。

师：对，狐狸赢了。

B2.4　第四个环节，揭晓故事结局。

师：三局比赛都是狐狸赢了，那小鸡会不会被吃掉呢？

幼：不会。

师：对，小鸡没有被吃掉，因为农夫出现了，把狐狸赶走了，所以小鸡没有被吃掉。小鸡还很高兴，那它会对被赶走的狐狸说什么呢？(带领幼儿集体复习比较内容的完整表达)

师：你力气比我大，你跳得比我高，你声音比我大，可我比你聪明。

C3　结束部分。

C3.1　教师小结。

师：老师也希望你们是聪明的小朋友，学会开动脑筋。

C3.2　活动延伸。

师：那老师想问你们，如果你是那只小鸡，你们能不能想出更好的办法不被狐狸吃掉？下次上课告诉老师。

师：挥挥小手，说再见。

学习任务

(1) 幼儿园教学设计的类型与方法有哪些？

(2) 用幼儿园导课的技巧设计《喜羊羊与灰太狼》的导课环节。

(3) 幼儿的学习特征是什么？

(4) 对自己感兴趣的领域设计并撰写一则教案。

扩展阅读

如何设计好一节幼儿园集体教学活动

王晴语　孙　丽

幼儿园集体教学活动是一线教师的看家本领,它是教师有目的、有计划地组织的,班级所有幼儿集体参与的教育活动。这项活动包括教师预设和生成的教育活动,单独的一节活动和围绕一个主题展开的系列活动,还包括全班一起进行和分组同时进行的教育活动,等等。如何设计一节集体教学活动,笔者有以下一些思考。

一、集体教学活动的设计原则

1. 制定精准的教学目标

目标既是教学活动的出发点和归宿,又直接为教学材料的选择提供依据,为教师组织实施评价提供基本准则。因此,制定教学目标时要以幼儿为主体,兼顾体现知识技能与情感态度。比如,中班幼儿的一项集体活动的教学目标是了解弹性的基本性质,那教师就可以根据教学实际,分解为探索有弹性的材料,感受弹性给人们生活带来的便利。

2. 把握各领域教学的核心要素和设计要点

五大领域中,各个领域内容的核心要素各不相同,教学设计的要点也各有侧重。健康领域聚焦于身体健康、心理健康、身心发展、动作发展、生活习惯与生活能力等,教学设计要点应重体验,重感受。语言领域聚焦于口头语言倾听与表达、书面语言阅读书写准备,教学设计要点应重理解,重运用。社会领域聚焦于人际交往、社会适应,教学设计要点应重情境,重体验。科学领域聚焦于科学探究、数学认知,分支中的自然科学领域则强调亲近自然、喜欢探究、具有初步探究能力、愿意探究周围事物和现象,数学领域则强调感知生活中数学的有用有趣,感知和理解数量关系,感知形状与空间关系等其教学设计要点则应重探究,重猜想,重假设,重实验,重验证,重感知,重操作。艺术领域聚焦感受与欣赏表现与创造,教学设计要点应重感受,重表现,重情感,重态度。

3. 将游戏与内容紧密结合

内容的选择要与游戏形式相结合,环节上有线索,结构上有联系,呈现的是情节丰富的游戏全貌。当然,教师还应结合幼儿的最近发展区,对教学目标、环节目标、内容结构、环节组织、师幼互动了然于心,提供有利于幼儿主动学习的游戏材料。

二、集体教学活动的实践要点

集体教学活动分为开始环节、进行环节和结束环节,在设计中要考虑以下六点。一是时间分配上,开始环节和结束环节用时较少。二是比重安排上,开头要像凤头那样美丽、精彩,主体要像猪肚子一样充实丰富,结尾要像豹尾一样有力。三是目标落实上,每个环节都要努力实现一个环节目标,就像种庄稼,教学目标既是种子又是果实,第一环节应该是埋种子,潜移默化地将活动目标隐藏其中,既不露声色地埋下伏笔,又主题目标明确。第二环节应该是浇水、除草、施肥阶段,积极引导幼儿互动操作,阶段地推进落实活动目标,推进目标达成,结束环节既要达成目标,回应主题,又要与生活联系,引发幼儿参与下一次活动的兴趣和愿望。四是内容完成上,每个环节的内容都应与上一环节有所关联,让幼儿获得成功的经验并推动环节的发展。五是形式和方法上,开始环节可以运用直接导入、问题引发、前经验导入、游戏导入等方法,进行环节可以采用情景再现、画面实物、动作表演、设疑推理、迁移运用等方法,结束环节可以用总结提升、情感激励、游戏拓展、探究引发、创新思考、延伸生活等形式。六是目标的达成上,注重幼儿实际学习过程和参与度,关注目标实现的情况。

当然,一节优质的集体教学活动不仅要设计好以上环节,还要在现场组织实施中考虑到组织结构、师幼互动、教学把控等因素。作为幼儿教师,需要在尊重幼儿成长规律的基础上,依托集体教学引领幼儿成长与发展。

(资料来源:王晴语,孙丽. 如何设计好一节幼儿园集体教学活动[J]. 山西教育(幼教),2023(5).)

第七章
幼儿园听课环节——课堂观察

听课对新教师来说，是提高教学技能非常重要的手段，而对幼儿园园长和其他教师来说，也是很好的交往手段和教研活动的有效途径。因此，在幼儿园应该经常性地开展听课活动。本章主要介绍幼儿园听课的基本特点、类型、要求和听课技巧。

第一节　幼儿园听课的意义

课堂观察主要有两种情况：一是授课者对自己上课的情况进行观察，了解自己上课时幼儿的状态或表现以便及时调整自己的教学策略等；二是指他人对授课者的情况进行观察，了解或掌握授课者的教学行为以便进行分析、评价或研究，为指导或提出建议提供依据。听课就是课堂观察中的后一种情况。听课是教师或研究者凭借眼、耳、手等自身感官及有关的辅助工具(记录本、调查表、录音和录像设备等)，直接或间接地从课堂情境中获取相关信息资料，从感性到理性的一种学习、评价及研究的教育教学方法。[1]

对于“看课”，很多人则认为不重要，或者说不是提高教学的一种重要途径。事实上，在过去的传统教学中，更强调教师的主体地位。在整个教学过程中，教师讲得多，幼儿说得少或做得少。但是，随着教学改革的不断推进，教学主体由过去的只强调教师主体的状况转变为教师与幼儿共同为主体的状况。教师的角色不再仅仅是知识的传播者，而且还是课堂的组织者、支持者、课堂环境的创建者等。教师的绝对权威已逐渐变成师幼平等。幼儿的角色也不再是知识的单向接受者，而是学习的主体，同样可以

---

① 但菲，赵小华，刘晓娟. 幼儿园说课、听课与评课[M]. 北京：北京师范大学出版社，2012.

是课堂的营造者、参与者等。新课程更强调幼儿在学习活动中的自主、合作、探究等行为。在整个教学活动中,师幼互动也是强调的一个方面。因此,过去的"听课"是因为"听"的成分占大部分,而"看"的成分较少。但是在新课程中"听"的成分减少,而"看"的成分增多。因此,现在的"听课"其实更多的是"看课",即以看为主,以听为辅。这里,将观察他人上课即"看课"按照人们的习惯称为"听课"。

听课通常是教育行政部门和教学业务部门检查、指导及各种层面上的教研活动的重要内容,也是教师和教研人员的一项经常性工作。对研究者来说,听课是一种研究手段、研究途径,用以提高教育教学研究水平。对幼儿园教师来说,听课是一种学习的方法。听课本身具有以下一些意义。

一、听课有利于教学管理者了解和掌握幼儿园教师的教育教学水平

有很多园长和分管教学业务的园长对教师的教学业务水平不熟悉,在用人或管理人时常会出现不尽人意的地方,甚至让有的教师不服气。因此,为了能够有效管理和合理安排教师的教学任务,园长或分管教学业务的园长应该进班听课,真正了解幼儿教师的教学业务水平。

园长或教学业务园长听课时要结合《纲要》来听。《纲要》承载着对幼儿教育总的指导精神和先进的教育思想,同时指导着我国幼儿园课程改革的方向。它也是考查教师在教育教学过程中有无偏离国家课程轨道的依据。

二、幼儿园听课有利于促进幼儿教师之间的教学交流

幼儿园教师经常是从幼儿入园到离园一直忙于工作,教师在平常休息期间,又忙于各自的事情。因此,幼儿教师之间的交流机会很少,更谈不上教学方面的交流。幼儿教师之间相互听课,可以取得以下一些好处。

(一)幼儿园教师听课可以提高自己的教学水平

一般情况下,教师在长期的教学工作中形成了自己的一套相当熟悉的和固有的教学模式。这种教学模式可能会变得死板而没有活力,从而失去应有的教学效果。教师通过听其他教师的课,可以打开自己思维的瓶颈,了解和学习别人的教学方法和长处,进而补充和完善自己的教学,改正自己的不足。同一内容,不同教师的设计方式可能会不同。只要教师抱着虚心的态度,总能获得对自己有用的东西。

(二)幼儿园教师通过听课可以提高自己的专业素养

幼儿园教师的专业素养一般包括专业理念与师德、专业知识、专业能力三个方面。不同的教师其专业素养会不同。教师通过听课,开阔自己的眼界,见识同行的教学技能,思考别人的教学方法和所拥有的专业知识的运用技巧等,避免自我封闭的教学意识。

三、幼儿园听课有利于教学经验的推广与交流

幼儿园教师中也有很多优秀的人才,她们在长期的教育教学实践中积累了大量的丰富经验。通过听课,可以将好的经验进行分享,具体表现在以下两个方面。

（一）幼儿园听课有利于优秀教师教学经验的推广

幼儿园每个教师的知识、能力等不同，在教育教学实践中的表现也就会不同。有的教师在教育实践中积累了丰富的经验。通过听课，给了这些优秀教师展示自己才能的机会。他们把先进的经验和教学方法、教学理念展示给其他教师。其他教师通过听课学习到这些先进经验、方法和理念，结合自己的教育实践加以运用，从而提高了自己的教学水平。因此，听课是教师专业成长的重要方法。教师自己在教育实践中意识不到自身存在的不足，但是通过听优秀教师的课，就能从中得到启发和甚至吸取别人的教训，进行教学反思，将一些感性认识上升到理性认识，发现自己的不足，改进自己的教学。

（二）幼儿园听课有利于帮助新教师或年轻教师的成长

幼儿园听课对新教师或年轻教师的专业成长非常重要。因为新教师或年轻教师的教学时间短，教学经验不足，对教材不熟悉或者对教材的把握不准确，教学方法运用不当等，容易导致教学效果差。他们通过听课，可以拓宽自己的眼界，从优秀教师那里学习到好的教学方法、教学理念以及对教材的应用技巧等，这些都是提高教学水平的重要途径。也就是说，新教师或年轻教师通过听课，能够吸取优秀教师的教学经验和对知识的准确理解和传授，形成高尚的师德，克服年轻狂妄、急躁等不良习惯。

四、幼儿园听课有利于教研活动的开展

教研活动是教育教学研究活动的简称，是幼儿园保教管理的重要内容。《幼儿园工作规程》中要求教师对本班全面工作负责，并将“参加业务学习和幼儿教育研究活动”作为主要的职责，其目的是要提高保教质量。其中，教研活动的主要任务就是从教学内容、教学形式、教学方法等方面去发现问题并解决问题。教研活动的主要形式之一包括观摩活动。而观摩活动中包括教师之间相互听课，然后进行研讨，找出差距，肯定优点并进行原因分析，帮助教师不断整改，提高教学水平。

幼儿园通过听课营造的教研活动氛围，可以是本园教师之间，也可以是园所之间，还可以是研究人员与教师之间，或者是优秀教师与普通教师之间的相互听课，扩大交往范围，促进人际沟通和教学改革的常态化，从而提高本园或者交往园的教学水平。

第二节　幼儿园听课的基本特点与类型

幼儿园听课不同于备课、说课、上课、评课。备课、上课两种活动主要是教师针对或面对幼儿进行的活动，说课、听课和评课主要是同行、专家或管理者针对教师的上课而展开的活动。因此，听课相对于其他教学活动而言，有自己的特点和类型。

一、幼儿园听课的基本特点

（一）目的性

幼儿园听课一般要有一定的目的性。如教师听课的原因是什么，教师选择怎样的授课教师去听课，听课的主要内容是什么，听课后要解决什么问题或者有什么样的结果。因

此,听课者常常要根据一定的目的来选择时间、地点、对象、内容等去听。比如,业务园长选择听新教师的课,其目的是要看新教师是否胜任他所在班级的工作,其教学能力是否强、教学方法是否恰当、对教材的理解是否透彻、教学效果如何等,为以后应该怎样去培养新教师做深入了解。

(二)选择性

有目的性地去听课,就必须要有所选择。根据教师或管理者自己的工作需要,应该选择听怎样的课,听哪些教师的课,什么时候听,要想获取什么样的信息等都是要有选择的。如,幼儿园需要选拔教研组长,在经验丰富、教学水平高的教师中再进行考核,看这些教师中哪位教师更适合教研组长的职务。这个听课的过程就是考核的过程之一。

(三)主观性

听课虽然是在客观的教学环境中进行的,但是听课者和授课者以及授课的对象都是人。人都会存在一定的主观意识的。什么时候、什么地方、听谁的课都是听课者主观安排的。授课者和幼儿也会因为听课者参与到该教学环境中而受到一定的影响。听课者的听课行为也是受其自身教育理念、教育知识、教育能力等多方面的影响。所有这些主观意识都会存在积极和消极两个方面的影响。因此,听课者和授课者以及幼儿都要尽力应用主观意识中积极的一面去完成听课活动。

(四)专业性

幼儿园听课与其他学龄阶段听课一样,需要听课者具有一定的专业知识、专业技能以及相关的通识,知识如教育学、心理学、信息技术等,并掌握一定先进的幼儿教育理念。因为听课者要用到这些知识和能力来分析和思考授课者的教学水平,以便作出正确的评价和进一步的指导。

(五)情境性

幼儿园教育活动是在幼儿园各班每天都要进行的活动。幼儿园的课堂是在一定自然情境下开展的。听课是在课堂现场中进行的一种活动。授课者和听课者都是参与在一定的课堂情境中,有一定的时间、场所、条件。即使不同的教师面对同一个班、同一堂课,其教学效果都可能会不同。同样,即使是同一个教师面对不同班的幼儿,其教学效果也会不同。这样,听课者做出的评价也就会不同。因此,听课者所获得的信息以及有关的感觉和理解人不能离开一定的情境。听课者一定要到一定情境中去听课,并且对具体的教育情境中教师和幼儿的状态和表现做具体的分析后才能体现教学效果。

(六)指导性和评价性

一般情况下,听课后形成听课者个人或集体的意见或认识。听课者包括专家、上级、领导等对听课的整个活动进行研讨,做出一定的评价,形成一定的结论,然后听课者将这些结论反馈给幼儿园或该教师。这些反馈意见包括改进措施和指导意见以及今后的具体操作要求。

二、幼儿园听课的类型

听课的类型划分是相对的。幼儿园听课主要是根据课程的类型来划分的。因为不同的领域课程和不同类型的活动对听课的要求是不同的。对不同的授课者其听课要求也是不同的，因此划分出来的听课类型会不同。根据目前课程改革的需要和幼儿园教学的实际需要，一般将听课类型划分为以下四种类型：评比型听课、观摩型听课、检查型听课、调研型听课。这几种听课类型常交叉使用，根据听课的需要，有时一堂课会用到多个听课类型。

（一）评比型听课

评比型听课的特点

评比型听课主要是对一定范围内包括幼儿园内、园所之间、区域内等对教师群体开展的评比活动进行听课，如评选优质课、考核课程质量、评选优秀教师、评选学科带头人等。

1. 评比型听课的特点

1）公平公正

在其他评比活动中公平公开必不可少，但是在评比型听课中也是非常明显的。如果在评比型听课活动中没有公平公开，那么评比就会失去意义。因此，在评比型听课中，特别强调听课者要认真听授课者的课，并且做好记录，细化到每一个评比指标中。听课者要尽量减少主观影响因素，客观地对每一位参赛者的授课状况做出正确恰当的评价。听课者对每一位参赛者的优缺点能够实事求是地、公开地进行具体评价，尽力使每一位参赛者能够接受听课者的评价结果。

2）横向比较

听课者对每一位参赛授课者进行定性的分析和评价，对授课教师还要做横向评价，如该教师的教育理念、教学方法、教学技能、教学手段、教学效果等情况与其他教师进行比较，看哪些教师的教育理念更先进，教学方法更恰当或更灵活，教学技能更巧妙或更熟练，教学手段更先进或更符合幼儿的特点，教学效果更理想等。一般情况下，在评比优秀教师或优质课时常用到横向比较进行分析后得出结果。

3）优胜劣汰

各级各类的评比型听课的目的是要分出优秀与普通。授课教师通过各种途径或各种形式层层选拔出来，这些在某一方面或某几个方面具有较突出于别的教师的一面或较优秀的一面。听课教师要对各级各类单位推选出来授课教师进行听课，再进行选拔，推荐一部分教师参加更高一级的比赛。如需要推荐一部分教师参加市级以上的幼儿园教学技能比赛，就需要在县级单位内进行选拔，评比出一部分幼儿教师参加市级以上的教学技能比赛。这种比赛较突出的特点就是优胜劣汰。

2. 评比型听课的要求

不是所有人都能够参与听课。尤其是评比型听课，对听课者是有一定要求的，如具有较丰富教学经验的本专业教师或某行业的管理者等。符合条件者才能够参加听课。否则，就可能影响听课效果或对评比结果造成不合理或不公平等，而最终达不到评比的真正目的。

1）准确掌握评比标准

为了使评比型听课尽力做到公开、公正，达到较理想的评比结果，听课者必须要认真了解和掌握评比标准。因为不同的评比课或考核课的目的、标准和要求都可能不同，因此对听课者的要求可能不同。如新手教学技能比赛与优质课教学比赛的侧重点可能不同。

新手教学技能比赛可以了解新手在哪一方面是其突出或优秀的地方。优质课则要求对整堂课进行全面的评比。这就要求听课者对评比型听课的具体对象或具体听课内容等标准有所了解，才能客观公正地进行评比。

2）对听课内容要熟悉

无论是优质课、考核课还是学科带头人评选听课，都需要听课者对所听教材熟悉。因为，听课者熟悉了教材，在听课时才能正确判断授课教师对教材内容的讲解是否恰当，重难点把握是否准确，教学方法运用是否科学等。因此，听课者要尽可能地熟悉听课内容。

3）听课期间要详细记录

听课者要在评比型听课中认真做好详细的听课记录。记录内容有每一位教师的教学内容、教学重难点、教学环节、教学方法、教具的准备和应用情况，幼儿课堂的状态和表现情况，以及每一位教师授课所表现出来的特殊地方。听课者要将记录的内容做比较分析，划分出参赛教师的不同层次或等级。

4）客观、公正、完整地听完一节课

听课者客观、公正、完整地听完一节课是进行评比的依据。因为听课者听到的每一节课都是参赛园或参赛教师精心准备的结果。他们花费了大量的时间、人力乃至物力。例如，参赛园或参赛教师会从教育理念的新颖性，教学手段的先进性，教学方法的灵活性，教师素质的特殊性等多方面去精心设计和选择课程。作为听课者，要从这些现象背后去看教学的本质，客观公正地完整地去听这些课，寻找出最符合教育规律和幼儿发展的优质课，防止片面性或被一些表面现象所迷惑。如有的艺术领域课，看起来热闹，实际上并不能促进幼儿的发展等。

5）对听课者进行筛选

评比型听课需要对听课者进行筛选。首先，听课者所听的课都是专业性非常强的。幼儿园的课不同于学龄阶段的课。因为学龄阶段的课更强调学生间接经验的学习以及这些经验的系统性等。而幼儿园的课更强调幼儿直接经验的学习以及兴趣性的学习等。如果听课者不专业，很可能导致外行看热闹的局面，从而达不到评比的真正目的。在最后评价时也不能对关键地方进行评价。其次，听课者还需要具有一定教育理论知识和丰富的教学经验。只有这样的听课者才能对授课者的教学内容进行科学和合理的评价。

（二）观摩型听课

观摩型听课是指组织者为总结、交流、推广幼儿园教学理念、教学经验和教学方法等进行的听课，包括公开课、示范课、展示课等。[①] 这种听课方式尤其适合新教师或年轻教师，或幼儿园面向职前学前教育专业的学生使用。对于高校学前教育专业的授课教师，可以通过组织学生不定期到幼儿园集中观摩某些主题或领域的优质课，也可以由任课教师收集或由学生收集后筛选出的优秀视频课与学生共同观摩后进行研讨。在作者多年的实践中，这是提高学生教学技能效果非常好的途径之一。观摩型听课具有以下一些特点和需要具备以下一些要求。

① 但菲，赵小华，刘晓娟．幼儿园说课、听课与评课[M]．北京：北京师范大学出版社，2012．

1. 观摩型听课的特点

1）观摩课具有优质性

观摩的课一般由教学经验丰富的特级教师、一线名师、优秀教师或者在某一方面具有创新性或者代表某园或某区域园具有某种特色的课。这种课给听课者一种耳目一新的感觉，或者具有一定的启发性。另外，组织者在观摩前，做了大量的准备工作，如反复试教或者多次说课进行演练，甚至请课程专家反复指导后进一步完善的课。因此，观摩型的课首先应该具有优质性的特点，才值得听课者进行观摩。

2）观摩课具有推广性

观摩型听课的组织者在指导和提升优秀授课者的授课质量时，一方面要帮助优秀授课者或有特色授课者进一步提高教学水平；另一方面要找出哪些方面是值得推广的教学经验。推广的内容可以是先进的教学理念，也可以是好的教学方法，也可以是授课教师良好的素质所表现出来的教学经验等，起到“以点带面”的效果。

3）观摩课具有榜样性

观摩课的授课者在综合素质方面是非常优秀的，这本身就是一种榜样的表现。授课者所拥有的先进教学理念，好的教学方法和教学经验等，对听课者来说，这些同样是一种榜样。如有的新教师或年轻教师不知如何与幼儿互动，或者遇见不可控制的混乱场面时，有的新教师或年轻教师面对这种情况就感到不知所措，而有经验的教师能够做到收放自如，巧妙控制。这些都是新教师或年轻教师应该学习的榜样。

2. 观摩型听课的要求

1）听课者要抱着学习的态度去听课

首先，听课者要抱着谦虚的态度认真听课，只有这样，听课者才会有所收获，否则，听课者学不到任何东西。其次，听课者如果发现授课者有这样或那样的问题或不足，要善于去分析原因，找出为什么听课者觉得授课者差的具体原因。发现别人的问题或不足本身就是一种很好的学习。事实上，不是每一个授课者的教学效果都能达到预期的状况。因此，我们要把授课者的课当作学习的一个平台或者桥梁，提供给听课者学习。

2）听课者要认真做好听课记录

听课者要在听课过程中认真做好记录，尤其是与众不同的地方或者值得学习的地方，要特别记录下来。如教师巧妙的导课、灵活的教学方法、别致的物质准备、教师身势语的应用（如夸张而滑稽的有趣动作等）、崭新的教学方法等都是值得记录下来认真学习的。听课者同时要记录自己认为授课教师做得不好的地方，以便下来分析为什么做得不好，自己以后的教学实践该如何避免等。

3）听课者要与自己的观点或理解作对比分析

首先，听课者在听课过程中要有思考的习惯，边听边思考授课者做得好的地方好在哪里。如授课主题选得好吗，教学方法应用于该教学内容合适吗，教学环节的过渡自然吗，教学步骤做到了由浅入深吗，教学理念先进吗，也就是说，听课者要对所听的课与自己的对该堂课的认识，结合自己的观点与理解进行对比分析。其次，听课者听课后要学会总结。总结的目的是为了与自己的教学进行对比，对所听的课学会借鉴。“借”授课者做得好的地方，“鉴”授课者做得不好的地方。最终提高自己的教学水平。

(三)检查型听课

检查型听课一般是管理者对被管理者单位或个人所进行的听课。其目的主要是为了了解某园或某教师的教学工作的水平或者状况，针对某一方面进行的听课，如上级主管部门对某园的督导评估听课、检查教学情况听课、幼儿园领导听新教师的课等。

1. 检查型听课的特点

1）检查型听课具有随机性

一般情况下，检查型听课常常是由行政主管部门或者幼儿园领导发起的，作为其工作中的一部分，为了获得更客观、真实的第一手材料，通常采取随机抽取教师作为听课对象，不会提前通知授课教师。因此，这种听课类型具有随机性。

2）检查型听课具有客观性

因为检查型听课不提前告知授课教师，所以往往得到的教学情况能够真实地反映该园或该教师的真实教学水平。因为该教师没有做好被听课的准备，是在常态下进行的教学，这就保证了教学水平能客观地呈现出来。因此，这就是检查型听课的客观性。

3）检查型听课具有灵活性

一般情况下，检查型听课较少受听课时间、听课地点和听课条件的限制，主要根据检查者的工作需要采取灵活的方式进行。如某市教育局想了解该市幼儿园“小学化倾向”的严重性程度，是横向抽取该市市区几个幼儿园，还是分层抽取该市市级幼儿园、县级幼儿园、乡镇幼儿园？是抽取某一个领域还是抽取某几个领域的课？是该市教育局教研员集中一个园、一个园逐一听课还是教研员分散同时听几个园的课？这些都可以根据该市教研员的实际情况决定，灵活处理。因此，检查型听课没有硬性的或者死板的规定，具有一定的灵活性。

2. 检查型听课的要求

检查型听课毕竟是主管部门或园领导等参加听课，它不同于同事或者专家听课。从某种角度讲，是决策层对它所管理范围内工作的一种检查形式。因此，对检查者的听课有一定的具体要求。

1）检查型听课要制定明确的目的

没有目的就没有行动的灵魂。因此，检查型听课无论是进行常规教学检查，还是对教师的课堂教学检查，以及一些新课程的专题检查，都应该有明确的听课目的主要听什么内容，怎样听，听课后能否达到检查的目的等，这些问题都需要在检查前拟订好。只有这样事先制定了检查目的，才能使检查型听课达到预期效果。

2）检查型听课要在自然状态下进行

所谓自然状态下的听课就是没有事先通知授课教师，其目的是想获取更真实的效果。即使园领导想提前通知教师，也仅仅是让授课教师有个思想准备，而不直接告诉授课教师检查的具体授课内容、授课形式等。这样就保证了检查情况的客观性、真实性。

3）听课者要掌握检查型听课的要求

检查型听课者在听课前，需要检查什么内容，需要准备的检查材料有哪些，比如检查的填写表格或者调研工具是什么，获取的检查信息如何评价等。如果检查者只是听课，不做任何记录，很难做到客观公正地评价每一位授课者的教学情况。因为每个听课者的专业知识、专业理念或者评价角度都会有差异，这难免会影响检查结果的有效性。

4）检查型听课者应尽量避免授课教师的紧张心理

由于是检查型听课，授课教师难免会紧张。其一，因为检查者是代表主管部门或者代表领导来听课，教师通常会惧怕领导或上级主管部门的工作人员。其二，因为检查型听课属于“突然袭击”，授课教师的心理准备和授课准备不一定很充分，心理的自信心难免不足。因此，检查者听课前可与授课教师进行交流和熟悉；听课者在听课时可以面带微笑、平易近人的举止去面对授课教师，并尽量配合授课教师。

5）听课者在听课后要将听课结果反馈给授课教师

听课者在听课后要及时与授课教师做短暂的沟通，这是跟授课者增进了解的一种方式，同时也是听课者提高自己对该工作的认识水平的一种方式。另外，在授课者心里，上级主管部门的工作人员或者园领导就是“专家”，她们希望得到一些“指导”或建议。即使不是“专家”，任何人听课后都会有自己的想法，因此听课者应尽量与授课者针对一些听课中的问题进行探讨。

听课者除了与授课者进行交流外，自己对整个听课活动也应该有一个书面的总结。总结的目的是为了从听课活动中提炼出一些经验或对已发现的问题提出解决策略或一些指导性意见等。这些经验、策略或指导性意见等可以结合当地实际情况进行思考，是否可以作为以点带面的内容对整个区域进行指导等。

（四）调研型听课

调研型听课主要是指高校理论工作者或行政教研人员或幼儿园园内的教研人员为了研究或探讨有关教学问题或者了解教学改革实验进展情况或者其他相关问题而进行的听课。这种听课可以把授课教师、所在班级幼儿、授课内容及其所处的环境等作为研究对象或探讨对象。因此，调研型听课具有一定的特点和具体要求。

1. 调研型听课的特点

1）调研型听课具有明确的目的性

调研型听课者在听课前，对听课的目的非常明确，而且对听课活动中需要获取什么信息，用什么方式去获取信息，都是经过反复思考的和精心准备的。因此，调研型听课者的研究意识很强，更能做到主动和有针对性地去听课。

2）调研型听课在听课前具有一定的选择性

调研型听课是根据研究需要进行有选择性的听课。如调研人员需要调查什么内容，通过什么方法或途径获取这些内容，哪些教师的授课内容与调研内容一致，选择什么班级的幼儿为听课对象等，这些都是调研人员在听课前都需要做好认真选择的。因为，同一教材不同教授教师和不同幼儿，其听课结果可能会不同。如果调研人员不进行选择或选择不科学，就可能会影响调研结果。

3）调研型听课的研讨问题具有明确的导向性和研究性

调研型听课的问题虽然经过了反复思考，但是在实际调研听课过程中，也会出现一些需要调整或解决的问题或者需要不断完善的问题。这些问题究竟该如何解决或如何完善，还是要根据研究的问题作为方向。如果调研者对需要研究的问题认识不够明确，那么调研者的听课结果就达不到需要解决的调研问题。同时,一切听课行为都是与研讨问题紧密相关的。整个听课活动就是研究的重要组成部分。因此,调研型听课具有研究性,其研讨的问题具有导向性。

4)调研型听课中的同一问题具有重复性

调研者的听课可以在同一个幼儿园内进行,也可以是在多个幼儿园进行。调研型听课可以是在同一个幼儿园内,听不同的教师上同一个课,也可以是不同的听课者听同一个教师上课。这样的情况也可以是在多个幼儿园反复进行。听课者将听课情况与调研者和授课者共同讨论。

2. 调研型听课的具体要求

调研型听课不同于评比型听课或其他听课类型。它更突出研究性等不同的特点。因此,调研型听课有一定的具体要求。

1)调研者要做好听课准备

调研者在听课前要根据调研的需要,拟订调研的问题,为什么要选择听课的调研途径,通过听课后能够解决什么样的问题。听课前准备调研过程中需要的调研表格(观察表、评价表等)、录音机、摄影机、照相机等。调研者对听课内容的相关知识准备等。同时调研者还需要事先设计在听课过程中可能会出现的问题以及解决策略等,以确保调研的准确性与有效性。

2)调研者要积极参与到教学活动中去获取资料

调研者在听课前将自己调研的目的、方法、途径等事先与授课教师沟通,征得授课教师的同意。因为有时调研资料的获取需要授课教师的积极支持和主动配合才能顺利完成。在听课过程中,调研者要虚心地把自己当成教学活动的参与者和组织者。否则,调研者不可能获得全部调研所需要的信息,也就达不到调研的目的。

3)调研者要主动听取授课教师提出的要求

调研型听课与其他听课不同的地方在于,调研型听课可能需要授课者更多的知识和配合,否则无法完成调研工作。例如,调研者要对授课者及其幼儿进行录音或者摄影,很多授课者也许会有所顾忌而影响授课质量。这种情况可能会给授课者带来一定的影响。

听课前后与授课教师的沟通也是很重要的。调研者要在听课前告知授课教师调研的主题以便更有针对性地去听课。听课后调研者要与授课教师交流并积极征求授课教师的建议或要求以便调整调研思路等。总之,调研者要听取授课教师提出的意见和要求,以确保调研顺利完成。

4)调研者听课结束后及时撰写调研成果

调研者在听课结束后要及时整理好调研资料,把记录下来的材料作进一步分析,为下一次的调研方案的制定提供依据。同时,调研的目的就是要从听课过程中提炼出一定的经验或发现一些问题而提出解决办法。这些结果就是为指导教师教学或提高教学水平或为主管部门改进或完善管理等而进行的。如果调研了不撰写调研报告等于调研工作没有开展。

第三节 幼儿园听课的要求和技巧

有的听课者认为，只要走进教室听课就行了，不需要做任何准备，也不需要遵守什么听课要求或具备一定的听课技巧。这种观点不利于听课质量的提高。为了提高听课质量，听课者在听课时需要有以下一些要求和技巧。

一、幼儿园听课的要求

听课对一般教师来说，是获取教学经验和自我提高的重要途径。幼儿园常常给教师规定了听其他教师课的任务。以此提供给教师相互学习、相互交流的机会以促进教师成长。作为教师，要学会听课以及了解听课的一些要求。

（一）听课前准备

听课者在听课前要根据自己的需要或者爱好或自己对某一知识的兴趣等准备一些问题，带着问题去听。做任何事情没有准备，就可能会变得毫无头绪，就会陷入盲目的状态。俗话说“不打无准备之仗”。因此，教师听课前需要做好准备。

1. 听课的思想准备

听课的思想准备应该从两个方面进行诠释：一是听课者的情绪准备。情绪准备是指听课者的心理准备，也就是说听课者要一心一意把心思放在听课这一件事情上，不能同时做别的事情，心神不定地去听课；二是观念准备。所谓观念准备就是指听课者要有正确的幼儿观以及相应的教育观，同时具备相关的幼儿教育经验和教育知识等。

2. 听课的计划准备

听课是普通教师的一种常态工作，这样，教师的教学水平就会在不断学习别人经验的基础上有所进步。尤其是听优秀教师的课，更是成长的一种重要途径。对此，听课前要有计划，不能盲目地去听。听课计划可以从以下两个方面去准备。一是准备听课对象，如根据自己所教领域有选择性地去听，该领域哪些教师的课值得去听；二是准备听课内容，先熟悉教材内容，哪些内容是重点，哪些内容是难点，用什么方法解决重难点等。或者在听课前用短暂的时间熟悉该课的课题名称、活动目标和具体内容等。这样在听课时就能根据自己的计划边听边思考，听课后就能与授课教师胸有成竹地进行交流，同时对自己准备的课与授课教师的课作对比分析，思考怎样弥补自己授课可能会出现的不足。

3. 听课的类型准备

听课的类型主要是根据课的内容来决定的。如健康领域中的体育课，通常采用户外游戏活动为主，语言领域的主要采用室内活动为主。对不同的课采取的听课形式会不同，有的课适合用分组活动或集体活动分别进行，有时也会二者结合进行，如科学活动。有的课适合用个别活动或小组活动为主，如绘画活动等。当然，这种形式也不是绝对的，教师还可以根据本园本班幼儿的实际情况来决定。每个授课教师都可根据自己观点进行课的设计。如果听课者事先对课的类型有个准备，在听课的时候就会结合起来考虑该课应注意的事项，以及应该重点观察哪些授课内容，这样对提高听课质量有很大帮助。

4. 听课的环境准备

在本园听课的优势，就是对本园的环境一般比较熟悉，听课者知道哪个年级哪个班在什么地方。但是听课者应该事先熟悉要听课班的室内环境，自己坐在哪里更合适。对于到自己不熟悉的幼儿园听课，听课教师要提前去熟悉环境。有的幼儿园的教学楼栋数较多，班级较多，如果不提前熟悉，很容易走错听课地点，造成对授课教师的打扰，或者没有达到自己想听的班级或者想听的课的内容。

（二）听课者的角色要求

听课者的角色定位直接影响着听课的效果。如果听课者准确定位自己的听课角色，就会抱着谦虚、诚恳、学习的态度去听，这样的听课效果会很好。一般幼儿园里的听课角色是根据幼儿园活动的参与者来确定的。幼儿园里课堂活动的角色一般有幼儿、教师、管理者三个角色。

1. 从幼儿的角度听课

听课者要从幼儿的角度听课，才能够根据幼儿的需要去认识授课教师是否依据幼儿的发展水平来开展授课活动。听课者能抱着谦虚的态度去“学习”这堂课，才能更完整地分析听课的内容。

2. 从教师的角度听课

听课者要从教师的角度听课，才能够根据教学的需要去认识授课教师对课的准备和讲授是否科学、恰当，是否能够体现教师的教学水平和教师的基本素养。首先，听课者从专业的角度去分析和判断授课教师的教育理论、教学经验、教学方法是否符合幼儿园教师的专业标准；其次，听课者从教师的角度去观察课堂状况，尽量捕捉授课教师的闪光点给予肯定；最后从教师的角度去发现授课教师的缺点，委婉地提出改进意见。

3. 从管理者的角度听课

听课者从管理者的角度去听课，才能较全面地去分析授课情况，发现授课活动中存在的问题是否是幼儿园中教师们在教育实践中也普遍存在的问题。哪些教师拥有什么特长，自己应该怎样学习，哪些教师存在不足，自己应该怎样避免等。听课的最终目的就是为了提高教师的教学质量。

（三）听课过程中的注意事项

为了确保听课质量，在听课活动中需要注意以下一些内容：思考活动方案的设计与实施情况、教师在活动中的表现、幼儿在活动中的表现、活动效果等。

1. 思考活动方案的设计与实施情况

活动方案是教师在授课前所做的对活动的设计，包括活动目的、活动内容、活动的重难点、活动方法或形式、活动准备、活动步骤或者活动环节等。在听课过程中分析授课教师是否达成了活动方案所计划的目标。其目标是否清晰和准确，是否具有可操作性。活动过程中其目标是否灵活地实现了。活动内容是否紧紧围绕活动目标开展的。如果活动内容没有与活动目标一致，说明授课教师“跑题”了。活动过程中授课教师是否把握好了授课内容的重难点。是用什么方法解决的重点、什么方法解决的难点。重难点在时间分配上是否合理等。授课教师是否根据授课内容进行了相应的物质准备(物质准备包括教学玩具和环境的准备等)。对幼儿来说，其思维方式主要以直观形象思维。物质准备就是为了让幼儿在直观可见的条件下进行学习。有的新教师或年轻教师把自己准备的教玩具等作为摆设，不能很好地加以利用。作者常跟试讲学生说："没有物质准备，你的试讲不能过关。同时，根据需要而准备，准备了就要充分应用。"此外，听课者还要看授课教师的教学步骤或者教学环节的逻辑是否严谨、环节之间的过渡是否自然、重要环节是否突出、导课环节是否巧妙、结束环节是否自然和是否符合该课的特点等。

2. 观察授课教师的活动表现

听课者在听课活动中要观察授课教师的表现。因为其表现直接影响着授课效果。如授课教师的教育理念是否陈旧，教学方法是否恰当，教学中的肢体语言是否丰富，教学提问是否有效，对幼儿的回应是否及时且合理等。

1）授课教师的教育理念

授课教师在整个教学过程中，能够或多或少表现出其目前所树立的教育理念。如，以幼儿为主体、尊重幼儿的平等权利、好动是幼儿的天性、以游戏为幼儿的基本活动等。听课者注意观察授课教师在授课活动中是否注意应用了这些教育理念，看教师的教育理念是否符合教育规律和幼儿身心发展规律等。

2）授课教师应用的教学方法

授课教师在授课过程中选择了什么教学方法。所选择的教学方法是否与授课内容相匹配，是否灵活多样，是否能激发幼儿的学习兴趣。授课教师选择什么方法来解决重点，什么方法解决难点。即针对不同内容选择的方法是否恰当。这些方法是否具有新颖性或艺术性。听课者在听课过程中应该考虑这些问题。听课者还要考虑这些方法是否能够最大限度地促进幼儿的发展。

3）授课教师表现的肢体语言

这里讲的肢体语言不仅指肢体工作语言，还包括教师的表情或情绪情感等。有的教师在授课时几乎没有任何的肢体语言。面目表情呆板。作者常对学生讲：给幼儿上课情愿做一个"疯子"，即性格活泼开朗，用积极的情感、丰富的动作和表情、生动幽默的语言去吸引幼儿的注意力。我认为，一个面无表情的教师是不适合做一个幼儿园教师的。因此，听课者要去观察授课教师是否面带微笑、语言是否亲切自然、眼神是否温和，即该授课教师是否让幼儿产生愉快的学习心理。当然，在某些活动中，也需要授课教师的语言或动作尽力夸张。总之，授课教师的肢体语言要尽量丰富多变又恰到好处。

4）授课教师提问的有效性

有的教师授课时在自己讲完一句话或者幼儿回答或做出一定表现后总爱加上一句："是吗？"这是在做一个提问吗？显然这是授课教师的习惯性口头语。因此，听课者要观察授课教师的提问是否有效。教师应根据授课内容进行不同层次的提问。听课者要主动关注授课教师的提问。授课所提的问题是否能够激发幼儿的思考和引起幼儿的注意力，是否能够引导幼儿进一步的学习，是否能够开启幼儿的智慧等。如以幼儿语言教育活动中教师在新旧知识的连接点提问为例：在《小猴卖"0"》中，教师先出示"0"形状，请幼儿猜一猜这是什么。这一问，马上就把幼儿的已有经验调动起来，他们有的说是鸡蛋，有的说是游泳圈，也有的说是数字 0（零）……教师接着又提了一个问题："小猴卖'0'，谁会来买？买来干什么？"这就又引起幼儿对新知识的思考，启发幼儿的智慧。

5）授课教师营造的师幼互动情况

《纲要》中特别强调：教师要关注幼儿在活动中的表现和反应，察觉幼儿的需要，同时做出及时的回应，形成良好的师幼互动。所以，听课者要积极观察授课教师所营造的师幼互动情况。

首先，授课教师是否关注到幼儿的表现并做出及时的回应。如教师是否对想发表自己观点的幼儿或想参与某项活动的幼儿有所关注。其次，授课教师对幼儿已有的表现有无应答。如幼儿发表了自己的观点或已参与了某项活动，教师有无回应即肯定还是否定。如有的授课教师在对幼儿使用积极肯定的语言如“你真能干！”“你真厉害！”“你真棒！”时过于频繁，让这些表扬显得如家常便饭，没有任何新意。因此授课教师要合理使用这些肯定语言。授课教师也可以通过简单肢体语言如竖起大拇指或其他肢体语言代替等。一般对幼儿而言，不宜采用过度否定的语言甚至批评的语言，应尽量委婉些。最后，授课教师组织各种方式的活动进行师幼互动。如授课教师通过提问进行师幼互动，通过引领示范等方式开展师幼互动，通过与幼儿共同参与活动进行师幼互动等。

3. 观察活动中幼儿的表现

《纲要》中规定：要“以幼儿发展为本”。因此，授课教师在授课过程中要充分尊重幼儿自主学习的权利和创造的权利，让幼儿在学习活动中表现出愉快的情绪。所以，听课者要从以下几方面去观察幼儿在活动中的表现。

1）从幼儿自主性表现去观察

我国总的教育目标是促进幼儿的全面发展，培养人格完整的人。而要实现这一总目标，就需要授课教师为幼儿营造自主学习的环境和自主探究的空间。让幼儿在相互学习、相互交流等氛围中实现自主学习。如教师让幼儿选择头饰进行角色扮演时，不应该强制分配角色，而应该由幼儿自主选择头饰扮演自己喜欢的角色。听课者在观察幼儿角色分配时，授课教师是采取的哪种方式让幼儿进行的角色分配。

2）从幼儿的创造性去观察

教育家陶行知曾说过：“处处是创造之地，天天是创造之时，人人是创造之人”，并提出“六大解放”即解放儿童的眼睛、头脑、双手、嘴、空间、时间。所以，听课者要观察授课教师是否为幼儿营造了创造的环境，让幼儿在自由的空间开展活动。幼儿的创造行为或新异的想法是否得到了鼓励或支持。

3）从幼儿的思考能力去观察

传统教育常常是授课教师向幼儿提问，幼儿只是根据授课教师的提问被动地回答，这不利于幼儿思考能力的培养。而现代教育要求授课教师积极引导幼儿思考，主动发现问题或向授课教师提问。因此，听课者要主动观察授课教师在培养幼儿思考能力方面做得如何。如幼儿发现地面是湿的，授课教师引导幼儿猜一猜：为什么地面是湿的？“可能有人不小心把水洒在了地上。”“可能是下了雨，地面还没有干。”授课教师尽可能引导幼儿从多种角度去思考，养成幼儿思考的习惯。

4）从幼儿在活动中的体验去观察

听课者观察幼儿在活动中的体验主要是两个方面。一方面是看幼儿在活动中的体验过程是主动的还是被动的，即幼儿是自己听、想、说、做、感受，还是由授课教师代替幼儿说和做。如果是后者，那么幼儿并没有亲自去体验。这样的话，幼儿就没有真正成为学习的主人。另一方面是看幼儿在体验过程中的情绪情感表现是积极的还是消极的。如幼儿的游戏活动，就强调幼儿要有愉快的情绪体验。其他活动也是如此。如果幼儿觉得授课教师组织的学习活动是枯燥乏味的，那么幼儿就不会有愉快的情感体验。这样的课就需要改进。

4. 分析活动效果

听课者一边听课一边在头脑中整理授课情况。听课结束后，该活动的效果就生成了。为了更准确地获得活动效果，通常听课者要回顾一下自己所做的听课记录，或者与授课教师做进一步的交流，或者与其他同行沟通后再对该课程效果做结论。

对课程活动效果进行分析时主要从以下几方面进行。

1）从活动目标的实现情况看

听课者要根据听课前所了解到的授课教师设计的教学目标来衡量授课结束后其目标是否实现，实现的程度如何，授课教师是怎样让幼儿达到这些目标的。听课者要思考教学目标与学习目标是否还存在一定的差距。好的教学效果通常是教学目标与学习目标达成一致。如授课教师是否关注幼儿经验的获得或能力的形成；是否仅仅局限在知识目标上；是否将经验的习得延展到情感的培养等方面以促进幼儿全面发展。

2）从整个活动的氛围看

听课者要观察授课教师是否为幼儿营造了宽松的学习氛围，令幼儿在活动中获得愉快的体验。授课教师是否善于应用肢体语言吸引幼儿的学习兴趣，是否善于巧妙地鼓励幼儿，引导幼儿乐学等。

3）从幼儿在活动中的表现看

《纲要》中规定："要面向全体，促进每个幼儿富有个性的发展。"听课者要观察授课教师是否关注每个幼儿的发展。关注每个幼儿的发展是授课教师的职责。在独生子女时代，如果教师忽视了班上一个幼儿的成长，对授课教师几乎没有任何影响，因为他仅占班上的百分之几。但是对一个家庭来说就是100%的孩子没有得到很好的发展。即使现在二胎政策开放了，对于一个家庭也是50%的孩子没有得到很好地发展。因此，授课教师要关注每一个幼儿的表现以及幼儿的发展。授课教师关注幼儿在活动中表现的具体内容主要有：幼儿是否积极探究，是否积极与同伴合作交流，是否对教师的提问积极思考等。

（四）听课时要及时做笔记

听课者要想对听课活动得出恰当的结果，还需要对听课活动做详细和及时的记录。其中记录的重点主要有以下一些方面。第一，记录听课的时间（有的课受时间的限制，讲寒冷冬天的内容，而幼儿正生活在炎热的夏天）、授课对象（幼儿年龄不同，对幼儿的要求和达到的目标也会不同。）、授课教师、活动名称、领域内容、活动内容以及活动类型。第二，记录活动的主要内容、授课环节、授课方法、授课的物质准备、时间分配、授课形式、授课环境等。第三，记录授课的教育思想、领域内容的整合、授课内容处理情况（如是否对原教材有改变即创新）、授课方法是否有更新等。第四，记录幼儿在活动中的表现如幼儿的语言、动作、表情等。

二、幼儿园听课的技巧

（一）以宽容和欣赏的态度去“品”课

幼儿园听课的技巧

授课教师常常在授课结束后都会去回忆自己已经授完的课，总能发现哪些地方还可以改进，还能将课上得更好。事实上，要真正做到“尽善尽美”是很难的。因此，听课者要怀着宽容和欣赏的态度去听课，不能处处指责授课教师的这样或那样的不足，要根据该堂课自己需要选择哪方面去重点听。听课者要善于去发现授课教师的长处。即使发现了瑕疵，也要尽量宽容。无论多优秀的授课教师，无论问题大或小，总会存在这样或那样的问题。听课者要以欣赏的态度去听课。假如听课者一堂课找到一个优点，那么从N堂课就会找到N个优点，从而加以吸收、综合于自己一身，那该是多少个优点。这样的教师不优秀都不行。

听课者在以宽容和欣赏的态度听课的基础上，还要学会“品”课。所谓“品”，就是要用心去慢慢体会和感受。一般听课是上级主管部门或园领导、教师参与。听课者不能以“行家里手”自居，或对所听的课不以为然。这样的态度是没有用心去听课，更不能“品”出课的关键东西。这样的听课是毫无意义的。品课就是要体会出其中的优劣，就是要从多角度、多层面去分析课，也是提升听课者自身修养的一种谦虚的态度。

（二）听课的位置选择

一个教师能够留给听课者可以坐的位置一般有教室的前面靠近讲台处、过道和教室最后面的地方。很多听课者愿意坐在教室的最后排，认为这样对授课教师和幼儿都不会形成一种干扰。普遍认为坐在教室的前面或者过道处会对授课教师和幼儿造成一定的影响，或者给授课教师和幼儿形成一定的压力。事实上，听课者尽量将自己融入授课教师所组织的活动中去，最佳的位置应该是在前排。首先，对授课教师观察得更完整，对授课教师的表情、动作以及与幼儿的互动等都能够看得更明白，对授课教师的声音能够听得更清楚。其次，听课者对幼儿的表现能够看得更真切。如果听课教师坐在教室的最后面，只能看见幼儿的后背和后脑，难以看见幼儿的表情和具体的动作。如果坐在过道，不方便授课教师与幼儿互动或者授课教师在教室走动、观察幼儿等。因此，听课者坐在前排，更容易把自己当作幼儿积极参与和融入授课教师组织的活动中。

（三）抓住听课的对象

1. 听课者关注点的内容

1）听课者要关注幼儿的表现

幼儿的表现不同，听课者获得的信息就会不同。因此，听课者要关注幼儿的具体表现。第一，关注幼儿在活动中的情绪包括求知欲、好奇心、注意力、兴趣、需要等。第二，关注幼儿是否全员、全过程参与活动。一般有经验的授课教师基本上能够做到让每个幼儿参与到活动中，但是有的新教师或年轻教师就很难做到这一点。由于幼儿具有好动的特点，授课教师是否做到让幼儿全程参与到活动中。有的授课教师自己讲解占用了大量的授课时间，而真正留给幼儿活动的时间很少。第三，关注师幼互动情况和幼儿在活动中的表现。授课教师是否为幼儿营造了民主、平等、和谐的师幼互动氛围。幼儿在这样的氛围中是否表现出更多积极的学习行为，如交流、合作、分享等。不同听课者的关注点是不同的。这跟听课者自身的知识或专业背景有关。

2）听课者关注教学目标的实现情况

教学目标是否实现是判断一堂课好坏的重要标志。一般教学目标包括知识、情感、能力(简称知、情、能)三个方面。只有将三个方面的目标真正统一起来,才能培养出全面发展的完整人。因此,授课教师一般会根据这三个目标结合幼儿的学习内容和幼儿的年龄特点来制定具体的目标。授课教师是否达成了事先拟订的教学目标是听课者关注的一个重要内容。

3）关注幼儿园课程资源的利用

对于幼儿园教师来说,课程资源的利用一般有以下几个方面。一是对教材资源的利用,即对授课内容是照搬教材内容还是根据自己的理解和借鉴别的多种教材有所改编。二是对物质资源的利用,即对教学玩具的准备是否多样和充分。有的教师只准备多媒体课件,或只准备头饰等,有的教师在准备头饰时又机械死板,不能有所创新。三是社区资源或家长资源的利用。如开展体育活动课“打保龄球”,其材料准备是否由家长或社区提供。如材料可以是易拉罐,也可以是硬纸筒截成小节,也可以是矿泉水瓶等,幼儿园提供的小皮球。

4）关注授课教师的教学方法和教学策略

授课教师的教学方法和教学策略的选择与应用直接影响教学效果。教学方法一般有操作体验法,演示、示范和范例法,游戏法,探索发现法,讲解讨论法等。针对不同的内容和不同年龄段的幼儿,授课教师选择和应用的方法会不同。教学策略一般有自主性教学策略、探究性策略、激励性教学策略等。教学策略的应用主要根据教学内容和课的类型来选择。

2. 听课者的视角

不同听课者的视角是不同的。一般情况下,听课者的身份和需要不同,其视角也会不同。如上级主管部门的工作人员听课就是属于检查型听课,其目的主要是了解政策的落实情况或为下一次的改进提供依据。园内评选优秀教师听课就是属于评比型听课,其目的是评选出优秀教师而采取优胜劣汰。普通教师学习老教师听课就是属于观摩型听课,其目的主要是学习先进经验或好的教学方法等,取人之长来补己之短。研究人员的听课就是属于调研型听课,其目的主要是发现先进经验以便推广或发现问题以便纠正等。

3. 抓住授课的重难点

通常听课者只带支笔和本子就去听课,很少对听课内容做进一步的分析和整理,更不会去熟悉授课内容,当然就不知道授课的重难点。在教学过程中,对授课内容重难点的把握是判断其授课时间分配、幼儿参与情况的主要依据。如果不是授课的重点,教师却分配了大量的时间,幼儿参与过多,那么就不利于教学目标的实现,就更谈不上有良好的教学效果了。一堂课上得好,一般要看授课教师让幼儿从不会到会,从不懂到懂,从不熟练到熟练的过程,也就是目标一步步实现的过程,这是教学重难点的体现过程。因此,听课者要抓住重难点去听。

（四）尽量挖掘讲课教师的闪光点

听课者尽量去发现授课教师的闪光点,即使再不成功的课也会具备一些闪光点。例如有一次，我们请来某园教师为国培学员上示范课“生活与游戏中的数学”，授课内容是学习数学10以内的组合。我们要求该教师只需要上30分钟左右。结果幼儿对该教师的课非常感兴趣，该教师不忍心打断幼儿的兴致，最后该堂课进行了1小时左右。我当时认为该教师不能很好地分配自己的教学时间。可是我们的学员们却大加赞赏，认为该教师很了不起，因为他们通常只跟幼儿几分钟或者最多10分钟就能够把课程内容结束了。原来在生活与游戏中让幼儿学习数学，令幼儿如此感兴趣。因此，尽力发现授课教师的闪光点，同时能够鼓励授课教师以后能够大胆面对别人听课，就能发挥得更好。

（五）关注听课细节

听课不只是关注重要的方面或者核心的方面，认为其他方面不重要。这是不对的。人们常说：“细节决定成败。”细节同时是个人内心修养或者专业素养的真实体现。要想听课水平不断提高，就必须关注听课细节。

首先，听课者要与幼儿一起遵守纪律。虽然听课者与幼儿的任务不同，但是二者同坐在一个教室里，在听同一个人讲话，共同参与在同一个活动中，听课者就是课堂的一个成员，理当与幼儿一样遵守纪律，融入课堂中去，才能更好地虚心“学习”。

其次，听课者要把自己当作活动的参与者。既然听课者参与到授课教师组织的活动中，就应该把自己当作活动的参与者。当授课教师赞扬幼儿时，听课者也可以与幼儿一起鼓掌以示对同伴的鼓励。当授课教师做得精彩的地方也可以投去赞赏的目光。同时，在整个活动中，听课者不能有事不关己的态度，要设身处地地思考：假如我来教这堂课我又该如何做等。只有这样，才能提高听课效果。

（六）听课的有效联动即眼、耳、手、心“四到”

优秀教师不是生来就优秀，而是经过了千锤百炼。其中一种提高教学水平的方式就是通过大量的听课成就了现在的优秀教师。听课过程就是不断获取别人经验和自我提高的过程。有效的听课过程离不开听课者的认真看、听、想、记等多种行为。这就要求听课者做到“眼到”（认真观察教师的教态、表情、肢体语言、所出示的物质准备、幼儿的表现等）、“耳到”（仔细听师幼对话等）、“心到”（一边理解授课内容、授课教师的教育理念和教学方法的使用等，一边与自己的教学思路作比较）、“手到”（用手记录所看所想所感等，尤其是记录授课环节、授课重点、难点、亮点，以及新颖的观点或想法等）。听课时不可能将看、听、想、记等截然分开，通常会将这些行为统一在听课的整个活动中，最终做到有效联动地进行听课。

学习任务

（1）幼儿园听课的特点有哪些？

（2）幼儿园听课主要类型的特点与要求有哪些？

（3）幼儿园听课的技巧有哪些？

（4）尝试在网上收集一堂幼儿园优质课并与同学共同分享。

扩展阅读

教学观摩活动需要我们看什么

沈心燕

教学观摩活动是教师有目的、有意识地对教学过程主动观察与思考的学习和研究活动，为此，观摩中教师不仅要有目的地看，更要深入地想。

一看教师的行为

观察教师的“教”是怎样为幼儿的“学”服务的。具体而言：看教育目标和教育内容的价值取向是什么——教师对教学目标的确立与内容的选择是否符合先进的教育理念，符合幼儿的兴趣与发展需要，贴近幼儿的原有经验，有一定的挑战性，对幼儿有意义有价值；看环境的创设和利用能否对不同幼儿的学习有支持作用——幼儿的学习环境是否蕴含教育目标，能否引发幼儿的问题意识和积极而有意义的活动，能否支持不同幼儿的主动学习；看教育过程中教师是如何关注和支持幼儿主动学习的——教师能否把握幼儿的原有经验，引发幼儿的思维活动及与环境的相互作用，能否随时关注不同幼儿的想法与做法，并为他们各自的主动学习及时提供适宜的支持；看对幼儿的原有经验、学习特点及对学科特点和学习重点是如何把握的——教师的教育方式是否符合幼儿的认知规律和学习特点，符合学科的基本规律，使教学能引导幼儿主动而有效地学习。

二看幼儿的行为

观察幼儿学习的主动性和有效性。具体而言：看幼儿学习的状态——幼儿是否表现出持续专注而有兴趣的学习状态；看幼儿学习的过程——幼儿是怎样学习的，以什么方式学习，他们行为的意义和原因是什么；看幼儿学习的效果——幼儿在学习中有否“获得”，是通过什么方式“获得”的，这种“获得”对幼儿有什么意义。

三看联系

观察教育目标、教师行为与幼儿实际反应之间的关系是什么。具体而言：看教育目标、教师行为与幼儿行为及倡导的教育理念是否一致——教师希望幼儿在活动中获得什么，他们获得了没有，其中的原因和意义是什么；看教师行为对幼儿产生的影响是什么——教师的教育行为是否对幼儿产生积极而有效的影响，是否有助于幼儿的主动学习和发展，是否体现所倡导的教育理念；看幼儿行为与教育行为的互动关系——教师能否依据幼儿的行为反应。随时调整自己的教育行为和教育目标。

（资料来源：节选自沈心燕. 让教师成为观摩活动的真正受益者. 幼儿教育导读（教师版），《学前教育》（京），2008(4).）

第八章 幼儿园说课环节——试讲课

说课是幼儿园重要的教研活动形式之一，也是提高教师教学技能的重要途径。幼儿园经常开展说课，对加强教师之间的联系，增进友谊等都有极大的好处。掌握说课技能，是幼儿园教师教育教学素质的重要组成部分。本章主要从说课特点、说课构成、说课类型、说课方法、说课艺术、说课撰写等方面进行阐述。

第一节 幼儿园说课的意义与特点

一、说课的来源及含义

（一）说课的来源

“说课”这一教研活动最早诞生于河南省新乡市红旗区。在1987年年底时，红旗区为参加市“教坛新秀”的评比，需要选出本区的参赛选手。但当时正是期末，新课程已上完，采用上课评选的方式已不现实。这时有人提出选几堂课，重点听一听教师的课堂设计。听课后，教师们都认为这种方式省时、高效、简便易行，而且还能考评出教师的教学水平（包括理论水平和教学能力），于是借鉴戏剧界导演“说戏”一词，就把这种教研活动命名为“说课”。红旗区教委及时抓住这偶然一得，经过几年的试验、研究和推广，最后完成了由偶然到必然、由感性到理性、由自发到自觉的过程，形成了一套完整的说课体系。1992年“全国说课研究协会”成立后，创办了《说课研究》《说课动态》等刊物，1993年出版了《说课探索》，进行了说课的理性探讨，后来出版了《说课论》专著。

说课有一定的理论支撑。德国控制学者弗兰克博士于1962年提出的教育控制论是说课的理论依据。该理论认为，教学是由六个相互影响和制约的因素构成的——教学目的、教学内容、教学方式、教学媒介、心理环境和社会环境。教师只要对这六个因素施以影响和控制，使整个教学活动和教学过程目的更明确，内容更丰富，方法更灵活，教学手段和教学环境与学生的实际更相符合，就能更有效地提高课堂教学效果。

（二）说课的含义

对于说课的含义，不同的教师、不同的专家的理解是不同的。从教育学的角度来理解说课，是指教师以一定的教育理论为指导，在教学设计（认真备课）的基础上，面对同行、领导、专家，主要用口头语言和有关的辅助手段系统而概括地解说自己对具体课程内容的理解和对教学内容重难点的确定，阐述自己的教学观点，表述自己具体执教某课的教学设想、方法、策略以及组织教学的理论依据等，并对教学效果进行预测和反思的教学研究过程。时间一般控制在 10～20 分钟。

从幼儿园教育角度来理解说课的含义，是指幼儿教师以幼教理论为指导，以《纲要》《3～6 岁儿童学习与发展指南》等为依据，结合所学教材和幼儿的实际情况，主要以口头语言表述对教育活动的具体分析、设计及其理论依据的过程。简而言之，幼儿园说课，就是把对幼儿教什么，怎么教，为什么要这样教说清楚。其中，还应该将教学设计的理由说清楚。幼儿园的说课时间一般在 3～10 分钟。因为幼儿园的授课内容和授课时间都相对少于学龄阶段的儿童，尤其是小班，一般在 15～20 分钟。但是很多幼儿园还是整齐划一的授课时间，实际上执行的授课时间是 30 分钟左右。事实上，说课时间还可以根据具体情况进行灵活安排。如我省最近几年的教学技能大赛的说课时间规定在 3 分钟。

二、说课的意义

幼儿园说课的意义

（一）说课可以优化课堂教学和提高教学质量

一般的教师备课都只是简单地备怎样教，很少有人会去想为什么要这么备课，备课缺乏理论依据。通过说课活动，可以引导教师去思考：为什么要这样教学？这就有助于提高教师备课的质量。教师通过说课，可以进一步明确教学的重点、难点，理清教学的思路。这样就可以克服教学中重点不突出、训练不到位等问题。说课是备课内容的外现，是上课的预演和操练，是教师走上讲台前的舞台，以提高课堂教学效率为目的。

（二）说课是新课程下教研的重要途径

以往的教研活动往往“只教不研”，听课的老师也不一定能理解授课老师的意图，导致教研效果不理想。通过说课，让授课教师说明自己的教学意图，说明自己处理教材的方法和目的，让听课教师更加明白应该怎样去教，为什么要这样教，使教研的主题更明确，重点更突出，以提高教研活动的效果。另外，我们还可以通过对某一专题地说课，统一思想认识、探讨教学方法、提高教学效率。

（三）说课有利于教师专业的发展和提高

说课要求教师具备一定的理论素养，这就促使教师不断地学习教育教学理论，提高自身的理论水平。说课还要求教师用语言把自己的教学思路及设想表达出来，这就无形中提高了教师的语言组织能力和表达能力，有助提高教师的专业素质。

在一定意义上，说课对教师的促进作用是其他任何方式方法都不能取代的。从这个角度来看，说课对教师素养的提高和专业成长的帮助具有特殊的作用。

(四)说课为总结、交流、传播优秀教学经验提供了平台

幼儿园教师可以通过对教学实践的总结,把自己的教学观点、教学认识、教学经验等提炼成一定的理论,如教师通过教学随笔、教学日记、教学感悟等把所思所想的东西记录下来,这也是一种教学研究形式。教师通过说课来反思自己的得失,加深研究,使备课思路变得更加清晰。说课在一定意义上为我们广大教师提供了教学经验总结、交流、推广的平台。教师要充分利用这个说课平台,在最大的范围内进行交流,概括,总结教学经验,集思广益,相互学习,博采众家之长,克服各之所短,少走或不重复别人走过的弯路,以促进教师整体水平的大幅度提高。

三、幼儿园说课的特点

幼儿园说课是幼儿园的一种教研活动形式,是提高教师教学水平的重要途径。它是经过执教者把整个活动的各种要素加以提炼而成,并对整个活动方案经过周密思考才可能完成的工作。因此,幼儿园说课与其他说课一样,具有一定的特点。

(一)确保说课的科学性

说课的科学性主要是通过正确的教育观、儿童观、严谨的逻辑思维能力和正确的判断力等来体现。确保幼儿园说课的科学性主要有以下几个方面:一是说课以科学的理论为依据。应该以科学的儿童发展理论、幼儿教育理论、幼儿园课程理论以及我国的《纲要》《3～6岁儿童学习与发展指南》等为依据,以促进幼儿发展为起点,以提高教学质量为终点。二是说课要素与实际情况相一致。幼儿园说课的科学性还表现在说课时要考虑教学的各要素与幼儿的现有特点相一致,教学手段与幼儿园以及教学的实际情况相吻合。三是说课要符合教育规律和幼儿的身心发展规律。说课不能主观臆测,要有一定的理论依据作为教学的背景。

(二)确保说课的可操作性

说课的可操作性主要是体现教学实事求是的过程,即教学各要素能否在教学过程中得以具体实现。在整个说课过程中,为确保说课的可操作性,主要应从以下几个方面着手。

一是对授课对象“幼儿”的了解。教师要了解幼儿的年龄特点即幼儿的一般特征,同时要了解幼儿的个别差异,知道幼儿的兴趣、能力以及现有经验,预测幼儿在教学过程中可能会怎样表现等。

二是对上课目标的确定及其操作性。教师要准确确定教学目标,该堂课的教学目标要符合幼儿自身的发展规律,目标与幼儿的现有经验之间的最近发展区是否得以体现,目标能否通过教学得以实现等。

三是整个教学过程的流畅性。教师在说课时的教学风格、表达风格和教学步骤应始终要保持一致,以体现教师自身的教学特点。

(三)确保说课的全面性

教师说课要树立促进幼儿全面发展的观点,在整个教学过程中体现整体意识,即面向全体幼儿教授该堂课的全部知识。说课期间要做到点面结合、局部与整体结合,具体表现

在以下几方面。

(1) 教学目标的全面性。教师在说课时要把事先制定的教学目标完整地说出来，如与教学内容紧密相关的知识目标、情感目标、能力目标等。教师要把哪方面的教学内容能够促进幼儿哪方面的发展即每个目标的具体实现说出来。

(2) 教学过程的整体性。教学过程一般包括教学的开始、过程和结束。教学过程提供的信息应该是全面的，也就是能够对指向目标的实现。这样就避免了某一环节与整体不一致的情况或者严重跑偏的现象。

(3) 教学手段的灵活性。教学手段一般包括教师教学时需要的教玩具、多媒体以及其他物质准备等。教师在教学活动中要做到首尾呼应，教学手段与教学内容紧密相关，相得益彰，恰到好处地加以应用。

(四) 确保说课的客观性

说课的客观性主要是要实事求是，突出一个“真”字，即真实地实施该说课内容；突出一个“实”字，即实事求是地照说课的内容去做。说课的客观性还体现在对教材、幼儿、教学方法以及自身素质进行实事求是的分析等。

第二节 幼儿园说课的构成

幼儿园说课的构成要素较多，但是主要有说教材(包括说教学目标、说教学内容、说重难点、说教材的处理情况)；说学情；说活动准备；说教法；说活动过程；说教学特色等。

一、说教材

幼儿园说课的构成：说教材

说教材的目的是明确教师要教给幼儿什么。这就需要教师确定幼儿学习内容的范围和深度，以及学习内容之间的内在联系，即什么是基础知识或基本技能，什么通过练习或操作后能够进一步获得知识等。因此，说教材主要有五个方面。

(一) 说教材的地位及作用

说教材一般是说明本堂课的课程名称并介绍来源即说明本堂课程内容来自的教材及其审定、出版的单位名称，是整个教材的第几课或第几页等。教师需要说出对教材的整体把握，就需要明确本课在整个学段、一个年级的教材系统中所处的位置及其作用。只有明确了这一点，才能在教学中重视前后知识的内在联系，准确认定教材的重点和难点，从而提高课堂教学效率。即什么样的知识或技能是幼儿应该掌握的，什么样的知识或技能是幼儿通过多项练习可以达到的，什么样的知识或技能是可以延伸和应用的等。

(二) 说教学目标

要依据教学总目标、幼儿园本学期的教学目标、本门课的课程目标、单元目标的总体要求确定本堂课的课时目标，实现教学目的并能利用现有技术加以确定。按照新课标确定的三维目标，重点确定以下三个具体目标：认知目标、情感目标、动作技能目标。教学目标越具体越容易操作。同时，教师要说出每个目标是通过什么样的内容、用什么样的方法或途径达成的。

(三)说教学内容

要围绕本堂课程内容的中心或主题,把知识学习、能力培养与情感体验有机地结合起来,让幼儿从一个中心或主题出发,既获得了知识,又在能力方面得到提高,情感方面得到升华。要根据课程教学内容,做到接受学习与发现学习并重,注重从幼儿生活体验出发,激发幼儿的学习兴趣,鼓励幼儿想象、思考、表达、体验,让幼儿通过自己参与活动来建构新的经验。

(四)说重难点

重点是通过师幼互动着重理解、掌握或感悟的部分,旨在把握本堂课程内容的核心与关键。难点是掌握本堂课程内容的梗阻或隔断。重点与难点不能等同,但有时可能一致。要有突出重点的程序与策略,解决难点的措施与办法。“说课”中的重难点主要是指在什么样的背景中形成的,以及破解重难点的不同方法。教案中“上课”的重难点是指出教材中的重难点是什么,不需要说明怎样形成的或者不需要说明原因。

(五)说教材的处理情况

说教材的处理情况包括对教材内容有无改动,即有无删除、减少、增加或创新等。如让幼儿学习儿歌《小老鼠上灯台》。原版儿歌的内容是,小老鼠,上灯台;偷油吃,下不来;喵、喵、喵,猫来啦;叽里咕噜滚下来。由于教室里没有滑梯或者其他可以提供的滚动器材,因此,可以将儿歌中“叽里咕噜滚下来”可以改为“叽里咕噜跳下来”。虽然幼儿没有体验到儿歌中“滚”的乐趣,同样可以感受到学习儿歌《小老鼠上灯台》中“跳”的乐趣。因此,教师可以将自己处理教材的亮点说出来,如对教材的重新组合、调整以及对教材另类处理的设计思路。

二、说学情

学情是包括幼儿的经验准备或者幼儿学习本堂课的基础状况,是本堂课的教学依据。学情直接决定着教学内容、方法、手段等的选择。

(一)说幼儿的经验准备或知识准备

从本堂课程内容出发,对幼儿的学习情况进行分析,主要分析幼儿原有的知识技能与本堂课程应掌握的知识技能的联系、衔接与提升,原有的掌握知识技能的过程、方法与本堂课程应持有的过程、方法的延续改进与完善,原有的情感态度、价值观与本堂课程应树立的情感态度、价值观的迁移、转化与升华。在分析学情时,也要分析幼儿的心理特点和学习背景与该堂课的教学内容的关联性等。因为有时任该班课的教师了解到幼儿有一些特殊的学习习惯或学习方法,也会影响到教师对课程内容和教学方法的选择等。

奥苏贝尔认为,学习的实质是新知识与幼儿认知结构中原有知识通过相互作用,发生非人为的和实质的联系,即新旧意义的同化,其结果是新知识结构、认知风格等方面存在着差异,所以在进行课堂教学之前,探究幼儿的起点能力是相当重要的。然而,这点常常被说课者忽略。

（二）说学法

说学法要说出幼儿在本堂课要学会什么样的学习方法及选择学法的理论依据。教师根据教学目标和学习内容提出幼儿的具体学习方法，说明幼儿要“怎样学”和“为什么要这样学”。教师要说清楚通过什么样的学习方法使幼儿可以获得经验和形成能力，在学会和会学的转化上怎样学习。如绘本故事“我是山大王”，教师通过幼儿看绘本图片、讨论、表演的学习方法来实现对“我是山大王”绘本故事内容的理解。因此，学法是根据学习目标确定的，其出发点和理论依据就是“以幼儿为主体”，要注意坚持使教法有利于突出重点，突破难点，符合幼儿的认识规律和年龄特征，而不是为了翻花样，追求形式花哨。在教学过程中，通常教学方法有时也是学习方法，如观察法可以是教法，同时也可以是学法。一般情况下，幼儿的学习方法有以下几种。

1. 多途径参与法

多途径参与法主要是指让幼儿通过对事物的综合感知、体验来获取相关信息的方法，如通过听、看、闻、摸、尝等多种途径对某一事物或某一场景进行学习的方法。这种学习方法可以用在科学领域、艺术领域、健康领域、语言领域或其他领域中。

2. 观察法

观察法是教师有目的、有计划地组织和启发幼儿运用多种感官，去感知周围世界的事物和现象，使之获得具体的印象，并在此基础上逐步形成概念的方法。它可以保证幼儿直接接触事物的过程，运用多种感官直观、生动、具体地认识事物，提高幼儿感官综合活动的能力，也可以培养幼儿用感官探索周围环境的习惯，并为发展幼儿的抽象思维能力、形成概念提供丰富的感性经验。在幼儿园的教学活动中，可以用于对某一个事物或图片等的观察，也可以用于对教师、其他幼儿的行为、表情等的观察。

3. 探究操作法

探究操作法是幼儿参加并亲自动手进行体验，获得相关结论的途径或方法。这种方法通常用在科学领域活动中，对幼儿来说，更强调探究过程，对探究结果要求较低，常带有游戏的性质，探究时间短，探究程序简单，只需要观察到有一点点变化就可以了。

4. 讨论交流法

讨论交流法是幼儿通过口头语言表达自己在活动中的想法或发现，或探索到的结果。这种方法常常在幼儿观察或探索后进行。讨论交流法常有两种方式：一是师幼间的问答式；二是教师把问题留给幼儿，由幼儿自由讨论。

5. 情感陶冶法

情感陶冶法是利用环境条件、生活气氛以及教师自身的言行举止对幼儿进行积极感化、熏陶，产生潜移默化影响的一种学习方法。这种方法常包括环境陶冶和艺术熏陶两种方式。

幼儿具体的学法选择要根据学习的具体内容或领域、幼儿的特点等的不同，采用不同的学法，以达到教学的预期目标。无论哪种学法的选择，都要遵循幼儿是学习的主体原则，让幼儿在活动中去感知、体验学习的快乐，促进幼儿的发展。主要是怎样说出学习指导方法，即采用什么方法和什么措施让幼儿爱学、会学、会用。其目的是引导幼儿会学、会用知识主动自觉地学习。具体要求说出：

(1) 通过何种途径培养和激发幼儿的学习兴趣?

(2) 采用什么方式训练和培养幼儿的哪些学习习惯和学习方法?

(3) 采用什么方法指导幼儿学习,掌握何种能力等?

三、说活动准备

活动准备包括经验准备和物质准备。经验准备指幼儿学习新经验前所具备的原有经验或体验等。物质准备包括环境的创设、材料教具的准备、幼儿用书和挂图等。无论是经验准备还是物质准备,有时还需要家长和社区的支持或帮助在活动前收集有关资料或让幼儿进行认知或体验等。活动准备是为了让幼儿通过与环境、材料等相互作用来获得发展,满足幼儿的兴趣、需要等,让幼儿在直观的条件下进行学习。一般在活动准备时,教师要清楚用在什么样的教学内容方面或者怎么用。说课者要将物质准备边说边展示给听者。展示的方式可以是具体的物质,也可以是 PPT 展示。

四、说教法

说教法是叙述课教学中所主要采取的教学方式方法。教学方法是教师有效传递信息、指导幼儿学习的途径。教学方法是由教学内容、教学目标决定的,是依照幼儿的发展特点和认识规律来确定的。一旦教法确定后,教师就要介绍为什么要选择这种方法,在具体的课堂活动中通过什么样的途径有效运用这种方法,预期会达到怎样的教学效果等。其目的是教会幼儿运用知识,具体要求说出:①为完成本节课的教学目的和教学内容所采用的教学方法及其理论依据;②采用什么样的方法讲清重点,突破难点,抓住关键,即如何教,为什么这样教?③如何发挥教师的主导作用和幼儿的主体作用,以及采用什么方法、怎样创造条件使幼儿主动积极参与学习过程?如用什么样的教学方法,可以激发幼儿怎样的学习兴趣来参加这次教学活动,培养幼儿什么样的能力或者形成什么样的情感态度等。具体的教法有以下几种。

1. 知觉体验类方法

知觉体验方法包括情景观察法(教师创设问题情景或游戏情境引导幼儿进行观察并作出相应的反馈,如看图讲述活动等)、探究操作法(教师通过表演、演示或示范的方式让幼儿懂得一些概念、道理或操作程序等)、社会生活实践法(教师通过带领幼儿对某一场所进行实地考察、参观、调查并使幼儿获取相关信息的方式)等。

2. 语言对话类方法

语言对话类方法主要有讲解法、谈话法、讨论法等。

3. 新视听方法

新视听方法主要是指教师利用网络环境、多媒体课件以及录音、录像等吸引幼儿的注意力,达到完美的教学效果的一种方法。

教师在介绍教法时要明确说出本课选择何种教法,为什么要选用这种教法,其理论依据是什么。一般教法的理论依据主要从①教学目标与教学任务;②教学内容的特点;③幼儿的实际情况;④不同教法的作用;⑤教师自身的特长、特点和素养等五方面着手。

总之,教无定法,一切适合的、恰当的方法就是最好的方法。

五、说活动过程

活动过程又称为教学步骤、教学环节或教学程序等。活动过程是说课的重点部分，它体现了教师的教育思想、个人风格等。说教学程序即说在课堂教学中先干什么、后干什么的安排。一般说活动程序是按照教学流程或教学阶段和教学结构的特点这两种方式来做出安排。

（一）说教学流程

教学流程又称为活动过程。一般幼儿园的活动过程主要包括新课导入环节、师幼双边活动环节、幼儿自主活动环节、活动结束环节、活动延伸环节等。有的学者简化为三个环节，即引导幼儿学会参与、教会幼儿学会学习和督促幼儿学会迁移。一般情况下，师幼双边活动环节和幼儿学会学习是重要环节，也是活动的重点，教师要说清楚如何破解重点，在此基础上，才能化解难点。教师也可以将自己的板书呈现出来，有时是文字，有时是图片，有时是实物等。说课者也可以将自己设计板书的意图说清楚。

（二）说教学结构

教学结构是教师对具体教学程序的归纳，构成若干个板块，教学流程是将教学过程分为若干个教学步骤。教学结构是为了避免教学步骤太过细化。幼儿园课堂活动强调师幼互动和幼儿在教师组织的环境中与其相互作用而获得经验或体验。因此，教师常常将教学结构分为若干个板块，如创设情景（包括物质环境和精神环境）、架起桥梁；探究学习、自主构建；回归生活、解决问题；活动延伸等。教师在说活动过程时，要改为说教学结构，具体要求：一是要说清楚该活动的总体构思和各个板块之间的联系；二是要说清楚每个板块的体现是什么、为什么、怎么样，重点突出师幼双边关系、教与学的双边关系；三是要说清楚重点突破的板块以及难点的板块等。

（三）说活动过程与教案中的活动环节的区别

说课中的活动过程与教案中的活动过程差别不大，但各自有所侧重。

(1) 目的作用不同。教案是写给自己看的，说课是说给同行听的。

(2) 详略、繁简不同。在教案中教学过程自己清楚的可不必写出来，而说课中不谈清楚，别人不一定都了解。

(3) 表述重点不同。教案上重视具体教学内容的安排，而说课注重教学环节的次序和方式。

(4) 内容构成不同。备课只要写出是什么，说课不但要说是什么，还要说为什么，以让别人接受，信服。

总之，说教学过程就是要说整堂课的程序及时间安排，说各个环节的安排顺序，说教玩具或图片设计及其依据。

从教师的整个说课过程来讲，应该是精华、高潮所在，课堂结构要有过渡自然的教学环节，有清晰的教学思路，有一脉相承的线索，有逐步推进的层次。在这一环节中要说清楚教师突破难点的环节设计、化解教学难点的具体步骤，说清楚师幼互动的具体安排及学情依据，说清楚课程的设计意图和课后延伸安排等。

六、说教学特色

教学特色是与众不同的地方,也体现在通过该设计与实施起到的良好教学效果,让评委等能看到教学的有效性。教师在说课时对幼儿的认知、对教材的分析、对教学方法的设计等做出了具体的安排,说出了预测的结果,这是以反控制评委思维的一个手段,同时也体现了教师对自己教学目标把握的良好程度。

七、说课应注意的几个问题

(1) 要注意从听者角度去撰稿,说课要求是什么,这样在叙述时才能重点突出。

(2) 要区分口气和语言。教者面对幼儿讲课说惯了,面对同行、领导说课时,要注意变换口气。在教学内容和教学操作的陈述上,要注意不给人以好为人师之感。说课所用语言应是转述性语言,而不是直接的教学操作性语言。

(3) 要重视说"理"。说课的一般程序是要说清楚:"教什么""怎么教""为什么这样教"。但并不是简单地陈述而缺乏说清楚理在何处。这里的理也可以理解为理论依据。要以一定的教学理论观点作为个人理解教材、处理教法、安排设计的根据,使自己所说之课能站得住脚。

(4) 要主次分明。说教学步骤要做到对整个教学过程做出详略得当和主次分明的处理,突出阶段性和关键环节,大胆删除不重要的或者过细的内容,要有侧重点。说者要围绕教学目标、重点、难点,从把握教材,选择教法,学法以及安排教学程序等方面进行讲述。

(5) 说得有程序。按照一定程序科学地排列各项说课内容,这是说课的基本要求。从说课顺序的排列,往往可以看出一个教师工作态度的认真严谨,以及缜密细致的思维风格和雄厚扎实的业务功底。当然,说课内容的顺序是没有固定模式的,但最起码要做到逻辑严密、层次清楚、思路明晰。

(6) 说者心中有数,听者有备而来。说课者须先就某一教学内容写好说课稿,以便在说课中做到有的放矢,也可针对个别问题加以重点说明。听者事先也应对说课的内容有所了解,做到有备而来,有备而听。通过说课、评课,取长补短,集思广益,有利于说者及评者教学水平的提高。

第三节 幼儿园说课的类型

说课主要从说课的主体和说课的客体两个方面来划分。从说课的主体划分,主要包括说课者、听评者和组织者。从说课的客体划分,主要包括说课的内容、说课的方法和传播媒介。所有这些要素中,教师即说课者是核心要素。人的行为常常是有一定目的和意图的,因此,按照说课的组织管理意图划分,主要有研究型说课、评比型说课、示范型说课等;按照人员的组成及规模又可以划分为组内随机型说课、群体展示型说课、小组互动型说课;按照服务于课堂的先后顺序又可以划分为预测型说课和课后说课。幼儿园说课与其他学龄阶段说课一样，同样要具有听、说、评结合的一系列说课模式。这里主要介绍幼儿园教师常用的几种说课类型。

一、预测型说课

预测型说课又称为课前说课，是教师在认真钻研教材和教学资源、领会教材编写意图、分析教学资源、初步完成教学设计基础上的一种说课形式，是教师个体备课后的一种教学预演活动。[①] 这种说课类型又常用在教学评比前，作为教学技能的一个组成部分。时间可以是与上课连续进行，也可以是间隔进行。如幼儿园下周要举行教学比赛，园长为了敦促本园教师将自己的教学水平发挥到最佳，提前一周让教师进行预测型说课，以帮助教师发现自己的不足而进行改进和优化教学设计。

二、反思型说课

反思型说课又称为课后说课，是指幼儿教师在教学活动结束后，以一定的教育教学理念为指导，面对园长、部分同事、专业研究人员，用口头言语和相关的辅助手段阐述自己刚刚结束的教学活动的课程设计，与听课老师一起就课程目标的达成、教学环节的安排、师幼互动的情况、教学效果与质量等方面的情况进行反思，并将自己在教学活动中的感受、体会、想法、疑问与听课人进行交流，共同研讨教学中遇到的问题，总结自己在教学过程中的成功与失败，从而达到改进教学活动与提高教师素质。这种说课形式常常是在某个教师的个体教学活动基础上进行的一种集体教研活动，让说课者与其他参与者共同探讨该课在教学中的得失，使其他教师学习其中的经验，为进一步改进和优化教学设计提供平台。反思型说课能够使幼儿教师的教育理念更加清晰，有助于教师在复杂的教育情境中把握教学内容，定位教学目标，选择有效的教学方法。课后反思说课给执教老师提供了一个在特定教学情境下重新分析、把握教育因素的时机。例如，园长为了提高本园的教学水平，可以定期举行课后反思型说课，让同行在同一年龄班级互相说课，并进行研讨与反思，找出各自存在的问题与不足，共同商讨改进意见，以提高幼儿教师的专业素养和教学水平。

三、评比型说课

评比型说课就是鉴定、评价和认定等次，以比较优劣为主要目的，以发扬优点，相互学习借鉴为次要目的的一种说课类型。评比型说课就是把说课作为教师教学业务评比的一个重要内容和一个项目，对教师教育教学能力、理解课程目标和教材的实际水平、教学流程设计的科学性和合理性等做出客观公正评判的活动方式。评比型说课可以就某一个专题，如教学目标或教学设计流程或教学方法的选择等进行说课；也可以是组合式评比型说课，如撰写一个简案，说清楚其中的教学内容组成、教学思路和教学策略；也可以是程序式评比型说课，就教学的先后顺序排列进行说课，即说出教学环节安排的理由等。

---

① 但菲，赵小华，刘晓娟. 幼儿园说课、听课与评课[M]. 北京：北京师范大学出版社，2012.

评比型说课是培养学科带头人和教学行家的有效途径,要求参赛教师按指定的教材,在规定的时间内自己写出说课讲稿,然后参加说课,最后由听课老师评委对其评出名次。评比型说课除了说课以外,还要求教师将说课内容付诸课堂实践,以把说课活动推向更高的层次。评比型说课作为教学技能考核之一,可以在幼儿园内部举行,也可以在本区、市、省等范围内举行。

四、示范型说课

示范型说课一般是以优秀教师、学科带头人、特级教师等为代表向听课教师进行示范说课,以传授先进教学经验或提供说课范例。其操作程序为:讲授说课方法,说课示范或讲授说课方法时示范说课。这是培养教学能手的重要途径,一般选择素质好的优秀老师,先向听课教师示范性说课,然后将课的内容付诸课堂教学,最后组织教师或教研人员对该教师的说课及课堂教学做出客观公正的评价,听课教师在"听说课、看上课、听评析"中增长见识,开阔眼界。主要目的是传授说课经验或规范说课行为,是培养教学骨干的有效方式,做到以点带面,以老带新,促进幼儿教师整体素质的提高,尤其是促进新教师或年轻教师的业务发展。

五、小组互动型说课

小组互动型说课主要是将教师分为不同的说课小组,在组内互为说课者和听评课者,实行角色互换,双方对说课内容和说课方法共同进行探讨。这种方式需要说课组共同拟订说课提纲,共同讨论并撰写说课稿,然后由一名教师作为代表进行说课。听评课组事先要熟悉说课组的说课稿以便说课结束后进行评论或提出改进意见。这种说课类型有利于发挥集体备课的优势,克服个人承包说课的局限,形成集体合作的团队意识,充分调动教师参与说课活动的积极性。

六、研究型说课

研究型说课主要用于幼儿教师同行之间切磋教学方法。这种说课类型是为了不断促进和改进教师个体与群体日常教学,提高备课质量,以突破教学难点和解决教学问题而进行。这种类型的说课常以教研组或年级组为单位,以集体备课的形式就某一专题或某一争论的热点问题对一堂课进行教学设计,并提炼成说课稿,说后大家评议修改,变个人智慧为集体智慧。这种类型的说课可以先指定至少 1 人先行说课、然后集体研讨,最后集中,形成最佳教学设计方案。这是普遍提高幼儿园教师业务素质和研究能力的有效途径。研究型说课的基本程序为:集体确定说课主题,分头准备并撰写说课稿,集中指定至少一人进行说课并讨论,共同合作修改教学设计。此类说课是高层次的教研活动和高精确度的教学评价手段。"说"为研评活动提供了上课不能反映出来的备课信息。研评者根据教师上课和说课所提供的理论与实践两方面信息,把教师的主观设想和客观教学效果进行比较、分析、研究和评价。这是非常有效的一种教研活动之一。

第四节 幼儿园说课的策略及方法

一、说课的策略

说课的角色策略：说课的对象是本领域的教师或教研人员，他们有一定的课堂教学经验，熟知课堂教学的情境，能够根据说课教师的语言描述做出近乎课堂教学真实情境的想象。因此，说课者要有角色意识，要站在上课和听课的临界点，该详的详，该略的略，边说边做(必要时使用授课语言模拟课堂讲授)、边释、边评，尽可能使说者、听者思维同步，使听者在想象教学全貌的同时，能够体会出教学设计的理论依据。

说课的语言策略：说课者大部分采用独白语言。由于说课是通过“说”来帮助听者想象课堂教学全貌，判定和推断教学效果的，因此给听者足够的思维时间和空间就显得十分重要。通常情况下，说课者要言之有理、言之有物，演示要生动形象，富有感染力，语速要快慢交替，条理清楚，切忌拿着事先写好的讲稿以“读”代替“说”，更不能一字不漏地以“背”代“说”。

说课的风格策略：说课没有必要建立或过分强调固定的说课模式，只要教师能够准确把握说课要素，能在规定时间内说明一堂课的教学设计及其理论依据，综合论述或分块论述都能达到说课目的，个性化的说课更具教研价值和教师素质评定价值。

二、说课的方法

（一）幼儿园以语言表述为主的说课方法

以语言表述为主的说课方法主要是指借助于语言，通过说、听双方的语言交流，达到传递和转化说课信息目的的方法。这类方法的共同特点和优点，是更能突出地体现说课重“说”，口头语言表述是说课的最直接的方式，用语言作工具达到使听者掌握说课信息和内容的目的，故又称为语言传递为主的说课方法，是说课的重要方法。语言交际是说课过程中重要的认识媒体，说课信息的传递、储存和检验主要靠语言的手段，语言和现代化说课工具的配合使用，必能发挥更大作用，此类说课方法包括讲说法、对说法和论说法等。

1. 讲说法

讲说法是说课者运用口头语言，通过系统的讲说，向听者传递信息和内容的方法。它是目前幼儿园说课中运用得最普遍的一种方法。其最主要的特点是突出说课者的言行，通过口头语言把准备好的内容向听者述说。由于讲说法是以说课者为主，所以其说课质量的好坏几乎由说课者决定。

讲说法的作用有以下几点：①可以让听者对说的内容有一个总体和完整的认识，便于说课后进行评价；②由于讲解法说课不受场地、设备等的限制，可以应用于各种地方和各个年级、各个领域等；③讲解法需要说课者具备较强的语言表达能力。这为说课者进行语言表达能力的锻炼提供了很好的机会。因为，语言表达能力是幼儿园教师必须具备的一个专业素养之一。

讲解法主要是说课者一人在说，很容易导致说课者一人唱独角戏的现象。因此，对讲解法的应用应该遵循以下一些要求：①说课者要认真准备说课稿，使说课内容具有很强的科学性、系统性、逻辑性，且重难点突出；②说课者要处理好“说”与“听”的关系，不要只管“说”，不管“听”；③说课者在用讲解法的同时，要结合其他一些方法，如恰当运用图片展示，观察听者的反应而及时调整自己说课的内容或方式等。

2. 对说法

对说法是指说课者与听课者之间以对话的方式进行信息交流的方法。这种方法也是说课法中常用的一种方法。其主要的特点是强调听和说的双边活动，是说课者与听课者之间以谈话或问答的方式进行的。说课者也可以请听课者表达自己对某一问题或某一现象的看法。听课者也可以边听边将自己的疑问提出来或就某一内容咨询说课者。

对说法的作用主要有以下几点：①这种说课方法能够充分调动说课者与听课者的积极性，尤其是听课者的积极性；②这种方法能够使说课者及时发现自己说课的不足，以便及时纠正或调整自己的说课内容；③这种说课方法能够发挥说课者与听课者的潜能，二者在互相问答的过程中不断质疑、思考，从而有助于提高分析问题和解决问题的能力。

由于对说法会耗费大量的时间和听课者打断说课者的思路等局限性，因此，在使用时，要遵循以下一些要求：①说课者要有对话的准备，即对话的提纲或为对话准备的一些问题，做到心中有数；②说课者要根据自己说课的内容决定是否可用对说法；③说课者与听课者要就某一问题进行对话，使疑问得到解决，或者使教学思路更加清晰，尽量不要纠结在一些细节、枝节或不重要的方面，而要围绕重点、难点、关键点进行对话。

3. 论说法

论说法是指说课者和听课者双方就某一主题进行讨论或争论的方式对说课内容相互进行研讨的方法。这种方法也是说课中常用的。其主要的特点同对说法一样，强调说课者和听课者双边的活动。这种方法的说课者不一定是确定的，参与说课者也可以是听课者，就某一主题各自可以发表自己的意见或看法，展开讨论或争论，最后得出一致的结论。这种方法体现出民主性和参与性，比较适合用于教研活动或者对说课活动的研讨。

论说法的作用主要表现在以下几个方面：①这种说课方法能够很好地提高幼儿园整体说课质量；②这种说课方法能够将集体的智慧发挥出来，拓宽全员的教学设计思路；③这种说课方法使全体参与者能够各自发表自己的观点，形成学术争鸣的局面，有利于说课质量的提高。

由于论说法是让参与者各抒己见，容易导致局面失控，难以达到想要的结果。因此，论说法的应用要遵循以下一些要求：①参与说课者应该是同行的幼儿园教师，有共同的任务和目标；②组织者要选准主题，力求得出正确的和一致的结论，或者求同存异，到实践中去检验哪种观点效果更好等。

(二) 幼儿园以直观表演为主的说课方法

以直观表演为主的说课方法主要是指说课者借助于直观教具手段通过实地表演和演示进行说课的方法。这里的直观教具手段包括具体的事物和形象物，让听课者能够通过感官获得鲜明的事物印象或清晰的概念。这种方法又可以具体分为演说法和表说法。

1. 演说法

演说法是指说课者借助直观的教具以演示的方式来说课的方法。这种方法的优点在于直观、生动地反映抽象的认识活动规律,使抽象的认识具体化、形象化,让听课者能够直观感知地去获得概念或认识。说课者常用实物、图片、模型、幻灯、影视等对说课内容进行演示,从而增强了说课内容的直观性。这是教师的动手操作能力的综合表演活动,能够有助于提高幼儿园教师的教学能力。

演说法的要求是:第一,说课者要做好周密计划与细心安排,明确说课的任务和目的,准备好说课要用的教具或演示用的材料或物品等;第二,说课者要了解演示的方法和引导幼儿感知演示的对象;第三,说课者要将其与其他说课方法结合应用。

2. 表说法

表说法是说课者借助教具、语言和动作进行实地表演的一种说课方法。这种说课方法主要是运用艺术的语言和动作进行演唱和示范使说课的内容具体化、形象化。这种方法主要用于健康和艺术领域的说课。

表说法的要求是:第一,说课者要准备说课时需要用到的玩教具等,并确认说课者自己能够熟练操作;第二,说课者要注意表演与讲解结合,并注意将表演内容分为若干个细节,尤其是要把注意事项向听课者说清楚;第三,说课者要抓住关键环节进行技能表演,切忌变成独角戏。

第五节　幼儿园说课的艺术

说课作为一种较新颖的教研活动,由一系列的活动组成。说课者通过语言、动作、神态、图像等来完成说课,这就是艺术的再现。说课本身就是一个创造的过程,是个动态生成的过程,是个与听者交流的过程。说课者能否调动听课者的情绪和思想,在很大程度上需要有一定的艺术手段,才能使听课者产生共鸣。具体到幼儿园的说课,要讲究以下一些艺术。

(一) 对说课内容的处理艺术

1. 说课内容的锤炼

说课的显著特点在于说理,即教材内容与教法、学法的有机融合,并要体现在整个说课过程中,内容充实,环环相扣,使说课具有科学性、逻辑性和深刻性。另外,由于说课一般要在10～20分钟内完成,并给听者和评委留下深刻的印象,所以要对说课的内容进行锤炼。

(1) 组织清晰的结构。说课须有一个经得起推敲的逻辑结构,注意在把握住教材内容联系的条件下组织好说课的结构。

(2) 确定明确的教学目标。依据教学大纲、教材和幼儿实际,主要从知识、技能、情感来确定本节课的教学目标,如果说材料是说课的"肉",结构就是说课的"骨架",教学目标是整个说课的"灵魂"。也就是说,目标确定后,说课的整个安排都要服从于教学目标,不能和教学内容相脱节,不能和幼儿实际相脱离。

(3) 找准重点、难点。要结合教材的地位、作用、内容与幼儿的起点、行为基础情况来分析教材重点难点,尤其要注意分析难点的位置、程度、成因,突破难点或分散难点的关键点及其措施,在难点的教与学中培养幼儿的思维能力。

(4)采取有效的教学方法与教学手段。如果说材料是说课的"肉",结构是说课的"骨架",教学目标是说课的"灵魂",那么,教学方法与教学手段就是"血液",只有拥有新鲜的血液,说课才能有旺盛的生命力。教学方法的选择要有效,根据教材和幼儿的实际选择能调动幼儿学习积极性、有利于培养幼儿的能力、尽可能适应幼儿个别差异的教学方法,另外,教学手段的采用要从正确发挥教学作用、提高课堂教学效率出发,可选用启发式激励式、评价式、目标导学式、程序式等教学方法。设计时要充分利用幼儿园现有的场地、设备设施,采用不同方法,让每个幼儿都能参与活动,达到动口、动脑,积极思维,进行创造性学习的目的。另外,还可利用游戏,教具,不同颜色的图片,发放身体素质练习菜单,教师示范用静态、动态演示等手段来激发幼儿的学习兴趣,培养其应用意识,从而提高课堂教学效率。

(5)设计有目标控制的、有启发性的教学过程。为了确保既定教学目标的实现,在设计教学程序时,从课的第一部分开始到最后一部分评价小结,每一个环节的设计都要随时注意教学目标的控制,与教学目标相呼应。也就是说,必须使教学目标的控制落到实处,不搞形式、不搭花架子、一步一个脚印,要依据教学目标对全部教学内容进行取舍、剪辑、逐一"审查",该详则详,该略则略,主次分明,重点突出。

2. 组成系统,完成说稿

将经过锤炼的说课内容按其内在的逻辑组合成一个完整的系统,用简练而准确的语言记录下来,形成说课讲稿。在整理过程中使内容与说理有机融合,体现在整个说课中。这个过程对准备说课的教师来讲,是认识能力的深化,要对某些现象做出本质的揭示,它需要看问题周详全面,恰当确切;它需要思路敏捷,可以随时捕捉一些现象迅速组合在说课的主体里,发生效应;它需要情感丰富,对幼儿、对事物进行细致观察,以理服人,以情感人。总之,它需要说课者将说课的各种要素,相互关联纳入说课讲稿写作中。这种能力是在说课讲稿写作实践中形成和练就的,因此,系统形成说稿对形成说课者的思维模式起着关键作用,也可让说课更加深刻,更加熟练。

3. 恰当地使用视觉材料使说课生动形象

并不是说课者在形成了说课的思维模式之后,他的说课就一定会精彩了。说课者的语言和非语言因素都会影响说课的效果。对于说课,听者一般处于被动接收信息的状态,要使听者留下深刻的印象并被接收,可灵活采用视觉材料恰当地组合到说课的主体中,将会使说课更加生动、精彩。经过统计表明,听者如果仅使用其听觉,接收的信息在3小时后仅能保持70%,3天后仅能保持10%;听者如果仅使用其视觉,接收的信息3小时后仅能保持72%,3天后还能保持20%;但听者如果结合使用听觉和视觉,则接收的信息在3小时后尚能保持85%,3天后仍能保持65%。可见视觉材料在说课中的重要性。在说课前,还要注意设计使用视觉材料的时间手段,如将板书、投影仪演示、特制的教具图表实物展示等,这样能使说课生动,增强效果。[①]

---

① 嵇明海.怎样说课更深刻生动[J].中国学校体育,2001(3).

（二）会“说”

1. 抓住一个“课”字，突出一个“说”字

说课要用一节课 1/4～1/3 时间说出一节教学环节齐全的课，必须经历完整的课堂教学各个环节。对常规课的课型来说，要经历铺垫—新授课—举例—巩固—置疑—小结—练习等过程，对采用目标教学法的课程来说，要经历前置补偿—揭题展示—反馈矫正—课堂练习等过程。因此，说课者要根据课型抓住这节课的基本环节去“说”。说思路、说方法、说过程、说结构、说内容、说训练、说幼儿，无论说什么，都要说得有理有据，使听者为之叫好，达到“听君一席话，胜读十年书”的效果。

在说课过程中，要特别注意以下几点：①“说课”不等于备课，教师千万不能照教案去说；②“说课”不等于讲课，教师不能视听课对象为幼儿去说；③“说课”不等于背死课，教师不应将事先准备好的“说案”一字不漏地死背下去；④“说课”不等于读课，教师不能拿着事先写好的材料去读。因此，教师在说课时，要紧紧围绕一个“课”字，突出“说课”的特点，完成说的过程。

2. 遵循“课”路，选准“说”法

教学思路是教师课堂教学思想的具体体现，是教师实施教学过程的基本构想。教师讲课时，要紧紧围绕教学思路进行，教师在说课时，当然也要环环扣住课堂教学的思路展开。能否围绕教学思路实施“教”法，能否围绕教学思路展开“说”法，无疑是教师授课和说课成败的关键。诚然，说课的方法很多，需要因人制宜，因材施“说”。说理、说操作、说演变、说现象、说本质、说事实、说规律、正面说、反面说、横向说、纵向说、理论联系实际说、陈述说、间语说。但无论怎么“说”，都要遵循课堂教学思路这一主线去“说”。

3. 变换“说”法，找准“说”点

说课的对象是听众，而不是授课的对象幼儿。这些听众可能是说课的评委、本领域的教师、本教研室的教师、教育研究室部门、教育行政部门的领导。但无论怎样，这些听者都竭力站在幼儿角度去对待说课者所说的课，去审视说课者说课时的一字一句、一举一动，包括教法的采用，教学重难点的突出、突破，教学环节的把握以及教学语音、语气、表情、称呼等。因此，说课者必须置于听众思维和幼儿思维的变化处，站在备课讲课的临界点，变换“说”位，编写“说”案，研究“说”法，找准“说”点。

4. 把握“说”度，把课“说”活

说课的重点应放在说清思路、说清教学过程、说清教学方法；而讲课的重点则应放在实施教学过程、完成教学任务，反馈教学信息，提高教学效率。换句话说，说课重理性和思路，讲课重感情和实践。因此，用极有限的时间完成说课，必须详略得当。那么，如何把握“说”度呢？最主要的一点就是因材制宜，具体问题具体分析，灵活选取“说”法，把课“说”活。说出该课的特点和特色，把课说得有条有理，有理有法，有法有效、说得生动有趣、绘声绘色，使听众听得清清楚楚明明白白，都有“词已尽意无穷”的感觉。这就要求说课教师认真钻研说“材”说“案”，灵活选用“说”法，准确实施“说”程，这样，才能把课“说”活。

（三）说课的表情要亲切自然、声情并茂

说课重在一说字，要求说课者把为什么这样教和指导学生怎样学的理论依据等内

容说给同行听，而不是简单地“读”“背”。因此，对说课者的基本要求是能说一口流利而标准的普通话，说课时教师要尽量做到脱稿，亲切自然、声情并茂，使听者受到感染，引起共鸣。

要做到表情亲切自然，就必须要对所说的内容熟练。所谓熟练，即出口成章，不打绊子。严格地讲，说课时只允许说课者带上说课稿或说课提纲，但不能照本宣科地“念”，也不能“背诵”，而应做到基本脱稿去“说”。基本脱稿就是做好不看稿子的准备，说时万一出现了遗漏之处，可快速浏览一眼稿子中的有关部分。这就要求说课者对自己所要说的内容非常熟悉。俗话说“熟能生巧”，因为只有这样，才能够说得如行云流水，十分畅通。

（四）突出特色，表现专长

高质量的说课设计，在教材的处理、教法的选用、学法的指导、板书的设计、教学环节的安排等方面都有其独到之处。

（五）要说得新颖

所谓新颖，即新鲜别致，不落俗套。鲁迅先生曾告诫我们：“依傍和模仿决不能产生真艺术”。这话的意思是，提倡创新意识，要有艺术个性，反对跟在别人的屁股后边跑。不管是说导入课、说教学思路，还是说结束课，都不能人云亦云，老生常谈，而要做到“人无我有，人有我优”，使评委和教师听后有耳目一新之感。

教师作为说课活动的主体，必须努力使说课的每个环节都到位，做到“说深”“说实”“说准”“说精”，把握好说课艺术。

第六节　幼儿园说课稿案例分析

说课稿一般指教师开课之前，把自己开课的构思用文字表达的形式向上级汇报或与同行交流，听取意见的一种新体裁。它是基于教案和课的设计之上的，开课教师由感性认识上升至理性的再思考，重点要表达的是自己的教改假设、创新之处，属于画龙点睛式的东西，而不是重复叙述开课的全过程，它与教案、课的设计是有本质区别的。如果一时做不到，可与课的设计进行整合，尽量写清楚本课研究什么问题，自己是如何体现《幼儿园教育指导刚要》和《3～6岁儿童学习与发展指南》的，有哪些措施手段，也可以附上教案作为说课稿。上过课再写成的说课稿叫作课记，属于另外一种体裁。下面以“聪明的小鸡”说课稿为例进行分析。

《聪明的小鸡》说课稿

［说课者：申倩琳，指导教师：曾彬，2015年四川省师范生教学能力竞赛一等奖］

所用教材：因学前教育无固定教材，故选用绘本《聪明的小鸡》作为教学用书。

版　　次：北京师范大学音像出版社，2004年6月第一版第一次印刷。

尊敬的各位老师、评委，亲爱的同学们：

大家好！今天我说课的内容是：幼儿园的大班语言领域活动《聪明的小鸡》，下面开始我说课的部分。

A. 说教材

A1. 学情分析

根据《3～6岁儿童学习与发展指南》对大班幼儿语言活动提出的具体要求：能够讲述故事、大胆猜测、想象故事、表演故事情节的发展。

选择《聪明的小鸡》绘本故事，侧重放在了小鸡和狐狸的比赛过程，让幼儿在表演故事，实践模仿动物中习得比较句式的完整表达，从而轻松愉快地学习。

B. 说目标

B1. 活动目标

知识目标：了解《聪明的小鸡》故事的大概内容，并学会比较句式的完整表达"我力气比你大，我跳得比你高，我声音比你大"。

技能目标：能用适当的表情、语言、动作表演故事情节。

情感目标：学会开动脑筋，积极参与游戏活动。

B2. 活动重难点

重点：在理解故事情景中，表演小鸡和狐狸的比赛情景，生动形象地模仿动物。

难点：学会比较句式的完整表达。

B3. 说准备

物质准备：①《聪明的小鸡》故事课件；②小鸡、狐狸头饰若干；③大、小树枝若干。

经验准备：幼儿已有表演故事情节的经历。

（一边说物质准备时一边展示。）

C. 说教学法

本节课主要运用了谈话法、讨论法及表演法。

首先引导幼儿仔细观察图片上的内容，师幼集体谈话讨论，鼓励幼儿大胆地说出自己对故事的理解。重点让幼儿实际操作，表演出故事情节，参与情景对话，在愉快的活动氛围中达到教学目标。

D. 说过程

整个活动分为三部分，以"比赛"为主线展开教学活动。

D1. 导课

观察图片，谈话导入，进入故事情节。

D2. 教学环节

讲解故事，自由表演情节"谁的力气大""谁跳得高""谁的声音大"。

揭晓故事结局，农夫赶走狐狸，小鸡获得胜利。

D3. 结束部分

教师小结并提出课后问题"如果你是小鸡，你们会怎么做？"

谢谢大家，以上是我的说课内容。

案例分析：

该说课稿的优点：关于"聪明的小鸡"说课稿包含说课稿的各要素，能做到不重复教案，能较具体地将学情分析说清楚。该说课稿的亮点在于形象地地进行物质准备，尤其是创造性地将绘本中的大小树枝用卡纸等形象绘制而成,便于幼儿操作。

该说课稿的不足:该说课稿与简单的教案差别不大(原教案为详案),例如,该说课稿的活动目标、重难点、物质准备等与执教者教案中内容描述区别不大。正确的做法应该是将其理由说清楚,为什么将要这样设置活动目标或者重难点等。具体表现在:第一,执教者"说教材"没有说明白。执教者将学前教育无固定教材作为选择授课该绘本故事的理由,显得牵强附会。正确的做法应该是基于幼儿怎样具体的需要、兴趣等为依据才选择该绘本"聪明的小鸡",以及该内容在幼儿教育内容中处于什么地位,与幼儿当前学习内容是一种什么样的前后联系等。第二,执教者教学法没有详细说明。只是在说课稿中列举了谈话法、讨论法、表演法,并没有说清楚这些教学法哪些属于教师的教法,哪些教学法属于幼儿的学法,以及这些教学方法在哪些教学环节中应用来完成具体的教学目标,哪个教学方法完成重点,哪个教学方法完成难点等。第三,执教者在说教学环节时也只是简单陈述。该说课稿有哪几个教学环节,没有说清楚环节所承载的幼儿学习内容,以及这些内容怎样做到铺垫、导入、新课内容的环环相扣等。可见,"聪明的小鸡"说课稿还有较多需要改进和完善的地方。

总之,一个好的说课稿是需要执教者专业知识扎实、对所教内容非常熟悉,甚至对幼儿所学习内容融会贯通,对所教学段的教学方法熟练掌握,并且需要执教者深思熟虑,反复推敲所教内容。

学习任务

(1) 幼儿园说课的意义与特点是什么?

(2) 幼儿园说课的构成有哪些?

(3) 幼儿园教师常用哪几种说课类型?

(4) 尝试用自己掌握的幼儿园说课知识进行说课。

第九章 幼儿园上课环节——课程实施

幼儿园讲课(或上课)是课程实施的具体化过程。大学生和多数学者理论意义上讲的课程实施,并不能对大学生的教学技能技巧有太多的帮助,因此,将课程实施具体化,让学生毕业后能轻松走进课堂,走向工作岗位,胜任教师的工作。这里,仅对教师讲课的基本素质、导课技巧、讲课原则、讲课方法与技巧、讲课的形式等方面加以阐释。

第一节　幼儿园教师讲课的基本素质

讲课与教师自身的素质有着密切的关系。教师的观念如何,决定了教师对职业、对幼儿的态度。教师的知识素养、能力高低等也会影响教学质量。因此,对教师讲课的基本素质进行探讨有利于幼儿园课程的具体实施。本章只讨论教师的核心专业理念、专业知识和职业能力等。

一、幼儿园教师的专业理念

幼儿园教师的专业理念是幼儿园教师专业分组中非常关键的内容。专业理念是专业人员对自身专业的性质、标准、价值等的理解、判断、期待与认同,指引着专业人员的思考方式和行为举止。[①] 幼儿园教师"在对教育工作本质理解基础上形成的关于教育的理念和理性认识。"[②]为幼儿园教师提供了理性思维。与非专业教师相比较,专业教师更符合幼儿的发展特点,更能科学地施教于幼儿。幼儿教师的专业理念的核心内容有以下几个方面。

---

① 教育部教师工作司组. 幼儿园教师专业标准(试行)解读[M]. 北京:北京师范大学出版社,2013.

② 叶澜. 新世纪教师专业素养培养初探[J]. 教育研究与实验,1998(1).

（一）对职业的理解

幼儿教师对职业的理解是指幼儿园教师对学前教育事业和幼儿园教师职业的认识等，从宏观层面上，对一个合格幼儿园教师所应该具备的专业理念进行了规定。幼儿教师对自己所从事的职业的正确认识和科学理解，是成为一个合格的幼儿园教师的重要前提。包含幼儿园教师对国家方针政策的理解、对学前教育价值的认识、对幼儿园教师这一职业的态度、对职业工作中团队的认可以及应该具备的职业道德等方面的内容。具体内容主要有以下几点。

1. 爱岗敬业

爱岗敬业是幼儿园教师职业的本质要求。《教师法》的第三条明确提出："教师是履行教育教学职责的专业人员，承担教书育人，培养社会主义事业建设和接班人、提高民族素质的使命。教师应当忠诚于人民的教育事业。"《幼儿园教师专业标准》的第二条要求幼儿园教师"理解幼儿保教工作的意义，热爱学前教育事业，具有职业理想和敬业精神。"幼儿园教师要理解幼儿处于0～6岁时，正是其身心发展的黄金时期，要用科学适宜的幼儿教育满足幼儿多方面成长的需要，为幼儿未来一生的发展打下良好的基础。同时，幼儿园教师要有强烈的敬业精神。敬业精神包括幼儿园教师对幼教事业的奉献精神，能吃苦耐劳，不怕挫折等。幼儿园教师要不断形成专业角色，即角色认知，了解自己应该承担的社会责任及职业特点；角色认同，亲身体验幼儿园教师所承担的社会职责，并用来衡量和控制自己的行为；角色信念，坚信自己对幼儿园教师职业的认识和选择是正确的，具有幼儿园教育职业所特有的荣誉心、责任心等。

2. 专业认同

幼儿园教师还需要认同自己职业的专业性，并有意识地提高自己的专业素养，使自己成为一名称职的专业人员。《幼儿园教师专业标准》提出了"认同幼儿园教师的专业性和独特性，注重自身专业发展"的要求。幼儿园教师的职业是专业教师，这个命题已被越来越多的学者认同。幼儿园教师的专业认可还需要他们能够有意识地根据专业发展的规律来规划自身的专业发展，明确专业发展的目标、发展措施或途径等。其目的是提高自己的幼儿教育水平。

3. 为人师表

为人师表是一种内在要求。《幼儿园教师专业标准》中明确提出了幼儿园教师应该"具有良好的职业道德修养，为人师表"的基本要求。由于幼儿的模仿能力极强，以具体形象思维为主，自主和自理能力差，缺乏判断力，因此幼儿园教师要做到为人师表，成为幼儿的榜样或模范，给幼儿以正确的引导和示范。

4. 团队合作

团队合作是一种精神，也是对幼儿园教师专业素养的基本要求。幼儿园教师的团队合作是从广义上讲的。如教师之间的合作，教师与保育员之间的合作，教师与家长之间的合作，社区与幼儿园之间的合作，教师与领导之间的配合等。教师通过合作来相互帮助、理解、接纳、包容、认同等，才能将整个幼儿园的工作做好，有助于提高教师自身和幼儿园整体的教学水平。

（二）对幼儿的态度和行为

对幼儿的态度和行为是从教师工作对象讲的，也是做一个合格的幼儿园教师应该具备的专业理念之一。也就是说，幼儿园教师看待、认识、评价幼儿的观念和对待幼儿的行为，即幼儿教师的儿童观直接影响着幼儿园教师的教育理念、方式方法和行为。《幼儿园教师专业标准》从关爱幼儿、尊重幼儿、注重幼儿生活教育三个方面对此做了相应的规定。

1. 关爱幼儿

关爱幼儿是指幼儿园教师要关爱每一位幼儿。以往实行独生子女政策，如果教师忽视了一名幼儿，对幼儿教师自身的影响不大，假如班级有30个幼儿，被忽视的幼儿仅占班级幼儿的3%，但是对这个幼儿的家庭，却是100%的被忽视。即使现在实行二胎政策，也是一个家庭的50%被忽视。因此，教师要关爱每一个幼儿。《幼儿园教师专业标准》中规定："关爱幼儿，重视幼儿身心健康，将保护幼儿生命安全放在首位。"幼儿园教师面临的对象是人，而且是"弱小"的人，需要照料，必须对幼儿身心全面关爱。

2. 尊重幼儿

幼儿园教师对幼儿的尊重就是对幼儿权益的重视和维护，要与幼儿平等相处，尊重幼儿的差异性。尊重幼儿的关键是平等对待每一个幼儿。《幼儿园教师专业标准》中规定："尊重幼儿的人格，维护幼儿合法权益，平等对待每一个幼儿。不讽刺、挖苦、歧视幼儿，不体罚或变相体罚幼儿。""信任幼儿，尊重个体差异，主动了解和满足有益幼儿身心发展的不同需要。"

3. 注重幼儿生活教育

幼儿在园的一日生活是完整连续的，并有着幼儿独特的生活节奏，随时充满着教育契机。因此，幼儿园教师要充分发挥幼儿生活的教育价值，把教育渗透到幼儿的一日生活中去。《幼儿园教师专业标准》中规定："幼儿园教师要重视生活对幼儿健康成长的重要价值，积极创造条件，让幼儿拥有快乐的幼儿园生活。"

（三）对幼儿保育和教育的态度和行为

对幼儿保育和教育的态度和行为是从保教观的角度，对一个合格的幼儿园教师所应具备的专业理念提出的要求。幼儿园教师的保教观直接决定着对幼儿的保教质量。

1. 坚持保教结合

《幼儿园工作规程》中对幼儿的保教做出了这样的规定："幼儿园的任务是：实行保育与教育相结合的原则，对幼儿实施德、智、体、美、劳诸方面全面发展的教育，促进其身心和谐发展。"我国幼教界一直赞同在幼儿园实施这一原则。在幼儿园，保育和教育同等重要，二者相互联系、相互渗透。幼儿园教师要真正理解保教结合的原则并落实到幼儿的一日生活的各个环节，促进幼儿全面发展。

2. 遵循幼儿的特点

任何有效的教育都是建立在对学习者的特点清楚把握的基础上的。因此，幼儿园教师要充分了解幼儿的学习特点（详见第八章第四节），有效提高幼儿教育质量，为幼儿创设直观、形象、生动的学习条件，激发幼儿探究、模仿的学习欲望。

3. 重视环境和游戏对幼儿发展的价值

《幼儿园工作规程》与《幼儿园教育指导纲要》充分肯定了环境与游戏对幼儿教育的价

值。《幼儿园教师专业标准》中对环境和游戏做了明确规定："重视环境和游戏对幼儿发展的独特作用，创设富有教育意义的环境氛围，将游戏作为幼儿的主要活动。"幼儿园环境包括一切能促进幼儿身心发展的物质环境和精神环境。幼儿园教师要创设与幼儿互动的各种保教环境，包括人际交往的精神环境，同时认识到游戏对幼儿发展的重要作用，提高自己指导游戏的能力。

4. 充分利用各种资源实现家园共育

《纲要》中规定："家庭是幼儿园重要的合作伙伴。""充分利用自然环境和社区的教育资源。"《幼儿园教师专业标准》中也要求幼儿园教师应该具备"重视幼儿园、家庭和社区的合作，综合利用各种资源"的意识和能力。幼儿园教师要把幼儿教育看作是家庭和幼儿园共同的事业，只靠教师自己或幼儿园的单方面力量是不够的。幼儿园教师要紧密联系家长和社会共同实施幼儿教育。

二、专业知识

幼儿园教师的专业知识是其职业素质的重要组成部分，是每一位幼儿园教师都应具备的。幼儿园教师教育对象的特殊性，决定了幼儿园教师专业知识的特殊性，具体包括幼儿发展知识、幼儿保教知识和通识性知识。

（一）幼儿发展知识

幼儿发展知识在幼儿园教师的专业知识中居核心地位。它不只是以传授系统知识为主，而是把培养幼儿身心全面和谐发展作为幼儿园教育的根本任务，具体体现到幼儿教育目标与任务中，也体现在保教工作的各个方面。幼儿园教师具备幼儿发展知识，有利于形成正确的幼儿教育观和儿童观，有利于教师采取适宜的教育方法和措施，有利于教师遵循幼儿身心发展的一般规律，正确处理幼儿的差异性和幼儿发展中的常见问题以及关注有特殊需要的幼儿。

（二）幼儿保教知识

《幼儿园教师专业标准》中规定，教师要具备保育和教育知识。其内容包括：第一，《幼儿园工作规程》中规定了幼儿园的两大根本任务是教育幼儿和服务家长，幼儿园基本教育原则是保教结合。幼儿园教师要切实将此任务和原则转化为自己的教育信念，运用到教学实践中去提高自己的教育水平。第二，陈鹤琴说大自然、大社会即"活教材"。因此，幼儿园的教育内容的选择要遵循一定的原则、方法等(具体内容详见第四章)。第三，因为幼儿的身心发育还很稚嫩，又缺乏生活经验，需要成人精心照顾。因此，幼儿园教师要掌握基本的卫生保健知识和疾病预防知识，才能更好地照顾好幼儿。第四，幼儿发展具有特殊性。幼儿非标准化、鲜活生动且具有不同的个性特点，因此，幼儿园教师不能仅用简单的方法来教育幼儿，需要运用观察法、作品分析法、调查法等多种方法来了解和教育幼儿。第五，由于幼儿园教育不只以系统知识传授为主，幼儿的学习和发展是个连续的过程，教育也是个连续的过程。《幼儿园教育指导纲要》中规定："幼儿园教育要与0～3岁儿童的保育教育以及小学教育相互衔接。"因此，幼儿园教师要为幼儿提供连续性和协调性的学习经验。《幼儿园教师专业标准》要求教师要"了解幼儿的幼小衔接的相关知识"。要了解小学与幼儿园的教育差异，以及入小学的基本准备，以便幼儿顺利完成向小学的过渡。

（三）通识性知识

幼儿园教师具备的通识性知识主要包括一般的自然知识和人文社会知识。但对幼儿园教师来说，这样的通识性知识与教学内容有着密切的关系，常会转化为教师的“教学内容知识”。具体包括自然科学知识、人文社会科学知识、艺术素养和现代信息技术。

自然科学知识有助于幼儿教师养成科学精神。幼儿园教师需要掌握的自然科学知识主要包括幼儿生活中常见的事物、现象等，以及事物或现象之间的联系及其因果关系等。

人文社会科学知识是幼儿教师教学内容知识的基础，它有助于幼儿教师提高自身的文化修养。人文科学知识是探讨人的生命存在和生命的本身，社会科学知识是探讨人的生命存在和生命活动在不同方面的表现。幼儿教师要多读书、利用媒介等多种形式掌握必要的人文科学知识以丰富自己的文化知识，开发幼儿教育的课程资源，使自己的教学成为有效的教学活动。

艺术修养是指幼儿教师在音乐、舞蹈、绘画、文学等艺术方面具备的欣赏、感受和认知等能力。幼儿园教师的艺术修养是幼儿教育的需要，因为幼儿的思维更多是通过直觉行动思维表现出来的。教师采用艺术表现形式更能激发幼儿的想象力和学习力，从而提高教学效果。

现代信息技术主要是指计算机技术，如对电信、多媒体、网络等新技术的应用。现代信息技术已走进幼儿的生活，走进幼儿园教学活动。教师利用现代信息技术作为教学工作的辅助手段，用以提高教学效果。

三、专业能力

专业能力是幼儿园教师专业化发展在教育实践中的集中体现，也是直接影响教育水平高低的一个重要因素。我国幼儿园教师的专业能力发展大致经历三个阶段：生成阶段、再造阶段和创造阶段。生成阶段是指刚参加工作的新教师的能力生产过程。再造阶段是指幼儿园教师经过一段时间的经验积累，能够关注到幼儿个体的需求，能够有针对性地进行教学。创造阶段是指长期的教育实践使幼儿教师具备了一定的研究能力和创新能力。幼儿园教师可以通过自学、听讲座、接受各种培训等多种方式来扩宽自己的专业知识，通过不断反思和园本研修来提高自己的专业能力。幼儿园教师的专业能力主要体现在以下七个方面：环境创设与利用能力、一日生活的组织与保育能力、游戏活动的支持与引导能力、教育活动的计划与实施能力、激励与评价能力、沟通能力、反思与发展能力。幼儿园教师要努力通过各种途径来提高自身的专业能力，以促进幼儿的健康发展。

第二节　幼儿园教师的导课技巧

古人云：“万事开头难。”幼儿园教学活动的顺利开展也需要有导课环节。导课是指教学活动开始时，幼儿园教师引导幼儿进入教学活动的组织方式。好的导课可以使幼儿产生浓厚的学习兴趣和强烈的求知欲；可以让幼儿学习时专心，学习任务更加明确；可以使幼儿的思维更加灵活等。下面从导课的特点和导课的方法等方面进行分析。

一、导课的特点

导课方式多种多样,有的与活动有关,有的与活动内容间接相关,有的表面上看起来完全没有关系。事实上,导课一般都不会千篇一律,而是各有特点。教师要有意识地将自己的课与下面的一些特点相连。

(一) 趣味性

导课要有趣味性。要做到这一点,教师可以通过语言风趣,生动形象,充满感情,幽默等途径,也可以通过新颖的东西让幼儿觉得新鲜有趣,也可以通过幼儿已有的经验和幼儿感兴趣的事物以激发情趣性等方式来调动幼儿的学习兴趣。

(二) 启发性

启发引导幼儿积极思考是导课的中心环节,是幼儿与教师共同参与到同一教学活动中的反映,以达到幼儿掌握知识和发展能力相统一的要求。导课要有多种启发方式,如问题启发、演示启发、情景启发等。

(三) 针对性

导课要有针对性,符合幼儿的特点和学习内容、幼儿的认知水平和已有经验等。教师一开始就要把幼儿带入一个新的特定的情景中,并思考如何照顾到全班所有幼儿的各种学习方式。

(四) 艺术性

艺术性导课是活动设计的最高要求,也是教师能力的综合体现。艺术性导课可以体现在导课的内容、手段和方法等的高度统一,同时也体现出导课设计的科学性与教育性,体现出导课各环节的自然过渡,环环相扣,具有很强的逻辑性。

(五) 简洁性

幼儿园的集体教育活动时间一般短的只有 10 分钟,长的 20 分钟或者 30 分钟。这就必须要求导课内容简洁明了。导课的设计要精心安排,尽量用最少的语言、最短的时间,缩短师幼之间的心理距离,使幼儿的注意力很快转向将要学习的内容上来。

二、导课的方法

幼儿园的教学内容丰富,教学形式多样,教学对象不同,教师自身的个人风格不同,因此导课方式方法也会有不同。常见的不同导课方法有以下几种。

(一) 从问题入手的导课方法

1. 悬念导课法

悬念导课法就是让幼儿猜不到结果,以激发幼儿的好奇心。例如,在一次科学活动课中,教师问幼儿是否能用一个塑料棒直接吸起桌面上的碎纸屑?若用力把塑料棒在头发上反复摩擦后是否能将桌面上的碎纸屑吸起来?通过设置悬念来吸引幼儿的兴趣进行导课。

2. 问题导课法

教师让幼儿了解风的知识。在教室里点了一根蜡烛，问幼儿："用什么方法可以将蜡烛灭掉?"幼儿七嘴八舌地答道："可以用嘴吹灭。""可以用扇子扇灭。"甚至有的幼儿说："可以用水浇灭。"等等。教师通过设问、追问、反问等方式一步步将幼儿引导到将要学习的主要内容上来。

运用悬念和问题导课方法应注意难易适中，不能太简单也不能太难。太难会降低幼儿的学习积极性，太简单又不能激起幼儿的学习兴趣。教师要找准时间引导幼儿向提问的结果进行探索。

（二）从直观手段入手的导课方法

从直观手段入手导课非常适合幼儿的学习，也是幼儿园教师常用的一种方式。在幼儿园，教师通常采用材料、故事和演示等方法来进行直观教学。

1. 材料导课法

材料导课法是教师在上课前准备好与课堂教学相关的材料，在开始上课时将材料呈现在幼儿面前。如科学活动课，教师让幼儿了解洗涤用品。教师提供了一些洗涤用品，接着教师又呈现出生活中用的几种油，然后教师问幼儿："哪种洗涤用品的去油功能最强?"引发幼儿思考和产生探究的欲望。接着让幼儿亲自去探索，找出结果，从而进入该堂课的正式教学活动。

2. 故事导课法

故事能够吸引幼儿并激发幼儿的好奇心，启发幼儿进行思考。因此故事导课法也是很多幼儿园常见的一种导课方式。如教师想给幼儿上音乐活动"喜羊羊与灰太狼"，可有的幼儿没有看过这个动画片，没有听过这个动画片的主题曲，也不了解故事中的人物，那么，教师要进行音乐表演就会存在困难。因此，教师可以先用"喜羊羊与灰太狼"的故事来进行导课。用故事导课法应注意：教师所讲的故事内容要与教学内容紧密相关，成为教学过程的有机组成部分；教师讲的故事应具备科学性、艺术性、生动性和思想性。

3. 演示导课法

演示导课法是指教师把实物或直观教具演示给幼儿观察或者向幼儿做示范性实验，让幼儿通过观察获得感性认识，进而自然地过渡到新的学习活动的一种导课法。[①] 演示法能够弥补幼儿感性知识的缺乏，帮助幼儿从具体思维方式向抽象思维过渡。随着时代的发展，演示的方式还可以通过媒介等让幼儿有视听等感官的刺激，使演示的途径更加丰富多样。演示导课法要注意的问题是：准备要充分，导课前要检查所准备的材料；演示的内容和方式要与教学内容紧密相关；教师演示时要用语言、动作、表情等综合指导；教师要注意对幼儿施以多种感官的刺激。

（三）从知识之间的内在关联入手的导课方法

通过复习旧内容来进行导课的方法在学龄阶段的教学中用得较多，因为复习旧课内容可以起到再认知的作用，帮助学生巩固所学的知识，也可以帮助在旧知识方面还没有弄清楚的学生。在幼儿园教育阶段用此方法进行导课，主要有以下几种方法。

---

① 刘云艳. 幼儿园教学艺术[M]. 成都：西南大学出版社，2007.

1. 递进导课法

递进导课法是指教师通过多种手段层层引入中心活动内容，将幼儿注意力、情绪和兴趣一步一步地引向最佳学习状态的一种导课方式。如在表演活动中，教师在旧课中已讲述了一个故事内容，开始上课前呈现故事中的角色头饰，然后再呈现了每个角色会用到的东西。教师边呈现边复述故事的内容和每个角色的表情、动作等，然后教师问幼儿："你们想把他们表演出来吗?"至此进入今天的正题。这种导课方法充分体现了幼儿认识事物的渐进过程和形象性等。但要注意的是：教师使用的材料和设置的情景要有新奇性，能够吸引住幼儿。

2. 直接导课法

直接导课法是指活动开始，教师直接进入正题，提出要求和任务，把幼儿的注意力和思维迅速导向主要的教学内容。① 如要开展"过年"的角色游戏，教师一上课就问幼儿："你们知道过年是怎么过的吗?""今天我们来玩过年的游戏。"这样直接点题的方式，要求教师语言精练，条理性强，富有启发性和感染力，这也是幼儿园常见的最简单的一种方法，但对学习能力和控制力都较差的幼儿来说，学习效果往往不是很理想。因此建议幼儿园教师少用此法。

3. 衔接导课法

衔接导课法是教师根据新旧知识之间的内在联系，找准新旧知识之间的联结点，利用对旧知识的回顾或引申，承上启下地导入新知识的方法。② 如在园本课程中，教师上节课让幼儿认识了彝族人民生活中用的酒具，月琴等，这节课让幼儿来开展"喀沙沙"(即汉语"谢谢")音乐活动。在学习歌曲之前让幼儿复习酒具的应用和月琴的弹奏动作。这位教师就找准了新旧知识之间的联结点，即彝族酒具和音乐器材月琴的使用场景。旧知识是幼儿熟悉的，能够调动幼儿的积极性，在新旧知识之间达到前呼后应的效果，也可以产生温故而知新的效果。

在幼儿园里，由于教师的个性不同、教学能力不同、教学观念不同、教学内容不同、教学对象的变化性等众多因素，都可能导致教师采取不同的导课方法。因此，教师可以创造性地探索出更多的教学方法，随机应变地开展导课，使自己的教学更符合幼儿的需要。如情景导课法、对话导课法等，也都是可行的。

第三节　幼儿园讲课的原则

幼儿园教育目标是要促进幼儿身心全面健康发展。虽然幼儿园有多种多样的讲课方式，但还是要遵循一定的基本原则来实现这一目标。幼儿园的讲课原则是根据幼儿的身心发展特点来制定的，也是幼儿园教师在长期教学实践中累积起来的经验，是对讲课活动的基本要求。讲课原则对教学设计、教学目标、讲课内容的选择以及讲课方法的运用等都能起积极的指导作用。

---

①② 刘云艳. 幼儿园教学艺术[M]. 成都：西南大学出版社，2007.

一、活动性原则

活动性原则就是教师让幼儿在真实的活动场景中，通过感知、操作、体验、交流等方式来主动学习的一种原则。在讲课过程中，让幼儿活动起来是关键，这是由幼儿的发展特点决定的。我们在多项调研中发现，很多教师在一节课的时间内让幼儿活动的时间，长的不超过15分钟，大部分不到10分钟，少数幼儿活动时间还不到5分钟。这显然违背了幼儿发展的规律。瑞士著名心理学家皮亚杰强调幼儿学习的主动性，注重用动手操作来发展幼儿的重要性。而幼儿活动的具体物品、人和事均在幼儿的生活环境中。因此，对幼儿讲课的原则又可以称为生活活动性原则。

二、发展性原则

发展性原则就是通过讲课活动来促进幼儿在原有水平上得到身心发展。讲课活动的发展性原则，是由维果茨基提出来的。他认为教学与发展是相互依赖的，讲课活动是为了给幼儿提供最近发展区。幼儿由原有水平到要达到的水平是通过讲课活动来实现的。这意味着教师要用发展的观点来指导讲课活动。《幼儿园教育指导纲要》要求"以幼儿发展为本"来指导教学，体现了讲课用发展性原则的重要性。因此，教师讲课要注意幼儿现有的水平和有一定挑战性的水平，尽量贴近幼儿的实际情况，来激发幼儿的好奇心和兴趣，拓展幼儿的经验，为幼儿终身发展奠定基础。

三、科学性与教育性原则

由于幼儿年龄小、经验缺乏、辨别是非的能力差，需要教师在讲课时为幼儿传达科学的和富有教育性的知识，使幼儿正确知客观事物和现象，形成正确的概念和对事物的正确态度。有的教师用小学化的方式或内容对幼儿进行教育，这是不科学也不合理的，甚至会妨碍或阻止幼儿的发展。因此，教师必须提高自己的讲课技能，遵循幼儿的发展规律，坚持用科学性和教育性的原则指导讲课活动。

四、连续性与渗透性原则

讲课的目的是要幼儿获得各种各样的经验，而这些经验是相互联系、相互依存的。他们有着已有的经验、现在的经验和未来经验的连续性，还有班内活动经验、幼儿园内活动经验以及社区活动经验的连续性。这些连续性的经验都有助于幼儿的理解、记忆和应用。杜威在其《经验与教育》中曾阐述过"经验的连续性"的观点。因此，教师在讲课时要注意对幼儿连续性经验的培养。

任何活动经验都不是孤立的，都具有相互渗透性。因此，教师在组织讲课时要采取多种活动将幼儿的经验联系起来，做到相互渗透，有助于幼儿获得广泛的和丰富的经验，扩展幼儿已获得的知识内容。

五、集体教学、小组教学与个别教学相结合的原则

集体教学是幼儿园传统的一种讲课方式。它是面向全体幼儿或一部分幼儿进行的，

以保证所有幼儿都有学习的机会,使他们达到一定要求。其优点是为每个幼儿提供受教育的机会,感受共同学习的快乐,培养幼儿合作、友爱、相互帮助等社会性行为和遵守集体规则、不妨碍他人的良好习惯。但是,由于幼儿的先天素质、文化背景、家庭背景等都不同,幼儿存在个别差异性。因此,教师要有针对性地顾及个别幼儿的发展特殊性和不同的兴趣、爱好、性格等进行讲课。由于个别教学不能顾及每一个幼儿,教学面窄,因此,在运用集体教学和个别教学原则时,可考虑小组教学,以弥补二者的不足,可以小组轮流或同时进行,开展幼儿教学活动。在幼儿园讲课不能只采用一种集体教学活动或个别教学活动或小组教学活动,要根据讲课内容的需要实行三种教学活动的有机结合。

六、直接指导与间接影响相结合的原则

在各种讲课活动中,教师与幼儿之间的相互作用与共同参与都是很重要的。幼儿在学习过程中,必须要有教师的直接指导。它是教学活动正常运行和幼儿发展真正实现的保证。在任何讲课活动中,教师都不能让幼儿放任自流。但是,教师在上课活动时也不能对幼儿干预太多,否则就会剥夺幼儿自主学习的权利。因此,教师要对幼儿自发生成的活动给予关心、支持和引导。

教师在上课活动中对幼儿的间接影响是指教师为幼儿提供活动环境、活动材料,唤起幼儿参与活动的欲望和动机。教师同时以情感和态度等对幼儿产生影响,让幼儿愉快地开展活动。也就是说,教师在整个上课活动中要做到直接指导与间接影响相结合。在不同的活动中,教师的直接指导程度又有不同。在同一活动中,直接指导与间接影响同时存在,有时又交替存在。

第四节　幼儿园讲课的方法与技巧

一、幼儿园讲课的方法

教师的讲课是将教案中的教育目标、教育内容等变成现实的最好途径。由于教学要求、教学任务、教学内容和性质、幼儿的学习方法等不同,教师讲课时会采取不同的讲课方法。好的讲课方法能够起到好的作用,选择恰当、有效、灵活的讲课方法很重要。讲课方法是教师与幼儿在教学活动中为达到一定的教学目的,根据不同的教学内容选择不同的教学方法,共同参与某一活动的步骤、手段和技术的总和。幼儿园常用的具体讲课方法有以下几种。

(一) 操作体验法

操作体验法是指教师在教学活动中提供与教学内容相关的操作材料,设置一定的情景,引导幼儿积极主动地动手操作或亲身体验进行学习的方法。这个方法其实包含了两种方法,一是操作法,二是体验法。如科学领域(数学、自然科学)和结构游戏等常用操作法。语言或社会领域的教学活动常用表演形式,让幼儿通过人物角色体验情景或事件的变化等。操作体验法是幼儿园教学常用的上课方法。

在教学活动实践中,操作法和体验法常常同时使用,如幼儿在结构游戏中,即使是幼

儿独自摆弄玩具材料，但他在操作过程中同样能体验到游戏的快乐。

（二）演示、示范和范例法

演示、示范和范例法符合直观性教学原则，也符合幼儿的思维特点，是幼儿园教师常用的教学方法。这种方法其实也是三种具体的方法：演示法是教师向幼儿展示与教学内容相关的实物或直观教具、图片等来引导幼儿进行感知的一种方法。这种方法常用在语言、科学、数学教学活动中。示范或范例法是教师通过自己或幼儿的动作、语言、声音、表情、图画、剪纸和典型案例为幼儿提供模仿的对象，是幼儿学习必须使用的一种方法，符合幼儿好模仿的学习特点。这种方法常用在艺术、健康等领域活动中。教师在运用演示、示范和范例法时总会伴随一些语言的讲解，生动的表情等起到很好的学习效果。在现代科技发达的今天，很多教师也常运用电视、幻灯、录像、录音等再现声、形、色，结合起来进行演示，电化教具在幼儿园的教学活动中增强了演示的形象性。

（三）游戏法

游戏是幼儿的基本活动。游戏法是引导幼儿以游戏的方式进行学习。游戏最突出的特点就是幼儿通过操作体验来感受学习的快乐，激发幼儿学习的兴趣，提高教学效果。教师在教学活动中使用游戏法，实际上是将游戏作为一种教学手段来完成一定的教学内容。教师可以通过表演游戏来完成语言领域活动的内容；通过智力游戏来完成数学领域活动的内容；通过音乐游戏来完成艺术领域活动的内容；通过体育游戏来完成健康领域活动的内容；通过角色游戏来完成社会领域活动的内容。教师还可以将这些游戏交叉或融合使用，使游戏法在教育活动中发挥更大的功能。教师还可以通过游戏法运用于一日生活的各个环节来组织各种活动。在使用游戏法时应尽量避免将游戏作为一种形式，盲目追求幼儿的快乐情绪或只是为了活跃气氛。

（四）探索发现法

幼儿园上课环节：探索发现法

探索发现法就是在讲课活动中教师引导幼儿通过自身主动对事物、现象进行探索，发现事物之间的相互联系以及事物自身的特点、属性等的一种教学方法，由美国心理学家布鲁纳提出。发现法对幼儿来说，更多的是通过感知、操作去发现幼儿自己不知的事物或现象的特点或属性以及事物之间的相互联系。教师更多地观察、帮助、支持和鼓励幼儿进行探索和发现。探索发现法很容易吸引幼儿的兴趣，满足幼儿的需要，有助于幼儿学习主动性、创造性和自信心的培养。教师要运用发现法为幼儿创造学习的氛围和环境，包括时间、空间和探索所用的材料等，主动听取幼儿在探索或发现过程中遇见的问题或想法，给予幼儿指导和帮助，鼓励幼儿之间相互合作、相互帮助，支持幼儿探索愿望的实现。教师在运用探索发现法时，也不能对幼儿放任自流，不加指导。

（五）讲解讨论法

讲解讨论法就是教师和幼儿、幼儿与幼儿之间通过讲解、谈话和讨论的方式来进行讲课。口语是人们交际的主要工具。教师为幼儿提供信息的主要方式是讲解，通过讲解事物和现象，向幼儿提问、启发等，进行适当的指导和评论，帮助幼儿获得知识或经验，促进幼儿成长。讲解讨论法是幼儿园教师必然会用到的一种讲课方法，包含以下两种具体方法。

1. 讲解法

讲解法是幼儿园教师用口语的形式向幼儿陈述或解释某个事物或现象的一种方法。讲解法一般与其他教学方法如演示法等结合使用。教师通过讲解使幼儿知晓教学内容，清楚自己的学习任务，知道该做什么和怎么做，从而获得新知识或新技能。教师在进行讲解时，要考虑到幼儿的理解水平和经验储备情况，注意自己讲解时语言的难易程度和语言的清晰、生动、形象、富有情感、抑扬顿挫等。同时，还应该注意自己的语音、语速是否适中。语音包括音准即普通话是否准确或声音大小是否适中。有的教师普通话不标准或声音太小都不利于幼儿的学习。有的教师在讲解时语速过快，幼儿听不明白，超过了幼儿的信息加工极限；有的教师讲解时语速又太慢，好像在给幼儿唱催眠曲，也因此减少了教学内容的承载量。

2. 谈话和讨论法

谈话和讨论法是教师与幼儿之间的对话和交流，是师幼之间表现最为平等、民主的一种讲课方法。谈话和讨论的内容可以由教师决定，也可以由幼儿决定，也可以是师幼共同决定。这种讲课方法容易吸引幼儿的兴趣，活跃幼儿的思维，启发幼儿主动学习，帮助幼儿获得较系统的知识或经验，有利于幼儿语言表达能力的提升。

使用谈话、讨论法应该注意以下几点：第一，谈话讨论法的基础是幼儿具备了一定的感性经验；第二，谈话和讨论的主题要贴近幼儿的生活；第三，讨论和谈话时要面向全体幼儿；第四，谈话和讨论要教幼儿学会倾听；第五，教师要耐心倾听幼儿的谈话和讨论内容；第六，教师要为幼儿创造谈话和讨论的良好氛围和条件；第七，教师要运用多种方法帮助幼儿进行谈话和讨论，如练习法、鹰架教学法等。总之，教师要从不同角度帮助幼儿理解谈话和讨论的内容。

（六）问答法

问答法是教师设问由幼儿来回答的一种师幼之间相互交流的方法。在幼儿园教学活动中，问答法是教师最常使用的一种教学方法，也是师幼联系的一个纽带。教师要根据自己的日常讲课经验和本班幼儿的水平、兴趣、需要等进行提问。美国教育学者杜威和弗朗西斯·帕克(Francis W. Parker)等建议把课程内容都统一到若干“中心题目”中去，然后根据这些“中心”题目把所有问题都组织在课程中。他们所指的中心题目就是问题。加莫(DeGarm)也主张：围绕某种课题来组织，而不能像传统课程那样以学科为形式。系统研究课程问题的学者博比特(Frankl Bobbitt)主张：教师应该关心现实世界中那些有意义的实际问题，并认为，人类生活无论多么复杂多样，都必然是由某些基本的、特定的问题所构成。结构主义课程专家布鲁纳也提出课程应该关注儿童真实生活中的“问题”。

1. 教师设问的角度

(1) 从幼儿社会性、个性品质等现存的问题出发，例如任性、不友好、娇生惯养、自私等方面，这些问题来自教师日常的教育经验、家长的反馈等。

(2) 从现在及将来社会对人的素质的基本要求出发，幼儿应为之作一定的准备。

(3) 从幼儿发展几大领域出发，发现幼儿存在的一些问题。

(4) 从现代新学科，如环境保护、可持续性发展、信息高速公路等出发，发现幼儿存在的问题。

(5) 从医学、健康学、卫生学等出发,发现幼儿存在的问题,如近视、超齿等。

(6) 从儿童的需要、兴趣、爱好等出发而产生的问题。

2. 教师设问的点

教师讲课应根据教育内容的知识结构和幼儿的认知水平,把本堂课的内容划分为若干个问题,引导幼儿主动去理解内容,迁移经验。当幼儿思维受阻时,要抓住关键处设问,给幼儿指出思维的方向,指点迷津,疏通障碍,使幼儿的思路畅通。同时,要通过启发性提问,教给幼儿科学有效的学习方法和解决问题的思维方法。另外,还要找准拓展点,激发幼儿的创造性思维。幼儿教师的提问设计,不仅应着眼于提高幼儿知识的"存量",更应当促使他们能驾驭知识的"流量""变量",从而达到"增量"。因此,教师可以从以下几个"点"来设问。

1) 在新旧知识的联系处设点

幼儿学习新知识需要旧知识的支撑,在新旧知识的联系处提出问题,有利于帮助幼儿建立起知识间的联系,更全面地理解新知识。如在《小猴卖"0"》中,教师先出示"0"形状,请幼儿猜一猜这是什么东西。这一问,马上就把幼儿的已有经验调动起来,他们有的说是鸡蛋,有说是游泳圈,也有的说是数字"0"(零)……教师接着又提了一个问题:"小猴卖'0',谁会来买?买来干吗?"这就又引起幼儿对新知识的思考。

2) 在关键处设点

所谓的关键点有两层意思:一是指本次语言教育活动的重点;二是指幼儿语言学习的难点。所谓重点,往往是那些孩子们学习作品内容、理解体验作品经验和迁移作品经验的环节。所谓难点,既包括新出现的知识难点,也包括虽已学过却又似懂非懂的知识点。如在《萝卜回来了》的故事中,教师提问:"故事中都有谁?萝卜到了哪些小动物的手上?""为什么小兔子送给别人的萝卜又会回来了呢?"这样的提问,不仅能加深对故事内容的理解,而且引导幼儿从直观形象思维向抽象思维过渡,属于在重点处设计问题。再如《秋天的树叶》是一篇优美的散文,教师先让幼儿欣赏全文,然后提问:"听了散文,你想到了什么?""你最喜欢哪一句,为什么?"这样的问题属于幼儿思考的难点。

3) 在幼儿的思维转折处设点

人的思维总要受到现实生活和个人经历的影响,所以常规思维大多是顺向思维。而事物本身又往往具有多面性,这对涉世不深的幼儿来说,有时是不容易理解的。这就要求教师在幼儿思维转折时,给予点拨。在上《乌鸦喝水》一课时,用投石子的方法喝到水已经成为唯一的答案,但教师及时引导幼儿作思维转折,问幼儿:"假如是乌鸦生活在现代城市里,还会想到哪些好办法?"孩子回答:"把石头放到水里,水就弄脏了,喝了不卫生,它会找根吸管,这样轻轻松松就能喝到水了。"

4) 在容易引起联想、想象处设点

如语言课上,教师给小朋友讲《鸡和小鸭》这个故事,当讲到小鸭不小心掉入一口枯井时,老师就让小朋友想个好办法救救小鸭子。幼儿根据自己的生活经验,七嘴八舌地说开了:"让小鸡去把小鸭的妈妈找来。""打 110 电话让警察叔叔来帮忙。""放条长绳子下去把小鸭子拉上来。""在枯井里灌满水,小鸭子就会游上来。"幼儿们想出了多种不同的解决方法,这些答案与幼儿的实际生活经验是分不开的,同时也是教师具有启发性的提问,为幼儿设置了一个特定的环境，在发展语言表达能力的同时，进一步培养了其创造能力。

5）在幼儿的疑问处设点

“学源于思，思源于疑。”幼儿有了疑问就会产生求知欲，就非要弄个水落石出不可。因此，教师在组织教学时要善于根据幼儿的反应，在幼儿感到迷惑不解时，及时给予解答，或帮助幼儿对问题做一梳理，或补充相关的一些问题，使幼儿在活动中始终处于一种积极的探求状态。例如，《动物的伞》中，有个幼儿问：“小鸟和蚂蚁都找到了伞，动物园的其他动物，怎么办？”教师及时对这一问题进行确认和补充：“对呀！我们来帮助它们想想办法，找到自己的伞吧。”

幼儿园评课的方法与技巧：提问策略

3. 教师提问的策略

1）多提问

教师要在讲述、演示、练习中运用问答法给幼儿提供表达的机会，也可以集中幼儿的注意力和激发幼儿学习的热情。

2）问题的难易度要适中

如果教师提出的问题太难，就会降低幼儿学习的积极性。如果问题太易，也会降低幼儿学习的兴趣。

3）问题要简洁明了

教师所提出的问题不能让幼儿听不懂、含糊不清。一般一次只提一个问题，问题太多，幼儿抓不住核心，也不知道自己究竟该怎么回答或者回答哪一个。

4）问题被提出后给幼儿留足思考的时间

有的教师刚一提出问题就迫不及待地要幼儿回答。有的教师一提出问题，还没有等幼儿想好或者幼儿准备回答，教师就已经宣布了答案。这样的提问都等于无效提问。因此，教师提完问题后，要允许幼儿思考，等待幼儿回答。

5）要面向全体幼儿提问

有的教师提问时只站在某一个或某几个幼儿面前提问，其他幼儿根本不能听清楚教师提的是什么问题。这样不利于幼儿回答问题，也不利于全体幼儿的发展。

6）反馈幼儿的回答

教师要对幼儿回答的情况进行反馈。无论幼儿回答得是否正确，教师都应该作出相应的反馈。这样才能使幼儿对自己的回答有个认识，这也是幼儿获得经验的一种方法。

（七）情境法

情境法是教师为幼儿创设一个具体的、生动的、形象的学习情境，通过合适的方式将幼儿带入这个情境中，让幼儿在具体的情境中通过不断体验和感受进行学习。情境法很适合幼儿的发展特点。教师让幼儿在真实或模拟的情境中产生一定的体验。真实情境一般指大自然、大社会中各种人、事、物等环境。模拟情境通常指音乐、幻灯片、录像、多媒体等创设或再现某一真实情境。

教师创设情境时要注意以下几点：①情境在形式上要新颖或新奇，能够激发幼儿的好奇心；②情境的内容具有实用性，即能够用来完成教学内容或者能够使幼儿获得某种经验；③利用情境法要结合讲解法、讨论法或问答法等一起使用；④情境法要让幼儿充分表达或与同伴交往，使幼儿能够真正成为学习的主人；⑤通过情境法培养幼儿各种情绪体验。

二、幼儿园讲课的技巧

教师要使自己确定的教学目标、教学内容和教学方法等顺利有效地完成，跟讲课技巧密切相关。教师的讲课技巧是教师最基本的职业能力。讲课技巧运用于教学活动中，直接反映出教师的教学水平。同时讲课技巧又是一种外显的、可观察的、可操作的、可测定的方式或途径。

（一）教师具备教学机智

教学机智是教师在语言、性格、情境等方面的巧妙应用，是教师随机应变能力的体现。如果教师具备教学机智，能够促进良好教学效果的产生。

1. 教学机智的特征

教学机智是一种教学艺术形式，是教师在长期的教学实践中不断积累经验才能形成的一种能力。它要求教师在幼儿活动中具有敏锐的观察能力、判断能力和预见能力。教学机智具备以下一些特征。

1）突发性

幼儿在活动过程中，往往会有很多事件偶然发生，教师无法事先预计，也不会事先做好心理准备和制定应急措施。这个时候教师做出的正确决策或行为就显示了教师的教学机智。

2）快速性

当有某事件突然发生或某一现象突然出现时，教师必须立即以最快的速度在最短的时间内进行处理，没有一秒钟的思考时间。否则就会出现混乱，或者严重影响教学效果，甚至影响到幼儿的生命。

3）准确性

随机应变不仅要求教师快速处理，还要求教师准确处理，抓住事物的关键，避免偏离活动目标和活动内容。如果教师不能准确处理而偏离了活动目标或活动内容，就会使无效信息增加而失去教学的意义。

4）巧妙性

随机应变的巧妙性是指教师使用的方法巧、时机巧，能适时、适度地处理好当时的事情。

2. 教学机智的要求

教学机智是教师的知识、能力和智慧等的综合表现。因此，教师在教学过程中，应尽量注意以下几点。

1）临事不慌

教师在教学过程中如果出现了偶发事件，不要慌张，也不能乱发脾气，否则会给幼儿留下难以治愈的心理创伤。因此，教师要注意挖掘或发现事件本身的积极作用，以教育幼儿。

案例 车祸发生后

角色游戏开始了，天天今天做出租车司机，只见他非常开心地开着小车，来来往往。

突然，昊昊开着车飞快地冲了过来，把天天狠狠地撞了一下。天天摔倒在地上，大声地哭了起来。看到了刚才发生的一幕，我正要像平时一样教育昊昊不应该在教室里跑那么快时，突然看见昊昊一副闯祸后非常紧张而后悔的表情，我一下子转变了想法，为什么不换一种方法帮助孩子真正认识自己的行为带来的严重后果并在以后的活动中避免出现同样的行为呢？于是，我装作不知道刚才发生的事情，并问他们："怎么了？"天天边哭边说："昊昊刚才把车开得很快，把我撞倒了。""什么，是出车祸了呀！那可不得了，你一定受伤了，很痛吧？万一有什么问题可不是闹着玩的。快，快让我送你到医院里去检查一下。昊昊还不快来帮忙呀。"我表现出了一副非常紧张的样子。说完，要求昊昊和我一起扶着天天慢慢地来到了"娃娃医院"，"医生，快给他检查一下，他刚才出车祸了，昊昊把车开得太快把天天撞倒了。"于是，涛涛医生就让天天躺在床上像模像样地给他检查了起来，并不停地责怪昊昊："你呀，一点也不懂事，为什么把车开得那么快？天天的腿都断了，"说着用手抬了抬天天的腿，"不行，天天要住院开刀。以后你开车可要慢一点，记住了吗？"昊昊在旁边不住地点头，说："我下次一定注意，慢一点开。"

案例分析：在平时的自由活动或游戏中，经常会出现以上偶发事件。孩子们喜欢在教室里你追我赶、打闹嬉戏，一不小心就会摔倒，甚至发生撞伤的流血事件，非常危险。对于这样的突发事件，教师们常常采用的方法就是千篇一律的说教，不停地教育孩子们在活动室不要奔跑，要注意安全。可是，老师们苦口婆心说教的结果是老师说得口干舌燥，而"肇事者"当时显得诚惶诚恐乖乖认错，到玩的时候却又忘记了，效果不明显。而这位教师尝试以游戏的形式来顺势教育幼儿，即让角色中的医生涛涛来教育幼儿，比教师的责骂效果要好得多。这样就避免了昊昊由于撞倒人而必须挨的批评，造成心情不愉快，不情愿地接受说教，反而使昊昊真正地意识到由于自己的鲁莽行为给同伴带来了痛苦，也使天天忘记了刚才发生的不愉快。同时，也因此丰富了游戏情节。

2）把握分寸

偶发事件常常容易让教师的情绪变得激动，难以把握好教育幼儿的分寸。教师养成以爱心为行动的准则，就会宽严结合地处理课堂上幼儿发生的突发事件。切记不要粗暴训斥、体罚或变相体罚，甚至打骂幼儿。如果教师对偶发事件的把握没有分寸，对幼儿造成的伤害是不可估量的。

3）预防在前

教师在讲课时要留心观察幼儿的各种表现，尤其是对平时坐不住的幼儿或表现异常的幼儿要特别加以注意，发现苗头马上采取预防措施，尽量减少或避免突发事件的发生。

4）沉着冷静

教师面对突发事件时要沉着冷静，千万不要急躁或感情用事，并且要立即做出正确的判断，谨慎处理。教师对平时调皮捣蛋的幼儿所突然引发的事件也要做具体分析，善于控制自己的情绪，以温和、平静的心态去对待幼儿。

从图 9-1 可见，男幼儿真厉害，将易拉罐搭建成了高高的柱子。当他正继续专心搭建的时候，旁边的女幼儿却总搭建不好，易拉罐老不听话，总落在地上。图 9-2 中女幼儿看男幼儿搭得越高，心里越是生气，看着看着就跑过去将男幼儿搭建的柱子一把就推倒了。当时，我与该班教师在旁边观看，我们都以为男幼儿会生气，出乎我们意料的是，两个孩子看着散落在地上的易拉罐居然哈哈大笑了起来。这个时候我为这位教师的冷静感到由衷的高兴。如果她当时立即冲上去批评或训斥了这个女幼儿，也许结果就完全改变了。可见，教师沉着冷静地处理偶发事件是非常重要的。

图 9-1　幼儿正在用易拉罐专心搭建柱子

图 9-2　男幼儿搭建得高高的柱子被推倒了

如果教师在讲课活动中遇见幼儿提出自己不知道的问题，不要装懂，要实事求是地告诉幼儿：教师查阅资料后再告诉你。如果教师因自身的失误而出现偶发事件，要敢于承认错误并态度诚恳地及时纠正错误，或尽快转移幼儿的注意力，将对教学活动的影响降到最低。

（二）用好口头语言

在教学活动中使用口头语言是必不可少的，所有的教学信息都通过语言来承载。语言也是教学任务完成的主要工具。苏联教育家苏霍姆林斯基讲过："教师的语言修养在极大程度上决定着学生在课堂上的智力劳动效果。"[①]因此，用好语言也是教学技巧中的一项重要内容。有声语言是幼儿园教学活动中的主要语言，其语言的生动、形象、规范、流畅、正确等为教师有效传递信息起到至关重要的作用。因此，幼儿园的有声语言常被称作口头语言。如果一个教师用好了口头语言，就能够促进幼儿全面发展甚至对幼儿产生终身影响。教师用好口头语言应该遵循如下原则。

1. 情感原则

有的教师在用口头语言时语气平淡、不富有感染力、平铺直叙，好像与说的内容无关紧要，这样的口头语言状况所产生的教学效果不会很好。因此，教师在讲口头语言时要饱满精神、抑扬顿挫地传递教学信息。当幼儿听到高兴的事情就会跟着一起高兴，听到悲伤的事情时也会跟着一起难过。也就是说，教师的语言要充满情感，使幼儿对教学内容产生共鸣。教师在应用情感原则时要注意情感表达要真实，不要做作，同时掌握好声音大小适中，让幼儿听起来舒服。

2. 形象原则

教师在用口头语言时应生动形象地传递教学信息，将抽象的语言变成具体形象地可让幼儿理解的事物或现象，由枯燥的语言变成生动有趣地承载一定知识或经验的具体形象或表象。如教师让幼儿认识数字"2"，教师问："2 像什么?"幼儿可能回答："像小鸭子。"教师通过形象的语言让幼儿学会了数字"2"。教师运用形象的语言进行教学时要注

① 苏霍姆林斯基. 给教师的建议(下)[M]. 北京：教育科学出版社，1981.

意语言的直观性和生动性，同时还要注意对语言加以修饰，如图 9-3 所示。

图 9-3　神奇的果树

图 9-3 是一棵果树，为了吸引幼儿认识水果，教师将这棵树命名为"一棵神奇的果树"。教师问："这棵果树为什么是棵神奇的果树呢?"一般一棵果树上长一种水果并且水果的颜色是相同的。教师让幼儿观察这棵果树长了多少种水果并且水果有几种颜色？幼儿能够分辨出来：这些水果有好几种颜色，这棵果树长了苹果、梨。苹果有红色的、绿色的等。教师问：怎么样才能让这棵果树变得更神奇呢？幼儿答：还可以长香蕉、菠萝、奇异果等。神奇的、红色的、绿色的等是修饰语，还可以用比喻、拟人和夸张的手法。图 9-3 同时也可以用拟人来修饰。如会笑的苹果，苹果与梨是好朋友，一起长在一棵果树上共同生活等。

3. 启发原则

启发原则是指教师用充分激发幼儿学习的内部诱因，能调动幼儿学习主动性和积极性的语言有效地传递教学信息，完成教学任务的一种原则。[①] 教师要通过各种方式激发幼儿的学习兴趣和求知欲，活跃幼儿的思维，使幼儿在整个教学活动过程中愿意去听、去看、去想，从而养成愿学、乐学的良好习惯。教师在使用启发原则时要通过语言点拨、引导幼儿思考，主动去发现问题和解决问题。

4. 逻辑原则

逻辑原则是指教师的口头语言要连贯、严谨，经得起推敲，语句之间环环相扣。有的教师讲课时语言逻辑不严密，这样传递的信息就不完整，甚至会扰乱幼儿的思维。教师要做到口头语言具有逻辑性，就应该在平时积累常用的教学用语，经过认真备课，让讲课内容话到嘴边，随口道来。同时，教师自身的逻辑控制力要强，自己讲话语无伦次或喋喋不休，会严重影响讲课效果。讲课要有中心句，围绕中心展开教学内容并对语句进行排列，形成清晰的逻辑语言。

5. 简洁原则

教师在讲课活动中语言要简洁，要点清楚，尽量使用幼儿容易听懂的语言。有的教师讲课时长篇大论，半天不能进入正题。同时，教师要注意不能有病句或过多的口头语，如有的教师讲完一句话后总喜欢带一个"好"或者"好不好"或"啊"等收尾。如："好，我们开

① 刘云艳. 幼儿园教学艺术[M]. 成都：西南大学出版社，2007.

始讲故事了。”“好,小朋友们听老师讲故事。”如果教师有这样的一些坏习惯会影响幼儿的语言表达。

(三)用好体态语言

幼儿园教师的体态语言包括教师的身体动作、表情和出现在幼儿面前的体态,这里的体态包括教师的着装和发型等。教师的这些体态语言对教学活动的影响同样是很大的。因此,幼儿园教师在讲课过程中,要特别注意自己的体态语言。第一,幼儿的模仿能力强,教师的一言一行都是幼儿模仿的对象。因此教师的手势、眼神、面部表情都要做到自然大方,不能够矫揉造作。有的教师在幼儿面前面无表情,或在教室里走动时声音过响,或手势不断。这些都会对幼儿产生负面影响。第二,教师的体态语言要和谐。教师在讲课时手势、眼神、表情等体态语言要协调一致,同时,体态语言要与教师自己的声音一致。要掌握好适度,如教师的手势语不能太过夸张或太过频繁,一会儿去摸自己的头发,一会儿去扯自己的衣服等。第三,教师的体态语言要为教学活动服务。例如,教师要用眼神与幼儿对话。教师可以同时扫描每一位幼儿,可以看一部分幼儿后又转向另一部分幼儿。也就是说,教师要把每一位幼儿看在眼里,放在心上。第四,教师要用好空间语言。教师所站的位置离幼儿空间距离的远近就是一种空间语言。教师在教室里站的角度不同、位置不同对幼儿的影响都会不同。我在实验中发现,距离教师越近的幼儿,专心程度越好。伍宁在 1996 年的幼儿座位位置对教师与幼儿交往的影响研究中表明:越在教师视线范围内的幼儿与教师的交往越多。可见,教师要掌握好与幼儿的空间距离来提高讲课效果。第五,教师要注意自己的形态即衣着发型等。幼儿园教师的服饰打扮表面上看起来好像与教学关系不大。其实,这也会严重影响到教学效果。美国心理学家曾经做过一项实验:让一位美丽的妇女给大学生进行个性临床评议。当这位妇女打扮得很不得体时所做的评议,大学生并不关心这位妇女所做的评议的好坏;当这位妇女打扮得很漂亮时所做的评议好坏,大学生们都很重视。也有人对幼儿园教师做过同样的调查发现:幼儿同样喜欢打扮好看的教师。因此,教师要根据具体的教学需要和自身条件进行打扮。教师的打扮一定要得体,不要奇装异服,分散幼儿的注意力。教师的打扮要简洁、朴实,不要邋遢,不修边幅。教师的发型尽量体现精神、端庄、富有生气、美观,并且不要染发等。

(四)做到全方位互动

教师讲课时不要只局限在教案或书本上或者只看着幼儿,要充分与文本互动,与幼儿互动,让幼儿之间互动来展开教与学的结合、主与从的结合,动与静的结合,形成全方位互动的讲课局面,只有这样才能真正体现出幼儿的教学活动。讲课的要素是教师、幼儿、课堂内容及其相互之间的关系,其中课程内容是联系教师与幼儿之间的桥梁,师幼关系是讲课的核心关系。教师不能只局限在这样一种“人与人的对话”,还应该形成与文本对话,教师要发挥教与学结合,教是教文本及其他内容,幼儿学是通过听教师讲的内容。无论教师讲还是幼儿听都必须放在师幼的交往活动中进行,始终构成讲课活动的基本要素。在这个活动中,教师与幼儿之间的主从关系是不断发生变化的。根据文本内容和教学任务的不同,教师有时可以是活动的主体,幼儿是活动的客体;有时幼儿是主体,教师是客体,即由幼儿主讲,教师聆听。有时是幼儿静静听教师讲,有时是幼儿活动、教师观看等。

第五节　幼儿园讲课的形式

幼儿园讲课除了要考虑讲课内容和讲课方法外，还应该考虑讲课形式。对幼儿来说，学习的形式可以有正式的上课形式和非正式的自由活动形式。本书重点阐述从教师角度来说的幼儿园讲课形式，主要有以下三种。

一、集体活动形式

集体活动形式主要是教师有计划地、有目的地组织全班幼儿或一部分幼儿进行的教学活动。[①] 这种教学形式是面向全班幼儿或一部分幼儿在同一时间内完成相同的教学内容，主要是通过幼儿在与教师或同伴的相互活动中进行交流、讨论等共同体验学习的快乐，培养幼儿遵守规则和纪律等行为习惯和培养幼儿的自制力或约束力等，让幼儿学会分享、合作等亲社会行为。这种讲课形式人力、物力比较集中，相对节省时间和空间，能够较快完成教学任务，效率高，很适合中国国情（我国大多数班级都是大班额教学的情况）。但是，这种讲课形式很难照顾到幼儿的差异性，即不容易做到有针对性地进行讲课。因此，这种讲课形式还需要通过小组活动形式和个别活动形式来加以补充。

二、小组活动形式

小组活动形式是人数较少的一种讲课形式。相对于集体活动形式而言，教师更容易对幼儿进行较细致的指导，幼儿也能够有更多地有操作和交流的机会，精力更容易集中。小组活动形式是整个讲课活动中一个重要的环节，与集体活动等形式结合，来共同完成讲课任务。教师可以在集体活动后，根据幼儿的不同兴趣、爱好或特长用小组活动形式进行讨论、操作或练习等，以充分发挥小组的主动性或创造性，最后由教师对小组活动结果进行展示、讲解或评价。在小组活动中，教师要为幼儿创造平等、宽松的环境，帮助、支持和指导幼儿开展好小组活动。

三、个别活动形式

个别活动形式可以让幼儿的兴趣、需要、能力等得到充分体现。这种形式是教师对幼儿进行有针对性的教学。教师可以用个别活动形式配合集体教学活动形式和小组活动形式来共同完成教学任务。个别教学活动形式可以用在示范或巩固等环节，检查幼儿对新经验或新技能是否感知或是否掌握等。教师可以向幼儿提问，看幼儿是否理解或明白，或让幼儿操作，看其是否掌握了某项技能，帮助幼儿建立自信心和学习的兴趣。这种形式能够做到因材施教，但是教师指导范围相对较窄，不能面向全体幼儿，可能比指导全体幼儿花的时间还长。因此，教师要结合其他形式共同开展教学活动。

---

① 黄人颂．学前教育学[M]．北京：人民教育出版社，2009．

学习任务

(1) 结合幼儿园教师"上课"素质谈谈提高自身素质的途径。

(2) 尝试设计一堂活动课的导课部分。

(3) 结合自己的特长,尝试在小组内开展一次教学活动。

扩展阅读

幼儿园教师应怎样上好课

一、教师要始终树立科学的幼儿发展观

3~6岁幼儿在不同的年龄阶段有着不同的身心发展特点,作为教师,应充分尊重幼儿不同时期的发展特点和认知规律,在日常生活中细心观察、认真分析幼儿的实际水平和已有的生活经验,准确定位其"最近发展区"。这是上好课的前提。有了这些经验,教师就可以为教育教学中适宜性目标的制定,内容、方式的选择提供真实、可靠的依据。

二、钻研教材,形成教师自身的知识结构并加以灵活应用

教材是教学活动的重要资源,是教学活动中进行真实、有效的对话凭借。教师只有真正把握教材、充分理解教材,才能超越教材,走出教材。

三、少想一点教师"怎么教",多想一点幼儿"怎么学"

《纲要》提出:教师应成为幼儿学习活动的支持者、合作者、引导者。有很长一段时间,笔者观察了一位教师组织中、大班体育游戏"踢毽子"的教学设计、准备和教学活动开展情况。该教师为幼儿"学习而设计",为"学习而教",以学论教的策略,令人深受启发。

四、恰当运用教具,少一点华丽,多一点自然和平实

幼儿具有形象思维的特点,因此在课堂教学中恰当地运用好教具,能增强教学的直观性,帮助教师突破难点,突出重点,减轻幼儿记忆和理解的困难,激发幼儿的学习兴趣,提高课堂效率。笔者建议教师在运用教具时注意以下几点:第一,运用时目的要明确,使教具成为教学目标达成的支持桥梁;第二,运用教具要适时、适量、适度,切忌喧宾夺主,华而不实;第三,教具的演示和操作应照顾所有幼儿的视线,给幼儿以美感;第四,要充分挖掘教具的用途,做到一物多用、一物巧用。

(摘选自:竹艳芳.幼儿园教师应怎样上好课[J].中国教育学刊,2011(08).)

第十章 幼儿园评课环节——课程总结

评课是幼儿园教师的一项基本教学技能。会评课的教师，才能更好地发现其他教师的优点与不足，以提高自己的教学技能。会评课的幼儿园园长，才能当好伯乐，发现该园教学技能突出的教师，让其他教师信服。有的园长听课后不会评课，这会让教师感觉他们对教学情况缺乏合理分析，好像是个外行。对学前教育专业的研究工作者而言，不会评课，就不能很好地捕捉研究需要得到的信息，那么，其研究结果也会令人质疑。因此，评课对幼教界从事教学工作的人员来说，是非常重要的。本章主要从幼儿园评课特点、评课标准、评课内容、评课类型、评课方法、评课技巧等方面进行分析。

第一节 幼儿园评课的意义及其特点

评价是对事物价值的判断[①]。可见，评价是与事物的价值标准和价值判断分不开的一种活动。每一个评价都会有一个相对应的评价对象和评价标准。不同的评价活动有不同的评价对象和评价标准，具有不同的评价价值。评课是评价活动中的一种，是对教师的课堂教学进行评价的一种活动。

幼儿园评课是指用幼儿教育理论对幼儿园教师所组织的教学活动的成败得失及其原因进行的评价。[②]幼儿园的教学活动是在幼儿园中由教师有计划、有目的地组织实施的教与学的正式活动，是幼儿园课程实施的主要途径。人们习惯上喜欢把幼儿园的教学活动称为“上课”，它有相对固定的组织形式与相对稳定的时

① 虞永平，张辉娟，钱雨，等. 幼儿园课程评价[M]. 南京：江苏教育出版社，2009.

② 但菲，赵小华，刘晓娟. 幼儿园说课、听课与评课[M]. 北京：北京师范大学出版社，2012.

间安排。但是幼儿园的上课不同于中小学的“上课”，这是由幼儿独特的生理和心理发展特点所决定的。幼儿园评课就是对幼儿园的教学活动进行评价的过程。其评价的对象包括教师、幼儿以及活动本身。

幼儿园评课是在幼儿园经常开展的一项活动。这种活动与听课等一样是属于幼儿园的教研活动。在评课活动中，幼儿园教师与领导等共同研讨教学，集思广益，以有效提高幼儿园教师的教学素养。具体地讲，幼儿园评课具有自身的一些重要意义与特点。

一、幼儿园评课的意义

幼儿园评课作为幼儿园课程评价的重要内容，具有重要的意义。有的幼儿园把对教学活动的听课作为衡量教师教学水平的主要手段，有的幼儿园把该班幼儿的发展水平作为教师教学水平评价的重要手段。美国教育家杜威指出："教育作为一种过程，教育本身即目的，不存在外在于它的目的。"对此，可以理解为：评课本身就是一个过程，就是一种目的，而不存在评课后还存在有目的。因此，评课者要意识到评课本身存在的意义。

（一）提高整个幼儿园的教育教学水平

美国教育评价学者斯皮尔伯格（Spielberg）针对教育评价说过，评价的目的不是为了证明，而是为了改进。[①] 幼儿园评课的目的同样是为了改进教育教学，从而提高整个幼儿园的教学水平。幼儿园工作的核心是保教工作。而幼儿园的教育教学水平是通过教师的教育活动来实现的。其中，把评课作为教师教育教学水平的诊断和评价手段之一，是促进教师教育教学水平提高的一种重要途径。

（二）是促进幼儿园教师专业成长的重要方式

评课是幼儿园教研活动中的一种重要方式。评课的目的不是为了衡量一堂课的好坏，更不是评价上课教师的好坏，而是搭建了教师之间交流的平台，让教师相互交流，相互帮助，相互讨论，在实践中进行反思、总结，以提高教师自身的专业成长。教育部基础教育课程教材发展中心主任助理刘坚提倡建立一种新的评课文化，让教师在新的评课文化中哺育、滋养教师，使教师在教学中成长，把评课当作一种教研活动。因此，在教师之间开展评课活动，能够促使教师交流教学经验，提高业务素质，在不断学习、不断思考中获得专业成长。

（三）能够促进幼儿身心和谐全面的发展

幼儿园教育教学的最终目的是要促进幼儿发展。教学本身就是教师的教与幼儿的学的双边活动。幼儿园通过评课帮助教师有效地创设教育教学情境，组织幼儿参加各种教育教学活动，激发幼儿参与各种活动的兴趣，体现幼儿的主体性，尊重幼儿发展的规律，这就是为了促进幼儿的身心和谐全面发展。

二、幼儿园评课的特点

幼儿园评课对教师、幼儿以及幼儿园都具有重要的意义。因为幼儿园评课有着不同

---

① 但菲，赵小华，刘晓娟. 幼儿园说课、听课与评课[M]. 北京：北京师范大学出版社，2012.

于其他教学活动的一些特点。幼儿园评课是教育评价的一个重要内容,其特点如下。

(一)幼儿园评课要以教学目标为中心

幼儿园的教学目标主要是为了完成幼儿园及主管部门要求的教学任务,以促进幼儿发展为最终目标。评课是与教学目标相对应,看教师在教学活动中是否引起幼儿某些观念或行为的变化所做出的价值判断的过程。因此,评课就是要以追求教学目标的实现情况为标准。如果不从教学目标来评课,就会失去评课的真正意义。

(二)幼儿园评课要深入课堂实质

幼儿园评课不能仅仅看课堂表面上有多热闹,幼儿有多高兴,还应该具体分析课堂活动的实质。如对教学活动的细节进行实质性分析,看哪些方面值得其他教师借鉴,哪些方面存在问题需要改进。评课者要做到这点,就需要具备很强的专业水平,够挖掘或发现授课教师的优势与不足,透过教育教学现象看其本质,才能够从中发现关键的和有用的东西。

(三)幼儿园评课要形成良好的团队关系

幼儿园评课的目的是评价授课教师的授课效果。而有的教师不愿意被别人听课和评课,心里常常产生不安全感,甚至采取消极对待的态度来对待别人听课后进行的评课。将听课后所进行的评课形成一种常态,让授课教师面对任何教师或领导来听课都不会有紧张感的状态。但是,要达到这样的结果,需要幼儿园形成良好的团队关系。因为在良好的团队关系下,评课者真诚地提出建议或意见时,授课教师才会感觉到他人是真心地在帮助自己,为提高自己的教学水平而自愿接受他人的听课和评课。在良好团队关系下的评课者也会毫不保留地提出自己的意见和建议等。

第二节 幼儿园评课的标准

评课标准是有效评课的坐标。要评一堂课必须要有一定的有效坐标。华东师范大学课程与教学研究所孔企平教授对评课的看法是,一堂课是不是好,既要看结果,又要看过程。[①] 对幼儿园评课来说,看过程,可以从教师教的角度看,也可以从幼儿学的角度看。要看幼儿是否真正参与了教师组织的活动,参与投入程度如何,幼儿是否真正习惯教师组织的活动等。教育界一贯主张"教学有法但无定法"。对于幼儿园的教学也是如此。因此,幼儿园评课时不能用死板的标准和条条框框去束缚教师的教学个性,更不能让教师的备课、上课受细化的评价标准的限制。

目前,对教师的教学进行各种公开课如观摩课、示范课、汇报课、评比课、考核课等进行评课时,评课者常常畅所欲言,甚至有时还争论不休。因此,在评课时有个相对集中的评课标准,有利于有效评课。

叶澜教授提出:一堂好课没有绝对的标准,但是有一些基本的要求。事实上,所有课

① 赵国忠.评课最需要什么——中外优秀教师给教师最有价值的建议[M].南京:南京大学出版社,2010.

的评比都会有共性的东西，都可以根据叶澜的评课要求来评判一堂课，包括幼儿园的评课。

一、一堂好课应该是对幼儿有意义的课

幼儿园的课，尤其是艺术课，很多教师喜欢上得看起来很热闹。他们认为这样的“热闹场面”更能体现幼儿的主动性和参与性。实际上，幼儿在这样的课中都不一定可以有所收获，甚至不能够学到任何新的知识或获得新的体验。因此，一堂好课的意义所在就是能够促进幼儿在某些方面有所变化。如果没有变化就说明该堂课没有意义。如果一堂课很顺利，幼儿什么都知道或者都会了，那也就用不着教师再教幼儿了。也就是说，一堂有意义的课就是一节能够让幼儿有所收获的课。

二、一堂好课应该是有效率的课

所谓有效率的课，就是有充实内容的课。根据叶澜对有效率的课的观点看，幼儿园有效率的课主要表现在两个方面：一是这堂课对全班多少幼儿是有效率的，这些幼儿包括一般幼儿和特殊幼儿，对这些不同幼儿的效率分别是多少；二是效率的高低，有的方面效率高，有的方面效率低。如果一堂课没有效率或者只对少数幼儿有效率，那么这堂课不能算是一堂好课。从有效率角度看一堂课，就是要看这堂课的整个过程中，所有幼儿是否都参与了，他们都发生了哪些方面的变化。

三、一堂好课应该有生成性的内容

一堂好课除了内容丰富、形式多样、幼儿活跃外，还应该看这堂课是否有生成性的内容。叶澜认为：一堂课不完全是教师事先预设好的。因为，教学活动由有思想、有情感、有智慧、有思维、有能力的教师和幼儿参与，其活动本身就是一个动态的过程。在这个过程中，教师与幼儿之间的互动、幼儿与幼儿之间的互动，有可能出现教师预想不到的情形。在这样的状况下，一堂丰富的课就有可能有新的教育资源的生成，新的过程状态的生成。

四、一堂好课应该是平实的课

根据叶澜的观点，很多教师受公开课的影响太深，往往上课前出现的一些错误是因为准备过度，到了课堂上便将准备好的内容来进行表演，对幼儿来说，并没有什么新的知识或经验的呈现。课前有所准备，这有助于幼儿的学习。但是，课堂应该有其独特的价值所在，这个价值就在于它是一个公共的空间，应该有教师与幼儿思维的交集，最后是幼儿在这个过程中获得新的知识或新的经验。这样的课才是实实在在的课，才是平时教师都能够上的课，并不是由很多人帮着准备了才能上的课。

五、一堂好课应该是真实的课

叶澜认为：课不能十全十美，太完美的课造假的可能性最大。只要是真实的课，就会存在缺憾或者问题。没有问题的课说明其目标在预设的时候本身就有问题。这样预设的课首先会给授课教师非常大的心理压力，然后教师会做大量的准备，最后效果往往不佳。

事实上，一堂好课应当平常、自然，才能真正反映出教师的教学水平，才能通过评课提高教师的专业水平，真正享受教学带来的创造智慧的喜悦。

综上所述，评课要更多地从幼儿的学习和发展角度去评价教师的教学，尽量抛开那些琐碎的标准去评价教师的教学。评价标准尽量粗略，不宜过细。当然，评价一堂课应该有基本的评课要求。对此，可以参照叶澜教授的“五条基本要求”。

幼儿园评课的内容

第三节　幼儿园评课的内容

叶澜教授的“五条基本要求”是给幼儿园评课提出了一个指导方向。幼儿园的评课应该有其具体的评课要求和标准，不同的学者会有不同的评课标准。但是，无论幼儿园什么样的课，都离不开以促进幼儿发展为最终评课目的。只是具体到不同的领域、不同地区、不同年龄的幼儿，其评课的标准又会有不同。因此，只能“观其大概”，从以下一些角度去把握。

一、从教学目标的拟订角度去评课

从教学目标的拟订角度评课，主要是看教学目标是否单一（教学目标一般包括认知、情感、动作技能等）、具体、明确、简要等，教学目标是否符合《纲要》以及幼儿的实际。教学目标是否能够体现教学内容的重难点，是否能够贯穿教学的全过程，是否能够实现，是否能够激励幼儿学习的主动性和兴趣等。

二、从教学内容的选择与安排角度去评课

从教学内容的选择与安排角度评课，主要是看教学内容是否与幼儿的生活紧密相关，是否能够被幼儿轻松接受；教学内容的教育性是否强；教学内容是否能够促进幼儿情感和能力的发展，是否符合幼儿的经验水平、身心发展特点和幼儿的认识规律；教师是否根据幼儿的实际情况和教师自身的实际情况重新加以组织和进行科学、合理的调整等。

三、从教学过程的思路去评课

从教学过程的思路评课，主要是看教师的教学思路是否清晰，编排程序是否合理和有节奏；环节之间的衔接是否恰当、自然；主要环节是否体现了教学内容的重点；整个教学过程是否具有创造性，主次是否分明，师幼双主体性是否得到体现，过程实施是否由易到难，层次是否具有递进性等。

四、从教学方法的应用去评课

评教学方法是整个教学活动评课的重要内容。教学方法是指教师在教学过程中，为完成教学目的、任务而采取的活动方式的总称。[①] 教学方法不仅是教学活动中教师“教”

① 但菲，赵小华，刘晓娟. 幼儿园说课、听课与评课[M]. 北京：北京师范大学出版社，2012.

的方法，还包括幼儿在教学活动中“学”的方法。因此，评课者在评教学方法的时候，不能只评教师“教”的方法，还应该评幼儿“学”的方法。

评教学方法，主要看教学方法是否适合教师所教的教学内容，是否符合教师自身的特点和幼儿的实际情况；看教学方法是否多样化，有的教师在用教学方法时显得死板，方法单一；看教学方法是否有创新，有的教师只会用大家习惯用的或已经有的教学方法，不能根据新的教育理念对现有教学方法进行改革或创新；看教师是否根据现代教学手段如信息技术等来增进教学的新颖性，以激发幼儿的学习兴趣等。

五、从师幼互动状况去评课

从师幼互动角度评课，也是评课的一项重要内容。师幼互动角度进行评课主要看幼儿在学习活动中的主体地位是否得到体现；看教师是否为创造良好的师幼关系创造了民主、宽松的师幼互动环境。创造良好的师幼互动环境主要从教师的教态、语言、专业技能、应变能力等方面去评价。

从教态方面，看教师表情、声音和言辞是否鲜明、快活和富有感染力，仪表是否端庄，举止是否从容，态度是否热情，是否热爱幼儿，师幼情感是否融洽等。从语言方面看，看教师是否说普通话，说话是否准确清楚和简洁，是否生动形象，提问是否具有启发性；语调的高低、快慢是否适当、是否抑扬顿挫和富有变化。从教学专业技能方面看，主要看教师的歌唱、舞蹈、美术等的示范性、规范性实际操作能力如何，以及看教师是否使用了教具、多媒体等其他辅助手段，并且是否能够熟练运用等。从应变能力看，主要看教师的教学机智如何，因为幼儿具有多变性、随意性、好奇心强等特点，很容易发生各种意外，这需要教师灵活应对才能适应幼儿的发展需要。

六、从教学效果的优劣去评课

从教学效果评课，主要看幼儿的学习兴趣是否浓厚、是否会学；学习的主动性是否强；教学信息量的大小和幼儿的任务大小是否适度；整个教学过程中幼儿的受益面大小如何；教师的自我个性是否能够得到充分展示；教与学是否有机结合等。

第四节 幼儿园评课的常规类型

幼儿园的教学活动按照组织的形式可以分为集体教学活动、小组教学活动、个别自由活动。按照幼儿园的领域不同其教学活动又可以分为综合活动、语言活动、艺术活动、健康活动、社会活动、科学活动等。按照幼儿在活动中参与的形式又可以将活动分为体验活动、参观活动等。可见，幼儿园的活动类型多种多样，其相应的教学活动的评价类型也不尽相同。幼儿园常用到的评课类型主要有以下几种。

一、检查型评课

检查型评课是评课者在听课前一般不通知授课教师，直接深入课堂，投入大量时间和热情去听课,检查各科教学常规的整体情况,其目的是掌握一手材料,解决教师在教学中的实际问题,改进教学。这是幼儿园中是最常用的一种评课类型。一般评课者是园长、教研主任和年级组长等。这种评课类型非常有利于常规教学的科学评估、严格管理、有力督导,敦促教师认真备课,努力提高自身的教学素质等。

检查型评课常常要求评课者真实地说出听课后的观点和想法,直截了当地指出授课教师的成绩和问题的关键点在哪些地方。为了使授课教师能够真心接受评课者指出的不足,评课者要充分考虑授课教师的心理接受程度,考虑与授课教师采取何种交谈方式,做到以理服人,以情动人。具体的做法有以下几方面。

(一)从教学目标方面进行评价

从教学目标方面进行评价,主要是看教学目标是否明确具体,能够体现知识或经验的传授、能力的培养等方面的内容。有的教师在教学过程中认为自己确定的目标很适合幼儿,结果课后发现教学目标并没有达到,或者完成得不理想。这样的教学会影响幼儿的学习积极性和学习热情。评教学目标时,除了看教学目标是否科学、合理和是否达到外,还要看教学目标是否具有可操作性,也就是说教学目标是否便于实施或实施的难度是否适宜。

(二)从教学内容方面进行评价

从教学内容方面进行评价,主要是看教师对教学内容的处理是否恰当。同样一堂课的教学内容处理不同,其效果会不同。如有的教师在对绘本故事"我有多爱你"时不结合幼儿的实际生活情况,只是为了让幼儿理解绘本故事内容,结果幼儿对绘本故事并不很感兴趣。有的教师将该绘本故事与幼儿的实际生活结合起来,分享爸爸妈妈、爷爷奶奶有多爱你(幼儿)。结果幼儿对该绘本故事很感兴趣,也更能理解绘本故事《我有多爱你》。因此,抓住教学内容的关键调整教学内容,突出教学的重点和突破教学的难点,处理好幼儿的经验和学习能力的培养等的关系。

(三)从教学方法方面进行评价

教学方法包括教师"教"的方法和幼儿"学"的方法。评课者评教法主要是评课堂上教师用什么方法让幼儿达到会学和能学。评学法主要是评教师如何指导幼儿,用什么方法进行学习。学习方法是形成学习能力的核心。对于幼儿园的教学方法的评价,看教师主要用什么方法来完成教学内容的重点,用什么方法来完成教学内容的难点。幼儿又是通过什么方法来实现重要内容的学习等。

(四)从教学效果方面进行评价

授课教师的教学方法的好坏、教学内容的处理是否得当等,都要用最终的教学效果来检验。教学效果是课堂评价的根本目的。首先要看教学任务完成的时间是否分配合理,是否在规定的时间内完成并实现了教学目标。其次要从幼儿参与活动的状况来检验,看幼儿在活动中是否积极地主动参与并愉快地获得某种体验等。

(五)从教师的素质方面进行评价

从教师的素质方面对课堂进行评价,主要是看教师的素养、语言、特长等方面。如教师的教态、语言、教具的使用、教学机智、专业技能等。教师在教学中表情是否丰富、动作是否协调且符合教学内容，普通话是否标准，教具的准备是否满足了教学的需要且是否熟练使用，教师的专业技能如弹奏技能、舞蹈技能、绘画技能是否过硬等。这些都会影响到教学效果。

二、诊断型评课

诊断是借用我国传统中医的“望、闻、问、切”四种诊断方法，将其迁移到教学活动的评课中来，称为教学诊断。教学诊断是由教育专家或学校内部人员，为使教学能更好地适合学习者的需要和背景情况，对教师的教学情况和对学生达到教学目标所必需的基础（包括知识、技能、态度、情感等）所做出的评定。通过诊断，设计出一种改进教师的教和排除学生学习障碍的教学方案。[①] 用教学诊断的方法进行评课又称为教学现场分析，或诊断式评课。这种评课方式是“诊断者”有目的地观察教师的教学，通过诊断，发现教学中存在的不足，提出改进措施。诊断式评课可以是教师自我诊断，也可以是教师集体诊断，还可以是教育专家对研究者所开发或研究出的新的教学方法或新的教学模式进行诊断式评估、鉴定。这里重点介绍教师的集体教学诊断。因为这种诊断类型在幼儿园中用得较多，主要是幼儿园或教研组或年级组对个别教师的教学进行诊断的一种类型。其目的是广泛收集该教师课堂教学方面的信息，发掘新颖的东西，准确判断该教师在教学方面存在的问题，从而对症下药地对其教学进行指导，促进其教学水平的提高。诊断式评课有以下一些诊断方式和诊断策略。

（一）诊断方式

1. 从诊断形式上划分

从诊断形式上划分，主要有听课诊断法、微格诊断法、案例诊断法。在这三种诊断方法中最实用的是听课诊断法。这种方法无论是城市还是农村的幼儿园都可以用，因为不受条件限制。这种方法的局限性是其广度和深度有所欠缺。微格诊断法和案例诊断法一般用于专题性研究方面，其广度和深度都能体现出来。这两种诊断方法都会受一定条件限制，因此，不是所有幼儿园都能采用的。可见，最终采用什么诊断方法还要根据幼儿园的实际情况来决定。

2. 从诊断内容上划分

从诊断内容上划分，主要有目标式诊断、主题式诊断、综合性诊断和分类诊断。这些诊断方式在幼儿园中最常用的是综合性诊断。它需要听课者根据评价指标对课堂教学的目标、内容、结构、方法、手段、教师素养、教学效果等做出全面的分析和判断。这种诊断方式对评课的内容兼顾各个方面，很难做到深入分析。

目标式诊断就是观察、分析课堂教学的整个过程，包括一切教学方法和教学手段、组织形式和教学过程，以及教学的相关方面是否都符合教学最终目标，这种诊断方式在幼儿园中也常用。

主题式诊断就是紧紧围绕幼儿园教学计划中预先规定的主题，对课堂教学进行方向明确的专题性诊断。这种方法更多用于对一些研究性教学的诊断。

---

① 赵国忠. 评课最需要什么——中外优秀教师给教师最有价值的建议[M]. 南京：南京大学出版社，2010.

分类诊断是组织者预先培训或安排几位听课者从不同角度对课堂教学进行各个方面的诊断。如有的听课者只需要关注教学方法，有的听课者只需要关注教学内容的处理，有的听课者只需要关注师幼互动情况。诊断者将所收集到的教学信息进行汇总后进行分析和诊断，最后提出诊断性的教学指导意见。

（二）诊断策略

所有诊断方式的最终目的是发现一堂课的优点与缺点，尤其是发现该堂课所存在的不足，进行“对症”并给出改进的措施意见，以提高该教师的教学水平。因此，诊断时应该讲究一定的策略。

1. 诊断要客观、公正、科学

诊断者不应该在没有收集完全信息前就盲目作出评论。这样的评课是不客观的、不科学的。评课者不能因为个人好恶而不公正地进行诊断，这样就曲解了诊断的真正意义。评课者听课前要熟悉授课教师的教学方案，听课后要整理出授课者哪些方面值得肯定，哪些方面存在问题，需要加以改进，用什么措施加以改进等，只有这样客观、公正、科学地进行评课，才能够使授课教师真心地接受意见或建议。

2. 诊断要同时使用鼓励策略

由于诊断常常是对授课教师指出一些不足，授课教师在心理上会有一些排斥或不接受。尤其是在一些条件较差的偏远地区，教师的教学水平不高，评课者不能对他们有太高的要求，更不能有太多的批评或否定，而是要更多地找出他们的优点加以肯定。即使有些问题很严重，必须要指出来，也要以提问或商量的语气与之交流，并诚恳地同授课教师一起分析原因，提出解决问题的措施，激励授课教师以取得更大的进步。

3. 诊断要因人、因地、因课而有差异性

不同的教师、不同的地区、不同类型的课，诊断方式不同，诊断的标准和要求也会不同。如对一名特级教师和对一名普通教师的诊断标准应该不同；对城市与农村不同地区的教师的诊断标准也应该不同；对语言领域的活动诊断与对音乐活动的诊断又不同。因此，不同的课要对其诊断依据做出相应的调整。如对普通教师的标准要低于特级教师。也就是说，对特级教师的诊断要更严格一些。有的诊断结果要与教师单独交流，有的要语气委婉，有的要严厉批评等。

三、互动式评课

特级教师沈大安说：“好的课堂效果只有在师生互动中才能生成。”[①]同样，好的评课也是在互动中才能取得更好的效果。因为在通常的听课后没有评课，即使有评课，很多教师怕得罪人，常常只说优点不说缺点。如果有领导参与评课，普通教师则缄口不语，最后由领导“一锤定音”。这往往达不到评课的应有效果。因此，让评课者、授课者、专家、领导等共同参与，进行民主、自由的多向交流、多向互动的评课，即互动式评课。这种评课类型可以是授课教师自评、反思，或其他人对该课堂做出新的课堂设计，也可以是专家、领导、评课者向授课教师提问，由授课教师进行解释、答疑等。这种评课类型由其他评课的单向

---

① 赵国忠. 评课最需要什么——中外优秀教师给教师最有价值的建议[M]. 南京：南京大学出版社，2010.

评课转化为多向评课，有利于教师的专业成长。由严肃的评课转化为自由宽松的交谈方式评课，有利于教学团队互助合作关系的形成。互动式评课需要做一些评课准备和有一定的评课模式。

（一）互动式评课前的一些评课准备

由于互动式评课参与人员广，发言的教师多，具有开放性、民主性、自由性、生成性等特点，对参加评课的人员提出了很高的要求。参与者不只是读一下自己事先准备的一些文稿，还需要就某方面提出自己的一些看法或见解，因此，发言者需要对评课的相关内容有所了解，要做一些知识准备和心理准备。另外，由谁做主要发言人，由谁主持等都需要事先做出合理安排。

（二）互动式评课的基本模式

不同的评课模式有不同的优点。一般互动式评课主要采用以下两种模式进行。

第一，由授课者先陈述课堂设计意图—听课教师提问和表达看法—授课教师针对问题回答和做出解释—专家总结、概括。这种评课模式是以授课教师为主线进行评课的模式。评课中将授课教师的授课内容作为研讨的主题。由授课教师先陈述课堂设计意图，避免评课中的一些“不熟悉”或“不了解”和“不是这样”等的尴尬局面，给授课教师以更多的时间和空间去思考或纠正授课中存在的一些不足，让大家明白其中听课者看不到和听不到的一些细节，使课堂更加真实，评课更客观。在此基础上，听课教师有针对性地提出自己的意见或看法，供授课教师参考，最后由专家总结、概括。这是很有效果的一种评课模式。

第二，由专家针对研讨的主题提出问题—授课教师针对问题做出回答—参与听课的教师交流意见—总结、交流引发新的思考。这种评课模式是以专家引领为主线。专家在听课前根据自己对研讨主题的理解拟订出听课提纲，让听课教师带着目的或要求去听、去思考。然后听课者在评课中有针对性地提出自己的意见或看法。这些意见或看法可以先由授课教师进行说明，再由参与评课的教师共同讨论，最后由专家总结、分析。

四、鉴定型评课

鉴定型评课是指幼儿园定期组织专家、学科带头人深入课堂进行现场观察，提出指导性意见并对研究主题做出综合性评价。[①] 这种类型的评课最大作用是鉴定。幼儿园为了对教师进行评选，常常要通过听课和评课，对其素质、能力、表现、教学水平等进行鉴定，为评选提供依据。这种类型的评课不只是关注授课教师完成教学任务的情况，而且还要激发教师对以后的教学进行更有意义的再创造和再生成。这种类型的评课可以从以下几方面着手。

（一）重视授课教师是如何调动幼儿积极性的

无论评什么样的课，都要求教师能够调动幼儿学习的主动性和积极性。根据建构主义的观点，知识是不能传递的，教师传递的只是信息，信息通过幼儿的主动建构才能变成

① 赵国忠. 评课最需要什么——中外优秀教师给教师最有价值的建议[M]. 南京：南京大学出版社，2010.

其认知结构中的知识。因此,教师要设法在教学活动中吸引幼儿主动参与学习活动。教师要紧紧围绕幼儿的注意力进行课堂设计。

(二)重视对教学模式的思考

一定的教学内容和教学方法都是要通过一定的教学模式来呈现的。教学模式是教学理念和教学实践的中介,教学理念是通过教学模式付诸教学实践得以实现。因此,教学模式是教学思想的产物,是教学实践的升华。教师要积极探索一定的教学模式,落实一定的教学理念。一堂好课一般都会体现一种教学理念。

(三)要求综合鉴定

鉴定一堂课常常要从教学思想、教学内容、教学模式、教学效果等多方面进行全面分析,然后才能确定鉴定意见,把鉴定结果公布出来。这种类型的评课既要肯定阶段性成果,又要指出存在的不足,以便以后改进教学实践。因此,这种类型的评课不能只局限在课堂表面,还应该进行深层次的全面分析。

(四)重视未来实践

鉴定型评课首先要肯定其教学活动中的成绩,以便激励幼儿教师以后的教学实践。同时要对暴露的一些问题在评课时进行分析,并找出原因和调整策略,为未来实践提供可行的设想。这种设想可以是教学思想、教学模式等。

五、书面材料评课

通常的评课都是在评课者听课后安排较宽裕的时间坐下来面对面地交流。但有时因为时间仓促,要把分散的听课者集中起来进行评议较困难,尤其是听个别教师的课后,来不及面对面交流,或者考虑到授课教师的心理承受压力,碍于情面不便当面评议,常常采用书面材料进行评课。对该堂课的一些值得推广的教学经验进行梳理,同时指出该教师存在的一些较为普遍性的问题。要限定评课者在一定时间内写出有关的书面评课材料,然后实事求是地对评议内容进行分析。书面材料评课的好处是评课者经过深思熟虑后进行评课,能够写出较中肯和透彻的评议,态度上也能做到开诚布公,同时将评课所得出的结论上升到一定的教学理论高度。书面评议应时常注意的事项有以下几点。

(一)主持人要讲清要求

由于书面材料评课不能和评课者面对面地进行交流,但是又要让评课者通过评课的方式对课堂教学进行指导,因此,就需要评课主持人对所有参加评课的人讲清要求,从全局出发,克服随意性,注意措辞,在限定的时间内写出评议材料,评课内容要符合研讨主题。

(二)评课者要在限定时间内提交书面评议材料

尽管书面评议材料需要认真思考、回忆、整理听课内容,写出开诚布公的评议材料,但是,不能因为受书面形式的限制,而拖延提交材料的时间。如果不能按时提交评议材料,延误了大家等待的时间,就会弱化评课的作用。

(三)如实有效地发布评语

组织者对评课者的评语要进行审核,看是否如实评定。然后再予发布。如果是范围较大的教研活动,可以用简报的形式发布。如果是以教研组为单位进行的评课,可以将评语发布到各级组。对于成功的教学经验,可以在集中备课时或教工大会上进行宣读,让所有教师学习或借鉴。

(四)抓好总结

书面材料评课与听课的时间间隔相对较长,但为了达到预期的教学效果,需要组织者全面审核书面评语,对相关评价进行总结,上升到理论高度,同时提出具体意见,为以后改进教学指明方向或提出教学改革的设想。

六、研讨型评课

根据特级教师张向众对评课提出的观点,在幼儿园教育改革中重建全新的研讨型评课文化,首先需要改变已有的评课期待,并将"听—说—评课"活动直接引入教学变革过程进行评价与研究。在此基础上,幼儿园在教研组层面上通过制度规范加强研讨型评课的常规活动。[①] 将评课作为幼儿园常规的教研活动,其目的是为了探索和总结教育教学的内在规律,总结有效和先进的教学经验,发现和纠正教育教学中存在的问题与不足,最终目的是提高整个幼儿园的教学水平。因此,研讨型评课就是要改变过去教师被动的"被评价""接受评价"现象为教师主动"自评"和参与"研讨对话"活动,提高授课教师的"自我反思意识""自我反思能力",使授课教师与评课者共同剖析课堂教学现状,了解教师教学中的困惑,共同提出解决对策,提升授课者与评课者双方的教学理论水平与实践能力,使二者达到真正意义上的沟通。研讨型评课可以从以下几个方面进行。

(一)研讨型评课要有研讨的主题

研讨型评课的主要形式是在听课的基础上进行研究和讨论。评课活动仅仅是研究和讨论的一个媒介,运用自己对这堂课的感受和材料,从理论上对研究和讨论的内容提出自己的观点,分析这堂课的得失和原因所在。研讨要确定一个主题,这个主题可以是教学理念,可以是教学方法,可以是现代教育技术的应用,也可以是教学内容的调整等。有了主题,研讨才不会陷入盲目性,才能够有针对性。

(二)研讨型评课要就课堂本身进行剖析

研讨型评课要与授课教师和评课者就课堂本身进行研讨。评课时要从提高教学水平的良好愿望出发,鼓励大家畅所欲言,紧紧围绕教研的主题,在民主的氛围中大胆发表自己的观点,目的是互相学习,取长补短,共同提高。评课时不要轻易下结论。对课堂教学本身进行评议时,要看教学是否面向全体幼儿,是否做到了因材施教,是否抓住了教学内容的重难点,抓住了基础知识、基本技能、基本能力等,师幼互动状况如何,幼儿的参与度与参与状况如何等。还要对课堂的成功与失败进行分析,并找出原因,进一步研究改进的具体措施。这样的研讨结果才有成效。

(三)研讨型评课要能提出创新的内容

研讨型评课不同于其他评课,研讨结束后要能够提出创新的内容,如解放思想、观点

---

① 赵国忠. 评课最需要什么——中外优秀教师给教师最有价值的建议[M]. 南京:南京大学出版社,2010.

更新、方法变革、内容创编等。其他评课仅仅是对该堂课的得失进行分析。授课者仅仅是被评者，一般不参与讨论和共同制定解决方案等。相对于其他类型的评课而言，研讨型评课的“评”更偏重于“研评”，是幼儿园较好的一种教研活动形式之一。

七、对话式评课

德国著名的教育家克林伯格认为：“在所有的教学中，都进行着最广义的对话。不管哪一种教学方式占支配地位，相互作用的对话都是优秀教学的一种本质性标志。”[①]对话用于评课，更体现了人文关怀，能够让授课者不至于更多地陷入尴尬局面而挫伤了公开课的积极性。同时，对话评课也更能够使评课者了解课堂上看不到的一些东西。

对话式评课是指两个或两个以上的人之间的谈话，是一种双向互动的过程，是双方在民主、平等、理解、宽容的前提下，通过接触或会谈，使双方认知结构发生改组与重建的生产性与创造性的活动。这是相对较新的一种评课方式，通过授课者与评课者在相互尊重、相互了解的基础上进行评课，更能体现双主体的地位，更能在融洽的气氛中分析存在的问题，在交流中解决“烫手”的问题，促进教师的自我发展。对话式评课的具体要求如下。

（一）对话式评课要体现对话者“互为主体”

传统的评课一般只是评课者对授课教师及其课堂进行评议，授课教师是不能参与评课的，形成评课“单一主体”的局面。即使授课者参与了评课，也常常是“虚心”地坐在一边，认真听评课者的观点或意见，显得十分被动。而“对话式评课”改变了授课者被评的状况，成为与评课者共同探讨的评课主体，形成了“互为主体”的双主体局面，共同就课堂教学活动进行对话。

（二）对话式评课要以“民主”为前提

一般情况下，传统的评课常常是领导评教师的课，优秀教师评普通教师的课，老教师评新教师的课。被评者常常怀有自卑的心理，总认为自己的认识水平和教学经验不及别人，甚至对评课者盲目崇拜，容易放弃对自己观点的表达。评课者常以自己的观点为是，以“挑刺”为主，褒奖较少。对话式评课要求授课者放弃自卑心理，要求评课者放弃权威心理。双方共同以民主为评课的前提，在自由、宽松、平等的氛围中共同商讨课堂教学的内容。

（三）对话式评课要以“课堂存在的问题”为核心

加拿大著名教育家迈克尔·富兰说过：“回避真正的问题是有效变革的敌人。”[②]对话式评课不是指评教师上课的好坏，主要是去发现课堂上存在的问题应该怎样去预防、采取什么措施来解决该问题等。因此，对话式评课不是评课堂教学中的教师或幼儿，即不是评“人”，而是评课堂中出现的“问题”。让教师在暴露问题的同时主动反省自己的教学，在对话评课活动中对自己的教学行为有更清晰的认识，从而提高自己的教学水平。

（四）对话式评课要体现“人文关怀”

传统的评课方式习惯采用量化的指标体系对课程进行评价，即使有对人的评价，也常

---

①② 赵国忠. 评课最需要什么——中外优秀教师给教师最有价值的建议[M]. 南京：南京大学出版社，2010.

常是评课者以自我为中心对授课者的评价方式，而忽视了对幼儿的评价。对话式评课改变了过去“指标—量化”的评价模式，强调“观察—理解”的人文关怀的评价模式。评价的氛围更民主、自由、宽松，主张求同存异，反复商讨、持续交流，共同提出改进措施。

（五）对话式评课要以提高教师专业发展为目的

在对话式评课中，授课者献课是为了进步而上课，评课者是为了学习和服务而听课。这是对话式评课对参与者最基本的要求，也是对评课方向的引领。对话式评课的最终目的是为了提高教师的专业发展。无论什么样的公开课，都会存在这样或那样的问题，评课者帮助授课者发现问题，使授课者走向进步，这是评课的最终归宿。

八、跟进式评课

特级教师杨蓉蓉认为，跟进式评课使我们的课堂教学能更加扎实，课堂效率能更好地提高，使我们的教师能更快地成长，对我们教师整体的综合素质和今后教学质量的提高都将起到巨大的推动作用。① 所谓跟进式评课是指教师上完一堂课后，由授课教师与评课者共同讨论教学中的得失，并对存在的问题提出改进意见后，再由授课教师在修改措施的基础上进行教学，再进行评课和提出修改意见，如此反复上课—评课，使授课教师的教学行为得以改变，提高教学水平的评课。这种评课是为了改变一次性听课和评课出现的不求甚解的弊端，同时发挥不同层次教师的作用。有研究调查显示：教师最喜欢跟进式评课。② 因为这种评课方式既有点评、讨论，又与授课教师的教学实际结合起来进行行为跟进，强调“课例”“点评”“研究改进”“继续点评”“再度改进”“不断提升”的多元评课。跟进式评课的具体方法如下。

（一）及时跟进

及时跟进是指教师上完课后，由评课者及时进行评课，对做得好的方面给予肯定，对做得不好的方面准确指出来，通过有效分析和提出改进意见或措施后，由授课教师进行及时的和适当的调控。例如，去年 9 月份我们到一所幼儿园听完一位年轻教师的课后，发现班上有位幼儿不爱说话，也不主动参与教师组织的活动。该教师采取熟视无睹的态度照常进行课上的每个环节。课后与该授课教师进行交流后才知道，这个幼儿有语言障碍，为了完成教学任务，没有太在意该幼儿。对此，我们提出的建议是：关心这位幼儿并在上课时适当多与他交流。去年 12 月份我们再到该园的这个班去听课时，发现该幼儿性格变得很活泼、开朗，积极参加教师组织的活动，语言表达能力有了明显提高。及时跟进强调的是教师听取改进意见后再进行上课，再听课后进行评课。

（二）延时跟进

延时跟进是指授课教师上完一堂课后，其他教师对该教师的教学过程或教学的某一环节进行评议，对授课教师指出自己的看法或改进意见，允许授课教师在一段时间内进行修改，然后再上课后评课。例如，有位教师在进行数学教学活动后，其他教师指出：该教师没有将数学学习与幼儿的生活结合起来，也没有与幼儿最喜欢的学习方式——游戏用

---

①② 赵国忠. 评课最需要什么——中外优秀教师给教师最有价值的建议[M]. 南京：南京大学出版社，2010.

起来，建议这位教师结合“生活”与“游戏”来重新设计这堂数学活动。过一段时间，设计好了再进行上课、听课和评课。

（三）同课异构

同课异构是指同样的上课内容，由不同的教师在不同的班级通过不同的教学过程来完成，进而呈现出不同的教学亮点，给其他教师以不同的启发。在幼儿园开展“同课异构”活动，可以做到优势互补，智慧共享，增强教研活动的针对性和有效性。因为不同的教师对同一教学内容的理解会不同，这样能进行实质性的讨论和反思，以促进教师的专业发展。无论是在本科教学活动和每年的“国培”教学活动中，我们都会安排这样的教学内容。这种教研活动能够让学生（学员）有很大收获。

（四）连环跟进

连环跟进是指教研、观摩连环式反复进行的评课模式。一般在整个活动中进行三次教研、两次观摩。“三次教研”分别是：一次教研是集体备课，推举一位教师作为代表执教；二次教研是提出改进意见，修订教案；三次教研是课后剖析，总结提升经验。“两次观摩”分别是：一次观摩是组内观摩课，分析讲课存在的问题；二次观摩是全员观摩，分享交流。这种评课方式倡导“全员参与，逐层推进，相互学习，共同提高”，以优化课堂教学为出发点，采取“集体备课—推举执教—第一次观摩—集体反思—修订教案—第二次观摩—提升经验”的形式，搭建相互学习的平台。我在对本科学生的《幼儿园课程》中教学技能的训练时也会采用这种连环跟进学习方式。具体做法是：开学时将全班学生分为若干个小组，并给每个小组分配任务。第一个月，由小组选择若干个教学主题，确定教学内容；根据确定的教学主题进行教学设计收集并确定学生认为最佳的教学设计并进行修改；第二个月，由小组讨论并修改好的教学设计进行不少于 3 次的组内试讲，每次试讲都要记录修改意见；第三个月，安排集中的时间由小组推举一位执教模拟教师进行各组教学展示，全班学生作为模拟幼儿参与课堂展示，并由全班共同讨论，鼓励学生重点发现展示小组的不足，教师总结与点评。通过这种方式训练后，学生的教学技能提高很大。我们在使用这种方式的同时，配套相应领域主题的优质课观摩及其评议活动。

总之，在幼儿园的评课有多种多样的类型。每一种类型的作用不同，要求不同，这要根据需要来进行选择。可以选择一种或多种，也可在不同的学期变换使用、灵活使用。无论哪一种评课，其目的都是为了提高教学质量，促进幼儿园教师的专业发展。

幼儿园评课的方法与技巧

第五节　幼儿园评课的方法

《纲要》中明确规定幼儿园的课程评价应自然地伴随着整个教学过程进行，采用观察、谈话、作品分析等多种评价方法。常用的评课方法如下。

一、片段分析评课法

片段分析评课法是评课者从课堂整个教学过程中选取其中有代表性的典型教学片段进行评课的方法。这种评课方法所选取的内容可以是教学的某一环节，也可以是教学过程中某一方面的教学内容，如辅助教学手段的应用片段等进行评议。对某一教学片段的评析，可以反映授课的课堂基本情况或教师的教学状况。选择教学片段进行评课时，要准确选取片段的针对性和分析的有效性，以达到对教学的研究，改进教学的目的。运用片段分析评课法的具体要求如下。

1. 片段分析评课法的特点

片段分析评课法具有以下几个特点：一是给授课教师指明努力方向。评课时要看授课教师存在哪些问题与不足，今后应该如何改进，应该把哪个方向作为自己改进的目标。二是客观地评价所选取的教学片段。评课者要从教师、教材、幼儿的实际出发，客观地分析和评价所选取教学片段具有的长处，指出存在的不足，以激励授课教师为评价目的。三是要从教学整体去分析教学片段。评课者所选取的教学片段进行评课时，不能孤立地去评，而是要从整个教学过程和全部教学内容去评，这样的评议结果才更加完善和更加科学。

2. 选取教学片段的技巧

运用片段分析评课法的关键是要选取优秀教学片段，这是片段分析评课法的基本要求。具体可以从以下四个方面着手。

一是从教学目标上去选。教学目标一般包括认知、情感、能力三维目标。选取教学片段时，要分析所选取的片段是否能够准确反映教学目标或其中的一个教学目标以及该目标是否与该单元或该阶段的主题相一致等。

二是从在教材中的地位去选。所选取的教学片段是否能够体现教材中的地位和作用，是否能够反映教材的重点和难点，是否能够充分挖掘教材资源，是否是教材的切入点和突破口等。

三是从教学方法的科学实用性上去选。教学方法的科学实用性主要是看教学的整体设计是否合理，是否科学，这直接关系到教学目标的实现。教学方法是否符合幼儿活动领域的特点，直接关系到能否调动幼儿学习的积极性。可见，教学方法的选用直接关系到教学效率的高低。

四是从幼儿的能力培养上去选。幼儿的能力培养主要是幼儿参与训练的程度和训练方法的掌握。幼儿训练越充分、训练方法越恰当越有利于幼儿能力的培养。

二、整体评课法

整体评课法是指评课者对一堂课的好坏做整体的和全面的分析和评价的方法，即对教学的各个方面进行全方位的评价和分析。这种评课法能够对一堂课的成功与失败、经验和缺点进行深入、细致的剖析，有利于授课者全面总结经验，发扬优点、克服不足、改进教学，有利于其他教师全面地借鉴经验，提高自身的教学水平。这种评课法可以用于评比、考核、鉴定等课堂的评价。

由于整体评课法需要对课堂内容进行面面俱到的评价，需要花费大量的时间。因此，要求评课者采取以下一些措施。

1. 整理评课思路

评课者主要从两个方面去整理评课思路。一是从教学步骤方面，看整个课堂的教学过程是怎样安排的,有几个主要的步骤。二是从教学内容方面,看整个教学内容分为哪几个板块,每个板块又是在哪个环节完成的。

2. 选取评课角度

评课者在运用整体评课时,要从课堂的全部内容进行评价。因此,选取评课角度是关键。一般可以从以下六个角度进行选取。一是从教学目标角度,看教学目标制定是否合理,是否突出了重难点。二是从教材的处理角度,看授课教师是在“教教材”还是在“用教材教”,看教材处理有无创新之处等。三是从教学程序角度,看教学思路是否符合教学要求和幼儿的发展特点,教学思路是否清晰,教学结构是否严谨、环环相扣,环节过渡是否自然,教学时间分配是否合理等。四是从教学方法和手段角度,看教学方法是否多样、是否能够解决教学内容的重难点,教学手段是否新旧结合,是否熟练运用。五是从教学基本功角度,看教师的语言、表情、操作、教学机智等是否能够体现经验丰富等。六是从教学效果角度,看幼儿的学习参与积极性、主动性的发挥程度和幼儿在活动中是否获得了愉快的体验等。

三、问题探讨评课法

问题探讨评课法是对一堂课中出现的某些新事物(如新教法、新学法、新专题)或某些把握不佳的问题进行探讨性的评析。① 问题探讨评课法的目的主要是为了解决教学中概念模糊或认识不清的问题,有利于新思想、新方法的采用。这种方法是为了非常具体地解决教学中易见的问题,因此,特别适合幼儿园的教研活动或教学课题研究。这种评课方法主要用于以下两个方面。

1. 教师日常教学中普遍存在的问题

教师在日常教学中常出现以下一些问题:第一,对听课认识不足,认为知识全面、容量大、题目难就是展示课的标准;第二,备课不到位,教师在备幼儿、教材、教法时不到位,看上去下了不少功夫,实际上不理想。例如,没有收集或没有了解到幼儿原有的学习经验情况包括学习习惯等。教学方法对教学内容和幼儿不一定适合;第三,教学方法单一、缺乏灵活性,教师往往在上课时选择的教学方法种类少,因为幼儿需要多种感官体验或多向刺激才能够充分地学习,而且有的教师在使用教学方法时也不够灵活,很机械地运用某种教学方法,如直观教具的演示,还应该加上生动的讲解等;第四,不能够紧紧围绕教学目标来展开,离开了教学目标,就不能够突出教学重难点。

2. 领域活动中普遍存在的问题

幼儿园教师在领域活动中常常出现一些问题:第一,环境创设的能力不强。一种情况是教师在创设环境时,不能够从幼儿身边的有趣个案着手进行环境创设;另一种情况是教师创设的环境不能够让幼儿参与活动的全部体验过程,或者不能够让环境吸引幼儿积极参与到学习活动中来;第二,幼儿在学习活动中的体验不够。幼儿的学习是通过不同的模仿、感知、体验等在集体学习、小组学习、个别学习等多种形式下实现的。而有的教师让幼儿在单一的学习形式下完成学习,没有尝试多种学习体验,因此,幼儿的学习体验是不

---

① 赵国忠. 评课最需要什么——中外优秀教师给教师最有价值的建议[M]. 南京:南京大学出版社,2010.

够的；第三，师幼互动不充分。师幼互动体现了教师和幼儿的双主体地位，更体现了幼儿在学习活动中的参与程度，有的教师并没有让幼儿充分参与其学习活动。

上述这些问题，幼儿园都可以将其作为研讨的问题，有针对性地进行听课和评课，研究和讨论出一些可以解决问题的措施。幼儿园教师还可以根据自己在教学实践中发现的其他问题进行研究和讨论。

四、特色鉴赏评课法

苏联著名教育家苏霍姆林斯基说过："一个无任何特色的教师，他教育的学生不会有任何特色。"[①]可见，对教师来说，具有自己的教学特色是多么重要。教师在教学生涯中要尽可能地形成自己的特色，或者说将为形成一定的教学特色而作为努力的一个方向。评课者也可以将授课教师是否有自己的教学特色或特色是什么作为评课的一个方面。特色鉴赏评课法是指对一堂课中的某些与众不同的、新颖独特的做法与创新之举进行评析的方法。[②]该评课方法的关键是看该授课教师的特色是否经过有效的提炼，鉴赏出的特色是否能够引起与其他教师形成一致的观点。这种特色的发现主要靠评课者的宽阔胸怀和敏锐眼光去发现授课教师的创新之处。评课者要将这一特色放到授课环境中去分析，挖掘这个教学特色产生的背景或理论基础，揭示教学规律的内涵，弘扬教师的特点和风格。

特色鉴赏评课法的出发点是为了鼓励教学创新、挖掘教学的亮点。因此，评课者可以从教师的语言表达、教学组织方式、教学活动的设计风格等方面去发现其特色。这些特色怎样与众不同，能够起到什么积极作用，是否符合现代教学要求，是否能够促进幼儿的发展等。特色鉴赏评课法的作用是利于发现幼儿园的教学人才，提炼教师的教学新经验、新模式、新方法等，引领幼儿园的教学改革方向。这种评课方法常用于幼儿园骨干教师的推选、示范课和观摩课的评价活动等。评价一堂课的教学特色主要从幼儿的学习表现、教师的教学行为和教师的教学基本素质等方面进行提炼。

1. 从幼儿的学习表现上提炼教学特色

幼儿学习的表现，主要从幼儿是否成为学习的主体，学习活动中师幼互动与幼儿之间的互动等方面进行考察，看幼儿在学习活动中参与的广度和深度。参与广度是看是否全体幼儿都参与了学习活动的各个环节。参与深度是看幼儿是主动还是被动地参与学习活动。另外，从幼儿的学习表现提炼课堂特色，还需要看课堂结束后的教学效果如何，看幼儿的知识、能力和情感目标是否达成等。

2. 从教师的教学行为上提炼教学特色

从教师的教学行为提炼教学特色主要从以下三个方面进行考察。一是教学目标是否具有全面性、层次性和发展性，是否使幼儿在知识、能力和情感三个方面得到全面、和谐和持续的发展；二是看教师是否有效利用和开发课程资源，教学内容是否与幼儿的生活贴近，是否让幼儿在学习活动中亲身体验；三是看教学课堂环境是否是民主、和谐、平等，幼儿在这样的氛围中是否感到安全，能够与教师不紧张地进行自由交流等。

3. 从教师的教学基本素质上提炼教学特色

教师的基本素质主要从以下几个方面进行考察。一是看教师的教学理念是否以幼儿

---

①② 赵国忠. 评课最需要什么——中外优秀教师给教师最有价值的建议[M]. 南京：南京大学出版社，2010.

为本,坚持促进幼儿发展的基本教学理念。二是看教师是否能够尊重每个幼儿,有效运用赏识和期待的心理来平等地对待幼儿。三是看教师的专业知识和教学基本功是否扎实,如教师的语言感染力是否强,教师的专业技能如歌唱、舞蹈、绘画等是否过硬,教师整合和开发课程资源的能力以及利用现代教育技术的能力如何等。无论提炼出来的是什么样的教学特色,都需要追求完美的人的教育,促使幼儿获得全面发展。因此,特色鉴赏评课法最要紧的是看幼儿的发展,而不是看教师的讲课情况。教师应在教学实践中逐步形成自己的课堂特色。

五、经验总结评课法

经验总结是在教育理论的指导下,按照科学研究程序,把感性认识上升到理性认识的思维加工过程,这个过程是通过进一步的分析归纳,抽象概括出可供他人借鉴的规律性的理性认识活动。经验总结评课法是指教师在听评课的基础上,分析归纳出授课教师的经验,探寻其中的教育教学规律,让其他教师借鉴的一种评课方法。这种评课方法的目的就是总结教师的教学经验或推广某一教学改革成果。教师的成长过程主要是在经验不断丰富和积累中提炼出的过程,教师只有善于总结经验才能进步。特级教师毕研准认为:经验总结评课法可以提高老教师的课堂研究能力,也可以促进年轻教师教学能力的提高,是一种很好的教研活动。经验总结评课法更适合用于观摩课和评优课。运用经验总结评课法的要求有以下两点。

1. 评课者要能够正确捕捉到授课者的经验是什么

评课者对该专业或该领域知识的掌握或认识影响到对该堂课经验的判断。如果评课者自身知识的贫乏或认识尚浅,不可能将授课者的经验准确地判断出来。这就要求评课者对该领域或该专业的知识要完整而且能形成体系,能够分门别类地划分该经验属于哪个知识板块,分析归纳出的经验可以用于哪些领域、哪种形式的活动或者某活动的哪个方面。如授课教师在教学指导思想方面的经验,如何做到既面向全体幼儿,又面向幼儿的全面性发展,同时又照顾到幼儿的个别差异性;在教学专业知识的应用方面,该授课教师是如何做到挖掘本地教学资源,并恰当用于课堂教学的;在教学环节的设置方面,是如何做到重点突出和难点明确的,又是如何解决的;在幼儿主体性发挥方面,该教师是如何设置利用教学辅助手段提高幼儿的学习兴趣的;等等。

2. 评课者要能够鉴别授课者经验的先进性和可行性

评课者仅能够判断授课者的经验还不够,还应该通过现代教育教学理论,判断授课教师经验的先进性,是否符合现代教学理论的要求,是否符合幼儿和教师的实际情况。评课者对捕捉到的经验还应该做出可行性鉴别。授课教师本人判断的经验不一定适合于其他教师或者其他地区的幼儿园教师,因此,评课者还需要对该经验做出可行性鉴别。如,北京市某园教师给四川省某地区教师做的示范课“双簧”,教师通过不同角色的扮演和有趣的创造性动作令幼儿非常感兴趣,教学效果也非常好,每个幼儿知道并学会了“唱双簧”。但是这种组织教学方式不一定适合其他教师。原因一,该示范课教师将自己的脸用面粉和墨汁进行了简易化妆,当然是样子很滑稽,能够吸引幼儿。幼儿园很多教师并不具备这种“牺牲精神”。原因二,该示范课教师的教学技能和表演能力是很多教师所不及的,如该教师根据不同的角色变换声音以及夸张的表情和动作，是其他教师的教学基本功很难达到的。对此，我们可以建议教师学习该示范课教师的这些经验，另外也可学习该教师组织课的形式和将中国文化融入课堂等新鲜经验。

学习任务

（1）幼儿园评课的标准有哪些？

（2）幼儿园教师最常用哪种评课类型？

（3）幼儿园常用哪些评课方法？

（4）尝试进行一次幼儿园评课。

扩展阅读

提高幼儿园教师的评课素质

幼儿教师应成为评课中的主要力量，他们应具有主体意识。教师应从观念上认识评课的地位和作用，尤其是评课对促进教师专业成长和促进教学的重大作用，这样他们就会逐步重视评课，积极主动地参与。观念的改变不是很容易的，不光要从书本上学习，还有要在现实中对其他教师的成长与评课关系进行分析，深化对评课的认识，逐步认同评课的地位和作用，在实践中多评课，并且联系自身教学进行反思，如此就愿意去评课了。应加强对评课理论的研究，多出点有关评课的书，并形成一定的评课理论系统，这类书籍不应太高深，便于幼儿教师学习，应引导幼儿教师把继续学习教育学、心理学和教学理论知识作为一种内在需求。这样，幼儿教师将会主动地去自学这些知识。

在职前培训，也就是师范教育中应开设有关评课的课程，在职后培训应请专家、学者专门讲授评课方面知识技能。在学习理论知识的同时，更多地应让教师在实践中提高评课能力，应让教师特别是年轻教师多参与评课，让他们多发言，并加以鼓励。参与的机会多进步就快，教研管理者、骨干教师应多指点年青教师评课方法技巧等方面的内容，老教师也不能故步自封，也应向他人学习，提高评课素养。教师不光在评课活动时才去评课，平时教学中应经常自评、互评，主动有意识地培养评课能力。

（摘自：龙卫民. 幼儿园集体评课活动研究[D]. 内蒙古师范大学，2010.）

第十一章 幼儿园教学反思——课堂改进

教学反思对幼儿园教师来说，是一项重要的教学技能。只有反思，才能让我们对事物的认识变得更清晰，才能做出更理智的决断。幼儿园教师常规性的反思，对提高其教学技能有着非常重要的作用。本章主要从幼儿园教学反思的类型、方法、内容、途径、改进策略等方面进行阐述。

幼儿园教学
反思的意义

第一节　幼儿园教学反思的意义

从20世纪80年代美国学者舍恩(Donald A. Schion)提出在专业实践中培养反思实践者的反思能力以来，反思(reflection)在世界各国的教育界成为教师教育理论研究的一个焦点问题，成为国际上教育改革的一个重要走向和未来的一个发展方向。尤其是随着《卡内基报告》和《霍姆斯报告》的出现，更是掀起了21世纪教育改革的高潮。反思性教学自然成了这场世界性教育教学改革的重要理论，成为促进教师专业发展的教师培养理论。近年来，我国教育界也为“反思性教学(reflective teaching)”的研究开辟了教学实践与理论探索的新天地。

一、反思的定义

考儿德希德说：“成功的、有效的教师倾向于主动地创造性地反思他们事业中的重要事情。”① 美国著名学者波斯纳说过“没有反思的经验是狭窄的经验，只有经过反思，经验方能上升到一定的理论高度，并对后继教学行为产生影响。”所谓反思，是指教师在先进教育理论的指导下，借助行动研究不断地对自己的教育实

① 林秀娟. 幼教课改新思维[M]. 福州：福建教育出版社，2004.

践进行反思，积极探索与解决教育实践中出现的问题，努力提升教育实践的科学性、合理性，并使自己逐渐成为专家型教师的过程。[①] 伯莱克认为："反思是立足于自我之外的批判地考察自己的行动及情境的能力。使用这种能力的目的是为了促进努力思考以职业知识而不是以习惯、传统或冲动的简单作用为基础的令人信服的行动。"[②]

二、反思性教学的定义

教师将思想界和知识界关于科学研究的一种理念与方法应用于教育教学中便自然产生了反思性教学。维拉(L. M. Villar)对反思性教学的解释是："反思性教学是教师借助发展逻辑推理的技能和仔细推敲的判断以及支持反思的态度进行的批判性分析的过程。"

麦伦认为反思性教学应从三个方面去理解：一是主要对课堂情境中各种技能与技术的有效性进行反思，即主要反思教学主体的适应性和教学策略使用的有效性；二是主要对课堂实践基础的假说和特定的策略以及课堂的结果，即对课堂设计与课堂效果之间的差距进行反思；三是主要反思道德或伦理方面与课堂的有关规范性标准之间的差距，如教师是否尊重了幼儿的人格等。

布鲁巴赫从时间维度将反思性教学分为了"对实践反思""实践中反思""为实践反思"。"对实践反思"体现了反思的对象是实践；"实践中反思"体现了反思的过程即实践过程；"为实践反思"体现了反思的目的。

我国学者熊川武在借鉴西方的反思性教学的基础上，提出了反思性教学是教学主体借助行动研究，不断探究与解决自身和教学目的，以及教学工具等方面的问题，将"学会教学"与"学会学习"结合起来，努力提升教学实践的合理性，使自己成为学者型教师的过程。这一定义可以从以下三个方面来理解：一是反思性教学以探究和解决教学实践中的问题为出发点；二是反思性教学以实现教学实践合理性为目的；三是反思性教学是教师全面发展的过程。

尽管不同的学者对反思性教学的理解不同，但他们的共同点都是对教学实践进行重新认识、思考、评价，最终以改进教学策略，提高教学水平为目的，使原先的教学设计和教学行为更加合理的过程。

教师是反思实践者，在总结自己的教育经验和教育行为过程中不断发展自己。《幼儿园教师专业标准》中规定教师应该具备反思能力。教师反思能力是指教师在教育过程中将自我和教育实践活动作为意识对象，不断进行主动的思考、评价、探究、调控改进的能力。[③]《幼儿园教师专业标准》中明确要求教师要主动收集分析相关信息，不断进行反思，改进保教工作；针对保教工作中的现实需要与问题，进行探索和研究。这是要求教师要对自己以及自己的保教工作进行实践、反思、再实践、再反思，从而不断提高自己的专业能力。《幼儿园教育指导纲要》中也规定：教师的反思能力是教师自我成长的重要途径。因此，教师的教学反思能力是教师的一种专业素养。

---

① 林秀娟. 幼教课改新思维[M]. 福州：福建教育出版社，2004.

② 蔡慧琴，饶玲，叶存洪. 有效课堂教学策略[M]. 重庆：重庆大学出版社，2008.

③ 教育部教师工作司组. 幼儿园教师专业标准(试行)解读[M]. 北京：北京师范大学出版社，2013.

三、反思性教学的特点

反思性教学是“教学的反思”和“反思的教学”的有机统一,即对教学进行反思后又用于改进教学的过程。因此,反思性教学存在其自身的一些基本特征。

(一) 以解决教学问题为出发点

反思性教学不仅仅是对教学情况进行单纯的回忆,而是教师在教学过程中发现了问题,并通过采取新的教育策略来解决教学问题而达到提高教学质量的目的。可见,其出发点是为了解决教学过程中出现的问题。反思型教师在反思教学的过程中,不仅要了解自己的教学结果,还要对教学结果产生的原因进行反思。反思型教师要对教学具有问题意识和解决问题的能力,才能更好地完成教学。

(二) 以“两个学会”为成长途径

这里的“两个学会”是指反思型教师要“学会教学”与“学会反思”。作为幼儿园教师,在职前的学习中应学会如何教学,在职后仍然要不断学习教学的技能技巧。对于职后的幼儿园教师,除了继续学会教学外,还要“学会反思”。因为,只有不断地思考,才更能够促使教师的教学行为和教学策略得到改进而得以提高。因此,幼儿园教师在教学过程中,“学会教学”和“学会反思”是其成长的重要途径。

(三) 是培养教师“责任感”的有效途径

责任感是教师进行反思性教学的前提。一个责任感缺乏的教师是不会去反思自己教学过程中是否存在问题的,即使意识到教学过程中存在问题也会尽力去遮掩或逃避。相反,只有责任感强的教师才会主动去反思教学过程中存在的问题,这样的教师,心里装着幼儿,才会想方设法地去提高自己的教学水平,改变自己的教学行为。因此,反思性教学是培养教师责任感的有效途径。可见,反思性教学不仅是教师成长的重要途径,也是教师责任感形成的重要途径。因此,教师要自觉养成反思的习惯,以提高自己的教学水平。

四、反思性教学的意义

波斯纳(C.L.Posner,1989)为教师的成长提出了一个公式:经验+反思=成长。也就是说,教师要成长就应该在教学过程中不断积累经验,不断通过反思获得经验。反思性教学要求教师以局外人的身份重新审视自己的整个教学过程,既要站在演员的角度又要站在评论者的角度去看待同一个教学现象。教师既要自己与自己对话,又要让教育理论与教学实践对话,让教学在实践总结的基础上增强教师的业务素质。因此,反思性教学有利于教师的专业发展。

(一) 有利于促进教师的自我教育

教师的自我教育是指教师个体对自己进行的教育。自我教育的过程是自我认识、自我改造的过程。教师的自我教育随着教师认识的提高而提高。大量的教育实践证明,任何形式的教育都不能忽视教师的自我教育,否则,教育的有效性就会受到影响,同时,幼儿的自主性、创造性等的培养同样会受到影响。

反思性教学是幼儿园教师自我教育的一种体现,是教师对自己的教育实践进行思考的过程，是对自己的教育行为和教育结果进行重新审视和分析，发现其中存在不足的并加以改进的过程。即使是一个经验丰富的教师，如果缺少了教学反思，其教学水平也会停滞不前。因此，无论是新教师，还是老教师，都应该具有自我教育的意识，充分运用反思性教学来提高自身的职业素质。

（二）有利于提高教师的教学理论素养

教学理论素养是教师素质的核心组成部分。传统的教师培训理念认为：重视教师的教学理论培训就会改变教师的教学行为。事实上，教师在将学到的教学理论运用于教学实践后并用教学理论去考量自己的教学行为才是真正改变教学行为的开始。教学理论本身不能改变教师的教学行为。也就是说，教学理论不能直接对教学行为产生影响，而是通过教师对某一教学理论的认知，去指导自己的教学行为，即将教学理论运用于教学中，使已经掌握的教学理论不断丰富和发展。因此，幼儿园要引导教师在教学实践中将自己掌握的教学理论在教学实践中进行反思，不断总结和提升自己的知识素养。反思性教学将教师自身已有的“理论”和“知识”充分结合起来。教师要在教学实践中找到外来的理论和自身知识的结合点，反思自己的教学行为是否需要改变或者已经改变。反思性教学是提高教师教学理论素养的重要途径。

（三）有利于教师由经验型教师向反思型教师转变

现代社会不仅仅需要经验型教师和专家型教师，更需要反思型教师。因为，现代课程观认为：教师不再是知识的权威，教师不再是幼儿的权威，教师与幼儿之间应该是平等的。这些都要求教师具有反思能力。教师在课堂中的角色由单一的课程实施者转变为课程的创造者、开发者，是幼儿学习的组织者、支持者。幼儿是学习的主体，不再是旁观者。教师要学会站在幼儿的角度对自己的教学进行反思、总结，不仅关注自己的教学，还要关注教学的影响因素，成长为反思型教师。

（四）有助于教师成为教育研究者

现代社会要求教师摆脱狭隘的“服从”，或者回避家长制作风和极权论，做到专业自主，在反思性教学中实现专业自主。教师在长期的反思性教学中，不断思考自己的教学实践以及对此产生的教学行为和教学结果，解决教学实践中出现的问题，这本身就是将教师推向教学研究的道路，真正成为研究型教师。

五、反思性教学中存在的问题

目前，教师在反思过程中存在一定的问题。有研究发现：幼儿园教师普遍赞同反思能够提高教师的专业能力，但实际上教师的反思能力仍然很差。①对反思的理解能力差。有 1/3 的教师都认为反思就是宣泄不愉快的情感、调整心态的一种方法；②反思的方法单一。教师最常用的一种反思方法就是交流式反思。教师不愿意撰写文本类的反思。教师的反思方法单一，容易只停留在表面，不是深入内心去反思；③反思缺少批判性。教师的反思主要针对教育活动的物质准备、教师的提问等教育技术性问题，很少针对教育理论依据、教育目标、教育内容等实质性的东西以及教师自身的行为习惯等；④反思内容不完整。教师对幼儿年龄特点、学习习惯、现有水平等分析不够，对幼儿在教学活动中的反应与行为表现并不是很关注；⑤反思时机把握不准。有的教师只在活动后进行反思，不对活动过程进行反思。教师没有意识到在教育实践过程中进行反思，可以立即调整教育行为等。教师的反思能力差，不利于教师专业能力的发展。

第二节 幼儿园教学反思的类型与方法

一、幼儿园教学反思的类型

美国著名的反思性实践运动的倡导者肖恩在其著作《反思性实践者》（Schon，1983）中将教学反思分为三个阶段：行动前、行动中和行动后。根据我国常规教学的实际情况，学者们在教学反思中增加了阶段性反思。因此，目前，共有行动前、行动中、行动后、阶段性反思这四种反思类型。

（一）教学实践活动前的反思

教学实践活动前的反思主要是针对教师所教的内容、教师自身的特征，包括教师的身体状况、特长和教学能力、幼儿的特征、兴趣和需要等进行反思，从而分析现状、发现问题、优化教师自己的教学设计。这类教学反思主要用于课前准备的备课阶段。这种反思类型有助于教师的教学智慧技能的发展。教师教学智慧技能主要体现在以下两个方面：一是能否预测幼儿在学习某一教学内容时可能会出现哪些问题；二是能否找到解决这些问题的办法。这种反思类型还可以增强教学设计的针对性和培养教师的反思习惯。

（二）教学实践活动中的反思

教学实践活动中的反思主要针对课前的教学设计是否合理，在教学实践活动中进行验证。这种反思类型主要是及时、自动地在教学过程中进行反思，对教学实践活动中的反思具有监控性，能起到提高教学质量的作用。这种反思类型直接指向教学活动本身，主要解决教学活动中出现的问题。因此，教学实践活动中的反思要求教师具有较高的调控能力，对教学活动中出现的问题能及时加以解决。通常教学实践活动中的反思内容有：一是幼儿在学习重难点时出现了哪些问题？教师在教这些重难点时遇见哪些障碍？二是教学过程中师幼之间、幼儿之间的突然冲突该如何解决？三是当教师与能力较弱的幼儿进行互动时该按照原先的教学设计进行还是调整教学设计？四是当幼儿对教学内容十分感兴趣甚至出现亢奋难以控制局面时该如何处理？所有这些问题，都要求教师具有一定的调控能力和教学机智，使教学效果达到理想状况。

（三）教学实践活动后的反思

教学实践活动后的反思是教师教学实践活动结束后对整个教学过程进行回忆、分析，包括对教师自身的教学理念、教学行为、幼儿在活动中的表现以及教学效果等进行理性分析。如教师对教学活动中哪些环节没有按照教学计划完成？教学过程中出现了哪些失控现象？教学过程中出现了哪些亮点？整个教学设计应该如何进行调整等。教学实践活动后的反思有利于教师总结自己的教学成败得失，形成自己的反思意识和自我调控能力，不断提高教师自身的教学能力，实现自己的人生价值。

（四）阶段性反思

阶段性反思主要是教师工作了一段时间后对自己工作情况进行的反思。在幼儿园，常常是通过一个阶段的主题教学来完成教学任务的。教师要结合自己的教育理念或教育期望来进行反思。如，在这一阶段中，自己的教育理念是否落实，自己的教学行为是否符合这一教学理念，教师的教学期望与现实是否一致等，以及教师要思考下一阶段该做怎样的调整。

二、幼儿园教学反思的方法

随着教学反思的作用越来越大，越来越多的教师开始注重对自己教学实践的反思，以此提高自己的教学效果。在进行教学反思时，必须讲究反思方法的选择和应用。具体的反思方法有以下几种。

（一）反思总结法

反思总结法是教师反思总结自己在教学实践活动中的经验或教学的方法。[①] 善于总结可以减少工作中的盲目性，同时又培养了教师自身的反思习惯。反思总结的内容可以是教师自己在教学实践中的顿悟，可以是幼儿在教学活动中的表现，可以是教学活动中的各种得失，也可以是教学活动中的关键事件，如幼儿之间的冲突等。关键事件是指教师自己认为对自己或对幼儿产生影响较大的事件。教师要反思关键事件，首先要确定该事件属于关键事件，其次要找出导致关键事件产生的原因，反思总结后应该如何加以解决等。

（二）对话反思法

对话反思法是教师通过与其他同行教师的研讨交流来反思自己的教学行为，使自己清楚地意识到隐藏在教学行为背后的教学理念从而提高教师自己的教学监控能力的方法。这种反思方法常常按照这样的程序开展。第一步是由一名教师围绕某个主题进行上课，其余教师带着问题听课。第二步是由执教教师陈述自己的教学设计及其依据。第三步是由执教教师与其他听课教师展开对话，形成思维交集。第四步是执教教师根据与其他教师的对话结果受到启发后反思自己的教学设计，并重新修改教学设计。

（三）行动研究法

行动研究法是针对教学实践中某个难以解决的问题，运用观察、谈话、测验、调查、查阅文献等多种方法，了解并分析问题产生的原因，设计一个研究方案，以求问题解决的方案。[②] 行动研究法是一种自我反思的方法，也是一种科学研究的方法。这种方法可以提高教师的反思实践能力，同时也可以提高教师的分析问题和解决问题的能力。行动研究法的操作程序如下。第一步，在反思自己经验和教训的基础上，确定自己所要研究的问题；第二步，针对确定的问题在查阅文献基础上提出假设，制定解决问题的方案；第三步，根据行动方案，展开研究活动，并根据研究的实际需要对研究方案进行适当的调整；第四步，收集研究信息，撰写研究报告。

---

①② 蔡慧琴，饶玲，叶存洪. 有效课堂教学策略[M]. 重庆：重庆大学出版社，2008.

(四)课堂实录反思法

课堂实录反思法是通过录像、录音或记录等教学手段再现整个教学过程,让教师以旁观者的身份反思自己的教学过程的方法。① 观察课堂实录时,反思哪些地方出现了问题?哪些地方需要改进?并分析出现这种情况的原因。

(五)档案袋法

档案袋法主要是以主题的形式促进教师不断反思以达到提高教师教学能力的方法。这种反思方法是根据教师自己的教学实际确定反思专题,并分类开展,如家园共育、亲子游戏等活动。教师通过主题记录的情况进行回忆、分析教学理念、教学行为等,看自己在过去的教学活动中的情况如何,哪些地方一开始就出现了问题?哪些地方后来有所进步?档案袋法可以代表教师在某一个时期或某一阶段的工作历程,是教师对自己已有经验进行整理和系统化的过程,是对自己成长过程的记录,也是自我评估、自我教育、自我反思的过程。

第三节　幼儿园教学反思的内容及反思途径

一、教师教学反思的内容

教师的反思是建立在观察、了解幼儿的学习状况、行为表现和学习结果的基础上的,反思内容即教师需要反思什么。反思的主要内容是环境创设与利用、一日生活各个环节的组织与开展、游戏活动的组织与开展、教育获得的组织与开展等。反思的重要内容是:幼儿的发展、教育内容的选择与组织、教育效果等。以教育活动的组织与开展为例,反思的重点可以是:第一,活动目标、内容是否恰当。活动目标是否符合幼儿的现有水平,活动内容是否能够促进幼儿的发展;第二,活动过程与活动方式是否适宜。活动过程和方式是否照顾到了一般幼儿和特殊幼儿。幼儿在活动过程中是否积极参与等;第三,活动结果是否能够获得经验等。针对一堂课的教学反思应该包括以下几个方面的具体内容。

(一)反思教学目标是否实现

新课程的教学目标一般包括认知、能力和情感三个目标。教师在教学过程中要随时反思这三个目标是实现了。教师是否注重了对幼儿知识的传授,是否注重了能力的培养,是否注重了情感的培养等。教师在反思过程中,要将这三个目标有机地融合在课堂中。如果这三个目标没有实现,是什么原因导致的,没有实现的程度有多大等。找出原因后,可以根据原因进行调整或改进。如果反思的结果是制定的目标不够明确或不够具体时,这就要求教师在制定教学目标时要考虑教学目标的操作性与可行性,以保证目标的实现等。

(二)反思教学方法是否切合实际

由于教学内容的不同,幼儿的个别差异等诸多因素决定了教师选择教学方法可能会

---

① 蔡慧琴,饶玲,叶存洪. 有效课堂教学策略[M]. 重庆:重庆大学出版社,2008.

有所不同。不同教学方法的选择，不能确保每次选择的教学方法都是切合实际的。因此，教师在环境的创设、教学形式的组织、问题的设置等都要以幼儿的发展为根本，多层次、多维度、多渠道地开展教学活动。这就要求教师要充分地备教材、备幼儿、备本班的具体情况以及备教师自己的情绪等来确定具体的和合适的教学方法。同时，教师要反思自己确定的教学方法是否切合实际，幼儿是否喜欢或者是否适合幼儿等。

（三）反思教学内容、教学环节和时间安排是否合理

一堂好的课，其教学内容的组织是科学的，其教学环节是环环相扣的，其时间安排是合理的。

有的教师在组织教学内容时，显得头重脚轻，刚开始时内容很多，甚至很难，幼儿无法学习或掌握。有的教师在安排教学内容时分不出重难点，一堂课下来不知究竟教的是什么，连同行听一堂课下来还云里雾里，不能归纳出该教师讲课的主题究竟是什么。

有的教师在教学环节方面的安排不科学，不能充分反映教学内容的重难点。有的教师在教学环节安排时思路不清晰，环节过渡显得生硬等。因此，教学环节要求教师既要体现教学内容的逻辑结构，又要体现严谨的逻辑结构内容关系。

有的教师在教学时间安排上前松后紧，草草收场，甚至该讲的内容都来不及讲或者该组织的活动环节也没有组织，令幼儿非常扫兴，或者是幼儿的收获不大。教学时间安排要尽量体现教学内容的结构，如重点教学内容宜多安排一些时间，导课环节或结束环节则少安排一些时间等。

（四）反思教学行为是否得当

过去曾出现过教师打骂幼儿等不良行为。虽然现在很多教师知道应尊重幼儿，但还是有教师在教学过程中对幼儿漠视或采取不关心的态度，这在某种程度上对幼儿是一种伤害。因此，教师要反思自己在教学过程中是否关注所有的幼儿的成长，对幼儿的表现是否都能做到及时有效的反馈等。

（五）反思教学准备是否充分

教学准备对幼儿园教育来讲非常重要，因为它是幼儿园教学的重要辅助手段，能让幼儿直观形象地进行学习，确保幼儿多途径学习，满足幼儿兴趣等。有的教师为了省事，直接拿着教材走进教室，这很容易导致幼儿园教育走向小学化倾向。因此，教师要反思自己的教学准备是否充分，包括物质准备是否充分等。

教师反思的主要内容包括两个方面：一是幼儿的发展；二是教学的适宜性。教师需要在观察、了解幼儿的学习水平、表现和结果的基础上进行反思，即从教育内容、教学任务是否符合幼儿的现有水平且具有一定的挑战性，反思教育活动目标是否建立在了解本班幼儿现状的基础上；从每个幼儿是否获得发展和成功感，反思教育教学是否兼顾了群体需要和个体差异；从幼儿在学习过程中是否始终处于主动积极的状态，反思教学的内容、方式、策略、环境条件是否具有适宜性；从幼儿在学习中获得了具有发展价值的有益经验，反思教学设计与实施过程中的有效性。

二、反思途径

反思方法是教师需要怎么反思，而教师反思的基本思路和基本途径是发现、思考、尝

试实践的循环过程。

（一）教师要明确反思的依据

《纲要》中对“教育评价”的内容指出：“评价的过程是教师运用专业知识审视教育实践，发现、分析、研究、解决问题的过程，也是其自我成长的重要途径。”教师自我评价的核心途径就是自我反思。反思与评价是不可分割的，教师的反思根据评价过程中获得的信息作为重要依据，再把《纲要》和《3～6岁儿童学习与发展指南》作为标准，反思自己的教育理念、教育目标、教育内容、教育实践中教师的行为、幼儿的学习过程与学习效果等。教师在长期的反思过程中不断加深对《纲要》和《3～6岁儿童学习与发展指南》精神的理解，促进教师将教育理念转变为教育行为，进而树立正确的教育观。

（二）明确反思内容

反思内容的确定对正确和有效地反思非常重要。教师知道自己应反思什么，目的明确后就能有针对性地收集信息进行有效的反思。具体反思内容见上述本节第一点。

（三）有基本的反思思路

有效反思一般应遵循以下思路：找出差距—进行思考—提出改进意见。教师根据自己收集的信息资料与《幼儿园教育指导纲要》《3～6岁儿童学习与发展指南》进行对照，找出自身教育行为与幼儿学习结果与国家要求之间的差距或存在的问题，分析原因，是什么导致了这样的差距，最后提出改进方法或提高自身教育水平的途径。也就是说，教师要根据《纲要》的要求，发现自己在教学实践中幼儿的行为和教育结果与教师的预期之间的差距——学习或回想《纲要》的教学理念，同时反思自己的教育行为和幼儿的表现，如出现偏差时寻找问题和症结，做出预想的调整方案并尝试改进，或强化有效的教育行为——再反思，再调整，直到最后总结出有效的教学策略。

（四）多种途径获得较全面的反思信息

幼儿园教师可以通过与幼儿互动、听取其他教师或家长的意见、向其他教师学习等多种途径获得反思信息。教师根据收集的信息与自己现有的知识、教学体会、教学观念等进行反思，找出自己的不足，提出改进措施。教师还可以通过不断自学书本知识、参加各种培训和各种团体的教育活动等提高自身专业素质，促进自己的专业发展，提高教学水平。

幼儿园主题活动的反思途径

三、主题活动的反思途径

主题活动主要以幼儿发展为出发点，需要在开放的、多元的主题活动中，借助幼儿在活动中的反应来分析、判断确定的教育目标、教育内容、教育组织形式、材料的投放、具体的指导策略是否适宜，通过各种反思方法提升和整合幼儿活动中有价值的经验和具有共性的问题，使活动向纵深方向发展，这个过程就是教师利用反思教学促进主题发展的过程。具体反思途径可以从教师和幼儿两个方面着手。

（一）从教师角度对主题活动进行反思与分析

从教师角度进行主题活动反思与分析，可以在活动过程中及时反思、可以通过现代教学设备进行反思、可以通过班级日志进行反思、可以通过集体反思等多种反思途径。

1. 教师要在活动过程中具有灵活的反思意识

《纲要》指出："教育活动的组织与实施过程是教师创造性地开展工作的过程。教师要根据《纲要》，从本地、本园的条件出发，结合本班幼儿的实际情况，制订切实可行的工作计划并灵活地执行。"这说明教师制订的活动计划可能会因为条件的变化而在活动实施过程中有所变化。而主题活动在实施过程中更多的是根据幼儿在活动中的表现和教师的灵活处理措施来决定的。主题活动要求教师能够充分发挥其教学机智，根据幼儿的兴趣和需要及时反思而且灵活地调整教育计划和教育策略。如通过教师对幼儿的关心、支持、建议和帮助来实现活动主题的开展或延伸。如幼儿正在开展主题"餐馆"游戏，而"餐馆"因为菜卖完了。幼儿无所事事。教师可以提供菜场材料组织幼儿开展"菜场"游戏。有了材料，"餐馆"游戏又可以继续。这样还可以将"餐馆"游戏延伸为"菜场"游戏。可见，教师要在活动过程中具有反思意识，及时灵活地调整计划，促进主题发展。

2. 教师可以利用现代教学设备进行反思，促进主题的发展

主题活动是师幼在活动中通过表情、动作、言语等进行互动的过程。教师可以通过录音、录像、照片等真实地记录这些情况，以便活动后进行反思。现代教学设备可以为教师反思自己教育行为在活动中是否存在问题，从而调整自己的教育计划，为下一次的活动选择更适合的教育策略。现代教学设备可以为幼儿的反思提供最直观的依据，帮助幼儿回忆、再现和总结前一阶段活动存在的疑问，为教师下一次活动设计提供参考依据，如图 11-1 所示。上午教师通过照片的形式记录了幼儿在结构游戏"制造汽车"情景，幼儿对开汽车很感兴趣。该教师告诉了下午上课的教师。二人商量，下次的结构游戏主题延伸为"开汽车"(见图 11-2)，让幼儿了解开汽车的好处与危险等。

图 11-1 制造汽车

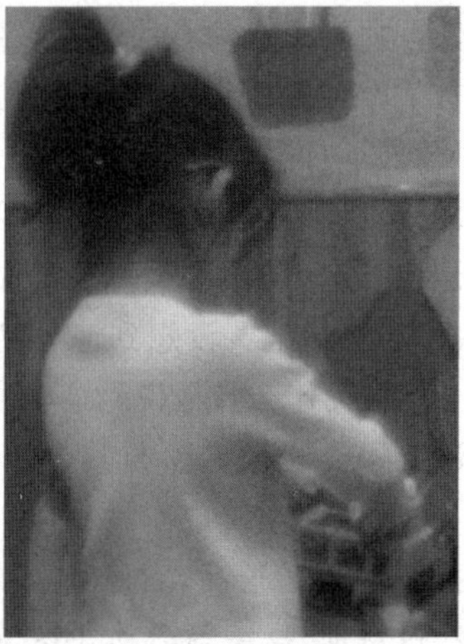

图 11-2 开汽车

3. 教师可以凭借班级日志进行反思，促进主题的发展

幼儿园的教学不同于学龄阶段的教学(学龄阶段的教学在课堂上一般只有一个教师)，幼儿园的教学在课堂上常常有带班教师和配班教师两人共同参与到活动中。而且这两位教师常常要写教学日志。有时一个人的观察不一定很完整。因此，教师可以通过班级日志较全面地去分析幼儿在活动中的表现和反应。《纲要》指出：教师要"关注幼儿在活动中的表现和反应，敏感地察觉他们的需要"。每个班的两位教师可以对该班有针对性地进行记录，如记录幼儿的行为、言语、兴趣点等。教师可以根据记录的内容进行讨论、分析，或者交谈各自的感受或体会等，为下次的教学方式的选择提供依据。如某园教师在开展语言活动“城市里的巨人”后观看录像发现：幼儿不仅喜欢巨人帮助他人的“神气”的愉快表情，还喜欢巨人的鞋成了小老鼠的家这样的情节。该教师发现幼儿的这一兴趣后，调整了原先的计划，在第二次上课后增加了“为小老鼠建个家”的主题活动。

4. 教师通过集体反思，促进主题活动的发展

主题活动的开展对教师的教育技能的要求是很高的。这也是教师专业素质和整体水平的具体体现。因此，教师通过集体反思开展教研活动是提高教师教育技能的一个重要途径。俗话说：“三个臭皮匠，顶个诸葛亮。”教师之间的集体反思，能够丰富个人的经验，开阔教师的视野，获得更多的方式来促进主题的发展。除了同事之间的集体反思外，还可以邀请专家或教研人员参与幼儿园的集体反思，解决教师在教学反思中遇到的困惑或知识上的欠缺等，提出更加科学的建议，来促进主题的发展。

（二）从幼儿角度对主题活动进行反思与分析

从幼儿角度对主题活动进行反思是遵循了《纲要》中规定的“以幼儿发展为本”的教育理念。这个理念的核心内容是尊重幼儿、信任幼儿、让幼儿在主动学习中获得其个性发展。

1. 教师依据幼儿的兴趣和有益需要来调整活动主题

《纲要》强调：“教师要善于发现幼儿感兴趣的事物、游戏和偶发事件中所隐含的教育价值，把握时机，积极引导。”也就是说，教师不能机械地以事先设计好的教案来死板地教幼儿，而要根据幼儿的兴趣，灵活地调整活动主题，变“让幼儿学”为“幼儿自己要学”的状态。因此，教师要了解幼儿的学习兴趣，根据幼儿的学习兴趣开展开放式的教学。

例如，某教师考虑到小班孩子的游戏能力，根据主题、孩子的兴趣和实际发展水平，角色游戏中开展了“娃娃家”主题游戏。当角色游戏开始的时候，孩子们兴高采烈地选择了自己喜欢的岗位和角色玩起来。余朋举今天来晚了，他走进教室，发现所有的岗位都已经有人，于是找了把小椅子坐下来，东看看，西看看，教师认为他肯定在物色一个合适的娃娃家准备去做小客人吧。没想到他居然拿起一些套圈向老师走去并递给了教师。该教师惊愕地问：“你想玩什么？”他说：“学解放军钻山洞！”“哦。怎么玩？”教师很高兴有这样孩子自己生成的主题，也决定参与其中。按照他的要求，教师请了几个幼儿把套圈拿好，立于平地上。然后他便学解放军钻山洞，很快很多幼儿都被吸引过来，一起学解放军钻山洞。游戏中，孩子们兴趣很高，唐俊甚至要求爬雪山。趁着孩子们的这股热劲，教师又加入了过独木桥、过草地、操练等活动并参与到幼儿中去，孩子们自然而然地进入“我是解放军”的主题，玩得可开心了。可见，教师要尊重幼儿的兴趣，幼儿们才会玩得更开心，才会更投入地参加到活动中去。

教师在尊重幼儿的兴趣的同时，也要考虑到幼儿的兴趣是否有利于幼儿的健康发展，也就是说，幼儿的兴趣是否是有益需要。因为，幼儿的兴趣有时会随着环境的改变而转移。有的兴趣转移不一定都适合幼儿。因此，教师要灵活调整主题，删除一些幼儿不感兴趣的主题，以及与幼儿的生活经验相差很远的预先设计的内容，增加与幼儿生活经验相近的有益内容。如有教师在给小班幼儿开展“认识我的五官”的健康活动中，设计的导课环节是用一支儿歌来导的课。幼儿不能够很好地理解歌曲，结果还是不能很好让幼儿认识五官。该教师意识到歌曲导课失败后，立即调整为与幼儿面对面地、慢慢地认识幼儿能够看见的教师和其他小朋友的五官。幼儿在真实的环境下学习比在学儿歌抽象的环境下的效果好得多。可见，教师根据幼儿的逻辑能力和已有经验来调整教学内容是必要的。

2. 教师要让幼儿主动参与到主题活动的环境布置

幼儿的认知发展水平随着时间的推移会逐渐提高。幼儿具有一定的能力来参加教师的环境布置。环境布置的过程也是幼儿学习的过程，使其认知水平和能力不断增强的过程。因此，教师要鼓励幼儿积极参加主题活动的环境布置。

有的教师总感觉准备材料很困难，或者教育幼儿很困难。作者常常跟教师们讲：幼儿不只是你的，更是家长的，教育他们自己的孩子，绝大多数家长是愿意支持和帮助我们的。我们有什么需要帮助的地方，在条件允许的情况下，尽力寻求家长的帮助和支持。可见，幼儿是家长和教师之间的联系桥梁。教师在需要材料时，一个人准备很困难的情况下，可以发动家长一起参与准备。甚至人手不够的时候，也可以发动家长帮忙，共同完成环境的布置。家长带领幼儿共同收集材料或其他资料的过程，对幼儿来说就是一种学习的过程。如某教师要让幼儿认识蝴蝶，教师让家长在网上为幼儿下载并彩色打印蝴蝶的图片并让家长为幼儿介绍自己打印的蝴蝶。第二天幼儿将打印的蝴蝶带到幼儿园来。幼儿们看着各种大小、颜色不同、品种不同的蝴蝶，兴奋不已。幼儿在介绍蝴蝶时，自信心和语言表达能力均得到了锻炼。幼儿在听其他幼儿介绍蝴蝶时，是对《纲要》规定的倾听习惯的培养，也是新知识的获得。课后，教师将幼儿收集到的蝴蝶图片作为教室的一个主题《认识蝴蝶》墙角的布置，幼儿在布置主题墙角时，进一步学习了关于蝴蝶的知识。《纲要》指出："环境是重要的教育资源，应通过环境的创设和利用，有效地促进幼儿的发展。"

（三）主题活动反思案例

敲　门①

活动目标

A. 关注生活细节中融入的惦念、关爱之情。

B. 感受全家人亲亲热热在一起的幸福。

C. 能用多种方式表达爱爸爸妈妈的情感。

活动重点

学念并理解儿歌内容，关注生活的细节中渗透的惦念、关爱之情。

活动难点

通过增加儿歌中的角色感受全家人亲亲热热在一起的幸福。

活动准备

桌面木偶：爸爸、妈妈、宝宝。

活动过程

A. 妈妈来敲门。

请出木偶爸爸和宝宝，请幼儿想一想、说一说：我和爸爸在一起等着妈妈回来，总想

① 王晓波. 幼儿园生活课程的研究与实践中的"敲门"[M]. 宁波：宁波大学出版社，2010.

谁来敲门?(妈妈)教师引出儿歌第一部分,鼓励幼儿边学儿歌,边大胆想象、表现看到妈妈回来时快乐的心情和动作。

B. 爸爸来敲门。

请出木偶妈妈和宝宝,请幼儿想一想、说一说:我和妈妈在一起,总想谁来敲门?(爸爸)教师引出儿歌第一部分,鼓励幼儿边学儿歌,边大胆想象进行表演。

C. 还有谁来敲门。

带领幼儿完整学念儿歌。

思考

我和爸爸妈妈在家里,还希望谁来敲门?鼓励幼儿把家庭中的其他成员编进儿歌里,一起学念。

儿歌:敲门

我和爸爸在家里,
总想妈妈来敲门,
叮咚叮咚,
妈妈回来了,
妈妈回来了。
我和妈妈在家里,
总想爸爸来敲门,
叮咚叮咚,
爸爸回来了,
爸爸回来了。
我们全家在家里,
亲亲热热在一起,
哈哈哈哈,
亲亲热热在一起,
在一起。

活动"敲门"的教学效果:活动操作材料虽然只是三个用纸筒做成的"妈妈、爸爸、宝宝",可是幼儿的积极性相当高。在纸筒的配合示范下,幼儿很快就掌握了儿歌内容,而且在反复的学习活动中,大家都不觉得厌烦,这也是让教师明白,幼儿的兴趣不一定在意教具有多精美,只要对活动起到好效果就是好的教具。课后将一份操作纸让幼儿带回家,目的是让幼儿把自己创编的儿歌内容请家长进行记录,同时也是为了检验他们对儿歌的理解能力,也能让家长真切地感受到幼儿在园的学习情况。

对主题活动"敲门"的反思:本次活动开始于孩子放假后的第二周活动,考虑到幼儿的教学过渡期和结合"三八国际妇女节"的时间性,因此活动周期改为一周。但是从整个活动内容看,其实一周的内容是相当丰富的,由于找不到以往可以借鉴的主题活动依托,因此,本次活动以第一次活动试教的形式开展,幼儿在活动中的积极性很高,愿意表达,大胆表现等情况较以前有不同程度的提高。同时,让家长参与到延伸活动中,得到家长的支持,响应了家园共育的教育精神。在这次活动中,幼儿懂得了父母之爱是世界上最伟大的爱。说得最多的是:“妈妈,你是世界上最漂亮的妈妈!”做得最多的是为妈妈端茶,拿鞋等。幼儿在这次活动中学会了关心人、体贴人,懂事多了。

学习任务

(1) 幼儿园教学反思的类型与方法有哪些?

(2) 幼儿园教学反思的途径有哪些?

(3) 分析不同幼儿园教师的反思记录。

扩展阅读

反思——幼儿园教师专业成长的重要途径

孙延永　王敬莲

北京师范大学冯晓霞教授在《〈新纲要〉与幼儿教师的专业成长》中阐述:反思性教学是教师的研究性学习,指教师在先进的教育理论的指导下,借助于行动研究,不断地对自己的教育理论进行反思,积极探索与解决教育实践中存在的问题,努力提升自己的教育实践的科学性、合理性,并使自己逐渐成为专家型教师的过程。即教师对自己的教育教学实践的再认识、再思考,并以此来总结经验教训,进一步提高教育教学水平。幼儿教师在开展幼儿活动中,需要反思的内容较多,在这里主要阐述在集体教育活动中,教师通过记录一反思,总结自己在教育实践中的经验,不断提高集体教育活动质量。

一、教学反思的意义

(一) 增长幼儿教师教育智慧,利于其专业成长,在集体教育活动中,教师所面临的教育情境是复杂且不确定的。故而,在具体的教育实践中是没有可以被简单套用的固定的模式或理论,任何教育实践活动都是发生在具体情境之下的,不是能用某一方法、模式或理论所能够概括的。因此,教育活动是富有生态变化的,任何一次教育活动过程都具有不可重复性。所以,幼儿教师通过理论与实践有差距、普遍与个别有差异的职后培训等方式,促进其专业发展的效果是微乎其微的,且多数职后培训更多强调的是应然状态,实际教学则属于实然状态,应然与实然的距离使得这样的培训效果甚微。

然而,幼儿教师在具体的教育情境下,基于自己的教学实践,不断地、多次地反思、总结经验,逐渐形成自己对教育现象、教育问题等的独立思考和创造性的见解;从这样的过程中获取经验,幼儿教师才能在态度、知识、技能上都发生变化,才能获得处理各种教育情境中的非概括化智慧,形成属于自己的实践性知识,提升成为属于自己的教育理论,这样才能真正实现专业的成长。

(二) 提高幼儿园教育质量,益于幼儿身心发展幼儿教师教育理念、技能的变化与专业的成长直接受益的是幼儿。历经多次的教育反思,幼儿教师知晓对自己教育活动、教育行为的控制与调节,知道“此时此地该怎么教”,不会再用普遍的标准去要求每一个孩子,而是会针对具体孩子的特点、水平等因素具体要求;不会再用普适的理论和方法去设计每一次活动,而是会因时、因地、因人具体设计;不会再用“去情境化”的评价方式判断幼儿的发展,而是会在“情境中”发现幼儿的变化。幼儿园提倡反思性教学,能够改进和完善教师的教育活动设计、实施、评价等,提高幼儿园教育质量,进而使得幼儿在身心发展方面获益。

二、教学反思的工具

幼儿教师反思工具可以借鉴瑞吉欧教育经验，把纪录作为对集体教育活动反思的工具或载体。纪录是指“以足够的细节报告成果和表现，并协助他人了解所记载的行为背后蕴涵意义的任何相关活动”。纪录形式可以是文字亦可是图片、视频、儿童作品等。

纪录是一种工具，是促进教与学、评价以及研究的工具。纪录为的是使人能做解释性理解；纪录关注的是过程和意义，其所要解决的问题是在过程中产生的，而教育实践正是“情境中”的教育。

纪录并非对幼儿所有事件的直接呈现，而是通过选择其中有价值的问题去记录，纪录追求的是情境化意义，而非抽象、普适的规律。纪录不是对过去事件的记载，而是帮助教师思考儿童的想法，预测有效教学的成果。纪录为的是反思和改进教育活动，使教与学更有意义。

三、教学反思的流程

对于集体教育活动的反思，每个幼儿教师基于各自的教育实践应该找到适合自己反思的流程，因为，在实际的教育活动中是没有普遍适用的、正确的理念和方法，这里阐述的反思流程可以为幼儿教师作借鉴。

首先，捕捉信息。幼儿教师可以从集体教育实践中发现自己认为值得反思和研究的真实事件，事件可以是幼儿的情况也可以是教师自身的教育行为。

其次，记录。幼儿教师将有价值的真实事件记录下来，这些教学纪录为教师自己和其他人员都留下了时间和空间，以帮助他们进行反思。

再次，自我反思。在纪录的基础上，教师对自己的活动设计、实施过程、教育效果等进行解读与反思。对自己所做出的行为、决策以及由此所产生的结果进行审视和分析，并探寻解决不同问题的方法与策略，不断提高自我觉察水平和监控能力。

最后，集体反思。教师的自我反思容易陷入“孤芳自赏”或“闭门思过”的困境，这样的反思只是停留于自己的狭隘视野里，跳不出自己固有的思路。然而，来自不同背景、视角、思维方式、经验和观念的成员所构成的共同体的集体讨论，构建了教师相互讨论、批判、共同进步的平台。以群体合作为背景的集体讨论与反思能够碰撞出智慧的火花，幼儿教师也可以从他人的意见中获得启发，不断形成对问题或事件的全面理解，从而形成属于自己的教育理论和实践性知识。

四、教学反思的内容

对于集体教育活动，幼儿教师需要反思活动设计、活动实施过程、教育效果等方面。

(一) 反思教育活动设计

幼儿教师需要反思在设计活动时期望幼儿学到什么，即预期活动目标、活动内容和活动材料等。

1. 活动目标的确立是否科学

首先，反思活动目标是否能够实现幼儿的全面发展，即活动目标要兼顾到知识与技能、过程与方法、情感态度与价值观等方面，而非侧重知识与技能目标的实现；其次，反思活动目标是否适宜幼儿的发展水平，即要求教师在制定活动目标时以本班幼儿的发展水平为参考，不能简单地依据教材或教学大纲中的普遍规定；再次，反思活动目标是否注重生成性，教育实践是发生在具体情境中的，是动态的过程，因此教师需要在具体的教育情境中根据幼儿当时的认知水平和兴趣做出调整，从而生成新的经验，而非僵化地、忠实地执行预期计划；最后，反思活动目标是否体现幼儿的主体性，集体教育活动的开展是为了促进幼儿的发展，而非单一地强调教师的教学效果，因此活动目标要体现幼儿的主体性，而非把幼儿看成可预先决定和操纵的对象。

2. 活动内容的选择是否有效

活动内容的选择，教师除了反思兴趣性、科学性、基础性、合目的性、发展适宜性等基本要求，还需深入反思活动内容是否考虑不同地区、民族的文化适应性，如在开展“母亲节”这一主题活动时，语言活动中教师使用的故事是外国故事译本，文化价值取向有差异，故事材料的选择就该仔细斟酌，不可照搬，要以本文化能接受的方式传达给幼儿，还要反思活动内容的选择是否关注到幼儿的直接经验，因此情感态度与价值观维度活动目标的实现，是体验感受的持续的过程，且直接经验的活动内容能促进幼儿主动学习的发生，帮助幼儿生成新的经验。

3. 活动材料的设计是否有助于活动效果的达成

在活动设计时，恰当的活动材料可以起到事半功倍的效果。因此，教师需要反思自己所提供的活动材料是否合适，如注意材料的可操作性，即幼儿拿到材料后就知道如何操作；文化性，即基于本地区、本民族，有文化特色；低结构性，结构化程度低的活动材料可以留给幼儿想象的空间，充分发挥活动材料的多元化功能。

（二）反思教育活动实施过程

活动实施即把静态的教学方案转变成动态的教学实现的过程，直接指向幼儿的变化。对此，教师主要反思幼儿如何得到有价值的内容，即反思在这个过程中幼儿能得到什么？通过活动，他们真的得到了吗？这样活动才能落到实处。

首先，反思教学实施过程中的价值取向，即教师如何处理预期的、计划的教学方案与动态的、生成的教学实施之间的关系，忠实地执行、相互适应、创生是处理两者关系的三种取向，不同的实施取向直接影响幼儿的不同发展，基于此，教师既要反思在开展教学活动时的不同实施取向对幼儿发展的影响，还需反思实施过程中所选择的价值取向的影响因素。

其次，反思教学方法的运用。集体教学方法比较多样化，诸如讲授法、游戏法、实验法、演示法等，教师需要反思的是当下所选择的教学方法是否能够实现活动目标，即教学方法运用的是否恰当。活动目标有不同的维度，知识与技能的活动目标可以通过间接经验而实现，但是情感态度与价值观维度的目标更多地需要幼儿的直接感知才能获得相应的经验。同时，教师还需要反思教学方法的运用是否符合幼儿的年龄特征，学龄前儿童注意力集中时间极为有限，这就需要教师反思在开展教学活动时是否注意多样化教学方法的运用，以维持幼儿参与互动的兴趣。

再次，反思师幼之间的互动，幼儿教师是否做到了能抛给幼儿一个球，又能接住幼儿抛过来的球。幼儿教师的提问如同方向盘，指引着幼儿的思考方向。好的提问，可以让幼儿思考、表达、创造；不好的问题让幼儿答非所问、无所适从。幼儿教师的提问应聚焦、有内在联系,具有开放性,扣住活动目标,不可随意、封闭;还要把握幼儿年龄特点,依据幼儿的发展水平抛球。

最后,幼儿教师在实施活动过程中,还应把握好"收"与"放"的尺度,即什么时间与情况下,幼儿教师需要引导幼儿学习,何时、何种情境下可以放手让幼儿自主探索,这也是幼儿教师在不断地反思探索中才能逐渐形成的实践性知识。

(三) 反思教育效果

活动实施以后,幼儿教师还需要反思教育的效果,包括期望幼儿的学习是否实现、得到或没得到的原因是什么,幼儿学到的内容是否有价值等,是否有一些非预期目标且对幼儿是有意义的,这些目标是如何实现的,如是否是幼儿教师的个性特征、教育风格在起作用等。

(资料来源:孙延永,王敬莲. 反思——幼儿园教师专业成长的重要途径[J]. 安徽教育科研,2019(12).)

参考文献

[1] 张华. 课程与教学论[M]. 上海：上海教育出版社，2000.

[2] 科林·马什. 理解课程的关键概念[M]. 徐佳，吴刚平，译. 北京：教育科学出版社，2009.

[3] 简楚瑛. 课程发展理论与实践[M]. 北京：教育科学出版社，2010.

[4] A. V. Kelly. 课程理论与实践[M]. 吕敏霞，译. 北京：中国轻工业出版社，2007.

[5] 徐继存，张广君. 当代课程论[M]. 济南：山东教育出版社，2013.

[6] 朱家雄. 幼儿园课程[M]. 上海：华东师范大学出版社，2011.

[7] 虞永平，等. 幼儿园课程评价[M]. 南京：江苏教育出版社，2009.

[8] 高敬. 幼儿园课程[M]. 杭州：浙江教育出版社，2010.

[9] 袁爱玲. 幼儿园课程[M]. 北京：北京师范大学出版社，2015.

[10] 陈文华. 幼儿园课程论[M]. 北京：科学出版社，2011.

[11] 何幼华. 幼儿园课程[M]. 北京：北京师范大学出版社，2001.

[12] 石筠弢. 学前教育课程论[M]. 北京：北京师范大学出版社，2014.

[13] 汪霞. 课程研究：现代与后现代[M]. 上海：上海科技教育出版社，2003.

[14] 朱家雄. 幼儿园课程论[M]. 北京：中央广播电视大学出版社，2007.

[15] 王振宇. 儿童心理发展理论[M]. 上海：华东师范大学出版社，2000.

[16] 莫雷. 教育心理学[M]. 广州：广东高等教育出版社，2002.

[17] 朱智贤. 儿童心理学[M]. 北京：人民教育出版社，1980.

[18] 李召存. 追寻课程政策背后的教育意义——基于学前课程纲要的国际比较研究[M]. 上海：华东师范大学出版社，2012.

[19] 康建琴. 学前课程理论与实践[M]. 北京：中国广播电视出版社，2007.

[20] 刘焱. 幼儿园游戏教学论[M]. 北京：中国社会出版社，2000.

[21] 李淑贤，姚伟. 幼儿游戏理论与指导[M]. 长春：东北师范大学出版社，1995.

[22] 邱学青. 学前儿童游戏[M]. 南京：江苏教育出版社，2008.

[23] 朱家雄. 幼儿园课程的理论与实践[M]. 上海：华东师范大学出版社，2010.

[24] 陈时见. 课程与教学[M]. 桂林：广西师范大学出版社，2001.

[25] 黄人颂. 学前教育学[M]. 北京：人民教育出版社，2009.

[26] 陈光春. 幼儿园课程论[M]. 北京：教育科学出版社，2014.

[27] 杨小霞. 对幼儿园片段教学的再思考[J]. 福建教育，2013.

[28] 王君. 课程资源的开发和利用[J]. 辽宁教育研究，2002.

[29] 黄晓玲. 课程资源：界定 特点 状态 类型[J]. 中国教育学刊，2004.

[30] 张廷凯. 课程资源：观念重建与校本开发[J]. 教育科学研究，2003.

[31] 吴刚平. 课程资源的理论构想[J]. 教育研究，1998.

[32] 王志成. 民族地区幼儿园课程资源开发的若干思考——以怀化市少数民族自治县为例[J]. 学前教育.

[33] 沈丽华. 幼儿园课程开发中社区资源的整合[J]. 学前教育研究，2010.

[34] 杨莉君，曹莉. 幼儿园在开发利用地方民族文化资源过程中存在的问题及其解决策略以沅陵县幼儿园对当地苗族文化课程资源的开发为例[J]. 学前教育研究，2010.

[35] 徐冰鹃，杨雅琼. 学前教育课程资源的开发与利用[J]. 太原教育学院学报，2003.

[36] 张卫民，陶红莉．田庆珠．少数民族地区幼儿园本土艺术课程资源利用方式探究——以湘西土家族幼儿园为例[J]．基础教育研究，2008.
[37] 李子建，杨晓萍，殷洁．幼儿园园本课程开发的理论与实践[M]．北京：人民教育出版社，2009.
[38] 但菲，赵小华，刘晓娟．幼儿园说课、听课与评课[M]．北京：北京师范大学出版社，2012.
[39] 罗伯特·D．坦尼森，等．教学设计的国际观——理论·研究·模型(序)[M]．任友群，裴新宁，译．北京：教育科学出版社，2005.
[40] 杨春生．备课技能训练指导[M]．北京：中国林业出版社，2001.
[41] 罗德红，李志厚．课堂教学与管理艺术[M]．北京：中国言实出版社，2014.
[42] 荷烈治．教学策略——有效教学指南[M]．牛志奎，译．8版．北京：中国人民大学出版社，2011.
[43] 方富熹，方格．儿童分组心理学[M]．北京：人民教育出版社，2005.
[44] R. M. 加涅，等．教学设计原理[M]．王小明，等译．上海：华东师范大学出版社，2007.
[45] 赵国忠．听课最需要什么——中外优秀教师给教师最有价值的建议[M]．南京：南京大学出版社，2010.
[46] 河南新乡市红旗区教育委员会．说课论[M]．北京：北京科学技术出版社，1996.
[47] 杨九俊．说课、听课与评课[M]．北京：教育科学出版社，2004.
[48] 金林娟．说课教学设计的具体应用[J]．平原大学学报，1996.
[49] 王振中．说课活动的理性思考[J]．新课程研究，2006.
[50] 罗晓杰．说课中“说”的策略[J]．摘自《教育科学研究》，2005.
[51] 廖小珠，刘志国．“说课”实践中若干问题的剖析[J]．体育科技，2001.
[52] 教育部教师工作司组．幼儿园教师专业标准(试行)解读[M]．北京：北京师范大学出版社，2013.
[53] 刘云艳．幼儿园教学艺术[M]．成都：西南大学出版社，2007.
[54] 伍宁．课堂教学时空构成的社会学分析[J]．教育研究与实验，1996.
[55] 傅道春．教师行为优化教程[M]．哈尔滨：黑龙江教育出版社，1997.
[56] 严先元．讲授的技巧[M]．成都：四川大学出版社，2010.
[57] 赵国忠．评课最需要什么——中外优秀教师给教师最有价值的建议[M]．南京：南京大学出版社，2010.
[58] 蔡慧琴，饶玲，叶存洪．有效课堂教学策略[M]．重庆：重庆大学出版社，2008.
[59] 朱晓娟．幼儿园教师反思能力培养研究[M]．北京：教育科学出版社，2008.
[60] 林秀娟．幼教课改新思维[M]．福州：福建教育出版社，2004.
[61] 刘占兰，廖贻．聚焦幼儿园教育教学：反思与评价[M]．北京：北京师范大学出版社，2007.